Johann Friedrich Jugler

Johann Friedrich Juglers

Johann Friedrich Jugler

Johann Friedrich Juglers

ISBN/EAN: 9783743622371

Hergestellt in Europa, USA, Kanada, Australien, Japan

Cover: Foto ©ninafisch / pixelio.de

Weitere Bücher finden Sie auf **www.hansebooks.com**

Johann Friedrich Juglers,
Königl. Großbrittannischen Raths,

Beyträge
zur
juristischen Biographie.

Oder
genauere litterarische und critische
Nachrichten
von
dem Leben und den Schriften
verstorbener
Rechtsgelehrten auch Staatsmänner,
welche
sich in Europa berühmt gemacht haben.

Des sechsten Bandes erstes Stück.

Leipzig,
bey Paul Gotthelf Kummer, 1780.

Verzeichniß der Artikel.

	Seite
I. Isaac Vollmar	1
II. Paul Cypräus	9
III. Heinrich Christoph von Griesheim	18
IV. Otto Melander	26
V. Marcus Mantua Benavidius	33
VI. Peter Faber	49
VII. Heinrich Bocer	57
VIII. Johann Schilter	72
IX. Gottlieb Gerhard Titius	105
X. Albericus Gentilis	126
XI. Scipio Gentilis	146
XII. Christian Wildvogel	169
XIII. Abraham Wieling	195

I.

Isaac Vollmar.

Der Geburtsort, wo er 1582. in die Welt trat, war Weinsberg, eine zum Herzogthume Würtemberg gehörige Stadt. Diese Anzeige halte ich für wahrscheinlicher, als die andere, nach welcher er erst 1586. geboren seyn soll. Sein Vater, gleichen Vornamens, verrichtete allda das Amt eines Stadtschreibers. Anfangs widmete sich sein Sohn der Theologie auf der Tübingischen hohen Schule, trieb aber dabey auch solche Wissenschaften, die den Verstand zu wichtigen Geschäften, außer der Kirche, vorbereiten.

Nach Vollendung der akademischen Studien kam er zuerst in die Dienste des Grafen, Johann Ludewigs, von Nassau, und man sagt, er habe auch bey demselben eine Zeitlang die lutherischen Glaubenslehren geprediget. Als jedoch sein Herr, welcher hernach, als römisch-kaiserlicher Minister, mit Vollmarn zu Münster und Osnabrück war, und die fürstliche Würde auf sein Haus brachte, aus Ehrgeiz und Nebenabsichten, besonders durch die Höflichkeiten des Pabsts, Clemens des VIII, und durch die Ränke des bekannten Scioppius, sich verleiten ließ, die evangelische Religion mit der katholischen zu verwechseln: so folgte er selbst diesem gegebenen

benen Beyspiele. Vermuthlich ist es, daß er bald nach dieser Entschließung die Rechtsgelehrsamkeit erlernt habe. Er hat darinn, wie es heißt, den Doktortitel angenommen, und ist Professor der Rechte zu Freyburg im Breisgau geworden, welches letzte der Herr von Riegger S. 230. seiner alten und neuen civilistischen Bibliothek bestätiget.

Im Jahre 1638. war er zu Breysach, da der Herzog Bernhard von Sachsen-Weimar diese Vestung eroberte, und ich lese, daß man ihn von österreichischer Seite dahin geschickt habe, um den damaligen Commendanten zur tapfern Gegenwehr anzuspornen. Er gerieth aber hier in große Gefahr, weil er vom Herzoge übel gesprochen, und ihn, nach Ludolfs Berichte, Th. II. S. 633. seiner Schaubühne der Welt, statt Bernhard Bärenhäuter genennt, ja so gar beleidigende Briefe von ihm geschrieben hatte. Indessen soll er zwar Pardon erhalten haben, jedoch gezwungen worden seyn, einen dieser Briefe zu kauen, und eine Stunde lang im Munde zu lassen, ohne ihn zu verschlucken.

Er gieng alsdann in österreichische Dienste. Zuerst ward er beym Erzherzoge, Ferdinand Carl, geheimer Vormundschaftsrath, und Cammerpräsident in Oberösterreich; hernach 1643. desselben und des Kaisers, Ferdinands des Dritten, Bothschafter bey den Friedensunterhandlungen zu Münster, und ferner 1646. zu Osnabrück. Dieser Schauplatz war es, auf welchem er sich ganz ungemein hervorthat; weshalben sein Glück immer höhere Stufen bestieg. Denn der Kaiser machte ihn nicht nur zum Freyherrn von Rieden, und zum Besitzer des Schlosses und Fleckens dieses Namens, sondern auch zum geheimen Rathe und Gesandten bey der 1649. angestellten Friedens-Executionshandlung zu Nürnberg. Im Jahre 1650. wurde er oberster

I. Isaac Vollmar.

ster Hofcanzler zu Inspruck; 1655. abermal Gesandter auf dem Reichsdeputationstage zu Frankfurt, und zuletzt 1662. auf dem Reichsconvente zu Regensburg. Allein dieser war noch nicht eröfnet, als er bereits am 13. October, im achtzigsten Jahre seines Alters, daselbst starb. Er wurde vor der Stadt bey den Carthäuser-Mönchen begraben.

Unstreitig ist Vollmarn der Ruhm beyzulegen, daß er einer der geschicktesten Staatsmänner seiner Zeit gewesen sey. Er war verschiedener Sprachen kundig; stark und lebhaft in der Feder; arbeitsam zum Erstaunen; ernsthaft und höflich, nachdem es die Umstände foderten; witzig und schlau; kein Pedant, wie viele andere seiner Collegen, auch dem Interesse des kaiserlichen und österreichischen Hauses mit einem unglaublichen Eifer ergeben. Währender westphälischer Unterhandlungen suchte er zwar anfangs den Frieden mehr zu hindern, als zu befördern, weil er immer hoffte, es würde sich das Glück der Waffen noch auf die Seite des Kaisers lenken. Allein die Ankunft des Grafen von Trautmannsdorf, welcher die endliche Entschließung des Wienerischen Hofes mitbrachte, nöthigte ihn, von seinem Plane abzuweichen. Nur war er mit diesem ersten Plenipotentiar in allen Stücken nicht einerley Meynung. Denn er selbst hieng zu sehr den Spaniern an, welche jener im Herzen haßte, und von der kaiserlichen Parthey möglichstermaßen zu trennen suchte. Trautmannsdorf und der Schwedische Gevollmächtigte, der Graf Oxenstirn, handelten einander immer entgegen; zwischen Vollmarn aber, und dem zweeten Schwedischen Minister, Salvius, herrschte eine gewisse Eifersucht, welche der allgemeinen Sache keinen geringen Schaden zufügte. Beyde kannten ihre Fähigkeiten nur gar zu gut, daß sie sich nicht hätten Mühe geben sol-

sollen, wie einer den andern fassen, und ihm die An-
schläge vereiteln möchte. Beyde hatten aber auch einen
harten, eigensinnigen Kopf, wodurch viele, unschuldiger
Weise, ins Gedränge kamen. Je mehr Salvius auf
die Vortheile der Protestanten bedacht war, desto ange-
legener ließ sich Vollmar seyn, derjenigen Religion
Dienste zu erweisen, durch deren Bekenntniß er sich so
hoch empor geschwungen hatte. Ein noch vorhandenes
eigenes Schreiben von ihm offenbaret, daß die Reli-
gionssachen im Westphälischen Frieden für die Römisch-
katholischen auf Schrauben gesetzt worden; und er macht
sich selbst damit groß, wie er ihnen mancherley Exceptio-
nen an die Hand gegeben habe, daher sie nicht Ursache
hätten, zu befürchten, es würde dieser Friede ihnen
schädliche Folgen zu wege bringen. Kressens Erläuterung des Archidiakonalwesens, S. 106. Von ihm
rührete es auch her, daß der Kaiser den Protestanten
in seinen Erblanden die Religionsfreyheit nicht verstattete. Gleichwohl war es Vollmarn unmöglich, diese
gar zu sehr einzuschränken, worüber er sich bey seinen
Glaubensgenossen verdächtig machte. Sie warfen ihm
vor, ein noch übrig gebliebener heimlicher Hang
zu den Protestanten sey hinderlich gewesen, daß
er sich der Einziehung der Kirchengüter nicht mit
einem solchen Ernste widersetzt habe, als man von
einem ächten Catholiken erwarten müssen. Selbst
der damalige Churfürst von Maynz hat ihn einen
alten Unflat gescholten. Wegen gar zu mürrischer
und dreister Aufführung im hohen Alter gegen den
kaiserlichen Hof soll man seinen Verlust daselbst mit
ziemlicher Gleichgültigkeit angesehen haben.

Ein Sohn von ihm, Johann Friedrich, Freyherr von Rieden, hat sein Geschlecht bis ins jetzige
Jahrhundert fortgepflanzt; doch ist es mir nicht bekannt,
ob

I. Isaac Vollmar.

ob auch nun Zweige dieses Stammes vorhanden sind. Sein ehelicher Leibeserbe erhielt vermuthlich den meisten Theil des von ihm zusammen gebrachten großen Vermögens. Das übrige hinterließ er seinen zur Römisch-katholischen Religion getretenen Freunden, und der Geistlichkeit zu Seelmessen. Ueberhaupt that er allen, welche sich in der Glaubenslehre nach seinem Beyspiele gerichtet hatten, viel Gutes, und versorgte sie, wo er nur konnte.

Vollmar glänzt aber nicht allein in der Reihe einsichtsvoller Minister, sondern es verdient auch sein Name, unter den Schriftstellern des Staatsrechts, verehret zu werden. In dieser Absicht lege ich meinen Lesern diejenigen Produkte vor, die man zur Zeit weis, und seiner Feder zueignet.

1) Bibliotheca Gallo-Suecica, siue Syllabus Operum selectorum, quibus Gallorum Suecorumque hac tempestate belli proferendi, pacis euertendae, studia publico exhibentur. *Erasmus Irenicus* collegit. Accessit Prologus: ad concordiam Germanicam adhortatio. Vtopiae apud Vdonem Neminem. Vico Vbique. Ad insigne Veritatis. Hoc anno. (1645.) Von dieser satyrischen, sehr beißenden Schrift hat man zwo Auflagen; eine in Quartformate, welche aus 6 oder wie Einige sagen, aus 4 Bogen besteht, und es mögen wohl davon zween besondere Abdrücke erfolgt seyn: eine andere aber in 8. die 3¼tel Bogen enthält, und seltener, als die erste, vorkommt. Von Meiern hat das Werkchen in den Beylagen der Vorrede zum Bande I. seiner Actorum Pac. Westphal. S. 15—24. wieder gemein gemacht, nur den Elenchus Operum Biblioth. Gallo-Suecicae ausgenommen. Lange Zeit war der eigentliche

I. Isaäc Vollmar.

Verfasser zweifelhaft. Nunmehr aber glaubt man nach aller Wahrscheinlichkeit, daß Vollmar eben derselbe sey. Er hat darinn vornehmlich den Cardinal Mazarin durchgehechelt, welcher darüber dergestalt entrüstet gewesen seyn soll, daß er den armen Buchdrucker zu Paris habe auspeitschen lassen. Vielleicht hatte er nur Exemplare davon verkauft: vielleicht ist auch der Druck allda heimlich geschehen. Die von Vollmarn darinn angeführten Bücher sind auf eine scharfsinnige, und lächerliche Weise erdichtet, obgleich beydes, der Ort des Drucks, und die Verleger, darzu gesetzt worden sind. Man sehe hier des verkappten Römers, unter dem Namen Erythräus, Briefe an den Tyrrhenus, oder Fabius Chigi, den Päbstlichen Nuntius beym Westphälischen Friedensgeschäfte, und nachmaligen Pabst, Alexander den Siebenden, Th. II. Nummer 55. S. 87. der Auflage vom Jahre 1649. in welchem auch gegen Vollmars Schrift ans Licht trat: Monarchia Gallica, quae contra calumnias in libello, cui titulus *Bibliotheca Gallo-Suecica* intentatas asseritur, et Europae salutaris futura ostenditur. Der wahre Concipient dieser scharfen Widerlegung in 4. war der damalige Französische Resident zu Strasburg, Johann Stella, welcher auch sonst sich den Namen Justus Asterius gegeben hat.

2) de Electoratu alternatim administrando a Bauariae Duce, et Palatino Comite, 1645. vermuthlich in 4. ohne seinen Namen. Die Französischen Minister schreiben ihm diese, nun sehr rare Abhandlung zu, welche meines Wissens nirgends eingedruckt worden ist. Man sehe die Memoires

et negotiations secretes touchant la Paix de Munſter, Band I. S. 5.

3) Extract Erzherzoglicher Oeſterreichiſcher von Herrn Vollmars Excellenz im Fürſtenrath abgelegter Propoſition, die Stadt Bremiſche Admißion zum Reichsſtädterath betreffende, und auf Kaiſerlichen Befehl derſelben annectirter Relation und Information, was bey denen Oſnabrückiſchen Friedenstractaten mit der Cron Schweden wegen des Erzſtifts und der Stadt Bremen eigentlich behandelt worden, 1654. in 4. Ich habe dieſe Schrift ebenfalls nicht geſehen, und kann alſo keine genauere Nachricht davon ertheilen. Indeſſen beweiſet es ſchon der Titel, daß er ſie nicht ſelbſt ans Licht treten laſſen.

4) Diarium ſiue Protocollum, Actorum publicorum Inſtrumenti Pacis generalis Weſtphalicae Monaſterienſis et Oſnabrugenſis, ab anno 1643. ad ann. 1648. Adam Cortrejus, oder vielmehr deſſen Sohn, hat dieſes Werk, welches unſtreitig das wichtigſte der Vollmarſchen Schriften iſt, ſeinem Corpori iur. publici im Jahre 1710. zuerſt einverleibt, und bekannt gemacht. Es iſt 5 Alph. 4 Bogen ſtark, mit einem doppelten Titelblatte. Dem erſten unter dem Jahre 1709. fehlt des Verfaſſers Name; auf dem andern hingegen ſtehet er, nebſt dem Jahre 1710. Ueberall ſind Marginalien hinzugekommen. Nur Schade, daß man die 1927 Beylagen, die im Texte allegirt werden, darinn vermiſſet. Es würden viele Stellen des Weſtphäliſchen Friedensinſtruments daraus ihre gehörige Erläuterung erhalten, und die unaufhörlichen Streitigkeiten ſchlichten, welche ſo oft die heftigſten Bewegun-

gen verursacht haben. Unterdessen muß man doch gestehen, daß dieses Protokoll, welches sich bis zum 14. Januar 1648. erstreckt, immer von besonderm Werthe sey, und sowohl von Ministern, als Lehrern des deutschen Staatsrechts, vortrefflich genutzt werden könne.

Es ist übrigens nicht zu zweifeln, daß Vollmar noch mehr, öffentliche Angelegenheiten betreffende, Schriften verfertiget habe. Sie mögen wohl in den Wienerischen Archiven verborgen liegen, woraus sie vielleicht die künftige Zeit hervorbringt.

Johann Carl Conr. Oelrichs Beyträge zur Geschichte und Litteratur, (Berlin 1760. in 8.) S. 35—54. wo der gelehrte Verfasser alles, was zur Geschichte Vollmars gehört, aus den besten Nachrichten zusammen getragen hat. Rambachs Vorrede zu Bougeants übersetzten Historie des dreyßigjährigen Krieges, Band III. S. 38. ist auch dabey wohl zu gebrauchen.

II.

Paul Cypräus.

Ein Sohn Nicol. Kupferschmidts, ehemaligen Bürgermeisters zu Schleswig, wo er am 16. April 1536. geboren ward. Seinen deutschen Geschlechtsnamen verwandelte er, nach der Mode seiner Zeit, in einen Griechischen.

Als er auf der dortigen Stadtschule in den gelehrten Sprachen und schönen Wissenschaften einen festen Grund gelegt hatte, setzte er ungefehr 1552. dergleichen Beschäftigungen unter einem vortreflichen Anführer, dem Phil. Melanchthon, zu Wittenberg fort, und widmete zugleich seinen Fleis der Theologie. Von dieser hohen Schule gieng er nach Löven, wo er drey Jahre durch die Rechte genauer kennen lernte. Fast eben so lange blieb er auch auf den Engelländischen Universitäten, und einige Zeit zu London. Bey verschiedenen vornehmen Hofbedienten machte er sich hier ungemein beliebt. Eine umumschränkte Begierde, noch in mehrern auswärtigen Staaten sich umzusehen, trieb ihn alsbann nach Frankreich. Der Aufenthalt zu Orleans hatte besonders so viel Reizung für ihn, daß er daselbst ganze fünf Jahre mit Vergnügen zubrachte. Sein vorzüglichster Lehrer war Wilhelm Fornerius. Die deutsche Nation dieser hohen Schule erwählte ihn hiernächst zu ihrem Advokaten, bey welcher guten Gelegenheit er anfieng, gerichtlichen Proceßsachen obzuliegen, und jungen Studenten in der Rechtsgelehrsamkeit Unterricht zu ertheilen. Zuletzt erhielt er noch die juristische Doctorwürde allda,

wor-

worauf er, nach einer vollendeten Reise durch Spanien und Italien, in sein Vaterland zurück kam.

Der Herzog, Adolph, zu Holstein-Gottorf erwies dem Cypräus sofort große Gnade. Er schenkte ihm nicht nur ein Canonicat zu Schleswig, sondern erklärte ihn auch zum Hofrathe und Beysitzer im Gottorfischen Obergerichte. Dieses geschah 1565. Daß er dabey noch eine Stelle im Schleswigischen Consistorio bekleidet habe, siehet man deutlich aus der Zuschrift an den Herzog, Johann Adolph, vor dem Traktate de iure connubiorum. An eben diesem Orte erwähnet er verschiedener Gesandschaften nach dem Spanischen, und einigen Niedersächsischen Höfen. Zu Madrit sollte er die rückständige Bezahlung vieler aufgewendeter Unkosten, und der Jahrgelder zu befördern suchen, welche der König dem Herzoge Adolph, vermittelst eines Patents im Jahre 1556. versprochen hatte, worinn dieser jenen zum Staatsrathe ernennt wird. Moller setzt hinzu, daß er auch, unter dem Character eines Abgesandten, zu Copenhagen, bey den Generalstaaten in den Niederlanden, und in einigen deutschen Reichsstädten, gewesen sey.

Im Jahre 1576. errichtete der Herzog Adolph ein Gymnasium zu Schleswig. Cypräus erhielt den Befehl, die Rechte auf demselben vorzutragen; und er verrichtete dieses Geschäfte einige Jahre nach einander mit vielem Beyfalle. Die Universität zu Copenhagen bot ihm auch 1578. die oberste Stelle eines Rechtslehrers, und darauf der König von Dännemark durch den Canzler, Harald Huitfeld, eine weit ansehnlichere Bedienung an. Allein Vaterlandsliebe war zu überwiegend, daß er zu einer Veränderung hätte bewogen werden können. Aus dieser Ursache, und des herzutretenden Alters wegen, trug er gleichfalls Bedenken, am

Rö-

II. Paul Cypräus.

Römisch-kaiserlichen Hofe ein Ehrenamt anzunehmen, wozu ihn Hubert Giphanius, mit welchem er in Frankreich bekannt geworden war, nachdrücklichst zu bereden suchte.

Cypräus starb zu Schleswig 1609. am 2. Junius, im vier und siebenzigsten Lebensjahre. Sein doppelter Ehestand war mit vielen Kindern, männlichen und weiblichen Geschlechts, gesegnet. Unter den Söhnen sind Hieronymus und Johann Adolph in der gelehrten Republik bekannt geworden. Dieser stand als Prediger zu Schleswig, gieng aber auf einer, der Gesundheit halben, gethanen Reise 1633. zu Cölln zur Römischkatholischen Religion über. Von beyden ertheilen Westphalen und Moller mehr Nachricht.

Ihr Vater muß billig eine wahre Zierde der Holsteinischen Lande genennt werden. Er war nicht nur in der Lateinischen, Griechischen, Hebräischen, Chaldäischen, Syrischen, Französischen, Englischen, Spanischen und Italiänischen Sprache vollkommen erfahren, sondern auch ein vortreflicher Jurist, doch mehr in den Römischen, als Deutschen Rechten, und außer dem ein geschickter Historicus. Wer seine Schriften gelesen hat, der wird diesem Urtheile wohl nicht widersprechen. Diejenigen, welche gedruckt vorhanden sind, bestehen aus den nachfolgenden Stücken:

1) Diss. de nuptiis, Aureliae in 4. Sie soll seine Gradualschrift seyn, woraus hernach den Ursprung erhalten hat

2) Tractatus de iure connubiorum, Frf. 1605. 4 Alph. in median 4. Sein Sohn, Hieronymus Cypräus, war der Herausgeber. Zu Leipzig erschien 1622. in 4. eine neue, 5 Alph. 4 Bogen starke Ausgabe, welche aber, so viel, als ich wahrgenom-

genommen habe, keine Vermehrungen enthält, wenn schon das Titelblatt solches versichert, auch lange nicht so sauber, wie die erste, gedruckt ist. Der von Westphalen an dem zuletzt anzuzeigenden Orte fällt über die ganze Arbeit dieses gegründete Urtheil: Negandum non est, autorem, ingenio, sedulitate, etiam et vigiliis suffultum, multa iurium Romani et Pontificii capita satis perspicue euoluisse, formulas etiam sententiarum Consistorialium et Decisionum academicarum saepius adiecisse, quin passim illustrasse argumenta selectioribus exemplis, Legibus et Statutis exterorum, antiquitatibus et obseruationibus, inter itinera olim conquisitis; vid. pag. 137. (edit. secundae.) Plura tamen, fateor, Glossatoribus et communi scholae debet, multas iuris Pontificii doctrinas et conclusiones, indoli et rationibus ecclesiarum Protestantium aduersas, ipsoque iure Reformationis Euangelicae annullatas, retinuit, speciatim reliquias Papatus, in caussis sponsalitiis et matrimonialibus ex ratione *Sacramenti* obuias, haud animaduertit, caussas saeculares, vel tamen sua natura tales, ab ecclesiasticis parum distinxit, nec iura Principum, a Pontifice olim possessa, et postliminii iure Principibus Euangelicis, per Tabulas Pacis Westphalicae, restituta, recte eruit. Praecipue vero argumentis siue probandis, siue illustrandis, paucula admodum ex locupletissima iurisprudentia et historia Cimbrica, vel nisi abrupte et perfunctorie, adspersit. Mallem etiam consuluisset ex instituto antiquitates sacras, historiam ecclesiasticam, statuta primitiuae Ecclesiae, decreta sacrae Scripturae et rectae rationis, acta Reformationis Euangelicae, et visitationum Ecclesiarum, Ordinationes Arctoas et Cimbricas eccle-

ecclesiasticas an. 1537 et 1542. Ritualia Ecclesiarum, copiosas constitutiones rerum ecclesiasticarum ab ao. 1540. sq. Ordinationes prouinciales et politicas, conclusa et articulos Synodorum consistorialium, et plura alia genuina iuris ecclesiastici, speciatim Cimbrici, praesidia. Alle diese Erinnerungen sind der Wahrheit freylich gemäß. Aber wie waren die damaligen Zeiten beschaffen? In Betrachtung derselben kann und muß der Verfasser gewiß entschuldiget werden. So viel wenigstens ist unläugbar, daß sein Werk fast überall mit einer gar feinen Philologie ausgezieret sey, welches schon Herm. Vultec in einem dem Buche vorgesetzten Briefe an den Herausgeber gerühmt hat. Er schreibt darinn: Cumprimis autem iucunda est illa, quae in Auctores elegantiores excurrit, exspatiatio, qua rei grauitatem mira iucunditate contemperat, vt quem semel admisit, lectorem non dimittat facile. Cyprāus hat aber sein Werk in zwey Hauptstücke getheilet. Das erste handelt de iure sponsaliorum, welches das allerweitläuftigste ist, weil darüber die meisten Streitigkeiten vorzufallen pflegen; das zweyte hingegen de matrimonio. Dieses füllt nur wenige Bogen aus. Die Ursache, warum Sotomajor in seinem zu Madrit 1667. gedruckten nouissimo libr. prohibit. et expurgandorum Indice den Verfasser auch mit hinein gesetzt habe, kann ich nicht errathen, indem er nur zuweilen, obschon sparsam genug, von den Päbstlichen Lehrsätzen abgehet. Denn meistentheils hat er doch den alten Sauerteig beybehalten, wie bereits vorher angeführt worden ist.

3) de origine, nomine, priscis sedibus, lingua prisca, moribus antiquissimis, rebus gestis et migra-

grationibus Saxonum, Cimbrorum, Vitarum et Anglorum Αποσπασμάτιον. Sein Sohn, Hier. Cyprǎus, stellte dieſes kleine, nur aus 5¼ Bogen beſtehende, und deshalben ſehr ſeltene, Werkchen nach des Vaters Tode zu Copenh. 1632. in 4. ans Licht. Man ſehe hiervon des Clement Bibl. de livres, difficiles à trouver, Th. VII. S. 389. Das Iournal des Savans, Th. CXX. im Märʒ des Jahrs 1740. S. 420. der Amſterd. Auflage kündiget einen neuen Abdruck mit Noten, Zuſätzen, und einigen kleinen Schriften Heinr. Gottlieb Frankens, unter dem Titel an: Antiquitates Saxoniae Septentrionalis, an. Allein ich bin in groſſem Zweifel, ob dieſer Nachricht ʒu trauen ſey. Wenigſtens iſt das Vorhaben nicht ʒu Stande gebracht worden. Drey Capitel ſind der Stoff der ganʒen Abhandlung, und dieſe von dem folgenden Inhalte. 1) de origine, nomine, priſcisque Saxonum, Cimbrorum, Vitarum et Anglorum ſedibus ad Albin et Oceanum; 2) de lingua Saxonum, Cimbrorum et Anglorum priſca, eorumque moribus; 3) Saxonum et Cimbrorum antiquiſſimae res geſtae, et migrationes.

4) Annales Epiſcoporum Sleſuicenſium oaet. Coloniae 1634. 1 Alph. 4 Octavbogen ſtark. Man findet darinn mehr, als der Titel vermuthen läßt, und es bleibt ein in der Landesgeſchichte unentbehrliches Buch, welches ſchon oft ʒu Hülfe genommen worden iſt, um gewiſſen Erʒählungen das Gepräge der Wahrheit ʒu verſchaffen. Sein Sohn, Johann Adolph, ließ es auf eigene Koſten drucken; daher rührt die groſſe Seltenheit deſſelben. Er hat es auch vollſtändiger ʒu liefern geſucht, aber dabey das Meiſte der väterlichen Arbeit

beit zu verbergen für gut angesehen. Einige Noten darüber von Jacob Fabricius, und Christian Friedr. Feustkingen, stehen in des von Westphalen Monum. ineditis rer. German. Band III. S. 379. Vor einigen dreyßig Jahren giengen zween gelehrte Männer damit um, eine bessere Auflage aus Handschriften zu veranstalten. Ein gewisser Doctor Krebs, zu Wismar, wollte den so genannten Lübeckischen Codex darzu gebrauchen, dessen Aufschrift ist: Historia Sleswicensis postuma, und zugleich beweisen, daß der Sohn in seiner Ausgabe oft ganze Stellen ausgelassen, verstümmelt und verdorben, auch wohl, mit Veränderung eines einzigen Wortes, seines würdigen Vaters Vortrag verunstaltet habe. Friedrich Adolph Reinboth hingegen, ein ehemaliger Dänischer Etatsrath zu Schleswig, hatte die Absicht, die Copenhagener, vom Verfasser selbst hinterlassene ächte Handschrift, welche in der Königlichen Bibliothek verwahrt wird, mit weitläuftigen Noten ans Licht zu stellen. Es ist aber das eine Vorhaben so wenig, als das andere, ausgeführt worden. Um Weitläuftigkeiten zu vermeiden, berufe ich mich auf die Göttingischen Zeit. v. gel. Sach. 1743. S. 309 und 319—324; die Uhlische Syllogen Epistolarum, Band III. Buch 8. S. 129 und 205. des Herrn Domprobst Dreyers Notitiam Mstor. Cimbricor. S. 70. An diesen angeführten Orten kann Jeder, der davon mehr wissen will, seiner Begierde Gnüge leisten.

5) Acta Legationis in Hispaniam, et negotiorum, quae anno 1583 et 1584. gesta sunt in caussa Adolphi, Ducis Slesuico-Holsatici, contra Philippum II. Hispaniarum Regem. Es stehen gar merk-

merkwürdige Sachen darinnen. **Joh. Friedr. Noodt** hat diese Schrift 1745. im Stück IV. S. 349—377. seiner Beyträge zur Schleswig-Holsteinischen Historie drucken lassen.

6) Commentarius in Leges Slesuicenses. Der von Westphalen zweifelte zwar sehr, daß er jemals dergleichen Arbeit unter der Feder gehabt habe. Auf der andern Seite aber waren doch Beweise vorhanden, welche so leicht nicht entkräftet werden konnten. Nun hat der Herr Conferenzrath, Peter Kofod Ancher, die Sache völlig entschieden, da er im Anhange des Theils II. seiner Dansk Lov-Historie (Copenh. 1776. 4.) das Ius Slesuicense recentius, nach dem 1534. zu Schleswig erschienenen Niedersächsischen Originale, vielleicht vom Cypräus selbst übersetzt, nebst seinem Commentar darüber, aus der Königlichen Bibliothek zu Copenhagen zuerst bekannt gemacht hat. Alles zusammen ist fast 21 Bogen stark. Es scheint blos ein angefangenes Werk zu seyn, welchem, aus Nachläßigkeit des Copisten, hier und da etwas mangelt. Auf allen Seiten beynahe wimmelt es auch von Schreibefehlern, die der würdige Herausgeber nach Möglichkeit verbessert hat. Zuweilen sind des Verfassers Meynungen besonders, welche nur Wenige billigen werden; er schweift nicht selten aus, und hält sich mit Nebendingen auf. Das dritte Capitel z. B. welches über den dritten Theil des ganzen Buchs einnimmt, ist von der Seite 34—71. mit einer weitläuftigen Abhandlung angefüllt de variis inter varias gentes homicidii poenis, und der Herr von Ancher muthmaßet dabey in der Vorrede, es habe der Verfasser einen Tractat de homicidio (vornehmlich in

den

den Griechischen und Römischen Staaten) unter der Feder gehabt, aus welchem hier eingeschoben worden sey, was er davon bereits zusammen getragen habe. Uebel angebrachte Erläuterungen aus dem Römischen Rechte, statt deren mehr Anmerkungen über die vaterländischen Gesetze und Gewohnheiten freylich zweckmäßiger gewesen wären, muß man mit der Mode seiner Zeiten entschuldigen, dargegen aber die Neigung zur alten Litteratur, welche auch hier vielmal hervorsticht, zu seinem verdienten Ruhme nicht vergessen.

Sonst sind noch folgende Stücke, die als Handschriften von ihm angezeigt werden, hinzu zu setzen:

a) Consilium et Deductio in caussa serenissimi Ducis Adolphi, intuitu successionis in bona feudalia et allodialia praedia et praefecturas Iohannis, Ducis Holsatiae, welche Deduction er im Jahre 1580. ausgefertiget hatte.

b) Viele von ihm geschriebene Briefe in Griechischer, Lateinischer, und den übrigen Sprachen, deren ich in seinem Leben gedacht habe. Zwey kleine Bündel, Lateinisch und Deutsch, hat Morhof ehemals gesehen, und darinn manche, zur Holsteinischen Geschichte dienliche Sachen bemerkt.

c) Commentatio de iure non scripto. In der Vorrede S. 16. des Commentars in Leges Slesuicenses, auch im Anfange desselben, beruft er sich darauf.

Molleri Cimbria litterata, Tom. I. p. 120. Westphalen Monum. inedita rer. German. Tomo III. in Praefat. p. 33—44.

III.

Heinrich Christoph von Griesheim.

Dieser gelehrte Cavalier, welcher von einem alten Thüringischen Geschlechte abstammete, kam auf dem Rittergute, Griesheim, im Fürstenthume Schwarzburg, 1598. am 4. Januar zur Welt. Curt, oder Conrad, Apel von Griesheim, sein Vater, ließ ihn frühzeitig zum Studiren anleiten, und er war bereits im Jahre 1615. geschickt, unter dem Vorsitze des Lüneburgischen Patriciers, Johann Müthers, eine Disputation zu Jena zu vertheidigen.*) Von dieser hohen Schule gieng er nach der Helmstädtischen, und endlich nach der Rostockischen. An beyden Orten legte er ebenfalls öffentliche Proben seiner Kenntnisse ab.

Als im Jahre 1621. die Universität zu Rinteln errichtet ward, berief ihn der Fürst, Ernst, Graf von Holstein-Schaumburg, der glorwürdige Stifter derselben, zum ersten Rechtslehrer, mit dem Verlangen, daß er besonders die Anfangsgründe des deutschen Staatsrechts vortragen sollte, worinn er bereits seine Stärke gezeiget hatte, und es ist, so viel ich weis, vor seiner Zeit auf keiner andern hohen Schule ein eigener Professor in dieser Wissenschaft gewesen. Griesheim bekam

---

*) Sie enthält Quaestiones iuridico-politicas de Pacificatione religionis, consensu Procerum sub regimine Caroli V. anno 1555. in Comitiis Augustanis solenniter promulgata, und ist auch in des Arumäus Discursibus de iure publico, Band II. S. 436—449. mit eingedruckt worden.

bekam zugleich den Charakter eines Fürstlichen Raths, blieb jedoch nicht lange in diesen Umständen.

Denn er verwechselte 1625. seine bisherige Dienste mit den landgräflich-Caßelischen, und hielt sich einige Zeit zu Marburg auf. Hier scheinet der Durst nach höhern Ehrenstellen hauptsächlich eine Neigung zur Römisch-katholischen Religion in seinem Gemüthe erregt zu haben. Die theologische Fakultät allda merkte die Absichten, und wendete alle Mühe an, sie zu hintertreiben, wie man aus den Löscherischen unschuld. Nachr. 1713. S. 186—216. mit mehrern sehen kann. Es war aber nichts bey ihm zu thun; er trat wirklich von den Protestanten ab, in deren Glaubenslehre er gebohren und erzogen worden war.

Nun wurde er zu Düsseldorf, am Hofe des Pfalzgrafen, Wolfgang Wilhelms, geheimer Rath, welche Stelle er aber niederlegte, nachdem ihn der Maynzische Churfürst, Anselm Casimir, unter eben solchem Charakter, in seine Dienste genommen, und zum Oberamtmann der Aemter Amönenburg, Fritzlar, Neustadt und Numburg ernennt hatte. Zu Fritzlar, wo er zu wohnen pflegte, gerieth er jedoch unvermuthet in die Gefangenschaft. Der Landgraf von Hessen, Wilhelm der Fünfte, bemächtigte sich 1631. am 9. September dieser Stadt, und ließ ihn nach Cassel führen, an welchem Orte er die unten zuletzt vorkommende Schrift verfertigte. Aus Cassel schleppten ihn die Schweden in den damaligen Kriegsunruhen nach Erfurt; sie hielten ihn auf der Cyriacsburg fest, und erst 1638. erlangte er seine Freyheit wieder.

In eben diesem Jahre bestimmte der Churfürst zu Maynz ihn, nebst dem Erfurtischen Prätor, Johann Oresan, zur Beobachtung seines Interesse bey den Friedensunterhandlungen, womit die in Deutschland kriegende Mächte umgiengen. Auch der Pohlnische König, Vladislaus der Vierte, gebrauchte ihn als seinen Rath, da man 1643. und 1644. zu Osnabrück am Westphälischen Frieden arbeitete.*) Vollmar**) hingegen meldet, er habe nur vom Könige ein Empfehlungsschreiben gehabt, worinn die bevollmächtigten Minister ersucht worden wären, ihm von einigen Sachen Nachricht zu ertheilen, mit dem Zusatze, er solle allein sein Aufsehen haben, ohne sich in einige Negotiation einzumischen. Griesheim hatte aber auf dem Congreß keine große Achtung. Er lief bey den vornehmsten Gesandten herum, und plauderte allerley, was ihm bewußt und nicht bewußt war; insonderheit von den Anschlägen des Pohlnischen und Dänischen Königes, die Schweden aus Pommern zu jagen, welches jedoch die Gesandten dieser Crone schlechterdings läugneten. Kurz, er wurde für einen Spion und Verräther gehalten, der sogar dem Schwedischen Minister, Salvius, alles, was er von seinem eigenen Herrn vernommen hatte, entdeckte, und verschiedene Erdichtungen hinzusetzte. Deswegen machten auch die kaiserlichen Gesandten in ihren Berichten nicht die beste Beschreibung von ihm.***)

So bald das wichtige Friedensgeschäfte vollendet worden war, kehrte Griesheim nach Maynz zurück: er fand

*) Von Meiern Acta Pacis Westphal. Th. I. S. 66. und 84.

**) Im Protocollo Actor. public. Instrum. Pacis Westphalicae S. 12.

***) Man sehe hier die S. 1179. des zu Copenhagen 1749. in F. gedruckten Werks: den stormægtigste Konges Christian den Fiertes, Konges til Danmark og Norge Historie, samnenskreven af *Niels Slange*, og fortedret af *Hans Gram*, wo ihm das eben Angeführte vorgeworfen wird.

III. Heinrich Christoph v. Griesheim.

fand aber sogleich eine neue Gelegenheit, seine in Staatssachen erworbenen Einsichten zu vermehren. Der damalige Churfürst, Johann Philipp, beehrte ihn mit der Würde eines subdelegirten Ministers, und er mußte in dessen Namen den zu Nürnberg 1649. angestellten Executionshandlungen beywohnen. Die Vollmacht darüber hat der Freyherr von Lynker in einer zu Jena 1678. gehaltenen Dissertation *) mit abdrucken lassen.

Im Jahre 1652. ward er ein Mitglied der berühmten Fruchtbringenden Gesellschaft, und erhielt die Benennung des Eingebenden. Weitere Nachrichten von ihm fehlen, und man weis nicht einmal, wenn er sein Leben beschlossen habe. In der lateinischen Geschichte des ersten Jubelfestes der Universität zu Rinteln S. 22. lese ich, daß er zuletzt Hessen-Darmstädtischer Direktor im Wetzlarischen Distrikte gewesen.

Seine Feder hat einige Schriften geliefert, die größten Theils zum Deutschen Staatsrechte gehören, und nun zwar selten zu finden, aber auch leicht zu entbehren sind. Sie bestehen aus diesen Stücken:

1) Discursus tres, de Electorum S. R. I. augustissimo Collegio, Helmst. 1618 und 1619. Diese Dissertationen, welche zusammen 11 Bogen in 4. erfüllen, vertheidigte er als Präses. Die erste enthält Septemvirorum originem, progressum, numerum, dignitatem et requisita. Den Ursprung der Churfürsten setzt er auf keine gewisse Zeit, sondern glaubt nur, es hätten die deutschen und italiänischen Fürsten zuerst nach der Gewohnheit Kaiser gewählt, alsdann aber wäre erst in der

Güld-

---

*) de Commissario imperiali ad negotia Status, unter dem Buchstaben B. der angefügten Dokumente.

III. Heinrich Christoph v. Griesheim.

Güldnen Bulle von Carl dem IV. ein Gesetz darüber gemacht worden. In der zwoten redet er de Electorum potestate in electione S. S. Romani Imperatoris; und in der dritten de Electorum Palatini et Saxonici potestate, quam ipsis concedit, praeter longam consuetudinem, Aureae Bullae Cap. V. tempore interregni.

2) Decuria quaestionum illustrium ex iure feudali et publico desumtarum, ibid. 1619. in 4.

3) Discursus de Comitiis Imperii Rom. Germanici, ibid. 1619. unter Heinr. Andr. Crans Vorsitze, auf 4 Bogen.

4) Dissert. de cucurbitatione, Rostoch. 1619. in 4. Ich finde sie auch mit dem Druckjahre 1625. welches schlechterdings die zwote Auflage seyn muß. Meines Wissens ist diese Abhandlung die erste, welche von dem gemeldeten Gegenstande besonders geschrieben worden. Man hat ihr hernach in der bekannten Sammlung, welche 1645. unter der Aufschrift: Facetiae facetiarum, hoc est, Iocoseriorum Fasciculus nouus, S. 45—53. eine Stelle eingeräumt. Ein jeder wird sie gern lesen.

5) Iurisprudentiae publicae Romano-Germanicae breuis delineatio, sex Dissertationibus comprehensa, Rost. 1620. 1 Alph. 2 Bogen in 4. Er ließ sie zusammen hervor treten, da sie vorher einzeln waren. Die erste handelt de veteris Romano-Teutonici Imperii augustissima dignitate et augustissimis praesentis Reipublicae reliquiis, atque gloriosissima Electorum institutione; welche Verfassung er nun ins Jahr 1209. setzt, und sich, zum Beweise seiner Meynung, auf des Kaisers Otto des IV. Dekret beruft; die zwote de iuramen-

mento Electorum, in quo praecipue tractatur de personis, Imperatoria maiestate dignis, et de loco electionis; die dritte de tempore electionis, officio Electoris Moguntini, votorum ordine, et effectu electionis; die vierte de coronatione Imperatoris Germanica, et Electorum officiis; die fünfte enthält eine compendiosam augustissimorum Imperialium Comitiorum explicationem; die sechste endlich hat die Ueberschrift de nobilitate Germaniae. Ob schon, seit einer so langen Zeit, das deutsche Staatsrecht eine ganz andere Gestalt bekommen hat; so siehet man doch hieraus die Arbeit eines würdigen Schülers von Arumäus, welche desto gewisser ein Denkmal seiner Fähigkeiten bleibt, da er erst 22 Jahr alt war, als er sich damit beschäftigte. Unnöthige Ausschweifungen entschuldigt die Jugend, worinn man nur gar zu geneigt ist, seine Belesenheit gleichsam auf dem Schauplatze der Welt darzustellen.

6) Discursus historico-politico-iuridicus, nobilissimam Vicariatus S. R. Germ. Imperii materiam exhibens, Rintelii 1621. Diese 6 Quartbogen starke Dissertation ist die erste gewesen, welche er, nach dem Antritte seines Lehramts, zu Rinteln gehalten hat. Sie wimmelt aber von groben Druckfehlern, weil der Verfasser abwesend war, als er sie unter die Presse gab. Vielleicht ist sie bald darauf in die nachfolgende Sammlung gekommen, welche ich noch nicht gesehen habe.

7) Discursus historico-politico-iuridici ad basin Aureae Bullae, eiusque titulos 1. 2. 3. 4. 5. caet. Rint. 1621. in 4. Der Canzler von Ludewig urtheilt in seiner Vorrede zum Th. II. der Erläut. der Güldnen Bulle §. 33. von der ganzen Arbeit

also: „Es sind diese seine Disputationes nicht ganz
„zu verachten. Er hat 1) die Schriften, die zu
„seiner Zeit darinn herausgekommen, fleißig ge-
„lesen und angeführt; 2) ein gutes iudicium bli-
„cken lassen, solche zu beurtheilen; 3) sich sehr be-
„mühet, etwas von neuen Sachen allemal mit ein-
„zuschieben, so daß man, wie das ius publicum
„zu seiner Zeit gestanden, daraus erlernen kann.
„Allein das adeliche Geblüt ist bey ihm meistens
„allzuhitzig gewesen, davon die Formeln: Bone
„Deus! *Rumeline* tune es sanae mentis? Num
„homo es? und a. d. Zeuge seyn. Er hat auch
„die meisten alten Lehren in dem Staatsrechte mit
„machen, und sich an diejenigen halten müssen,
„die zu seiner Zeit in dem Druck gewesen.“

8) Beschreibung der langwierigen Gefängniß Ludewigs, Grafens zu Gleichen, Erfurt 1642. in F.
daß er diese Schrift, welche in der Struve- und
Buderischen Bibl. historica, S. 1160. eine bre-
vis commemoratio genennt, und auch vom Krey-
sig in seiner histor. Biblioth. von Obersachsen S.
362. der ersten Ausgabe angeführt wird, währender Gefangenschaft zu Cassel verfertiget habe, solches ist bereits in seinem Leben angemerkt worden.
Gudenus in der Historia Erfurtensi, S. 154.
des neuen Abdrucks in Joannis britten Bande
rerum Moguntiacarum, gedenkt dieser Arbeit
ebenfalls, scheint sich aber darinn zu irren, wenn
er schreibt: *Griesheim*, Archisatrapa Eichsfeldiae,
peculiarem huius historiae narrationem, in spem
liberationis, edidit, dum a Suecis in Cyriaciburgo captiuus teneretur. Denn der Verfasser war
schon einige Jahre vorher wieder in Freyheit ge-
setzt worden, als seine Beschreibung die Presse ver-

verlassen hatte. Ich wundere mich übrigens, daß Casp. Sagittarius in der Historie der Grafschaft Gleichen, welche Cyprian 1732. aus dessen Handschrift heraus gab, derselben mit keinem Worte Erwähnung gethan hat, da er S. 53. verschiedene Schriftsteller nennt, welche von diesem Grafen Ludewig, oder Ernsten dem Dritten, wie er eigentlich, seiner Meynung nach, heissen soll, einige Nachricht ertheilen. Es muß aber die Griesheimische Erzählung eine ungemein große Seltenheit seyn, weil ich sie auch in den besten Bücherverzeichnissen vergebens gesucht habe. Fast würde ich an dem wirklich erfolgten Drucke derselben zweifeln, wenn es nicht zu verwegen wäre, den vorher angezeigten Gelehrten allen Glauben abzusprechen.

Nova Acta Eruditorum an. 1740. M. Iunio, P. I. pag. 209. sq. Der Verfasser dieser Nachricht ist Christoph August Heumann gewesen. Andere Nachrichten habe ich hinzugethan.

IV.

Otto Melander.

Die Vorfahren deſſelben führten den deutſchen Namen Schwarzmann. Sein Großvater, Dionyſius Melander, lebte zu Melanchthons Zeiten, und ſtand anfangs als Prediger zu Frankfurt am Mayn, zuletzt aber war er Hauptpaſtor zu Caſſel. Der Vater hieß eben alſo, und ſcheinet Prediger zu Hone, einem Heßiſchen Dorfe, geweſen zu ſeyn, woſelbſt Otto Melander im Jahre 1571. das Licht erblickte. Ich finde nicht, daß er noch andere Univerſitäten, außer der Marburgiſchen, beſucht habe. Herm. Vulte und Nicol. Vigel, bildeten ihn vorzüglich zum Juriſten. Hartmann, Th. II. S. 122. ſeiner Heßiſchen Hiſtorie, meldet, er ſey 1591. da er ſchon von der philoſophiſchen Fakultät den Magiſtertitel erhalten hatte, an Stephan Kirchners Stelle ein Lehrer beym Pädagogio zu Marburg geworden, jedoch 1594. wieder abgegangen. Im folgenden Jahre ward er eben allda der juriſtiſchen Doktorwürde theilhaftig, und lebte hernach einige Zeit zu Speier.

Bald darauf machten ihm einige Gönner Hoffnung, daß er als Profeſſor der Rechte und Beredſamkeit ans Gymnaſium zu Hanau kommen ſollte, wenn der damalige Graf, Philipp Ludwig, die Stiftung deſſelben bewerkſtelligen würde, welches aber erſt nach vielen Jahren geſchah. Mittlerweile fand man ihn 1597. zu Hone, und ferner auf ſeinem Gute Weberſtadt, unter dem Thüringiſchen Amte Langenſalza, in der Abſicht,

ſich

IV. Otto Melander.

sich, seit der Advokatur zu beschäftigen. Er war noch 1601. allda, auch bereits verheyrathet.

Aus Johann Textors Nassauischer Chronik S. 11. ist zu sehen, daß er ein Professorat der Rechte und Philosophie am akademischen Gymnasio zu Herborn verwaltet habe. Vielleicht folgte er in diesem Amte Johann Althusen, welcher es mit dem Anfange des vorigen Jahrhunderts niederlegte, und dargegen das Syndikat zu Emden übernahm. lange ist jedoch Melander zu Herborn nicht geblieben. Denn ich kann zuverläßig sagen, daß er schon 1604. Hofrath in römisch-kaiserlichen Diensten gewesen, zugleich aber zur katholischen Religion übergegangen sey. Er wurde darauf als Appellations- und Lehnsrath nach Prag versetzt. Endlich ernennte ihn der Kaiser zum wirklichen Reichshofrathe auf der gelehrten Bank, welche ansehnliche Stelle er 1625. gewiß bekleidete; denn eine recht genaue Zeit, da er sie bekommen hatte, weis ich noch nicht zu bestimmen. Den Adelstand mit dem Namen von Schwarzenthal erhielt er auch, und ein günstiges Schicksal bereicherte ihn mit den Gütern Kretzetin, deutschen Bilaw, Königsheinzendorf und Grossowitz. Sein Tod erfolgte im Jahre 1640.

Zu Prag machte er sich ein beständiges Geschäfte daraus, alles Mögliche zur Verfolgung der Evangelischen beyzutragen. Sonst aber ließ ihn der Kaiser, Ferdinand der II, auch an seinen Staatsangelegenheiten Antheil nehmen. Er mußte z. E. im Namen desselben 1619. eine Proposition an die Schlesischen Fürsten und Stände thun; und im Jahr 1623. war er einer der Gesandten, welche dem Churfürsten, Joh. Georg dem I. zu Sachsen für die dem österreichischen Hause geleistete treue Dienste, auch aufgewendete große Kriegsunkosten, die beyden Marggrafthümer Ober- und Niederlausitz unterpfändlich übergaben.

IV. Otto Melander.

Ein Generalobristlieutenant, Peter Melander, stand 1634. in Heßischen Diensten. Ob derselbe sein Sohn, Bruder, oder sonst ein Angehöriger von ihm, und eben derjenige gewesen sey, welcher als Kaiserlicher General, 1647. in vielen Gegenden Deutschlands gar übel gewirthschaftet haben soll, das getraue ich mir nicht, mit unumstößlichen Beweisgründen zu entscheiden.

Otto Melanders hinterlassene Schriften zeichneten sich in seinem Zeitalter mehr aus, als jetzt; und darüber wird sich kein Kenner wundern. Da aber die vorhandene biographische Werke fast gar nichts von ihm enthalten: so glaube ich, er verdiene schon die Mühe, welche ich angewendet habe, durch meine gesammleten Beyträge einige Lücken auszufüllen, und ihn der Dunkelheit zu entreissen, womit er ziemlich lange umhüllet gewesen ist. Seine gelehrte Arbeiten, welche ich nun zu erzählen anfange, bestehen aus den folgenden Nummern,

1) Dissert. de tutelis, Marb. 1593. in 4. Ich habe sie nur in der Lipenischen jurist. Bibliothek angetroffen, und nicht selbst gesehen. Daher ist es mir auch unbekannt, ob er sie ohne fremden Beystand vertheidiget habe, oder nicht. Es werden vermuthlich, nach dem damaligen Geschmacke, lauter kurze Thesen darinn seyn.

2) Centuria controuersarum iuris feudalis quaestionum, cum duabus aliisque quam plurimis iuris ciuilis, iisque maxime intricatis, controuersiis, ibid. 1594. Diese Schrift war seine Doktordisputation, die 6 Bogen ausfüllt. Hernach vermehrte er sie, und gab ihr die Form eines Traktats, welcher zu Licha, nicht weit von Weßlar, im Jahre 1601. auf 10½ Oktavbogen unter dem Titel ans Licht trat: Loci communes controuersarum iuris feu-

feudalis quaeſtionum, in quibus tam pro affirmatiua, quam negatiua, ſententia ordinariae Doctorum ſedes aperiuntur. Iuncta paſſim iuris Saxonici diſcrepantia, eiusque demonſtratis fontibus.

3) Idea, ſeu Exegeſis, vniuerſi ſtudii politici, ex media iurisprudentia, ac ciuili ſapientia, deſumta, 1599. und wieder zu Frf. am M. 1618. Beyde Exemplare ſind 5 Bogen in 8. ſtark. Er hat darinn mit angerathen, daß eine beſondere Profeßion der Politik auf Univerſitäten errichtet werden möchte. Dieſer Rath wäre unnöthig geweſen, wenn er ſpäter gelebt hätte.

4) Conſultatio teſtamentaria, in qua diſcutitur grauiſſima et admodum controuerſa quaeſtio: an teſtamentum, Actis iudicis inſinuatum, absque teſtibus valeat? Lichae 1597. Gar ſauber auf 4 Oktavbogen gedruckt. Es bejahet der Verfaſſer den Satz, und ſucht insbeſondere L. 19. C. de teſtamentis zu erklären.

5) Reſolutio praecipuarum quaeſtionum criminalis aduerſus Sagas proceſſus, cum refutatione noua tam iuridica, quam philoſophica, purgationis Sagarum per aquam frigidam, aduerſus *Guil. Adolph. Scribonium*, Phil. et Med. Doctorem, per conſultationem tractata, Lichae 1597. in 8. auf 10 Bogen. Angedruckt iſt des Rud. Goclenius Rede de natura Sagarum in purgatione et examinatione per frigidam aquis innatantium. Die Lipeniſche Juriſt. Bibl. führt auch eine andere Ausgabe an, die 1669. in 8. zu Cölln erſchienen ſeyn ſoll.

6) Controuerſi iuris feudalis diſcuſſiones, tam theoricae, quam practicae, Mulhuſii Thuringorum 1601.

1601. in 8. Es ist nur der erste Theil, welcher auf 9 Bogen 18 Discußionen enthält. Zu Lich, trat dieses Exemplar 1650. in demselben Formate von neuem hervor.

7) Commentaria in *Noae Meureri* Proceſſum cameralem, Mulhuſii et Frf. 1601. drey Theile in F. 8 Alph. ſtark. Ein zweeter Abdruck folgte allda 1612. nach. In vorigen Zeiten machten die Kenner des Cameralrechts viel daraus, besonders wegen der weitläuftig erörterten Controverſien. So urtheilet Joh. Deckherr im Specimine Commentat. de rebus cameralibus, S. 65. der erſten Ausgabe unterm Jahre 1676. Seine eigene Worte ſind dieſe: Commentaria ad *Meurerum* laudatiſſima ſcripſit *Otto Melander*. Habet hic familiariſſimum Aſſeſſorem Anonymum, qui hodie Ante-Marillianus dicitur, Mindanum et Schwanmannum, ex quibus eius pleraque, quamvis honorifice, cum ampliſſima controuerſiarum deductione illuſtrata, aſſumta.

8) *Ge. Obrechti* Tract. de iurisdictione et imperio, ibidem 1602. in 4. Er ließ dieses Werkchen auf 17¼ Bogen, ohne des Verfaſſers Wiſſen und Willen, aus einer Handſchrift drucken, verſah es auch mit Marginalien. Es war jedoch ſehr unvollkommen, und unrichtig. Deshalben lieferte Obrechts Sohn zu Strasburg 1618. eine weit beſſere Edition nach des Vaters Tode. In demſelben Jahre 1602. machte Melander es auch alſo mit Regner Sixtins nachgeſchriebenen Vorleſungen von den Regalien, welche 22 Quartbogen einnehmen.

9) Iocoſeria, Frfurti 1603. in 12. auf 1 Alph. 12 Bogen, welchen Abdruck der Doctor Zacharias Pala

Palthen besorgte; Lichae 1604. in 8. Smalcald. 1611. in 8. aber ungemein fehlerhaft. Dieses Exemplar bestehet aus zwey Büchern, deren erstes 2 Alph. 10 Bogen, das zweyte hingegen 6 Bogen weniger erfüllt. Ich kenne auch noch drey andere Editionen, die ich nicht übergehen will. Zwo sind ebenfalls zu Frankfurt 1617 und 1626. in 12. vollendet worden. Jene, die Crato Palthen verbessert hat, kommt unter dem Titel vor: Iocorum atque seriorum, tum nouorum, tum selectorum atque in primis memorabilium, Centuriae aliquot: Diese scheint nur eine Copey der vorigen zu seyn. Sie ist von Druckfehlern gereinigt, und enthält 3 Alph. 3 Bogen in drey Theilen. Die letzte Edition, eine Nürnbergische, unterm Jahre 1643. hat auch so viel Theile desselben Formats. Es ist in diesem Buche mancherley abgeschmacktes Zeug darzwischen gemengt worden, welches er so wohl, als sein Vater, zusammen getragen hatten. Desto mehr muß man sich über die wiederholten Auflagen wundern. So gar eine deutsche Uebersetzung ist zu Licha 1605. in zween Oktavtheilen, welche 2 Alph. und fast 7 Bogen stark sind, ans Licht getreten, und 1617. zu Darmstadt abermal gedruckt worden. Wer eine so unnütze Arbeit verfertiget habe, kann ich nicht sagen; der Verleger des ersten deutschen Exemplars aber war eben der, welcher das lateinische Original 1604. heraus gab, nämlich Wolfg. Kezel. Die Aufschrift der Uebersetzung ist diese: „Iocoseria, d. i. Schimpf und Ernst, darinn nicht „allein nützliche und denkwürdige, sondern auch „anmuthige und lustige Historien erzählet und be-„schrieben werden."

10) Tra-

10) Tractatus tres de modo difcendi et docendi iura, Lichae 1605. in 8. Gesehen habe ich das Werkchen nicht; so viel ist mir aber sonst bekannt, daß Mich. Teubers Traktat de modo difcendi, docendi et exercendi iura; Herm. Vultes Differt. oder Prolegomena de ftudio iuris; welche nach der Vorrede seiner Iurisprud. Romanae zu lesen ist; und endlich Aegid. Monners Epistola de ratione legendi difcendique iura darinn stehen. Es scheint also, er sey hier nur ein bloßer Herausgeber gewesen. Man schlage hierbey die Biblioth. iur. *Struvio-Buderianam*, S. 329. der achten Ausgabe nach, wo jedoch ein Buch in zwey verwandelt wird.

11) Commentariius de conftitutione fuper Pace religionis. In Christoph Lehmanns Actis publicis et originalibus de Pace religiofa, ist diese zwar mit vieler Mäßigung, aber keinem sonderlichen Fleiße geschriebene Abhandlung das Capitel 32. des britten Buchs, S. 299—309. der Ausgabe von 1640. in 4.

Die Nachrichten von Melandern habe ich großen Theils aus seinen eigenen Schriften genommen, einige andere Umstände aber aus Condorps Actis publ. Th. I. Buch 4. Cap. 7. S. 576. dem Theatro Europ. Band I. S. 169. Rhevenhüllers Annal. Ferdinand. Band X. S. 138. und dem 1637. in Holland gedruckten kleinen, nun raren Buche de Statu particulari Regiminis Ferdinandi II. S. 154. angemerkt.

V. Mar-

V.

Marcus Mantua Benavidius.

Wenn gleich einige Leser mir den Vorwurf machen sollten, daß ein alter Italiäner, den die Vergessenheit immer mehr zu umfassen scheint, eben nicht unter die angesehensten Rechtsgelehrten gehöre: so werden doch die meisten, aus dem Folgenden überzeugt, mir ihren Beyfall nicht versagen, indem ich behaupte, er sey würdig genug, wieder aus Licht gerufen, und in der Reihe so vieler Anderer seiner Fakultät mit Hochachtung aufgestellt zu werden. Ich will also die Geschichte von dem Leben und den Schriften des Benavidius, oder, wie er auch sonst geschrieben wird, Bonavitus anfangen.

Er war der Sohn eines 1520. im hohen Alter gestorbenen, edlen und reichen Arztes zu Padua, Joh. Pet. Benavidius, und kam daselbst am 25. November des Jahrs 1489. zur Welt. Den Namen Mantua führte er von der Stadt Madrit, (Mantua Carpetanorum) wo seine Vorfahren ehemals ihren Wohnsitz aufgeschlagen hatten. Von seinem Vater war es zu erwarten, daß er ihm die beste Erziehung geben würde, der Sohn aber unterstützte auch die angewendete Mühe durch eine gewisse Reife des Verstandes, welche bereits an dem noch zarten Jünglinge sichtbar war. Zuerst beschäftigte er sich mit der Advokatur; hernach aber erhielt er 1515. auf der hohen Schule seiner Vaterstadt, wo er, wahrscheinlich studirt hat, eine Lehrstelle des römischen, und ferner des päbstlichen Rechts, welche er ganze sechzig Jahre verwaltete. Man verlangte ihn zwar mit starker Besoldung als Rechtslehrer nach Bologna, der Pabst, Paul der Dritte, wollte auch einen römischen Auditor der Rota aus ihm machen; allein er war von Padua nicht wegzubringen. Indessen ernennte ihn 1545. der Kaiser Carl V. 1561. aber Ferdinand der I. und 1564. der Pabst, Pius der IV, zum Ritter und Comes Palatinus.

Weil er zuletzt gar zu schwach und unvermögend wurde: so legte ihm die Republik Venedig den Rang über alle übrige Professoren bey, nebst der Freyheit, Vorlesungen anzustellen, wenn und so oft er wollte. Den Lauf seines langen Lebens beschloß er, 1582. am 5ten April des damaligen Calenders, im drey und neunzigsten Jahre seines Alters. Er war zwar verheyrathet gewesen, hinterließ aber doch keine Leibeserben, auf die sein ansehnliches Vermögen hätte fallen können. Bey einer prächtigen Lebensart, die den Stand des Privatmannes überstieg, schien sein neu erbautes Haus ein fürstlicher Palast zu seyn. Man traf darinn die raresten und kostbarsten Gemälde, die besten Denkmaale des Alterthums, einen vortreflichen Vorrath von alten Münzen, und eine schöne Sammlung auserlesener Bücher an. Mit den größten Künstlern seiner Zeit, und Liebhabern der Musik, stand er, als Kenner, in der vertrautesten Freundschaft, ausgebreitete Wissenschaften aber erhoben ihn, nach Beschaffenheit der damaligen Studien, über den stärksten Haufen seines gleichen. Besonders ist er mit gutem Grunde denjenigen Rechtsgelehrten beyzufügen, welche ihren Schriften durch die alte Litteratur Schmuck und Anmuth zu geben bemühet gewesen sind.

Er hat sehr viele Bücher in meistens unverwerflichem Latein verfertiget. Nur verursachen die häufigen

V. Marcus Mantua Benavidius.

Allegaten, die vom Texte sich nicht unterscheiden, dem Leser keine geringe Beschwerlichkeit, und die mehresten seiner Produkte haben schon längst das Zeichen der Seltenheit in hohem Grade erhalten. Daher kommt es denn, daß ich von allen nicht die genaueste Nachricht ertheilen kann. Indeß hoffe ich doch, die folgende Anzeige werde vollständiger seyn, als sie an andern Orten zu finden ist. Ich will zugleich einige fremde Schriften beyfügen, die er nur herausgegeben hat.

1) Commentaria in vnum redacta, Patauii 1540. in F. Dieses Werk wird im Catal. Bibliothecae *Ludewigianae*, Band I. S. 383. angeführt; ich weis aber nicht, welchen Gegenstand es betrift.

2) Dialogus de Concilio, Venet. 154'. in 4. auch im Zilettischen Tractatu Tractat. Band XIII. Th. I. S. 182. und in Philipps Labbe Apparatu ad Concilia, S. 37. (von der neuen Auflage dieses Werks kann man die Latein. Acta Eruditor. 1731. S. 207. nachsehen.) Der gute Benavidius soll sich aber, wie Freytag S. 81. der Analector. litterarior. berichtet, bey seinen Glaubensgenossen damit viele Feinde gemacht haben, weil er die Fehler der Cardinäle, Bischöfe und Aebte gar zu heftig entdeckte. Was sonst noch von der ganzen Abhandlung zu sagen seyn möchte, das hat schon Clement in der Biblioth. de livres, dificiles à trouver, Band III. S. 121. erzählet.

3) Tract. de priuilegiis militaribus, Patauii 1541. und am Ende des Bandes XVI. vom Zilettischen Tractatu Tractatuum.

4) Veridica non minus, quam vtilia et cottidiana studiosis hominibus responsa ac defensiones nonnullae cum ciuiles, tum criminales, multa breuitate

vitate vndique scatentes, Venet. 1543. in F. mit dem Repertorio 209 Blätter. Widekinds Verzeichnis von raren Büchern, S. 380.

5) Observationes legales, ibid. apud Ioh. Gryphium, 1545. in 8. Es sind 10 Bücher, welche ungefähr zusammen 21 Bogen betragen. Zu Lion erschien im folgenden Jahre eine neue, beynahe 18 Bogen starke, Ausgabe. Sein Isagogicus de soluendis argumentis ist hier besonders auf 5 Bogen darzu gekommen. Widekind am angef. Orte. Von dem letzten Werkchen werde ich weiter unten mehr sagen.

6) Apophthegmata iuris CC. vltra 500. (also zusammen 700.) Venet. 1545. in 8. Nachher sind sie 1570. den zu Lion in F. gedruckten Singularibus Doctorum, Band II. Blatt 2—70. mit einverleibt worden.

7) Problematum iuridicorum libri IV. Venet. 1545. und ferner 1655. in 8. Die letzte Auflage habe ich im Catal. Bibl. *Ludewigianae*, Band I. S. 775. bemerkt.

8) de maiore XIV. annis, efficaciter obligando, ad declarationem Statuti Patauini, sub rubro de alienand. et oblig. debit. ordine primi, aliorumque locorum, in quibus exstat, et ad interpretationem Authent. *Sacramenta puberum* si aduers. vendit. ibid. 1547. 11 halbe Bogen in 8. Joh. Baptista Flaminius war der Herausgeber dieses kleinen Traktats, welcher auch sonst unter dem Titel: de obligandis puberibus angeführt wird.

9) Tract. de legitima filiorum, qualis et quanta sit, deque maiore annorum XIV. efficaciter obligando, atque de iure protomixeos, Lugd. ap. Guil. Ro-

Ronillium 1548. in 8. auf 11¼ Bogen. Auch dieſes Buch ſtellte Flaminius ans Licht. Im Zilettiſchen Tractatu Tractatuum Band VIII. Th. I. kommt es unter dem folgenden Titel vor: de legitima filiorum, quam bonorum ſubſidium vocant, quo iure inuenta, et quid ab aliis quartis differat, aliaque longe plura in materia ad interpretationem Auth. *Nouiſſima* C. de inoff. teſtam. Man findet es ebenfalls in den geſammleten Abhandlungen des Cucchus, Rubeus, Battansdier und Chiflets de legitima, welche 1594. in 8. zu Neuſtadt die Preſſe verlaſſen haben. Der zweete Tractat de maiore XIV. annis caet. iſt die andere Ausgabe desjenigen, welcher unter der vorhergehenden Nummer ſtehet, oder vielleicht gar ein Nachdruck, der jedoch ſehr ſauber gerathen iſt.

10) Enchiridion rerum ſingularium, Venet. 1551. in 8. 2 Alph. 10¼ Bogen ſtark. Einer ſeiner geweſenen Schüler, Hieron. Niger, beförderte das Werk zum Drucke. Es beſtehet aus 13 Büchern, die er am Ende des Jahres 1549. vollendet hatte. Zuletzt findet man angehängt: Scholia in L. *Lecta* D. ſi cert. pet. et ad L. *Verius* D. de probat. welche beyde Stück 1550. aus des Verfaſſers Vorleſungen entſtanden waren. Druckfehler haben ſich in ziemlicher Menge eingeſchlichen.

11) Tractatus, fauores pupillorum, libertatis, et liberationum pariter continentes. Die Edition dieſes Werkchens muß gegen das Jahr 1553. zu ſetzen ſeyn; denn es ſtehet ſchon im Verzeichniſſe ſeiner Schriften vor dem gleichfolgenden Baſſanello. Im Bande VIII. Th. 2. S. 387. des Zilettiſchen Tract. Tractatuum iſt es mit eingerückt worden. Herr Hofr. Hommel in der Continuat.

IV. S. 546. der Notit. auctor. iurid. *Beyerianae* urtheilet also davon: Tres breues, sed vtilissimi, Tractatus, quorum vnus mihi potior est, quam centum ex caeteris.

12) Bassanellus. *M. Mantuae Bonauiti*, Colloquia, seu Dialogi 200. Venet. 1553. in 8. 1 Alph. 2¼tel Bogen in sieben Büchern. Er handelt darinn, vermittelst hundert und funfzig Gespräche, obschon deren zweyhundert auf dem Titel stehen, von lauter juristischen Materien aus dem päbstlichen Rechte. Auf diese Gespräche folgt noch eines de locutione, seu variis loquendi modis apud Ictos. Den Namen Bassanellus gab er seiner Arbeit von einem also genannten Vorwerke. In fortlaufenden Seitenzahlen sind angedruckt: Appia; (von dem Appischen Wege, auf welchem der Verfasser seine Gedanken angemerkt hatte,) seu locorum communium Iuris libri III. auf 12 Bogen, welche lauter Stellen aus dem römischen Gesetzbuche zum Gegenstande haben. S. 577. fällt παραλειπομένων, seu Praetermissorum, Liber in die Augen. Es enthält dieses 7 Bogen starke Buch funfzig Gespräche, die mit zu den vorigen gehören, und meistentheils Erklärungen gewisser Wörter, oder Sätze, des römischen Rechts begreifen. Den Beschluß macht der Tractatus casuum aliquot, centuria tamen definitus, stili sacri Palatii apostolici et curiae, eine kleine Schrift von 2 Bogen. Alles zusammen erfüllt also 2 Alph. ist gar sauber gedruckt, aber ebenfalls voller Fehler des Setzers.

13) Epitome virorum illustrium, qui vel scripserunt, vel Iurisprudentiam docuerunt in Scholis, et quo tempore etiam floruerunt, ordine alphabetico constitutum, quo studiosi facilius alliciantur

ad

V. Marcus Mantua Benavidius.

ad legendum. Adiectis in calce quoque Inuectiuarum libello, nec non Venetae Aristocratiae laudibus, et Patauinae vrbis simul, omnibus cum scitu, tum annotatu, dignis, vt sic viros, sic patriam, vnde ortum habuerunt, ad vnguem, quod aiunt, obseruasse potius, quam neglexisse videatur. Patauii 1553. in 8. Es soll aber doch dieses Exemplar erst im Anfange des Jahrs 1555. fertig geworden seyn. (In der schönen Buderischen Bibliothek zu Jena ist es mit eigenhändigen Anmerkungen des Verfassers, wie aus der achten Ausgabe der Struvischen Bibliothecae iuris selectae S. 10. erhellet.) Eben allda 1565. in 4. trat die zwote, in Ansehung der vielen Druckfehler, weit verbesserte, auch etwas vermehrtere Auflage ans Licht. Voran stehen Joh. Fichards Vitae recentiorum Ictorum, nouissime additis annotatu dignis, auf 19 Blättern, und alsdann kommt des Benavidius Epitome, welcher 64 Blätter bestimmt sind. Widekinds Verzeichnis von raren Büchern, S. 379. Einige Zeit nachher wurde dieses Werkchen dem Bande I. S. 180. des Zilettischen Tractatus Tractatuum, und endlich 1721. zu Leipzig der Hoffmannischen Edition des Panzirols de claris Legum Interpretibus S. 435—498. einverleibt. In der Vorrede fällt der neue Herausgeber kein günstiges, doch nicht ganz ungegründetes Urtheil, wenn er von der Arbeit also schreibt: Rudi et inaequali stilo Opus hoc conditum, et plerumque enarratione iudiciorum et censurarum, de Ictis latarum, quibus tamen raro fidendum, absoluitur. So viel ist ausgemacht, daß man selten von ihm befriediget werde, wenn man seine Nachrichten brauchen will. Da ich aber gewohnt bin, gerne zur gelindesten

V., Marcus Mantua Benavidius.

beſten Parthey zu treten: ſo iſt auch hier meine Meynung, man müſſe alle Mängel mehr auf Rechnung der damaligen Zeiten, als ſeine eigene, ſchreiben.

14) Iſagogicus perquam breuis, modus, ad tollendos fere quoscunque, licet inexplicabiles, argumentorum nodos, Patauii, 1554. auf 6¼ Oktavbogen. Daß die erſte Ausgabe bereits neun Jahre vorher den Obſeruationibus legalibus beygefügt worden ſey, erinnern ſich meine Leſer bey der obigen Num. 5. Der erſte Herausgeber war Hieron. Hermolaus Dalmata. Ein neuer Abdruck erfolgte zu Hamburg 1709. in 8. (nicht aber 1609. wie in der Lipeniſchen Bibliothek angeführt wird,) 7 Bogen ſtark, unter dem Titel: Iſagogicus breuis, modus ſoluendi inter diſputandum fere quoscunque perplexos argumentorum obiectorum nodos. Johann Gröning beſorgte denſelben, wie aus den Anfangsbuchſtaben ſeines Namens zu vermuthen iſt. Der Verfaſſer war bemühet, die juriſtiſchen Diſtinctionen deutlicher zu machen, worinn ihn freylich ſeine Nachfolger weit hinter ſich gelaſſen haben.

15) Commentarius in L. *Dudum* C. de contrah. emt. et vendit. Eine juriſtiſche Vorleſung, die er 1547. zu Padua gehalten hatte. Der erſte Abdruck, welcher nur ein paar Bogen erfüllt, geſchah 1555. in 8. zu Venedig, mit des Matth. de Afflictis Traktate de iure Protomiſeos. Darauf ward das ganze Buch 1575. wieder in 8. zu Frankfurt nachgedruckt, und mit des Baldus de Ubaldis, ferner des Roberts Maranta, Abhandlung gleichen Inhalts vermehrt. In eben dieſer Sammlung erſchien allda 1588. die dritte,

und

und 1593. die vierte Ausgabe dieses kleinen Traktats. –

16) Collectanea iuris in Digesta, Venet. 1558. in F. zween Theile. Nur den zweeten, welcher 3 Alph. 8 Bogen enthält, habe ich gesehen; dieser erstreckt sich über primam et secundam Digesti noui partem, primamque et secundam partem infortiati. In der Zuschrift vor dem Traktate de criminibus meldet er, daß er den ersten Theil schon 12 Jahre vorher ans Licht gestellt habe.

17) Polymathia, hoc est disciplina multiiuga, Venet. 1558. auf 1 Alph. 16½ Oktavbogen. Eines der aller rarsten unter seinen übrigen Schriften. Es bestehet aus 12 Büchern, meist moralischen, politischen und historischen Inhalts.

18) Tractatus longe amplior et vberior quam alias, in quo de *criminibus* agitur, cum publicis, tum priuatis, ibid. 1558. obschon auf dem Titel das folgende Jahr stehet, 22 Bogen stark in 8. Er handelt darinn nach Anleitung L. *Transigere* C. de transact. et L. *Si quis maior* C. eod. vom adulterio, falso, raptu, incestu, periurio, caet. und von Bestrafung dieser Verbrechen. Zuletzt aber folgt ein Commentariolus L. *Aedem* C. Locati, quae agit de expellendo conductore.

19) Consiliorum Tomi II. Venet. 1560. in F.

20) Milleloquii iuris Centuria I. addito Commentariolo ad L. *Minime* D. de religiosis, Patauii 1561. in 4.

21) Paraphrasis ad tit. de iustitia et iure, et de orig. iuris, ibid. 1562. in 4. Von beyden thut der Catalogus Bibl. *Ludewigianae*, Band I. S. 459. die Anzeige.

V. Marcus Mantua Benavidius.

22) Commentarius iuris Pontificii in IV. Decretalium Partes, ibid. 1563. Zween Bände in F. die zusammen 15 Alph. 10 Bogen ausfüllen, und ihren Ursprung von Vorlesungen haben.

23) Effigies illustrium Philosophorum et Sapientum, ab eorum numismatibus extractae, Venet. 1565. in 4. Joh. Christ. Hennings führt dieses Buch S. 231. seiner Biblioth. libror. rarior. an, die nun selbst unter die seltensten Schriften gehört.

24) Illustrium Ictorum Imagines, quae inueniri potuerunt, ad viuam effigiem expressae, ex Museo *M. Mantuae Benauidii*, Romae 1566. in klein Folioformate, auch zu Venedig 1567. Doch mögen die Kupferplatten wohl einerley, und eine Anzahl der römischen Exemplare von einem andern Buchhändler nur mit einem veränderten Titelbogen versehen worden seyn. Clement Bibl. de livres, difficiles à trouver, Band III. S. 123. Die Sammlung besteht aus nicht mehr, als 24 Bildnissen berühmter Rechtsgelehrten, ohne einige Erklärung. Im Jahre 1570. folgten zu Venedig *Dominici Zenoni* Effigies illustrium virorum Ictorum, ex Museo *Mantuae Benauidii*. Dieses Exemplar, welches ich in Joh. Burc. Menckens Bücherverzeichnisse, S. 48. der zwoten Ausgabe, gefunden habe, soll die Fortsetzung enthalten, und gleichfalls, wie das erste Buch, 24 vortreflich gestochene Bildnisse darstellen. Ehe ich weiter fortschreite, will ich noch, zu genauerer Kenntnis des Werks, aus Herrn Hofr. Hommels Litteratura Iuris, S. 196. der ersten Edition (in der zwoten ist diese Stelle nicht) die folgenden Worte hersetzen. Er schreibt nämlich, nachdem er vorher alle Namen der abgebildeten Juristen

ſten erzählt hat, alſo: Romana editio, et ſecundus liber Venetianus, vnum corpus conſtituunt, vtpote formae atque magnitudinis plane eiusdem. Eodem vero tempore, quo liber ſecundus ederetur Venetiis, quod primus liber iam diſtractus eſſet, hic etiam graphio repetitus eſt, ſed minoribus virorum vultibus, atque alia manu, prioris artificis diligentiam, et artem nullo modo attingente. Itaque liber primus Venetiis editus cum libro ſecundo, ibidem edito, non eſt in vnum volumen compingendus, ſed Romana editio potius, et liber ſecundus, Venetiis editus. Hi duo enim ſunt originales, et eiusdem formae, ſed liber primus Venetianus eſt Romanae editionis imitatio tantum, eaque parum elegans. Hieraus iſt zu ſehen, daß auch das erſte Buch mit dem zweyten zugleich, aber weit ſchlechter, zu Venedig von neuem geſtochen worden ſey.

25) Annotazioni breuiſſimi ſopra le rime di *Petrarca*, in Padoua 1566. in 4. ohne ſeinen Namen. Die Anzeige davon habe ich in Hennings Biblioth. libr. rarior. S. 232. geleſen.

26) Areopagita; ſeu de iudiciis, et vbi quisque agere, vel conueniri debeat, Patauii 1567. in 8. auf 13½ Bogen.

27) Theſeus, quo explicantur leges et tituli Digeſtorum de annuis legatis; de alimentis et cibariis legatis; de auro et argento legato; de conditionibus et demonſtrationibus; de incendio, ruina, naufragio; de iurisdictione omnium iudicum, ibid. 1568. in 8. So wird der Titel dieſes Buchs von Sandern de claris Antoniis, S. 176. der Hälliſchen Ausgabe, angeführt.

28)

28) Διδασκαλικός. de verborum et rerum significatione, Patauii 1568. Ein aus 18½ Oktavbogen bestehendes Werkchen, welches er zum Besten junger Anfänger geschrieben hatte.

29) Aequilibrium scholasticum in primam et secundam Partem Digestorum et Codicis; additis Analysi variarum Quaestionum, seu Milleloquio, Fodina iuris de quinque virtutibus Legis, Ismenias iuris, Gymnasio scholastico, et aliis sane quam pluribus. Venet. 1568. 6 Alph. 16 Bogen in F. Papier und Druck sind sehr sauber. Zweifels- und Entscheidungsgründe bringt er überall bey, und beantwortet, was denselben entgegen gesetzt werden kann. Ein Appendix, seu Praetermissorum liber vnus, kommt Blatt 32—48. vor; darauf folgt bis zum Blatt 115. der zweete Theil der Pandekten, und endlich der erste und zweete Theil des Codex. Alle Titel hat er nicht erklärt, und mit dem letzten Titel de sententiam passis, im Buch IX. hört er auf. Die Analysis variarum Quaestionum 1700. et amplius, 1700. Centuriis distincta, ist ein besonderer Band, welcher 6 Alph. 9 Bogen ausfüllt. Es stehen darinn folgende, großen Theils kurze Schriften: Pentareton legis libellus, hoc est, de quinque virtutibus legis; (consiliis, indulgentia, prohibitione, praeceptis ac poenis) fodina iuris, vbi epitome iuris accrescendi; de diffinitione; differentiarum iuris Caesarei et Pontificii liber; de quibusdam verbis, deque significationibus eorum, liber; de nonnullarum principalium dictionum natura liber; de regula liber; de regula Catoniana liber; de regulis Cancellariae apostolicae liber; relatiuorum liber; prouerbiorum liber, cum additionibus, ordine alpha-

phabetico; Vilium liber, seu de vario vocis *vilis* vsu; Dialogus inter *Mantuam* et *Alexandrinum*, olim collegam, de Deo; declaratus locus Icti in L. *Seja* §. virgini D. de donat. int. vir. et vxor. nur in wenigen Perioden; mos varius; aqua, ignis; alius locus declaratus Pauli in L. 2. D. siquis in ius voc.; exornatus locus Vlpiani in L. 1. §. *largius* D. de successorio edicto, ibique de sanguine multa; quaestionum liber, et mantissa; Nomos, siue de Legibus; de praecipuis Romanorum ludis; miles; vinum; declaratio varia rerum quotidianarum; mantissa ad Leges diuersas D. et Codicis; Ismenias iuris ad tit. et omnes leges de reb. cred. et si certum pet.; Cato Mantous, elementario ordine, in verschiedenen Sätzen; exornatus locus Icti in L. *Vbi repugnantia* D. de reg. iur. cum pluribus aliis legibus explicatis; Gymnasium Scholasticum, elementario ordine, classibus tribus, ein kleines Wort- und Sachenlexicon; breves ad varias leges et voces obseruationes. Es ist manches in diesen vielen Abhandlungen, welches noch immer genutzt werden kann.

30) Dialogismus, seu Glossarium iuris, sermonesque Socratici variarum rerum, Venet. 1572. in 8. Dieses Buch, welches Fragen aus den römischen Gesetzen, und die Antworten, enthalten soll, wird in Friedr. Otto Menckens schönen Bücherverzeichnisse, Th. II. S. 431. gefunden.

31) Epistolae familiares et nuncupatoriae, Patauii 1578. in 8. auf 71. Blättern, oder 9 Bogen. Ein werther Freund, welcher diese ungemein seltenen Briefe aus einer Helmstädtischen Auction für mich nicht hat erstehen können, versicherte mich im vorigen Jahre, daß sie mancherley Inhalts, und an

Für-

Fürsten, Cardinäle und Gelehrte gerichtet, theils auch bloße Empfehlungen wären.

32) *Hieron. Nigri*, Icti Veneti, Epistolae et Orationes, Patauii 1579. in 4. Eine vom Benavidius nur zum Drucke beförderte Sammlung. Der großen Seltenheit wegen wollte sie, wie ich in den Haagischen Nouvelles litteraires 1717. S. 247. lese, Gottfr. Wagner zu Wittenberg wieder unter die Presse geben; es hat aber vermuthlich an einem Verleger gefehlt.

33) Loculari Opuscoli libri V. Patauii 1580. in 4. So lautet der Titel im Catal. Bibliothecae *Christ. Gottlieb Schwarzii*, Th. I. S. 209. und in Hennings Biblioth. libr. rarior. S. 232. wird dasselbe Buch auch angezeigt.

34) Consilium de Pace religionis. Joh. Georg. Dorscheus hat es, nebst zween andern gleichen Inhalts, vom Phil. Jac. Porrius, und dem Tiber. Decian, unter dem Titel: Triga σύνδρομος Anticriseos theologicae, zu Strasburg 1648. auf 11 Quartbogen herausgegeben.

In dem, unter der Num. 11. erwähnten, Verzeichnisse der vom Benavidius verfertigten Schriften, und in der Zuschrift vor den Commentar. iuris Pontificii, sind noch viele anzutreffen, die alle vor den Jahren 1553 und 1563. müssen die Presse verlassen haben. Ich kann sie nicht genauer, als allein den Titeln nach, beyfügen.

35) Collectaneorum iuris libri VI.
36) de locis topicis.
37) Centuria Praxis iudiciariae.
38) Scholia ad L. *Precibus* C. de impub.
39) Suasoria Legis Oppiae, ad compescendos mulierum luxus.

V. Marcus Mantua Benavidius.

40) Encomium Sacerdotii, et quaestiones multiplices, an in Republica libera liceat. tyrannum interficere?
41) de Legatis, ad Caesarem destinatis.
42) de. iudice inquirente pro furto commisso.
43) de punitione rei alibi, quam in loco delicti.
44) de testatore, relinquente dotem vxori.
45) de testatore, iubente filios, vt haereditatem aequaliter diuidant, et de blasphemia.
46) de regulis iuris.
47) Loci communes.
48) de filo Sacri Palatii.
49) de duello, in italiänischer Sprache.
50) Dialogus de variis sensibus diuinarum humanarumque litterarum, welche Schrift Papadopolus von ihm anzeigt.

Im höchsten Grade aber sind mir die folgenden Stücke verdächtig, welche ihm auch in der jurist. Bibliothek des Lipenius zugeeignet werden. Ich habe kein einziges davon auftreiben können, und nicht einmal in guten Bücherverzeichnissen bemerkt. Die Titel derselben lauten also:

a) de substitutionibus, Ingolst. 1582. Heidelb. 1589. in 4.
b) de nuptiis, Altorfii 1584. in 4.
c) de verborum obligat. ibid. 1585. in 4.
d) de tutelis, Heidelb. 1587. in 4.
e) de testamentis ordinandis, Tub. 1588. in 4.
f) de statu et iure personarum, Alt. 1588. in 4.
g) de principiis iuris, ibid. 1588. in 4.
h) de transactionibus, Tub. 1589. in 4.
i) de rerum diuisione, ibid. eod. in 4.
k) de vsuris et fructibus, ibid. 1589. in 4.
l) de iurisdictione et imperio, ibid. 1589. in 8.

m) de in ius vocando, ibid. 1589. in 8.
n) de iniuriis et famosis libellis, Mogunt. 1589. in 8.
o) de pactis, Altorf. 1591. in 4.
p) de successione ex testamento, Heidelb. 1592. in 4.

Ant. Ricoboni Oratio in obitum *M. Mantuae Benauidii*, Patauii 1582. in 4. Sie ist aber zu schwer zu erlangen, daß ich sie hätte benutzen können. *Panzirolus* de claris LL. Interpret. lib. II. cap. 168. *Freberi* Theatr. viror. erudit. claror. p. 188. *Nicol. Comneni Papadopoli* Histor. Gymnasii Patauini, Tomo I. p. 257. welcher Gelehrte jedoch, ob er schon einer der neuen ist, die Schriften weder vollständig, noch genau genug, erzählt. Köhlers Münzbelustigung, Band. XVIII. S. 98. wo eine zum Andenken des Benavidius Alex. Baßians, und eines künstlichen Stempelschneiders, Joh. Cavius, 1570. geprägte Medaille beschrieben wird.

VI.

Peter Faber.

Ein so würdiger Rechtsgelehrter der französischen Nation verdiente allerdings, daß die Zeitgenossen desselben ihre Federn mehr beschäftiget hätten, ihm ein ehrenvolles Denkmaal zu stiften. Allein man hat dieses nicht in Betrachtung gezogen, und nur er selbst ist bemühet gewesen, vermittelst dauerhafter Schriften seinen Namen zu verewigen. Das Wenige, was ich von ihm habe zusammen bringen können, will ich nun erzählen.

Er stammte aus einer ansehnlichen Familie ab, und die Zeit seiner Geburt fiel ins Jahr 1540. auf einem Landguthe St. Jorri bey Toulouse, wo sein Vater, Michael Faber, als erster Parlamentspräsident sich damals aufhielt. Unter der Anleitung Jacob Cujazens zu Bourges, war sein Geist ganz an die schönen Wissenschaften und die Rechtsgelehrsamkeit gefesselt, welche rühmliche Beschäftigung er auch in Italien fortsetzte. Nach seiner Zurückkunft wurde er bald zu wichtigen Bedienungen erhoben, und anfangs Beysitzer des hohen Gerichtshofs, welchen die lateinischen Schriftsteller magnum Consilium Comitatensium nennen; ferner 1574. königlicher Parlamentsrath und Requetenmeister im Gouvernement Languedoc, endlich aber drey Jahre vor seinem Tode, an die Stelle des 1589. im Aufruhre des Pöbels jämmerlich ermordeten Stephan Durants, erster Präsident des Parlaments zu Toulouse. Zu seinem Glücke hatte er sich in diese Händel niemals gemischt, und ob er gleich eben so, wie sein Vorgänger, über die Treue gegen den König verdächtig war, so hielt man ihn

ihn doch für einen in der Stadt wenig bedeutenden Mann, und diese Geringschätzung rettete ihn vom Tode. Da er am 19. May 1600. im Gerichte seinen Beruf abwartete, entriß ihn ein Schlag, im ein und sechzigsten Jahre des Alters, der menschlichen Gesellschaft.

Seine Ehegattin, Carolinen Riven, rühmt er, ihrer guten Eigenschaften wegen, (Semestr. III. 6.) ungemein. Er hatte sich ungefähr 1560. also sehr frühzeitig mit ihr verbunden, und einen Sohn, Jacob Fabern, gezeugt, welchem 1590. sein Agonisticon zugeeignet worden ist.

Der Vater behauptete unter den berühmtesten Rechtsgelehrten seiner Zeit einen vorzüglichen Rang. Eine scharfe Beurtheilungskraft, die ihm, als er noch ein Jüngling war, schon sein Lehrmeister, Cujas, (Observat. II. 22.) beylegte; eine besondere Kenntniß der Alterthümer, der Critik, und überhaupt der griechischen und römischen Litteratur, dienten ihm zu den besten Hülfsmitteln in der Erklärung des Justinianischen Gesetzbuchs, wozu er die stärkste Neigung empfand. Aus dieser Ursache wurden seine ans Licht gestellte gelehrte Produkte mit einem allgemeinen Beyfalle aufgenommen, und die vortreflichsten Männer überhäuften den Urheber derselben mit Lobsprüchen. Eine ziemliche Menge davon hat Pope-Blount (in der Censura celebrium Auctorum) gesammlet, deren Wiederholung meine Leser nur unterbrechen, mich selbst aber ermüden würde. Den einzigen Anton Faber, den savoyschen Rechtsgelehrten, will ich zur Vermehrung der angeführten Stellen beyfügen. Dessen Worte*) fassen alles in sich, was so viele andere

―――――――――
*) Lib. V. cap. 18. am Ende seiner Conjecturarum, bey Gelegenheit eines verbesserten Gesetzes in den Pandekten, heißt es: Sed postea comperi, *Petrum Fabrum,*

VI. Peter Faber.

andere gesagt haben. Nur Joseph Scaliger (in den Scaligeranis S. 152.) hat Peter Fabern von einer ganz andern Seite angesehen. Er, der gewohnt war, seinen Stolz und seine Verachtung gegen die geschicktesten Köpfe in unanständigen Ausdrücken an den Tag zu legen, hält dessen Schriften für lauter Compilation, welcher die Beurtheilung fehle; dem ungeachtet muß er gestehen, der Verfasser sey einer der gelehrtesten Franzosen gewesen. Und freylich wird die Wahrheit dieses Geständnisses durch diejenigen Werke genug bestätiget, welche er hinterlassen hat, und von mir, so viel, als immer möglich ist, aufs genaueste vorgelegt werden sollen. Meiner Gewohnheit nach, will ich auch hier die Zeitfolge beobachten.

1) ad Tit. de diuersis regulis iuris antiqui, ex libro Pand. Imper. Iustiniani quinquagesimo Commentarius. Diese erste Probe seines Eifers, sich um das römische Recht verdient zu machen, trat zu Lion 1566. auf 4½ Alphabet in F. ans Licht, und zwar sehr sauber gedruckt. Die zwote Ausgabe erschien 1571. die dritte 1585. vermehrt und verbessert, wie er selbst Semestrium III. 6. gleich anfangs sagt; die vierte 1590. 5 Alph. stark, immer wieder zu Lion in Folioformate; die fünfte eben

singularis eruditionis et existimationis virum, iuris scientia et clarissimorum honorum gloria praefulgentem, locum hunc iam ante nos eadem omnino felicitate et ratione emendasse. Quo nomine tantum abest, vt obseruati erroris, et elegantis emendationis laudem, nobis peremtam esse doleamus, quin potius gloriemur, idem nobis hac in re, quod tanto viro, iudicium exstitisse, idque his nostris scriptis publice testatum facere volumus, vt debuimus, ne in plagii crimen, quod bene natis omnibus maxime fugiendum putamus, vltro incidisse videremur.

eben allda 1602. zuletzt aber die sechste zu Genève 1618. in demselben Formate. Sie erfüllt 5 Alph. und ein paar Bogen, ist vom Verfasser selbst vor seinem Tode abermal sehr oft vermehrt, auch mit Summarien und einem Register versehn worden. Außer dem hat man die häufigen griechischen Allegaten lateinisch übersetzt hinzu gethan, um denjenigen Lesern, welche jener Sprache eben nicht kundig sind, den Gebrauch des Buchs bequemer zu machen. Nach dem Register folgen Inferenda in L. *Nihil dolo,* 129. et in L. *Cum principalis* 178. D. de reg. iur. alsdann eine Abhandlung ad L. L. D. de iustit. et iure, und endlich eine andere ad tit. II. D. de orig. iuris. Doch vielleicht finden sich alle diese Vorzüge schon bey der 16 Jahre vorher veranstalteten Ausgabe, die mir nicht unter den Händen gewesen ist. Daß Faber der erste sey, welcher eine richtige Erklärung dieser Rechtsregeln geliefert, und schöne Philologie mit hineingewebt hat, das ist wohl keinem Widerspruche unterworfen. Indessen scheinet es doch, er habe seine große Belesenheit gar zu verschwenderisch angebracht, weswegen er nicht selten im Lesen beschwerlich wird.

2) Semestrium libri tres. Diesem Werke, welches er auf seinem Landgute St. Jorri verfertiget hatte, gab er einen solchen Namen, weil die Versammlungen im hohen Gerichte, dessen Mitglied er damals war, nur alle halbe Jahre zu geschehen pflegten. Das erste Buch kam zu Paris 1570 und 1598. zu Lion, 1 Alph. 2½ Bogen stark; das zweyte 1573 und 1601. ebenfalls zu Lion auf 2 Alph. 6 Bogen in median 4. heraus. Beyde wurden allda 1590 und 1592. nebst einem Commentario de iustitia et iure, de origine iuris, (welche zwey Stücke an dem

VI. Peter Faber.

dem gedachten Orte 1604. in 4. besonders ans Licht getreten sind,) und de Magistratibus Romanorum, wieder aufgelegt. Die letzte Abhandlung allein stehet nun auch in dem Sallengrischen Nouo Thesauro Antiquit. Roman. Band III. S. 1113—1167. und hat vornehmlich die römischen Consuln zum Gegenstande. Das dritte Buch folgte zu Lion 1595. und ward ferner zu Geneve 1611. auf 2¼ Alph. in 4. gedruckt. Zu diesem Exemplare ist eine lateinische Uebersetzung der griechischen Stellen gekommen. Die ersten zwey Bücher verließen von neuem zu Geneve 1660. in 4. die Presse, ohne Anhang des dritten. Wer sie also alle drey zusammen besitzt, der hat eine ziemliche Seltenheit. Driemont meldet in den Athenis Frisiacis, S. 847. daß Joh. Arntzen zu Franecker 1757. eine abermalige Ausgabe des ganzen Werks in Folio veranstaltet habe, welche bald erscheinen würde. Die Sache mag aber wohl ins Stecken gerathen seyn; wenigstens habe ich nirgends ein Exemplar angeführt bemerket, oder selbst gesehen. Faber bleibt auch hier seinem Vorsatze getreu, die Alterthümer zur Aufklärung der römischen Rechtsbücher anzuwenden. Jeder, welcher nur Geduld genug besitzt, seine gelehrten Beobachtungen zu lesen, wird in beyden Fächern viel Angenehmes, und für sich Brauchbares, finden. Der Vorwurf eines gelehrten Diebstahls, dessen ihn Franz Hotman bey einer wahren Kleinigkeit hat beschuldigen wollen, ist bodenlos, und nur ein Beweis von der großen Schwachheit dieses berühmten Gelehrten. Man sehe Jac. Thomasens Dissert. de Plagio litter. §. 423. und Herrn Hofr. Hommels Litterat. iuris, S. 253. der zwoten Ausgabe.

3) Responsio ad *Petri Carpenterii* Consilium saenum de repudianda pace, Neustad. 1575. in 8. Nur aus dem Catal. Bibl. *Ludewigianae*, S. 885. kenne ich diese Schrift.

4) Λωδεκάμενον, seu de Dei nomine atque attributis, Parif. 1558. et Lugd. 1592. in 8. Ein außerordentlich rares Buch.

5) Agonisticon, sive de re athletica, ludisque veterum gymnicis, musicis, atque Circensibus Spicilegiorum tractatus, tribus libris comprehensi, Lugduni 1592. in med. 4. auf 2 Alph. 4. Bogen. Den eben allda 1595. wiederholten Abdruck kenne ich nur aus Bücherverzeichnissen. Im Gronovischen Thesauro Antiquit. Graecarum, Band VIII. S. 1758. stehet das Werk gleichfalls, mit den Paralipomenis des Verfassers. Im Cap. 35. des Buchs II. beschwert er sich, daß Lipsius die Capitel 10 und 11. aus dem zweyten Buche der Semestrium zu seinen Saturnalibus sehr geplündert habe. Fabers Fleis, den er diesem Gegenstande aufgeopfert hat, würde allein seinen Namen bey der spätesten Nachwelt erhalten, wenn er auch sonst nichts geschrieben hätte.

6) de Nardo et Epithymo adversus *Joseph. Scaligerum* Disputatio ad *Propertii* libr. IV. eleg. 3t. Man trift diese Schrift S. 408. in *Scioppii* Scaligero Hypobolimaeo an, welches rare Buch zu Maynz 1608. in 4. herausgekommen, mir aber jetzt nicht bey der Hand ist.

7) Notae ad Panegyricos veteres, antea non editae; in der Pariser Ausgabe unterm Jahre 1655. in 12.

8) Notae ad *Plinii* Panegyricum. Sie stehen mit in Joh. Arntzens Edition, die er 1738. zu Amsterd. in med. 4. veranstaltete.

9) No-

9) **Notae** nondum antea editae, in *Iulii Pauli* Sententiarum receptarum ad filium libros V. cum Obseruationibus, pariter anecdotis, in notas *Iac. Cuiacii* ad easdem *Pauli* Sententias.

10) **Tituli** ex corpore *Vlpiani* XXIX. cum notis, et Obseruationibus in notas *Iac. Cuiacii* ad eosdem *Vlpiani* Titulos. Beyde Werkchen stehen im Meermannischen Thesauro iur. civ. et canonici, Band VII. S. 687—773. Die Noten über den Jul. Paulus hat der Herausgeber von dem Rechtslehrer auf der spanischen Universität zu Cervera, Joseph Finestres, erhalten, welcher sie aus einem Exemplare der Cujazischen Werke, dessen sich Fabrot bey seiner Ausgabe bediente, und wozu Faber seine Noten geschrieben hatte, genau abschreiben lassen. Die Noten hingegen zu den Titeln des Ulpians sind aus des gedachten Finestres zu Cervera 1744. in 12. gedruckten Iurisprudentia Ante-Iustinianea genommen, und gemeiner gemacht worden, da die spanischen Bücher auswärts sehr selten zu erlangen sind. Meerman urtheilt in der Vorrede von Fabers Noten also, daß sie viel Gutes enthielten, aber gar zu kurz wären. Dies ist nun freylich wahr genug, doch hat er sie vermuthlich nur zum Privatgebrauche, ohne sich viel Zeit darzu zu nehmen, hingeschrieben, nicht in der Absicht, daß sie öffentlich erscheinen sollten. Eine Abschrift der vier Basilischen Rechtsbücher 49—52. zu welchen er am Rande Noten gesetzt, die jedoch in geringer Anzahl zu finden, und von weniger Bedeutung sind, ist ehemals in der Bynkershoekischen Bibliothek gewesen, wie das Verzeichnis derselben S. 7. Num. 139. beweiset. Man sehe noch hierbey die S. 125.

VI. Peter Faber.

125. im Bande II. meiner Beyträge zur juristischen Biographie.

Einige haben ihm auch Commentarios in *Ciceronis Academica* zueignen wollen. Allein Davisius bemerkt in seiner Edition dieses Buchs, er sey nicht der Verfasser, sondern vielmehr ein anderer Peter Faber, Professor der hebräischen Sprache zu Rochelle, welcher daher im Vornamen mit ihm verwechselt worden sey.

Denis Simon nouvelle Biblioth. historique et chronologique des Auteurs de Droit, Tome I. p. 129. aber, wie sonst, also auch hier sehr mager. *Sammarthani* Elogia Gallorum lib. V. cap. 5. *Thuanus* Histor. lib. XCV. p. m. 635. *Taisand* Vies des plus célébres Ictes p. 183. der Ausgabe vom Jahre 1721. Beyde sind ebenfalls nicht hinlänglich, und der sogenannte Clarmund in den Lebensbeschreibungen Hauptgelehrter Männer, Th. VI. S. 146—149. handelt von Fabers Schriften ohne Critik, und fehlerhaft. Heumann in den Noten zu Sammarthans Elogiis S. 261, berichtet zwar auf den Glauben eines andern, daß Nicol. Orlandini das Leben dieses Rechtsgelehrten besonders geschrieben habe. Allein der gute Mann ist verführt worden. Orlandini, dessen Buch zu Lion 1617. und zu Dillenburg 1647. in 8. ans Licht trat, ertheilt nicht von Fabern, dem Rechtsgelehrten, sondern von einem der ersten Jesuiten, gleichen Vornamens, Nachricht.

VII.

Heinrich Bocer.

Unter den Lesern dieser Blätter sind doch wohl verschiedene, welchen die Nachricht von einem zu seiner Zeit berühmten Rechtsgelehrten, nicht ganz unangenehm seyn wird, so kurz sie auch ist.

Heinrich Bocer kam zu Salzkotten, einem Städtgen im Hochstifte Paderborn, nach dem Tode des Vaters, Georg Bocers, vermuthlich eines dasigen Bürgers, am 6. Januar 1561. zur Welt. Außer der kleinen Schule seines Geburtsorts, machten ihn größere zu Paderborn, Lippstadt, Hameln und Lüneburg, wo 1575. Alb. Lonicer und Lucas Lossius seine Lehrer waren, mit dem ersten Unterrichte in den nöthigsten Sprachen und Wissenschaften bekannt, ohne welche die akademische Bemühungen niemals einen glücklichen Ausgang hoffen lassen. Die Pest graßirte 1577. stark in den dortigen Gegenden, und eben dadurch ward er bewogen, seine Sicherheit auf der heßischen Universität Marburg zu suchen. Er reisete im Oktober desselben Jahres dahin, und studirte die Rechte unter der Anführung Valent. Forsters, Regner Sixtius, Herm. Lersners und Nicol. Vigels. Von da zog ihn der ausgebreitete Beyfall Joh. Borcholtens nach Helmstädt, wo er auch anfieng, selbst Privatunterricht zu ertheilen. Er war ferner einige Zeit zu Heidelberg und Strasburg, damit er seine juristischen Kenntnisse vermehren möchte; zuletzt aber beschloß er den langen akademischen Lauf zu Tübingen. Diese hohe Schule, welche er 1584. zu Ostern betrat,

~~betrat, versetzte ihn bald in eine bequemere Lage,~~ und wurde der Grund zum Glücke seines ganzen Lebens.

Denn als er im folgenden Jahre von der Juristenfakultät allda das Doktorat erhalten hatte, legte er seine Geschicklichkeit mit Vorlesungen und öffentlichen Disputationen so eifrig an den Tag, daß ihn schon 1587. das Würtembergische Hofgericht unter die Beysitzer desselben aufnahm. Das Jahr 1595. brachte Bocern auch die Lehrstelle des Lehn- und peinlichen Rechts zu wege, (zum Urthelsprechen in der Fakultät aber ward er erst 1603. zugelassen,) und von dieser Epoche an widmete er seine meisten Kräfte den gewöhnlichen Universitätsgeschäften, an welchen er immer das größte Vergnügen empfand. Dieser Ursache wegen lehnte er die Würde eines Vicekanzlers zu Stuttgard von sich ab, womit der Herzog, Friedrich, im Jahre 1604. seine Verdienste belohnen wollte. Ein anderer Bewegungsgrund mochte wohl die mehr und mehr anwachsende Leibesschwachheit seyn; deren Wirkungen er eine geraume Zeit des männlichen Alters erdulden mußte. Und dennoch kam er, bey Beobachtung einer strengen Diät, zu ziemlich hohen Jahren. Er starb erst am 5. Julius 1630. nachdem ihm Johann Friedrich, der Nachfolger des Herzogs, Friedrich, von Würtemberg, bereits 1608. den Rathscharakter gegeben hatte, als ein vorzügliches Merkmaal der gnädigsten Zuneigung.

Im Jahre 1585. heyrathete er Balth. Reyers, des Würtembergischen Hofgerichtsadvokaten, Wittwe, eine geborne Riepplin; nach deren Tode Johann Halbritter, ein nicht unbekannter tübingischer Rechtslehrer, 1607. sein Schwiegervater wurde. Beyde Ehen blieben jedoch unfruchtbar. *) Desto freygebiger konnte er

sich

---

*) Boters Lobredner, den ich zuletzt anführen werde, macht hierbey S. 47. eine Anmerkung, die leider! auf

sich gegen Hülflose bezeigen. Er that es hauptsächlich
an armen Studenten, welchen er, zu ihrer Unterstü-
tzung, und zu andern frommen Gebrauche, vier tausend
Gulden im Testamente vermachte. Eine so gute Eigenschaft begleiteten noch mehrere, die ihm allgemeine Achtung
erwarben. — Er war leutselig, aufrichtig, friedfertig,
mäßig, ein treuer Liebhaber der Wahrheit, und wußte
die feine Lebensart des Hofmannes zu copiren. Es darf
sich also Niemand darüber wundern, daß er immer junge
Standespersonen, Fürsten, Grafen, Freyherren, welche
Tübingen in den beyden vorhergegangenen Jahrhunderten
sehr häufig besuchten, zu Tischgängern gehabt habe. Unter
diesen war auch 1695. der berühmte Braunschweigische
Herzog, August. Bocers zahlreiche Schriften dienen
zur Erläuterung des bürgerlichen, und am meisten des
peinlichen, sowohl, als des Lehnrechts. Ein beträchtli-
cher Theil derselben ist aus Vorlesungen erwachsen, welchen die deutliche, lebhafte Lehrart keine geringe Menge
aufmerksamer Zuhörer verschafte. Die damals herr-
schende Gewohnheit, andere unverschämt auszuschreiben,
war ihm gänzlich zuwider, und er giebt in der Vorrede
zum Traktate von den Collecten sein Mißfallen darüber
genug zu erkennen. Das folgende Verzeichnis enthält
genauere Nachrichten von dem allen, was seinem gelehrten Fleiße zuzueignen ist. Oft veranstaltete neue
Auf-

VII. Heinrich Bocer.

Auflagen vieler seiner Bücher sind ein Beweis, was für ein günstiges Schicksal sie in den vorigen Zeiten beliebt gemacht habe. Nun werden sie selten angesehen.

1) Centuria controuersarum Conclusionum miscellanearum, Tub. 1584. Seine gradual Schrift, worüber er drey Wochen nach einander in jeder einmal disputirte, vermuthlich unter Nicol. Varenbülers Vorsitze, welcher sein Promotor war. Im Jahre 1614. ließ er sie vermehrter auf 6¼ Oktavbogen, mit dem Traktate de iure monetarum zugleich, wieder abdrucken.

2) Commentarii in celebrem L. *Contractus* 23. D. de R. I. quibus de contractibus et pactis, eorumque conditionibus et effectibus disseritur, Spirae 1587. in 8. 14 Bogen. Am Ende stehet eine kurz vorher gehaltene Dissertation, die ein Auszug des Traktats ist. Eine neue Tübingische Ausgabe, unter dem Jahre 1614. gleichen Formats, hat der Verfasser verbessert, auch vermehrt, daher ist sie um 2 Bogen stärker. In der Lipenischen Bibl. iur. sind aus Einem Buche zwey gemacht worden.

3) de donationibus methodicus Tractatus, Spirae 1587. in 8. auf 9 Bogen. Die zwote, ungemein vermehrte Edition besorgte er 1614. zu Tübingen. Sie enthält 1 Alph. 2 Bogen in 8. Nach der S. 321. folgt Explicatio L. 4. C. de condicti indeb. et §. vlt. I. de obligat. quae ex quasi contractu nasc. und S. 344. die Observatio 24. de action. concurs. aus dem Buche VIII. der Cujazischen Obseruat. et emend. Diese beyde Stücke findet man auch schon im ersten Abdrucke.

4) Disputationes ad tres priores Partes Pandectarum, Tub. 1588. Ein fast 3 Alph. starkes Buch in 4. wel-

4. welches von den unten vorkommenden Disputat. de vniuerso iure ganz unterschieden ist. Die darinn befindlichen Disputationen hatte er vorher alle auf der Catheder vertheidigt.

5) Tract. methodicus de iure pugnae, hoc est belli et duelli, Tub. 1591. in 4. auf 1 Alph. 4½ Bogen. Das Jahr 1607. brachte eine neue Ausgabe unter dem Titel hervor: Tractatus de bello et duello. Sie erfüllt 1 Alph. 2 Bogen in 8. ist vermehrt, und ganz umgeschmelzt worden. Zum dritten male erschien dieses Buch 1616. wieder vermehrt und verbessert auf 1 Alph. 9 Oktavbogen. Er handelt von den Privilegien der Soldaten, und der unsträflichen Nothwehr, am weitläuftigsten. Beyden letzten Exemplaren fügte er Joh. Halbritters im Jahre 1604. gehaltene Rede de priuilegiis Doctorum an, welche 3½ Bogen einnimmt.

6) Synopsis iuris feudalis, Tub. 1597. in 4.

7) de iuris nostri conservatione, tum priuata, tum maxime iudiciali, Classes VI. ibid. 1602. in 4.

8) Oratio de ortu, vitae gradibus et discessu Ioh. Hochmanni, Icti et Professoris Tubing. 1604. in 4. Melch. Adam hat einen Auszug in seinen Vitis German. Ictor daraus gemacht.

9) Tractatus de quaestionibus et torturis reorum, Tub. 1607. 1 Alph. 3½ Bogen, in 8; ferner allda 1612. und 1630. die Abdrücke, auf welchen Erfurt 1631. stehet, sind wahrscheinlich einerley.

10) Tract. de Regalibus, Tub. 1608. 1 Alph. 11 Bogen in 8.

11) Tract. compendiosus de crimine maiestatis, ibid. 1608. 17 Oktavbogen, eben daselbst 1629.

und zu Frf. 1631. auf 22 Bogen in 8. wie der vorhergegangne Abdruck. Von der Seite 229. an stehet illustris quaestionis de fructibus rei alienae, quam quis bona vel mala fide possidet, explicatio breuis et dilucida, und S. 281. disquisitio rationis componendi dissidii, quod est inter L. 2. D. Stellionatus, et L. Quid ergo, 13. §. vlt. D. de his, qui not. infam. Beyde Stücke sind auch schon der ersten Ausgabe angehängt worden.

12) Tract. de inuestitura feudi, Tub. 1608. in 8. 1 Alph. 18½ Bogen.

13) Tract. de iurisdictione, ibid. 1609. auf 1 Alph. 9 Oktavbogen. Vorher war die Arbeit ein akademischer Discurs, wie andere Bücher mehr von ihm.

14) Enunciationes controuersae de alimentis, ibid. 1609. in 4. Diese Dissert. führt Christoph Friedr. Harpprecht an, in den Comment. de fontibus iuris ciuilis moderni Würtembergici, S. 109.

15) Commentar. in L. vnic. C. de famosis libellis, Tub. 1611. 10 Bogen in 8. Er hatte noch einen Traktat de iniuriis et famosis libellis fertig, hielt ihn jedoch zurück, da Halbritter, sein Schwiegervater, ihm bereits mit dem Buche gleichen Inhalts zuvor gekommen, auch Joh. Harpprecht demselben in seinem Tractatu criminali, beym Titel der Institutionen de iniuriis, nachgefolgt war. Dieses sagt Bocer selbst im Verzeichnisse seiner Schriften vom Jahre 1629. da ich mich aber nicht erinnere, den Halbritterischen Traktat jemals angeführt gefunden zu haben: so gerathe ich auf die Vermuthung, daß er gar nicht gedruckt worden sey.

16)

VII. Heinrich Bocer.

16) Tractatus feudales duo: 1) de substantia, natura et accidente feudi, 2) de qualitate, et differentiis feudorum, ibid. 1611. 20¼ Oktavbogen stark. Der Verfasser hatte diese zwo Abhandlungen schon im Jahre 1600. fertig gemacht, und seinen Zuhörern zum Abschreiben erlaubt; darauf aber entschloß er sich, sie drucken zu lassen. Es ist also unrichtig, wenn in der Lipenischen Bibl. iurid. eine Edition vom Jahre 1600. angegeben wird.

17) Tractatus quaestionum controuersarum de iure succedendi in feudum, ibid. 1612. Ein Buch von 1 Alph. und 8 Oktavbogen.

18) Disputationum de vniuerso, quo vtimur, iure, pulchra methodo conscriptarum, denuo studiose recognitarum, materiis et quaestionibus variis adauctarum, et eleganter reformatarum, Pars I. Tub. 1612. Pars II. ibid. 1613. in median 4. zusammen 9 Alph. 16 Bogen. Eine neue Auflage besorgte Joh. Jac. Frisch, sein gewesener Zuhörer zu Strasb. 1634. in 4. mit seinen Zusätzen. Aus dem etwas praleriſchen Titel, welcher vielleicht vom Verleger herrührt, ist schon zu erkennen, daß er diese vorher auf die Catheder gebrachten Dissertationen, wovon 1596. bis 1602. fünf Classen zuerst herausgekommen waren, vermehrt und verbessert habe lassen zusammen drucken. In der Vorrede zum ersten Theile, wo er auch die Namen von 43 Respondenten anführt, schreibt er folgendermaaßen: Coepi relegere totum hoc opus meum, et vbi deprehendi partim correctione, partim declaratione, partim etiam suppletione et augmento illud indigere, qualescunque animi mei vires eo intendi, vt omni loco defectibus

bus pro virili subuenirem singulis. Der ehemalige Reichshofrath von Senkenberg in der Dissert. de iurisprudentia, certa methodo tractanda, die er 1742. zu Gießen gehalten, und hernach mit andern unter dem Titel: Semestrium liber vnicus, gemeiner gemacht hat, empfiehlet dieses Werk allen Rechtsgelehrten im §. 29. und setzt hinzu: Tractat ius ciuile, ex iure Canonum supplemum, (addito feudorum iure Classe V. Disput. 12—21.) Disputationum Classibus VI. Agit Classe I. de *personis*; II. de *contractibus*; III. de *successionibus et condictionibus* IV. de *criminibus*; V. de *dominio et seruitute*; VI. de *processu*. Docte, grauiter et ornate, sed admixtis quibusdam inutilibus, pro methodo, tum recepta. Diese Mode ist leider! auch in unsern Zeiten noch nicht abgekommen. Die Disputationen de iudicio criminali; de seruitutibus praediorum; de societate; de pignoribus et hypothecis; de crimine falsi; de iniuriis, de contractu in genere, et in specie de emtione venditione; de exceptionibus; de iure sequestrationis, nebst sehr vielen andern, welche in der Lipenischen Bibliothek und den Schottischen Supplementen, einzeln angezeiget werden, stehen hier alle. Der Inhalt der letzten Classe ist das ganze, oben unter Nummer 7) gemeldete, Buch de iuris nostri conseruatione. Manche Materien aber, die er in der Reihe mit abhandelt, hat er besonders, und weitläuftiger, zu erläutern gesucht. Die Titel solcher Traktate sind theils schon vorgekommen; theils sollen sie noch erwähnt werden.

19) Possessoriae Conclusiones, 1614. Sie sind eine akademische Disputation gewesen, wie ich in der
Biblio-

Bibliotheca *Uffenbachiana*, Band I. S. 155. bemerkt habe.

20) Tractatus de iure monetarum, ibid. 1614. auf 16 Oktavbogen. Das ganze Werkchen bestehet aus 7 Capiteln, deren zweytes de partibus monetae, quibus essentia ipsius absoluitur, den meisten Raum ausfüllt.

21) Diss. de necessaria defensione, Tub. 1614.

22) Diss. de officio iudicis, ibid. 1615.

23) Diss. de seruitutibus, tam personalibus, quam realibus, 1615.

24) Tract. de iure et commodo Senioris, siue domini itemque vasalli, quod ipsis constituti et acquisiti feudi nomine competit, Tub. 1615. in 8. 1 Alph. 2¼ Bogen stark. Dieses Werk, welches 1675. in eben dem Formate wieder aufgelegt wurde, enthält zwey Bücher, deren erstes die Rechte des Lehnsherrn, das zweyte aber die Rechte und Nutzungen des Vasallen zum Gegenstande hat.

25) Tract. de praescriptione feudi, Tub. ibid. auf 7¼ Bogen in 8.

26) Tract. de iure collectarum, ibid. 1617. welches Exemplar 17 Oktavbogen erfüllt. Der zweete Abdruck geschah 1705. mit dem unten folgenden Traktate de diffidationibus zugleich.

27) Orationes duae. 1) de dignitate et vtilitate Academiarum, 2) de litterariis gradibus et honoribus, Tub. 1617. in 8. Er hatte diese Reden bey Doktorpromotionen gehalten. Reimmann aber fällt im Catalogus seiner Bibliothek Band II. S. 568. kein günstiges Urtheil davon. Er sagt: Si in *Boetii Eponis* Orationes de hoc argumento in-

Jugl. Beytr. 6. B. 1s St.   E   eidiscidisset, manum de tabula procul dubio retraxisset, tantopere inferior est illo, sine verborum viuacitatem spectes, siue rerum structuram, et dignitatem et selectum. Siquidem, si aliena demseris, his Orationibus admixta, h. e. digressiones praeposteras, testimonia superuacanea, et alia huius commatis, perpauca supererunt, ad hos corymbos spectantia. Ich habe noch keine Gelegenheit gehabt, sie zu sehen, kann also die Reimmannische Critik weder billigen noch verwerfen.

28) Commentarius ad I. II. III. libros Institutionum. Das erste Buch trat 1618; das zweyte 1619; und das dritte 1621. zu Tübingen in 4. ans Licht. Das letzte zu endigen, und hinzuzuthun, verhinderte seine schwache Gesundheit. Doch hat auch die juristische Republik keinen grossen Verlust dabey erlitten. Wenigstens schreibt der von Ludewig S. 56. in vita Iustiniani: Quartus liber non prodiit. — — Habentur in eo (Comentario) non nisi vulgaria. Tironum vsibus ac doctrinis destinatus ac scriptus fuerat. Editus post, praeter rem et caussam. So machen es aber diejenigen Schriftsteller oft, welche einmal das Publikum gewonnen haben. Sie verlassen sich auf den erlangten Beyfall, und geben ohne Bedenken Alles unter die Presse, was ihnen beliebt.

29) Diss. de euictione et cautione, eius nomine praestanda, ibid. 1619.

30) Diss. de compensationibus, ibid. 1624.

31) Tractatus de furtis et rapinis, Tub. 1625, in 8. So stehet dieses Buch in der Lipenischen jurist. Bibliothek. Die Struvische Bibl. iuris giebt

VII. Heinrich Bocer.

hingegen das Druckjahr 1652. an. Ob man Beyden trauen könne, das muß ich, aus Mangel besserer Nachricht, dahin stellen.

32) Tract. de furtorum poenis criminalibus, ibid. 1625. und 1688. in 8. Die letzte Ausgabe ist 14 Bogen stark.

33) Tractatus duo breues, prior de diffidationibus, von Befehden, Absagen, Feinds- und Fehdsbriefen, Brandschatzen ꝛc. alter de crimine praedationis, latrocinii, et incendiariorum, ibid. 1625. 1690. und noch 1705. in 8. Der zweete Abdruck, welchen ich bey der Hand habe, enthält 16 Bogen. Der neuste soll zugleich mit dem oben Nummer 26) gemeldeten Traktate de iure collectarum erschienen seyn, und aus 1 Alph. 14 Bogen bestehen, wie ich im Meißnerischen Catalogo vniuersali, Band I. S. 313. lese.

34) Commentarius breuis de adulterio et adulteris, Tub. 1625. auf $16\frac{1}{4}$ Bogen in 8. auch 1691. in demselben Formate. Es ist selten viel Besonderes darinn abgehandelt worden. Gleich anfangs erzählt er die Geschichte von einem sehr listigen Ehebruche des Römischen Ritters, Decius Mundus mit der Paulina aus Josephus jüdischen Alterthümern, Buch XVIII. Cap. 7. (nach meinem Exemplare ist es das Cap. 4.) in der Vorrede aber zeigt er selbst an, was ich oben gesagt habe, er könne nämlich seinen Commentar über die Institutionen nicht zum Ende bringen. Eben so gehe es ihm mit den Meditationibus in Carolinas Sanctiones criminales, und den Commentariis in tit. D. de Verb. Sign. et Reg. iuris.

35) Tractatus singulares septem de modis amittendi feudum, Tub. 1626. auf 2 Alph. 7 Oktavbogen,

ein starkes Register mit eingeschlossen. Diejenigen, welche eine vorhergegangene Edition unter dem Jahre 1619. nennen, werden es schwerlich beweisen. Es wird auch weder auf dem Titel, noch in der Vorrede der angeführten Etwas davon erwähnt. Die sieben Traktate, oder Capitel, haben folgende Ueberschriften: quibus modis feudum absque vasalli culpa amittatur; de feudi amissione, ex culpa vasalli in persona domini commissa; de modis amittendi feudum, ex culpa vasalli, commissa in persona, quae potestati affectiue domini subiecta est; de feudi amissione, ob culpam vasalli in rebus domini commissam, vbi etiam de feudi deterioratione; de amissione feudi, quae ob eius illicitam alienationem contingit; (dieser fünfte Traktat zerfällt in 4 besondere Abschnitte; der erste handelt von der Frage: quid sit feudi alienatio, et quae eius alienationis species? der zweete, welcher allein über 10 Bogen ausfüllt, de feudi alienatione, iure permissa; der dritte de feudi alienatione iure prohibita; der vierte aber de effectu prohibitae alienationis feudi, et ad quem feudum, illicite alienatum, pertineat;) de amissione feudi ex culpa vasalli, in alium, quam dominum, commissa; de modis amittendi feudum, ex vasalli culpa in omittendo commissa. Als ein Anhang kam hinzu:

36) Tractatio quatuor quaestionum, perplexarum quidem, sed vtilium, et' in praxi frequentissimarum, ad modos amittendi feudum, de quibus non ita pridem Autoris in lucem Tractatus prodiit, pertinentium. Vna est: an vasallus ipso iure, vel iudicis priuante sententia, feudum ob culpam amittat? altera: an dominus feudum ipso iure

iure amissum propria auctoritate possessionem rei feudalis occupare possit, nec ne? tertia: ad quem pertineat feudum ita amissum, num ad ipsum dominium, vel ad agnatos vasalli? quarta: an feudum, ex culpa vasalli amissum, et ad dominium reversum, post eius vasalli morte ad agnatos pertineat? Tub. 1626. auch 1629. in 8. auf 7 Bogen. Daß jener Abdruck der erste sey, erkennet man gleich aus dem kurzen Vorberichte; ob aber in eben demselben auch der Catalogus operum Auctoris, in Academia Tubingensi editorum, stehe, welcher den Beschluß des zweeten macht, weis ich nicht, weil ich den ersten niemals gesehen habe. In des Canzlers von Ludewig Bücherverzeichnisse, Band I. S. 599. findet man folgende Anmerkung über dieses Werkchen, welches der Besitzer zu seinem Exemplare geschrieben hatte: Rigidum nimis aestimatorem feudorum Germaniae habeo *Bocerum*. Qui etiam aequiores patriae iudices stringit passim et corrigit. Quasi praeter rationem factum ab illis esset, iudiceinque Longobardicis mitiorem Germanica feuda non mererentur. Quare e numero Doctorum Germaniae, in hoc argumento, expungendus est auctor, omni iure accensendus Italis, Doctoribus peregrinis.

37) Diss. de fructibus et litium expensis, 1627.

38) Tract. de omnis generis homicidio, Tub. 1629. 1 Alph. 8 Bogen in 8. Eine ältere Ausgabe, die Einige ins Jahr 1619. setzen, ist nicht erschienen. Ueber zwanzig Jahre vorher hatte der Verfasser seine Handschrift zu öffentlichen Vorlesungen gebraucht, und den Zuhörern, nach der damaligen Gewohnheit, in die Feder diktirt.

VII. Heinrich Bocer.

Sie kam darauf unvermerkt aus seinem Besitze, und er gelangte endlich nur zu einem nachgeschriebenen Exemplare, welches er drucken ließ. Die dahin gehörigen Umstände erzählt er in der Vorrede weitläuftiger. Was den Inhalt des Traktats selbst anbetrift: so bestehet er aus zweyen Büchern, die wieder in besondere Capitel eingetheilt worden sind. Dem ersten Buche hat er die Abhandlung de homicidio, cum crimine coniuncto; dem zweyten aber seine Gedanken de homicidio, quod crimine vacat, gewidmet, und dahin rechnet er auch billig alle homicidia, lege permissa.

39) de prohibito certamine duellari Oratio, quam a. 1622. sub Rectoratu suo in Auditorio Vniuersitatis litterariae, re ita exigente, publice, habuit, multorum rogatu edita, Tub. 1630. in 4. Dieses bisher ganz unbekannt gewesene Stück hat mir der würdige Herr Prof. Boek im Jahre 1778. zuerst angezeigt. Es scheinet aus dem Titel, daß ein Studentenduell Bocern die traurige Gelegenheit zu reden gegeben habe.

In der juristischen Bibliothek des Lipenius werden ihm noch folgende Schriften zugeeignet:

a) Tres decades quaestionum Tub. 1597.

b) Aenigmata Legum, Tub. 1599.

c) Cinnus legalis, caet. ibid. 1602.

d) In Cap. *Titius* tit. 26. libri II. Feudor. ibid. 1609.

e) de successione conventionali ohne Jahr und Format. Ich habe jedoch von diesem allen sonst nirgends eine Anzeige, wohl aber manche andere Unrichtigkeit, bey der Nachricht von den Bocerischen

VII. Heinrich Bocer.

ſchen Abhandlungen, im gedachten Werke gefunden.

Arbeiten der Reſpondenten, die ich nennen will, ſind dieſe, nur unter Bocers Vorſitze gehaltene, Diſputationen:

de appellationibus, Tub. 1605. Joh. Ge. Beſolds Gradualſchrift;

Theoria et praxis *L. Caſus maioris* 8. C. de teſtam. Anton Bullaus, in deſſen Operas horarum ſubciſiuarum, ſiue Diſput. et Orationes iurid. politicas, ſie hernach zu Bremen 1622. in 4. gekommen iſt, war der Verfaſſer;

de Regalibus, 1619. auf 5 Bogen. Daniel Mithoben. Doch iſt dabey Bocers Traktat über dieſe Materie oft gebraucht worden;

de literarum obligatione, et inde deſcendente pecuniae numeratae exceptione, 1621. 2 Bogen von Joh. Friedr. Volzen.

Andr. Bayeri Bocerus; ſiue laudatio funebris, qua *Henr. Bocero* parentauit, Tub. 1630. 8 Quartbogen ſtark; welche Rede mir der Herr Prof. Boek gütigſt mitgetheilt hat. Sie läßt alle übrige Nachrichten von Bocers Lebensumſtänden weit hinter ſich. Das Verzeichnis ſeiner Schriften, deſſen oben Nummer 36.) gedacht worden iſt, habe ich auch zu Hülfe genommen.

In den vorigen Zeiten war die Schilterische Familie eine der ältesten Schlesischen, und stand besonders zu Landeshut durch Handel, oder Gelehrsamkeit, in grossem Ansehen. Zacharias Schilter starb als Doktor und Professor der Theologie 1604. zu Leipzig; Gottfr. Schilter aber, ein Rechtslehrer daselbst, 1679. da er noch die Ehrenzeichen eines Rektors bey der Universität trug. Johann Schilter, Beysitzer des Oberhofgerichts und Consistorii, auch Senior des Schöppenstuhls, zu Leipzig, war ein Bruder Marcus Schilters, welcher sich in der kleinen Stadt Pegau vom Handel nährte. Er hatte zur Ehegattin eine Schwester des berühmten Johann Strauchs, der endlich zu Gießen sein Leben beschloß, und von diesen Aeltern empfieng Johann Schilter, einer der aufgeklärtesten Köpfe seiner Zeit, am 29. Aug. 1632. den Ursprung. Den Vater entriß ihm schon der Tod, als er noch kein Jahr alt war, und die Mutter folgte 1641. demselben nach).

Sein Oncle von väterlicher Seite nahm sich des verwaiseten Knabens edelmüthig an: er wurde sein Wohlthäter, und ließ ihn theils zu Leipzig, theils zu Naumburg an der Saale, von den geschicktesten privat Lehrern dergestalt unterrichten, daß er im Jahre 1651. die hohe Schule zu Jena beziehen konnte. Zwey Jahre nach einander erforschte er hier die vorzüglichsten Wahrheiten in der Philosophie, welche er von den damals maligen Lehrern, Paul Slevogten, Dan. Stahlen, Joh. Zeisolden und Philipp Horsten lernte. Eben so lange zogen ihn diese philosophische Wissenschaften zu Leipzig an sich, und er zeigte zugleich, so wie er bereits in Jena gethan hatte, seine Fähigkeiten im Disputiren auf der Catheder. Nach dem 1655. allda erhaltenen Magistertitel kehrte er zu demjenigen Musensitze zurück, wo er anfänglich mit den akademischen Studien beschäftiget gewesen war, und nun erst widmete er ganze fünf Jahre der Erlernung der Rechte alle mögliche Aufmerksamkeit. Strauch, sein anderer Oncle, leistete ihm darinn die meisten Dienste, und wie hätte er einen erfahrnern Anführer wünschen können?

Ungefähr von 1660. an bis 1663. trieb Schilter, weil er aus Mangel der Mittel seine Begierde zu reisen nicht befriedigen konnte, zu Naumburg die Advocatur, worauf ihn der Herzog Moriz, zu Sachsen-Zeitz als Canzleysecretair in Bestallung nahm. Nach fünf Jahren aber, nämlich 1668, machte ihn derselbe zum Amtmanne in der Hennebergischen Stadt Suhla. Während seines Aufenthalts daselbst ließ er sich 1671. von der Jenaischen Juristenfacultät die längst verdiente Doktorwürde ertheilen; und im folgenden Jahre ward er des Herzogs, Bernhard, von Sachsen-Jena Hof- und Consistorialrath, endlich aber auch ein Mitglied der Fürstlichen Cammer. Im Jahre 1674. setzte dieser Prinz, seiner Gemahlin wegen, Marien von Tremoville, des Herzogs Heinrichs von Thouars Tochter, eine Commißion nieder, und Schilter war mit unter den darzu erwählten Räthen; Ge. Adam Struve aber der vornehmste. Die Absicht gieng dahin, daß sie alle, zwischen beyden Ehegatten entstandene, Streitigkeiten abthun, und über die vorhabende neue Verbindung des Herzogs mit einem Fräulein von Koßboth ein

recht-

rechtliches Bedenken abfassen sollten. Die Sache schlug indessen nicht so aus, wie sein Herr wünschte.*)

Im Jahre 1678. erfolgte Herzog Bernhards Tod, und nun fand Schilter Bedenklichkeiten, seine Dienste unter der neuen Regierung fortzusetzen. Vielleicht wurde es von ihm auch nicht verlangt. Denn man weis es ja, wie es in dergleichen Fällen an Höfen herzugehen pflege. Schilter begab sich also nach Jena zurück, und fieng Vorlesungen, nebst Disputirübungen, an. Es ist nicht zu zweifeln, daß seinen Verdiensten würde Gerechtigkeit widerfahren, und er, bey entstandener Vacanz, zu einem juristischen Lehramte befördert worden seyn. Weil er jedoch, unverschuldeter Weise, eine unglückliche Ehe führen mußte, sah er sich genöthiget, von Jena nach Frankfurt am Mayn zu reisen, wo er gesonnen war, den Rest des Lebens als eine Privatperson zuzubringen.

Allein er ward gar bald auf andere Gedanken geleitet, und fast zu gleicher Zeit nach Strasburg, vom Herzoge, Wilhelm Ernst, hingegen an seinen Hof zu Weimar eingeladen. Die Entschließung, unter beyden Diensten einen zu wählen, fiel ihm nicht wenig, und so lange, schwer, bis die Vorstellungen des würtembergischen Oberraths, und nachmaligen Ministers, von Kulpis, ingleichen Doktor Speners, Seniors der frankfurtischen Geistlichkeit, das Uebergewichte hatten, und ihn bewegten, den ersten Ruf dem zweeten vorzuziehen. Schilters berühmter Schüler, Joh. Heinr. Feltz, der mit ihm von Jena nach Frankfurt gezogen war, gab darzu die erste Gelegenheit. Denn er schrieb an seinen
Va-

*) Mehr davon ist in Oetters Sammlung verschiedener Nachrichten aus allen Theilen der historischen Wissenschaften, Band II. S. 72. zu lesen.

Vater, einen strasburgischen Prediger und Canonicus am St. Thomascapitel, daß sein Lehrer nicht ungeneigt zu seyn schien, dorthin zu gehen, wenn er verlangt würde. Diese Nachricht kam bald vor den königlichen Prätor, Ulr. Obrechten, durch dessen großes Ansehen die Absicht glücklich erreicht werden konnte. Schilter nahm nun 1686. die Consulentenstelle beym Magistrate zu Strasburg, unter sehr beträchtlichen Bedingungen, ein, ward auch zum Ehrenmitgliede der Professoren auf der Universität ernennt. Von dieser Zeit an, verrichtete er die ihm angewiesenen Geschäfte mit dem rühmlichsten Eifer, und eine ausgedehnte Kette der schweresten Leiden konnte ihn darinn nicht hindern. Denn noch in den letzten Jahren seines Lebens, die ihm unbeschreibliche Stein- und Gliederschmerzen sauer genug machten, daß er fast nicht mehr aus dem Hause gehen konnte, sondern die meiste Zeit bettlägerig seyn mußte, arbeitete er doch manche rechtliche Bedenken und gelehrte Schriften aus. Die akademischen Vorlesungen setzte er, nach Beschaffenheit seiner Umstände, entweder im Bette, oder auf einem mit Betten ausgefüllten Lehnsessel, nicht weniger fort, obschon der Vortrag so schwach und matt war, daß es kaum möglich wurde, ihn zu verstehen. Ueberhaupt davon zu reden, so soll er niemals, auch bey noch guter Gesundheit, in seinen Lehrstunden angenehm gewesen seyn, und aus dieser Ursache selten viele Zuhörer gehabt haben. *) Hierinn ist er nun freylich nicht das einzige Beyspiel. Unzählige Andere, denen es auf dem Lehrstuhle nicht besser gelungen, könnten ihm leicht zur Gesellschaft an die Seite gestellt werden. Solche gute Männer aber hätten billig

---

*) Hermanns Leben Uffenbachs vor desselben beschriebenen Reisen, S. 27.

VIII. Johann Schilter.

lig einen für ihre Talente geschicktern Schauplatz betreten sollen.

Schilter mußte endlich am 14. May 1705. im drey und siebenzigsten Jahre des Alters dem unvermeidlichen Schicksale der Sterblichen unterliegen. Der Tod seiner Frau, der verworfensten ihres Geschlechts, hatte ihn schon 1699. von dem empfindlichsten Verdrusse befreyt. Sie war die Tochter Heinr. Borns, eines Stadtrichters und Handelsmannes zu Saalfeld, und er ließ sich dieselbe 1660. in einer unglücklichen Stunde antrauen, denn sie war eine sehr unzüchtige Weibesperson. Hundert Andere würde sein hartes Verhängnis ganz zu Boden gestürzt haben: nur ihn konnte es nicht überwältigen, so wehe es ihm auch that. Von fünf mit ihr erzeugten Kindern, hinterließ er einen einzigen Sohn, Johann Gottfrieden, einen Advokaten zu Jena, der jedoch unbedeutend geblieben, und einige Jahre hernach dem würdigsten Vater in die Ewigkeit gefolgt ist.

Dieser war ein guter Philolog, und, außer der lateinischen und griechischen Sprache, so gar der hebräischen kundig. Dem verderbten Geschmacke seiner Zeitgenossen ist es zuzuschreiben, daß er zu sehr an der peripatetischen Philosophie hieng. Alle Theile der Rechtsgelehrsamkeit verstand er aufs gründlichste, am meisten aber das Lehn- und deutsche Privatrecht. In diesem macht er, nach Conringen, mit dem unsterblichen Herr Epoche. Wer ihn darinn gelesen und genutzt hat, der kann fast alle seine Vorgänger entbehren. Um die alte deutsche Sprache hat er sich ebenfalls ungemeine Verdienste erworben, zugleich aber in der Historie sowohl, als der Arzneykunst, gute Kenntnisse gehabt. Seine vortrefliche Bibliothek und schöne Handschriften verkaufte er an Joh. Christian Simon, seinen ehemaligen Schüler,

ler, und nachher Syndikus zu Kempten, welcher von den letzten den rühmlichsten Nutzen geschafft hat.

Meinen Lesern das Bild eines so großen Gelehrten noch näher aus seinen Schriften vor die Augen zu stellen, kann ich nun nicht länger anstehen, von einer jeden das Wesentlichste zu sagen.

1) Differt. de Syllogismis hypotheticis, Ienae 1653. mit dem Beystande Paul Slevogts. Die Freymüthigkeit, welche daraus hervorsticht, misfiel einigen, die gern am Alten kleben bleiben wollten. Insonderheit war ein damaliger Lehrer, welchen ich mit den Anfangsbuchstaben seines Namens D. I. H. nur bezeichnet finde, darüber sehr unzufrieden.

2) Diff. exhibens analysin T. Pomponii Attici vitae, a Corn. Nepote descriptae, Lipf. 1654. unter Friedr. Rappolts Vorsitze.

3) Diff. duae de iure hospitii apud veteres, Lipf. 1656. auch in Joh. Gotthards von Boeckeslen Traktate de iure hospitiorum, welcher zu Helmstädt 1677. in 4. gedruckt, und zu Quedlinb. 1724. sehr schmutzig wieder aufgelegt worden. Dort stehet Schilters Arbeit, worinn er sich ganz als Philolog zeigt, S. 79—130.

4) Diff. de acquisitionibus per hos, qui sunt in potestate, Ienae 1658. Johann Strauch war sein Präses.

5) Diatriba de disciplina Pythagorica, ad *Gellii* cap. 9. libri I. ibid. 1660. Sie kam hernach, von neuem übersehen und verbessert, nebst den vorher gedachten zwoen Dissert. de iure hospitii zu seiner Manuduct. philosophiae moralis, wo sie S. 428 —589. zu finden ist.

6) Diss.

6) Diss. de iure et statu Obsidum, et de Obstagio, Rudolst. 1664. auf 9 Octavbogen. Sie enthält eilf Capitel, in deren letztem er vom Einleger handelt, und mit Zusätzen zu jedem Capitel im Jahre 1673. in Quartformate, 13 Bogen stark, ferner in der Praxi iur. Rom. Th. I. S. 71—102. abermal erschienen. Der von Ludewig Band I. S. 695. seiner gelehrten Hällischen Anzeigen ist der Meynung, daß er so wenig, als Strauch, Josmann, Falckner, und Richter eine eigene Erfahrung von dieser Sache gehabt habe.

7) Diss. de cursu publico, Angariis et Parangariis, Ienae 1671. auf 5 Bogen. Er hielt sie, unter Christoph Phil. Richters Vorsitze, zur Erlangung des Doktortitels. Beym Abasv. Fritschen Exercit. iur. publ. Volumine nouo, Th. I. S. 74—97. stehet sie auch. In des ehemaligen Canzlers von Ludewig Dissert. de iure Postarum clientelari, S. 959. des Bandes I. der Opusculorum miscellor. wird aber von der Schilterischen Arbeit dieses gegründete Urtheil gefället: in eruendis antiquitatibus iuris Romani et tituli Codicis de cursu publico, castigandisque interpretibus praeclaram operam posuit: caetera, quae iuris publici sunt, vix indice digito attigit. Der Verfasser hat wirklich darinn eine schöne Litteratur angebracht, und hernach Vermehrungen zu seinem Handexemplare geschrieben, welches an seinen Sohn gekommen, nun aber, aller Vermuthung nach, für verloren zu halten ist.

8) Diss. de Secretario, Ienae 1672. auch in der Praxi iur. Rom. Th. I. S. 119—125. und in Wenckere Collectis Archiui, S. 190—207.

9) Dissert. de sublimi patriciatus honore, occas. L. 3. C. de Consul. et non spargendis caet. Ienae 1673.

1673. auf 4¼ Bogen. Der Respondent, Joh. Franck, will zwar der Verfasser seyn; Schilters Feile ist aber dabey nicht zu verkennen.

10) Diff. ad Edictum de pactis. Nach den Schottischen Supplem. ad Bibliothecam iurid. *Lipen.* ist sie daselbst auch 1673. erschienen. Nun findet man sie am leichtesten in der Praxi iur. Rom. Th. I. S. 162—-182.

11) Exercitationes ad 50. libros Pandectarum, Ienae 1675-1684. in 4. Dieses vortrefliche Werk, welches so großen Beyfall erlangt hat, trat alsdann, durch Ge. Schubarts Besorgung, unter dem Titel: Praxis iuris Romani in foro Germanico, eben daselbst 1698. mit Supplementen und verschiedenen besondern Abhandlungen in F. ans Licht. Im Jahre 1713. folgte zu Leipzig und 1733. zu Frankf. ein neuer Abdruck in demselben Formate. Damit sich dieser desto mehr empfehlen möchte, trug es der Verleger Warrentrapp dem Canzler von Ludewig an, Noten darzu zu verfertigen, welches er ihm aber abgeschlagen hat. Er sagt es selbst im Vita Iuftiniani S. 67. wo er auch meldet, was ihm bey der ganzen Ausführung nicht gefalle. Die letzte Ausgabe erfüllt 13 Alph. 12 Bogen und ist mit Christian Thomasens Vorrede versehen, welche schon der vorhergegangenen Edition vorgesetzt worden war. Es wird darinn von Schilters Lebensumständen, von seinen Schriften überhaupt, und von diesem Werke insonderheit, das Wichtigste gesagt. Nur hätte in diesem letzten Exemplare die lesenswürdige Zuschrift an den würdigen Staatsmann, Veit Ludw. von Seckendorf, und des Verfassers Epistel an die jungen Rechtsbeflissenen, die er zu Straßburg 1686. ausgefertiget hatte, nicht

nicht weggelassen werden sollen, wie in der Bibliotheca iuris Strurio-Buderiana, S. 147. der neuesten achten Auflage gar wohl erinnert wird. Die ganze Arbeit bestehet aus dreyen Theilen, in deren erstern die oben erwähnten Abhandlungen die folgenden sind, außer den schon angeführten Dissertationen: de iure formulario Romanorum et Francorum; de iure recomeniendi personam illustrem, de Landsassiis; de Amtsassiis; de Schriftsassiis. Noch mehr Dissertationen, sowohl im ersten, als im zweeten Theile, werde ich weiter unten nennen. Ein vierfaches Register, 1) rerum et verborum; 2) dissensionum inter Ictos veteres et hodiernos; 3) Monitorum practicorum; 4) Auctorum et Legum explicatarum, macht den Gebrauch des Werks bequemer, welches unstreitig zu den allerbesten aus seiner Fabrik gehöret. Viele Lobsprüche desselben von den erfahrensten Kennern solcher Arbeiten hinzuzufügen, würde eine ganz überflüßige Mühe seyn. Es ist längst entschieden, daß der Verfasser das vaterländische Recht aus den Quellen des römischen, auf die geschickteste Weise, befruchtet habe. Und obschon sein Unternehmen ein volles Jahrhundert übersteigt, innerhalb welcher Zeit so viele Schriften der gelehrtesten Männer ihren Werth meistentheils verloren haben; so erhält doch das Schilterische Werk sich noch immer sowohl auf den hohen Schulen, als auch in den deutschen Gerichtsplätzen.

12) Diss. de iuribus peregrinorum, Ienae 1676. auf 6 Quartbogen, auch in der Praxi iur. Rom. Th. I. S. 103—118. der Ausgabe vom Jahre 1733.

13) Manuductio Philosophiae moralis ad veram, nec simulatam, iurisprudentiam, cum Diss. duabus

bus

bus de iure, hospitii, et vna de disciplina Pythagorica, Ienae 1676. in 8. auf 1 Alph. 19 Bogen. Glafey urtheilt davon in der Geschichte des Rechts der Vernunft S. 200. und sagt zwar, Schilter habe einen ganz neuen Weg gesucht, und zeigen wollen, daß man beym Rechte der Natur auch ein Auge auf die bürgerlichen Gesetze richten, und nicht blos dahin sehen müsse, daß man ein von der Civil-Rechtsgelehrsamkeit ganz abgesondertes System des natürlichen Rechts erfinden, und mit Hintansetzung und Verbesserung jener in die Gerichte einschieben, sondern wie man die Gründe der im Gerichtsgebrauch eingeführten Gesetze aus dem Umfange der gesammten Moral, und nicht nur aus dem Naturrechte ergründen, und dadurch dieselben befestigen möge. Er meynt aber doch, es sey dem Verfasser, ob er gleich alle mögliche Mühe mit großer Belesenheit angewendet habe, dieses zu bewerkstelligen, seine Arbeit gar schlecht, und so gerathen, daß ein Jeder sowohl daraus, als aus seiner Praxi iuris Romani, und den übrigen Schriften, leicht wahrnehmen könne, Schilter sey allerdings ein in den römischen und deutschen Rechten erfahrner, großer Gelehrter gewesen, habe jedoch die Kräfte nicht gehabt, über die Rechtsmaterien nach dem guten Geschmacke zu raisonniren. Das ist alles ganz gut zu sagen. Nur würde es darauf angekommen seyn, ob denn wohl Glafey mehr würde geleistet haben, wenn er in den damaligen Zeiten gelebt hätte.

14) Diss. de hereditate, bonorumque possessione persequenda, Ien. 1677. und im Th. II. der Prax. iur. Rom. S. 30—50.

15) Praxis artis analyticae in iurisprudentia, Ien. 1678. 1½ Alph. in 8. Dieses Buch schmeckt eben so

so, wie die Manuductio Philos. moralis, nach den alten, damals noch beliebten aristotelischen Lehrsätzen. Schilter hat indessen doch auch manches beygebracht, welches vorher den Rechtsgelehrten nicht eingefallen war. Am Ende stehet seine Disputation de Syllogismis hypotheticis, die ich oben unter der Num. 1) angezeigt habe.

16) Diss. de damnorum persecutione, Ienae 1678. und in der Praxi iur. Rom. Th. II. S. 100-117.

17) Diss. de dominii persecutione, ibid. 1678. Auch in eben dem großen Werke, Th. II. S. 51—75.

18) Institutiones iuris canonici, ad Ecclesiae veteris et hodiernae statum accommodatae, Ienae 1681. in 12. 1 Alph. 19 Bogen stark, nebst Wegners differentiis iuris ciuilis et canonici, wozu Schilter kurze Noten eingerückt hat. Dieser sehr fehlerhaften Ausgabe, deren kurze Anzeige in den Latein. Actis Erudit. 1682. S. 158. stehet, folgte zu Strasburg 1688. in 8. die zwote, welche mit Franz Duarens libris VIII. de sacris Ecclesiae ministeriis ac beneficiis, und den Concordatis nationis Germanicae, und diese ebenfalls nebst des Herausgebers Noten, vermehrt ward. In einer solchen Gestalt erschien nachher dieses Buch sehr oft, nämlich wieder zu Jena 1699. 1708. 1713. mit Just Henning Böhmers Vorrede de media via, in studio et applicatione iuris canonici, inter Protestantes tenenda, welche man immer beybehalten hat; ferner 1718. 1721. 1728. 1733. und endlich noch, so viel als mir bekannt ist, 1749. Ich habe die Edition von 1718. den Duaren, nebst dem übrigen Anhange, darzu gerechnet, vor mir, und diese nimmt 3 Alphabete ein. Der so starke Abgang der Exemplare ist ein entscheidender Be-

Beweis, wie günstig, besonders auf protestantischen Universitäten, des Verfassers Versuch angesehen worden sey. Er verdiente auch damals, als er damit hervortrat, allen Dank für seinen an diesen Theil der Rechtsgelehrsamkeit gewendeten Fleis. Denn er leitete seine Sätze nicht nur aus den Quellen her, und gebrauchte zur Erläuterung die Alterthümer der Kirche, sondern ließ es auch seinen vorzüglichsten Gegenstand seyn, daß die Protestanten einen wesentlichen Nutzen von seinem Vortrage haben möchten. So viel ist aber doch nicht zweifelhaft, daß er nur vom Rechte der Personen und Sachen handele, und den Proceß im geistlichen Rechte gar nicht berühre, daß oft der Zusammenhang seiner Gedanken fehle, und daß er manche falsche Lehren habe mit einfließen lassen, wohin z. E. dieses gehöret, wenn er gleich im §. 2. des ersten Titels schreibt: duplex cura summae in republica potestatis cernitur, tum vt ciuibus in hac ciuili vita bene sit, tum vt parti superstiti in futura. Hinc in duas tota respublica se pandit societates, in sacram et ciuilem, h. e. in *ecclesiam* et *politiam:* quarum illa salutem animae aeternam, haec ciuilis vitae felicitatem curandam tuendamque suscipit. Verschiedene andere Rechtsgelehrte übernahmen also eine gar nützliche Arbeit, indem sie durch Anmerkungen über das Schilterische Handbuch theils Irrthümer zu verbessern, theils nicht genug bestimmte Begriffe deutlicher zu machen, theils das Fehlende zu ersetzen suchten. Der erste, welcher dieses that, war der oben genennte **Böhmer,** dem das geistliche Recht so viel zu danken hat. Aus seiner Feder entstanden die Emendationes et Additamenta ad *Iob. Schilteri* Institutiones iur. canonici, welche

VIII. Johann Schilter.

zu Halle 1712. und abermal 1720. auf 1 Alph. 8 Bogen in 8. gedruckt wurden. Ihm folgte Casp. Heinr. Horn zu Wittenberg. Seine gehaltene Vorlesungen gab er daselbst 1718. unter dem Titel heraus: Additamenta ad *Schilteri* Instit. iur. canonici, in vsum scholae ac fori. Es ist ein Buch von 2 Alph. 3 Bogen in 8. welches der Verleger 1723. mit einem neuen Titelbogen, als eine zwote Ausgabe, häufiger zu verkaufen wünschte. Dieterich Gotthard Eckard legte darauf 1724. an eben dergleichen Arbeit die Hand. Er lieferte seit dieser Zeit, bis zum Jahre 1733. zu Leipzig eine Erklärung über Schiltern in 13 Quarttheilchen, welche 20¼ Alph. enthalten, und also sehr weitläuftig gerathen sind. Man sehe davon die Leipziger Zeit. v. gel. Sach. 1724. S. 144. Darauf kam Joh. Ernst Flörcke, dessen Obseruationes selectae, ad *Schilteri* Instit. iur. canonici, tam illustrandas, quam supplendas, nec non emendandas, digestae, zu Jena 1726. ans Licht traten. Sie erfüllen gerade 2 Alph. in 8. und sind Anfängern wohl zu empfehlen. Sam. Stryks Annotationes succinctas in *Schilteri* Instit. iur. canonici habe ich nicht gesehen. Sie sind 1732. in 8. zu Nürnberg erschienen, vermuthlich aus einem ehemals nachgeschriebenen akademischen Discurs. Endlich beförderte ein gewisser Gelehrter, unter dem Anfangsbuchstaben seines Namens C. H. G. *Augustini* a *Leyser* Praelectiones ad *Schilteri* Instit. iur. can. zum Drucke. Das erste Buch verließ 1753. das zwente hingegen im folgenden Jahre zu Torgau die Presse. Dieser kleine Oktavband bestehet aus 22 Bogen, mit des Herausgebers Obseruationibus ex iure ecclesiastico militari, ad ductum *Schilteri* Instit. iur. canonici,

wel-

welche auf 2⅜ Bogen den Schluß machen. Zu unsern Zeiten ist es zur herrschenden Gewohnheit geworden, nach dem Tode berühmter Lehrer ihre Vorlesungen drucken zu lassen. Die meisten aber sind von unwissenden Zuhörern nachgeschrieben worden, und nicht besser, als Makulatur. Bey der Leyserischen hingegen findet allerdings eine Ausnahme statt, und der Herausgeber versichert in der Vorrede, worinn er zugleich des Verfassers Lebensumstände erzählt, daß er sich nicht nur der eigenen Handschrift von demselben, sondern auch zwoer anderer bedient habe, welchen man das Lob einer großen Genauigkeit nicht absprechen könne.

19) de libertate Ecclesiarum Germaniae, libri VII. Accedit liber de prudentia iuris Christianorum, seu societate Deum inter et homines; item Dissertatio de fatis Ecclesiarum, Ioanni diuinitus reuelatarum, Ienae 1683. auf 8 Alph. 2 Bogen in 4. Ein mit den gelehrtesten Beobachtungen angefülltes und auch in unserm Staatsrechte sehr nützliches Werk, worinn er die Gerechtsame der deutschen Bischöfe gegen die Eingriffe des römischen Pabsts männlich vertheidiget hat, ungefähr wie Peter von Marca die Freyheit der französischen Kirche. In den Latein. Actis Erudit. 1683. S. 129—132. wird dieses Werk, zu welchem der Verfasser viele neue Anmerkungen hinterlassen hat, ziemlich recensirt. Am allermeisten aber verdienen Christ. Thomasens gründliche Gedanken darüber in der Historia contentionis inter imperium et sacerdotium S. 518—534. gelesen zu werden. Schelhorn hat in seinen Amoenitatibus litterariis Th. VIII. einen von Steph. Baluzen an Schiltern im Jahre 1684. geschriebenen Brief bekannt gemacht,

gemacht, aus welchem ich eine hieher gehörige Stelle auszeichnen will. Es heißt S. 632. also: Caeterum illud quoque valde placuit, quod homines nostrae Partis interdum laudas, eorumque auctoritate veteris ad confirmandas commentationes tuas. Quanquam maxime vellem, ne vulgarium quorundam et diobolarium, vt ita dicam, scriptorum, etiam Gallorum, testimonia tanti fecisses, quanti ea te fecisse, palam est. Qui in gratiam eruditorum scribunt, debent, vt ego quidem arbitror, abstinere a laudandis lucubrationibus illis, quae in praesens scriptae, ad aucupandam nimirum auram vulgarem, non pertinent ad posteritatem. In quo tamen saepe labi vestrates scriptores, iam questus sum apud eorum non nullos.

20) Diss. de matrimonio, Ienae 1683. in 4. Sie scheint eben dieselbe zu seyn, welche der Praxi iur. Rom. Th. II. und der Exercitation 36. §. 28-65. einverleibt worden ist.

21) Institutiones iuris, ex principiis iuris nat. gent. et ciuilis, tum Romani, tum Germanici, ad vsum fori hodierni accommodatae, Lipf. 1685. in 8. „Von dieser ersten Ausgabe handeln ebenfalls die Lateinischen Acta Erud. in demselben Jahre S. 530. Der zweete Abdruck, 3 Alph. stark, geschah 1698. zu Strasburg unter dem veränderten Titel: Iurisprudentiae totius, tam Romanae, quam Germanicae priuatae, legitima Elementa. Es sind zween Theile. Der erste enthält die Elementa totius legitimae scientiae priuatae, welche bereits eben allda 1696. mit der Ueberschrift: Epitome iuris priuati, auf 5 Ostavbogen erschienen waren; der andere Theil hingegen stellt

stellt den Text der Justinianeischen Institutionen, nebst der Erklärung, dar. Jedem Titel hat er die ersten Gründe des Natur- und Völkerrechts, und den heutigen Gerichtsgebrauch, vorgesetzt. Darauf folgen titulus Dig. de R. I. succincta Paraphrasi illustratus, et instar Supplementi collectio regularum iuris ex Institut. Iustinianeis, tit. libri VI. Decretal. de R. I. et series titulorum in Pandectarum libris, cum Institutionum titulis et Supplementis collatorum; item Index Paragraphorum omnium in Institut. libris, endlich aber ein Sachen- und Wörterregister. Zur neuen Straßburger Edition kam noch zuerst titulus Pand. de verb. signif. succincta commentatione illustratus, cum methodo, qua textus iuris recte atque ordine resolui, itemque casus iuris propositos decidi exponitur; welches Werkchen besonders 14 Bogen einnimmt. Man findet eine Recension in den Lateinschen Actis Erudit. 1699. S. 30—32. Der Canzler v. Ludewig schreibt in Vita Iustin. S. 67. von diesem Buche: Ingentem vsum habere posset hic libellus, si esset in manibus plurium. Nam habet textum Iustiniani ipsius, singulis illius titulis ea adnectit typis diuersis, quae iuris Germanici, Latio ignorati. Vellem igitur, haec epitome occuparet omnium Academiarum cathedras et subsellia.

22) Cursus studiorum ciuilium, wie solcher in- und außerhalb Universitäten, glücklich zu vollführen, Jena 1686. in 4. Eine kleine Abhandlung, die Buder in den Opusculis de ratione et methodo studior. iuris S. 127—135. der Vergessenheit entrissen hat. Seine Vorschläge sind freylich unsern Zeiten nicht durchgehends angemessen.

23) He-

VIII. Johann Schilter.

23) Herennius Modestinus, seu fragmenta libri singularis, quem περι Ευρηματικων, i. e. de cautelis, scripserat *Modestinus*, Commentario illustrata, et ad usum fori hodierni redacta, Argent. 1687. in 4. auf 18 Bogen. Die Latein. Acta Erud. 1687. S. 375. geben davon einige Nachricht. Erst waren es zwo akademische Dissertationen, in eben diesem Jahre, deren erste sein würdiger Schüler, Joh. Heinr. Felz, vertheidigte. Voran stehet eine Nachricht von diesem alten Rechtsgelehrten aus Joh. Bertrands Buche de Iurisperitis; zuletzt aber S. 113—132. eine Mantissa, sive historia iuris circa dogma Ecclesiae Christianae de dissolutione matrimonii quoad vinculum, ad illustranda ea, quae Cap. IV. §. 15. (S. 43. des Traktats) hoc de argumento dicta. Der Verfasser übergehet dabey den Gerichtsgebrauch nicht. Als Brenkmanns Diatriba de Eurematicis bereits im Jahre 1706. gedruckt worden war, fiel demselben erst Schilters Traktat, den er vorher nicht gekannt hatte, in die Hände. Dieser Ursache wegen führt er zuletzt S. 284—290. kürzlich an, was ihm darinn merkwürdig, oder unrichtig, scheine.

24) Diss. de bonis laudemialibus, quae *Ehrschätzige Güter* vocamus, occas. Constitut. de anno 1322. Argentorati editae, ibid. 1690. auf 6 Quartbogen. Sie ward nicht nur allda 1713. wieder abgedruckt, sondern auch vermehrt und verbessert dem Codici iur. feudal. Alemannici S. 613—656. der ersten Ausgabe einverleibt. Paul Gottfr. Gambs, der Respondent, mag wohl an dieser Schrift ziemlichen Antheil gehabt haben.

25) Diss. de Curiis dominicalibus, Argent. 1691. und abermal zu Halle 1738. auf 5 Bogen. Ferner

ner findet man sie mit vielen neuen Urkunden bereichert, im gedachten Codice iur. feud. S. 548-613.

26) Diss. de inuestitura Principum Imperii simultanea, speciatim quoad successionem Lauenburgicam. Eben allda, S 510—547. wozu noch S. 657. eine Addition gekommen ist.

27) Diss. de Vicariis I. R. Germ. Arg. 1693. auf 8 Quartbogen. In dem Moserischen Syntagma Diss. iuris publ. S. 737-772. stehet sie gleichfalls. Er ist hier, insonderheit vom §. 22. an, mit Erzählung der Streitigkeiten darüber zwischen Churbayern und Churpfalz beschäftiget; in §. 4. aber berührt er kurz die ungegründete Prätension des Pabstes, Johann des Zwey und zwanzigsten.

28) Dissert. de natura, et origine iuris publici, Arg, 1694. Sie ward 1736. auf 4 Bogen zu Halle wieder gedruckt.

29) Ad ius feudale vtrumque Germanicum et Longobardicum Introductio, seu Institutiones, ex genuinis principiis succincte concinnatae, et ad fori feudalis hodierni vsum directae, Arg. 1695. Von dieser kleinen Schrift, welche 8 Oktavbogen enthält, geben die Latein. Acta Erud. in demselben Jahre S. 516. einige Anzeige. Sein Handexemplar hat der Verfasser mit hinzugeschriebenen Noten hinterlassen. Er verbindet in einer nervigen Kürze die deutschen Lehnsgesetze mit den longobardischen; und zeigt zwischen beyden den Unterschied. Zu Strasburg hatte er auch Gelegenheit, von Ulr. Obrechten viel darinn zu lernen. Neue Auflagen erfolgten zu Strasburg 1721. zu Leipzig 1728. 22 Bogen stark, mit Ge. Christ. Ge-
bauers

bauers Noten, der Constitutione de Expeditione Romana, wozu Frehers und Anderer Anmerkungen unter den Text gedruckt worden sind, und Conr. Sam. Schurtzfleischens Dissert. de Conrado, Imp. Aug. eiusque diplomate, quod de Expeditione Romana inscribitur, vero Auctori vindicato, die zu Wittenberg 1702. gehalten worden war. Man sehe davon die Latein. Acta Erud. 1728. S. 539. die Deutschen Acta Erud. Band XII. St. 141. S. 656—659. Diese Gebauerische Edition wurde eben daselbst 1737. u. 1750. wiederholt. Die Note a) zum §. 24. des fünften Capitels zog dem Herausgeber mit dem Canzler von Ludewig über die successionem Clericorum in feuda eine besondere Streitigkeit zu, welche dieser in den Hällischen gelehrten Anzeigen 1734. auf eine sehr unanständige Weise anfieng. Der ganz ungesittete Aufsatz gegen Gebauern stehet nun S. 1083. des Bandes I. seiner gelehrten Anzeigen, die er 1743. zusammen drucken ließ. Das übrige, welches diesen Federkrieg betrift, ist in der Lipesischen Bibl. iurid. Th. I. S. 489. der neuesten Auflage zu lesen. Im Jahre 1742. gab auch der berühmte Herr Hofr. Uhl diese Instit. iuris feudalis nebst einer litterarischen Vorrede von dem Schicksale derselben, und kurzen Noten aus des Heineccius ehemals darüber gehaltenen Vorlesungen, zu Berlin auf 11 Oktavbogen heraus. Der zweete Druck erschien eben allda 1750. mit der angehängten Schilterischen Dissert. de natura successionis feudalis, wovon unten mehr. Friedr. Carls von Buri ausführliche Erläuterung des in Deutschland üblichen Lehnrechts ist ein vortreflicher Commentar über dieses Handbuch. Er bestehet aus sechs Stücken, die zu Gießen von 1732. bis 1738.

ans Licht traten, und fast 8 Alph. in 4. stark sind. Nur ist es Schade, daß der gelehrte Verfasser, wegen überhäufter Amtsgeschäfte, weiter nichts, als die drey ersten Capitel, liefern können. Die Noua Acta Ictorum, die zu Wittenb. 1738. angefangen wurden, machen S. 451—467. einen ungemein vortheilhaften Begriff davon. Endlich gehöret noch hieher Gundlings ausführliche Erläuterung über Schilters Instit. iur. feudalis; ein nachgeschriebener akademischer Discurs, den Feustel 1736. zu Frf. u. Leipz. mit dem voran stehenden Texte auf 2 Alph. 7 Bogen in 4. besorgte. Unter allen Büchern solcher Art, welchen man den Gundlingschen Namen vorgesetzt hat, ist doch dieses eines der besten.

30) Diss. de fine et obiecto iuris publici, Arg. 1696. 4¼ Quartbogen. Sie ward zu Leipzig 1739. in der Franckischen Collectione de fatis, methodo, fine et obiecto iuris publici, S. 25—98. wieder gemein gemacht.

31) Επινίκιον Rhythmo Teutonico Ludouico Regi acclamatum, cum Nortmannos a. 883. vicisset, Arg. 1696 auf 9. Bogen in 4. Die zwote Ausgabe ist dem Bande II. des Thesauri Antiquit. Teutonicar. vermehrter einverleibt worden. Johann Mabillon hatte dieses aus 118 Versen bestehende Siegeslied abgeschrieben, und dem Herrn von Eyben, dessen Lebensumstände in meinen Beyträgen zur jurist. Biographie Band I. St. 2. gleich anfangs zu lesen sind, zu Paris mitgetheilt. Von diesem erhielt es Schilter, welcher eine lateinische Uebersetzung darzu machte, und den Text mit weitläuftigen historischen Noten erklärte. Eine genealogische Tabelle vom Könige Ludewig ist be-

VIII. Johann Schilter.

sonders haben, nebst einer alten Steinschrift, welche über der Kirchenthür eines der Universität zu Jena gehörigen Dorfs stehet. Und eben dieses Denkmal scheint dem Herausgeber die Spuren von der Ludewigischen Theilung des Fränkischen Königreichs anzuzeigen. In den Leipziger Beyträgen zur critischen Historie der deutschen Sprache, Stück 2 des ersten Band, S. 12 geben die Verfasser einige Nachricht von dieser Schrift.

32) Institutiones iuris publici Rom. Germanici. Tomi II. quorum priore ius publicum R. Germ. iusta methodo succincte exponitur; posteriore Leges fundamentales, itemque Acta publica, v. g. Aurea Bulla, cum notis *Schilteri*; der Hußitenkrieg atque Responsa et Consilia, nondum edita, exhibentur, Arg. 1696. in 8. zusammen, nebst einem Sachen- und Wörterregister, 2 Alph. 21 Bogen. Er bedient sich der Lehrart in den Justinianischen Institutionen. Fast am Ende stehet auch ein Paratitlon von 28 Seiten de Capitatione aus Schilters Feder, und Ludolfs Discurs vom Reichstage. Die kurze Probatio per Archivum, welche nur drey Paragraphen enthält, und eine Nota de vsu vtriusque linguae, Latinae ac Teutonicae, in conficiendis Tabulis publicis, die in diesem Buche, Th. I. S. 369. und Th. II. S. 267—271. vorkommen, sind von Wenckern in die Collecta Archiui S. 50—55. eingerückt worden, und zwar, was die letzte Anmerkung betrift, mit desselben Noten. Bey den auf dem Titel der Institutionum angegebenen Responsis ist nur ein Einziges de successione testamentaria zu finden, welches gar kurz, und von dreyen Advoka-

ten

ten zu Metz ausgefertiget worden ist. Umständlicher handeln von diesem Buche Tentzel in den monatlichen Unterred. des Jahrs 1697. S. 580-593. die Supplementa Actor. Erudit. Band III. S. 209—212. Moser in der Bibl. iur. publ. Th. I. S. 106—116. wo der würdige Greis die Fehler der Arbeit eben so wenig verschweigt, als das Gute, welches er dabey beobachtet hat. Es verdient übrigens auch hier der Herr geheime Rath Nettelbladt Band I. S. 108. der Hällischen Beyträge zur juristischen Gelehrten-Historie nachgelesen zu werden.

33) Diss. de termino a quo restitutionis bonorum ecclesiasticorum, ad Instrum. Pacis Westphal. art. V. §. 2. Arg. 1697. auf 5 Bogen in 4. auch zu Jena 1747. 6¼ Bogen stark, welcher Abdruck jedoch eine Probe von der elenden Hellerischen Officin war. Ferner hat diese Dissertation in Henniges Medit. ad Instrum. Pacis Caesareo-Succicum, Specim. X. S. 1978.—2003. im Schilterischen Traktate de Pace religiosa S. 271. und in Lehmanns Actis Pacis religiosae, Band II. S. 382. (doch an diesem Orte unter dem Namen Phil. Jac. Reichards, des Respondenten,) einen Platz erhalten. In dem oben angeführten Werke des Herrn v. Moser S. 72. wird die Itterische Disquisitio de bonis ecclesiasticis caet Schilters Abhandlung einigermaaßen vorgezogen

34) Exercitatio de legitimae cum quarta vel simili portione superstiti coniugi debita concurrentis computatione, Argent. 1697. auf 7½ Bogen, und wieder zu Jena 1719. in 4. welches Exemplar 11 Bogen ausfüllt.

35)

35) Diff. ad Conſtitut. Argentoratenſem anni 1604. de emponematum iure, vom Schauffelrecht, Arg. 1697. 6 Bogen. Sein vornehmſter Gegenſtand iſt das dominium vtile in emphyteuſi. Im Anhange des Codicis iur. feud. in f. ſtehet dieſe Schrift auch unter der Num. 7)

36) Codex iuris feudalis Alemannici Argent. 1697. in 4. 10 Alph. 14 Bogen, und von neuem 1728. in f. mit Joh. Ge. Scherzens Vorrede, 9 Alph. 13 Bogen ſtark. Den Inhalt aller in der erſten Edition befindlichen Stücke ſiehet man aus dem vorgeſetzten Verzeichniſſe. Es ſind nämlich die folgenden: Praefatio Editoris de iuris feudal. Alem. origine, auctoritate et vſu; Ius feudale Alemannicum, cum interpretatione Latina; ius feudale Saxonicum, ex vetuſto Msto Bibliothecae Lipſienſis Paulinae; Commentarius ad ius feudale Alemannicum, collatum cum communi et Saxonico, und darauf kommen verſchiedene Supplemente; Differt. de inueſtitura Principum Imperii ſimultanea, ſpeciatim quoad ſucceſſionem Lauenburgicam; die zwo Diſſertationen, die ſchon oben unter den Nummern 24) und 25) ſtehen, de Curiis dominicalibus, ac de bonis laudemialibus; Commentatio ad II. Feudor. 50. de natura ſucceſſionis feudalis, in qua linealis quoque ſucceſſionis origo, atque vſus in foro Germanico ſuccincte exponitur, eine auf 6¼ Bogen beſonders gedruckte Schrift *Anton. Mincuccii* de Prato veteri de feudis libri VI. nebſt Schilters Vorrede zu dieſer Compilation, (ich berufe mich hier zugleich auf die S. 258. im Bande V. meiner Beyträge) auch vielen Noten unter dem Terte; *Barthol. Baraterii* Libellus feudorum reformatus;

matus; *Ant. Dadini Alteserrae* de origine et statu feudorum, pro moribus Galliae, Liber singularis; welches Werkchen schon 1690. zu Strasburg abgedruckt worden war. Zuletzt aber hat der Herausgeber des M. Ant. Dominicus historicam Disquisitionem de praerogatiua Allodiorum in prouinciis, quae iure scripto reguntur, Narbonensi et Aquitanica, hinzugethan. Recensionen davon liefern Tenzel im Jahre 1696. der monatlichen Unterredungen, S. 474—479. und die Latein. Acta Erudit. 1697. S. 147—162. welcher Aufsatz mit vielem Fleiße gemacht worden ist. Kein wahrer Kenner guter Bücher wird sichs einfallen lassen, einen Angriff auf Schilters Ruhm zu thun, den er mit seiner Arbeit erworben hat. Das Lehnrecht ist durch ihn zu einer ganz andern Gestalt gekommen, als vorher, und sein Commentar enthält gewiß eine Menge der nützlichsten Sachen und Lehnsalterthümer, welche zur Erläuterung und genauer Kenntnis deutscher Rechte wesentliche Dienste leisten können, wenn gleich Viele seiner Meynung von dem großen Ansehen des Schwabenspiegels, und dessen Lehnrechte, nicht beytreten wollen. Was er im Commentar ad ius feudale Alemannicum, S. 16—47. der ersten Auflage, sagt, des hat Burgermeister in seiner Bibl. equestri, Th. II. S. 990—1015, wiewohl sehr fehlerhaft, abermals abdrucken lassen. Ehe ich weiter fortgehe, muß ich hier noch eines gelehrten Streites gedenken, den Schilter mit Joh. Wolfg. Textorn anfieng. Dieser hatte zu Heidelberg 1685. eine Dissertation de successione ex linea, gehalten, und darinn die Collateralerbfolge in den Churfürstenthümern behaupten wollen, dargegen nun ergriff jener die

Feder,

Feber, und schrieb die oben angeführte Differt. de natura succeſſionis feudalis. Textor antwortete ihm vermittelſt der Succeſſionis linealis per ſe, et in Electoratibus Imperii ſecularibus ex II. Feudor. 50. et Aurea Bulla Caroli IV. Imp. nec non eiusdem et Sigismundi Imp. Bullis ſpecialibus defenſa atque declarata, Frf. 1689. auf 5. Quartbogen. Schilter gab dieſer Schrift 1701. in ſeinem Traktate de Paragio et Apanagio S. 72. einen Platz, ſetzte auch einige Noten hinzu, nebſt einer Mantiſſa ad Commentationem de natura ſucceſſionis feudalis, welche 1¼ Bogen ausfüllt, und von ihm 1699. verfertiget worden war. Textor ließ darauf 1700. eine andere Mantiſſam pro ſucceſſione lineali erſcheinen, welche ebenfalls im Schilteriſchen Traktate de Paragio, S. 137. 2¼ Bogen ſtark wieder abgedruckt, und von ſeinem Gegner mit kurzen Noten vermehrt worden iſt. Die ganze Sache betraf damals das Pfalzveldenziſche Succeßionsrecht zu der 1685. erledigten Pfälziſchen Churwürde, worüber jedoch der Prätendent derſelben, Leopold Ludewig, ohne Leibeserben im Jahre 1694. ſtarb, nachdem die Neuburgiſche Linie, für welche Textor arbeitete, bereits in den Beſitz der Churlande geſetzt worden war. Beyde Schriftſteller, am meiſten aber Schilter, haben es an heftigen Ausdrücken nicht fehlen laſſen. Uebrigens will ich nur dieſes noch erinnern, daß wie er hier in dieſem Werke das Schwäbiſche Lehnrecht darſtellet, er auch im Bande II. ſeines Theſauri Antiquit. Teutonicar. den Schwabenſpiegel aus guten Handſchriften zu liefern bemühet geweſen ſey.

37) *Aurelii Auguſtini* libri II. de adulterinis coniugiis ad Pollentium, cum notis iuridicis ac moralibus

libus, quibus dogma Ecclesiae de matrimonii dissolutione illustratur, Ienae 1698. 11 Quartbogen. Daß die Noten gegen Obrechten, ohne ihn zu nennen, gerichtet seyen, wird in Neocorus Biblioth. libror. novor. Band II. S. 603. angezeigt; daß aber auch der Verfasser verborgen bleiben wollen, und Georg Schubart diese kleine Schrift ans Licht gebracht habe, lese ich in den Latein. Actis Eruditorum 1698. S. 340. 41. wo dieselbe bekannt gemacht worden ist.

38) Jacobs von Königshoven älteste deutsche, so wohl allgemeine, als insonderheit Elsaßische und Strasburgische Chronica, mit historischen Anmerkungen, Strsab. 1698. in 4. Ein 7 Alph. 6 Bogen starkes Werk, welchem besonders auf 7 Bogen die Chronic der Stadt Freyburg im Brisgau aus einer Handschrift des Strasburgischen Archivs angedruckt wurde. Schilter, der die Edition zuerst besorgte, handelt in seiner Vorrede von den alten Geschichtsbüchern der Deutschen, vom Verfasser, und vom Werthe seiner Chronic. Die Noten stehen so wohl am Rande, als unter dem Texte. Von der S. 437. an, bis zur S. 1690. folgen noch 21 Anmerkungen des Herausgebers, welche zween Drittheile des ganzen Buchs einnehmen. Man kann dabey Tenzels monathl. Unterred. 1698. S. 723—746. und die Latein. Acta Erudit. desselben Jahres S. 362—367. lesen.

39) *Ioh. Limnaei* ius publicum Romano-Germ. Arg. 1699. in 4. daß er diese beste Ausgabe nicht allein besorgt, sondern auch mit seinen eigenen Notenversehen habe, ist schon im Bande II. meiner Beyträge, S. 149. von mir gesagt worden.

40) *Nicol. Bestii* Tract. de pactis familiarum illustrium. Argent. 1699. in 4. Zu diesem 3 Alph. 17 Bogen starken Werke sind Schilters Vorrede, Summarien, und einige Noten gekommen, die aber nicht viel bedeuten.

41) de Pace religiosa Liber singularis, Arg. 1700. 1 Alph. 8. Bogen in 8. Von der S. 271. an ist die obige Dissert. unter der Num. 33) de termino a quo restit. bon. ecclef. eingerückt. Im *Lehmanno* suppleto et contin. S. 351. 8. stehet dieses Buch auch. Weitere Nachrichten davon ertheilen die Latein. Acta Erud. 1700. S. 405—408. und Moser Th. II. der Bibl. iuris publ. S. 425—428. an welchem Orte aber der Verfasser keine gute Censur erhalten hat. Denn in der Hauptsache, heißt es zuletzt, ist gar nichts Besonderes am ganzen Buche, und vielleicht eben dasselbe nur einem Buchhändler zum Gefallen in ziemlicher Eil zu Papiere gebracht worden.

42) *Marci Ottonis*, et aliorum Ictorum Argentoratensium, Consilia, sive illustria iuris Responsa, Arg. 1701. in f. Zu dieser Sammlung, die beynahe 11 Alph. stark ist, hat er eine Vorrede verfertiget, und darinn kurz gezeigt, mit welcher Behutsamkeit man dergleichen Rechtssprüche ans Licht stellen müsse.

43) *Pauli Matthiae Wehneri* Obseruationes iuris practicae, Arg. 1701. in f. Außer Schilters Vorrede sind auch von ihm an verschiedenen Orten Vermehrungen, und Joh. Rüdingers Obseruationes iuris cameralis caes. hinzugekommen. Eine neue Ausgabe trat eben allda 1735. ans Licht.

44)

44) Tractatus de Paragio et Apanagio, cum Diſſert. de feudis iuris Francici, Argent. 1701. in 4. Auch zu Lemgo 1727. in Joach. Victers Corpore iur. Apanagii et Paragii, Th. II. S. 299—310; doch ohne die Diſſertation. Der Succeſſionsſtreit in der Churpfalz, deſſen ich oben gedacht habe, war die weſentliche Veranlaſſung dieſer Schrift. Schilter, welcher auf der Seite des Hauſes Veldenz war, führte verſchiedene mal die Feder. Ein guter Theil der darzu gehörigen Papiere gerieth nach ſeinem Tode in die Hände eines mir unbekannten Gelehrten, wovon er in dem zu Strasburg 1722. auf 12½ Quartbogen gedruckten Schreiben an einen Fürſtl. Miniſter, des Chur- und Fürſtlichen Hauſes der Pfalz Succeßion überhaupt, inſonderheit aber die künftige Erbfolge im Fürſtenthum Zweybrücken, betreffend, das Wichtigſte mitgetheilt hat.

45) Tractatus praecipui de renunciationibus, Argent. 1701. in 4. auf 8 Alph. 9 Bogen. Man findet hier Giphanius, Dalners, Breulaͤus, und Rellenbenzens Abhandlungen davon zuſammen gedruckt. Mehr in den Latein. Actis Erudit. 1701. S. 300—302. Schilter hat keine Noten darzu gemacht, wie der Titel verſpricht, wohl aber eine Vorrede von 7 Seiten, worinn er de origine renunciationum et diuerſis principiis iuris Romani, Canonici ac Teutonici ſeine Gedanken eröffnet.

46) Scriptores rerum Germanicarum, Arg. 1702. in f. Ein neu aufgewärmtes Werk, welches Kulpis ſchon 1685. herausgegeben hatte, und nun ſollte Schilters Vorrede mehr Käufer anlocken.

VIII. Johann Schilter.

Ich habe davon im Bande I. S. 15. meiner Beyträge gesagt, was nöthig war.

47) Diss. de imperiali et regali, primariarum precum iure. Arg. 1702. auf 4¼ Bogen. Meines Wissens ist sie nicht wieder gedruckt worden.

48) Diatribe de S. R. G. Imperii Comitum praerogatiua, ac iure inter ipsos et Ordinem equestrem Imperii immediatum, secundum quosdam controuerso, Arg. 1702. 13 Quartbogen. In Lünigs Thesauro iuris derer Grafen und Herren S. 413—437. findet man diese Abhandlung ebenfalls, welche wieder die unmittelbare Reichsritterschaft, und die Verfechter deren Würde, den von Gemmingen, Lerchen und Knipschilden, abgefaßt worden ist. Burgermeister gab dargegen seinen Grafen- und Rittersaal heraus. Recensionen von der Schilterischen Schrift haben Eccard im monatlichen Auszug rc. 1702. S. 24—38. des Aprils, und die Latein. Acta Erud. desselben Jahrs S. 199. mitgetheilt. Der Herr Etatsrath Moser in der Bibl. iur. publici, Th. I. S. 178. eröffnet die Meynung davon, daß der Verfasser keine gute Ordnung beobachtet, und seine beyden Fragen, sonderlich die erste, nicht gründlich genug ausgeführt habe; daß er zuweilen gar zu partheyisch sey, auch Manches als gewiß voraussetze, welches noch vielen Zweifeln unterworfen bleibe.

49) Diss. de condominio circa sacra, Arg. 1704. auf 7¼ Bogen in 4.

50) Praefatio ad *Boecleri* Comment. in *Hug. Grotium* de iure belli ac pacis, Arg. 1704. in 8. Ob er in dieser Vorrede etwas Besonderes abgehan-

handelt habe, ist mir unbekannt. Denn die eben angeführte neueste Ausgabe liegt mir jetzt nicht bey der Hand. Wahrscheinlicher Weise aber wird wohl so wenig darinn seyn, welches den Leser aufmerksam machen könnte, als in einer andern Vorrede von ihm zu Kulpis Differt. academicis, die er 1705. denselben vorsetzte.

51) Notae ad *Ge. Ad. Struuii* Syntagma iuris feudalis, Arg. 1704. in 4. Ein Alph. 21¼ Bogen stark. Die zwote Ausgabe lieferte der Syndicus Simon im Jahre 1711. Ich weis jedoch nicht, ob sie etwas vermehrt worden sey. Seine Noten erstrecken sich nur auf 13 Kapitel, und sind vielleicht Bruchstücke eines academischen Discurses über den Struve. Kenner haben wenigstens von ihm etwas Besseres erwartet, wenn gleich ein großer Theil der Noten nicht ganz ohne Nutzen ist. Eingestreuet sind fünf noch ungedruckte Rechtssprüche und Bedenken aus dem Lehnrechte von Joh. Pfeilen, Just. Meiern, und der Juristenfakultät zu Tübingen. S. 265—370. aber folgen Marc. Otto, und einiger Anderer, Relationen, welche Lehnsachen betreffen. Den Inhalt des ganzen Werkchens erzählen die Verfasser der Latein. Actor. Eruditor. 1704. S. 335. genauer.

52) Rechtliches Bedenken von dem Kayserlichen Landgerichte in Schwaben. Bur. Gotth. Struve stellte dasselbe 1722. im Th. IV. des historisch-politischen Archivs S. 3—37. aus der Handschrift ans Licht. In Wegelins Thesauro rerum Sueuicar. Band. III. Num. 6 ist es auch.

53) Thesaurus Antiquitatum Teutonicarum, ecclesiasticarum, ciuilium, litterariarum, Vlmae 1728.

(der Druck nahm aber schon zwey Jahre vorher den Anfang,) in F. Es sind drey Bände, welche über 27 Alph. ausfüllen, verschiedene Kupfer nicht mit gerechnet. Mein Exemplar fällt wegen des weissen Papiers und der scharfen Lettern sehr in die Augen. Joh. Frick war der würdige Herausgeber, und setzte auch den beyden ersten Bänden gelehrte Vorreden vor: Joh. Ge. Scherz aber fügte zu Schilters Noten viele seiner eigenen, und machte sich überhaupt um das ganze wichtige Werk, welches der fleißige Sammler in der Handschrift hinterlassen hatte, ungemein verdient. Der erste Band bestehet aus zween Theilen, und enthält sacra monumenta: Francica, Alemannica, Saxonica: biblica et ecclesiastica. Darzu sind viele alte deutsche Denkmale, die man nach Schilters Tode gefunden hatte, gekommen, und an den gehörigen Orten eingerückt worden; ferner mancherley Verbesserungen, Uebersetzungen, Noten, und vorzügliche Bemühungen gelehrter Männer. Im zweeten Bande folgen Ciuilia: leges, bella, triumphi caes. morales, item Allemannorum paraenetici. Der dritte Band endlich liefert ein Glossarium ad Scriptores linguae Francicae et Alemannicae veteris, non Scriptoribus solum et linguae inseruiturum, sed et antiquitatibus abundans. Die Vorrede von Schiltern selbst ist beynahe 7 Bogen starf. Zu diesem Glossario hat Joh. Leonh. Frisch bereits 1741. im Bande V. oder der IVten Continuation der Miscellan. Berolin. S. 201—210. einige Zusätze drucken lassen. Nun aber gehet der Herr Prof. Oberlin, zu Strasburg, damit um, das Glossarium medii aeui Germanicum, eine funfzigjährige Arbeit Joh. Ge. Scherzens, welche bisher

VIII. Johann Schilter.

her handschriftlich im dortigen Stadta[rchiv lie]gen hat, ans Licht zu bringen. [Nach dieser] Versicherung wird dieses Werk [den] Wachtern und Haltausen billig an die Seite g[e]setzen seyn, und manche Dunkelheiten bey den alten Deutschen Scribenten vertreiben. Ich würde über die Grenzen meiner Blätter gar zu weit schreiten müssen, wenn ich von allen im Schilterischen Thesaurus befindlichen Stücken umständliche Nachricht ertheilen wollte. Aus dieser Ursache berufe ich mich nur auf die Recensionen in den Latein. Actis Erudit. 1727. S. 145—150; 1728. S. 337—341; und 1729. S. 6—9.

Unter seinen noch nicht gedruckten Schriften sind die nachstehenden zwo ersten von der meisten Bedeutung:

a) Ius statutarium municipale Reipublicae Argentoratensis, summa industria et iudicio in ordinem redactum, cum paratitlis et observationibus, cui praefixa est introductio de statu publico, immunitate et autonomia huius reipublicae. Der von Ludewig nennet dieses Werk amplissimum Commentarium, quem conscripserit commendaueritque Reipublicae tabulario, in quo insignis patriae iurisprudentiae thesaurus hodieque adseruetur. Man sehe desselben differentias iur. Rom. et Germ. in tutelis maternis, S. 1143. im Bande II. der Opuscolor. miscellorum.

b) Relationum, seu Consiliorum, Argentoratensium Volumen. Auch diese liegen im strasburgischen Stadtarchive.

c) de prudentia iuris Christianorum, Pars specialis, tractans de pactionibus diuini iuris.

d) Dia-

d) Diatribe de ſtilo curiae, welche Abhandlung im Beſitze ſeines Sohnes geweſen iſt.

e) Adnotationes ad *Kulpiſii* Collegium Grotianum.

f) Obſeruationes ad *Hug. Grotii* Tract. de iure ſummarum poteſtatum circa ſacra. Beyde Stücke ſind ohne Zweifel Vorleſungen, die er über dieſe Bücher gehalten hat.

Die Theſes iuridicae de mutuo, Arg. 1693. eine kleine Schrift von 3 Bogen ſind aus der Feder des Reſpondenten, **Chriſt. Friedr. Thomſen**, gefloſſen.

Commentatio poſtuma de vita, obitu et ſcriptis *Ioh. Schilteri*, Arg. 1711. in F. wobey auch Joh. Heinr. Felßens Oratio parentalis, und das Leichenprogramm der Univerſität iſt, nebſt einem deutſchen Lebenslaufe und Gedichte. Dieſe Schriften, nur die deutſchen ausgenommen, ſind auch zum Bande II. des Theſauri Antiquit. Teuton. am Ende der Paralipom. gebracht worden. Gundlings Nachricht von Joh. Schilters Leben und Schriften, zuerſt in der Hälliſchen neuen Biblioth. Th. XX. S. 859. hernach in deſſelben Sammlung kleiner deutſcher Schriften, S. 321—338. iſt ein Auszug daraus, den er nur mit einigen Anmerkungen bereichert hat.

IX.
Gottlieb Gerhard Titius.

In der litterar Geschichte des vorigen, und zum Theil auch des laufenden Jahrhunderts zeichnet sich Titius vor vielen Andern seines Standes besonders aus, und Wenige können auf den Ruhm Anspruch machen, welcher seinen Verdiensten gebühret. Er hatte Johann Titius, von dem ein paar Schriften vorhanden sind, zum Vater, einen Doktor der Rechte, Kaiserlichen Comes Palatinus, Gräflich Stollbergischen Canzler am Harz, und Syndikus so wohl der Hohensteinischen Ritter- und Landschaft, als der freyen Reichsstadt Nordhausen. Hier wurde 1661. der 5 Junius der Anfang seines Lebens. So bald ein zum Studiren fähiges Alter herangenahet war, kam er in der öffentlichen Schule daselbst unter die Disciplin des Rektors, Friedrich Hildebrands, der noch verschiedener Schriften wegen bekannt ist, und der übrigen Collegen desselben. Nach des Vaters Tode aber mußte er 1678. diese Schule mit der Aschersleblischen, im Fürstenthume Halberstadt, vertauschen. Sein Schwager, der Bürgermeister Pflaum, vertrat die Vaterstelle; er nahm ihn zu sich ins Haus, und ließ ihn durch den Rektor Ullmann, nebst dem Conrektor, Bötticher, zur Universität sorgfältigst vorbereiten. Diese war Leipzig, wohin er zu Ostern des Jahrs 1680. abreisete, um sich die Erlernung der Wissenschaften angelegen seyn zu lassen, welchen er die Kräfte des Verstandes am meisten widmen wollte.

In der ersten Zeit that er es unter der Aufsicht Gottlob Friedrich Seligmanns, des nachmaligen Chur-

IX. Gottlieb Gerhard Titius.

Churſächſiſchen Oberhofpredigers, deſſen Rathe er folgte, und nicht nur bey Valentin Alberti, ſondern auch bey Jacob Thomaſen, zur Erlangung philoſophiſcher Kenntniſſe ſchritt. Seligmann ſelbſt wurde ſein treuer privat Lehrer, und angenehmſter Freund, mit welchem er im Auguſt des gedachten Jahres, der eindringenden Peſt wegen, auf die Mecklenburgiſche Univerſität zu Roſtock gieng. Er blieb allda über drittehalb Jahre, und ſah ſich, unter Anführung ſeines Reiſegefehrten, im Gebiete der Philoſophie ſchärfer um; die Grundregeln der Rechtsgelehrſamkeit aber begriff er von Sisbranden, Feſtingen, und vornehmlich von Lembken. Da ihn endlich die erhaltene gute Nachrichten aus Sachſen weiter keine Gefahr befürchten ließen, kehrte er nach Leipzig zurück, und ſetzte nun ſeine juriſtiſchen Bemühungen eifrigſt fort. Chriſtian Thomaſius, Jac. Born, Barth. Leonh. Schwendendörffer, Aug. Bened. Carpzov. und Gottfr. Nicol. Jttig bothen ihm in ihren Vorleſungen Gelegenheit genug dar, ſich zu einem großen Rechtsgelehren zu bilden. Das Meiſte trug jedoch der eigene Fleiß darzu bey, und er verſäumte es niemals, dasjenige nachdenkend zu prüfen, was er gehört hatte.

Im Jahre 1688. ertheilte ihm die Leipziger Juriſtenfakultät die Doktorwürde, worauf er ſich entſchloß, die akademiſche Lebensart allen andern weltlichen Dienſten vorzuziehen. Er verbrachte daher ſeine Zeit mit den nützlichſten Arbeiten, und gab entweder jungen Studirenden mündlichen Unterricht, oder er ſchrieb Diſſertationen und Bücher. So ſehr ſich indeſſen der Beyfall ausbreitete, welchen ſeine edle Handlungen, und bewieſene Geſchicklichkeit, wirkten: ſo mußte er dennoch ganze ein und zwanzig Jahre auf dem Wartebänkgen ſitzen. Erſt am 25. Februar 1709. ward er

als

als Assessor der Juristenfakultät eingeführt; bey Besetzung lediger Professorate aber ließ man ihn immer zur linken Hand liegen. Die Ursache war ohne Zweifel diese, daß er die Geistlichen, vornehmlich diejenigen, welche Mitglieder des Kirchenraths zu Dresden waren, durch einige freymüthige Sätze beleidiget hatte. Ich werde im Verzeichnisse seiner Schriften, am gehörigen Orte, davon sagen. Christ. Thomasius, sein ehemaliger Lehrer, dem es ein Vergnügen zu machen schien, wenn er dem ehrwürdigen Orden der Theologen einen Stoß beybringen konnte, erfuhr diese Umstände, und ruhete nicht, bis Titius seinen Zweck erreichte. Er fand Mittel und Wege, ihn dem vielvermögenden Feldmarschalle und Staatsminister am Chursächsischen Hofe, dem Grafen von Flemming, bestermaaßen zu empfehlen. Dieser gab ihm den Schwung; er kam allen Hindernissen gar bald zuvor, und durch sein Ansehen ergieng ein besonderer Cabinetsbefehl an die Universität, welcher die Kraft hatte, daß Titius zur vacanten Profeßion der Pandekten vorgeschlagen wurde, sie wie leicht zu denken ist, erhielt, und 1710. antrat. Der hergebrachten Gewohnheit nach wäre er verbunden gewesen, in der Reihe der Rechtslehrer den untersten Platz einzunehmen; allein aus vorzüglicher Gnade gegen ihn mußte jetzt eine Abweichung von der Regel Statt finden.

Noch in eben diesem Jahre stieg er schon eine Stufe höher, und erlangte die zwote Lehrstelle, zu welcher ihn Ittigs Tod beförderte. Er ward zu gleicher Zeit Appellationsrath zu Dresden, 1713. aber auch Beysitzer des Leipziger Oberhofgerichts. Und nun hatte er mit wunderbarer Geschwindigkeit Alles glücklich nachgeholt, was ihm vorher einige mal entwischt war. Sonst pflegten seine Feinde wohl zu sagen, er verstehe nur die Theorie, in praktischen Geschäften hingegen

wür-

würde er schwerlich gut fortkommen können. Die stärkste Neigung darzu empfand er freylich nicht; dem ungeachtet legte er aufs offenbarste an den Tag, daß ihm diese Eigenschaft eines Rechtsgelehrten ebenfalls nicht fehle, und es schien, als wenn er lange Zeit damit zugebracht hätte. Selbst der Hof zweifelte desto weniger daran, je öfter er bey Commißionen gebraucht wurde. So befand er sich z. E. unter denen, welche 1706. über die zum Altranstädtischen Frieden abgeordnete Chursächsische Minister, und die ihnen zugerechnete Ueberschreitung der Vollmacht, ein Urtheil sprechen mußten. Von solchen Verrichtungen reisete er einige Tage vor seinem Tode aus Dreßden krank zurück, und starb an einer Schlafsucht, die ohne Zweifel das allzu viele Wachen und Studiren veranlasset hatte, wozu ein weises und rothes Friesel trat, den 10 April des Jahrs 1714, als Rektor der hohen Schule. Seit der Stiftung derselben war dieses zum viertenmale geschehen. Er wurde mit großer Pracht begraben, wovon Christoph Ernst Sicul im Prodromo neo-Annalium Lipsiensium aufs Jahr 1715. S. 249—261. ausführliche Nachricht ertheilet.

Hier endiget sich die kurze Lebensbeschreibung eines Titius, eines systematischen Kopfes, welchen gründliche Kenntnisse der Philosophie scharfsinnig im Reden und Schreiben, auch freymüthig genug gemacht haben, aus den meisten Fächern der Rechtswissenschaft die eingeschlichenen Vorurtheile wegzuschaffen, und an deren Stelle viel Neues hineinzubringen. Wenn schon seine Meynungen vom Gerichtsbrauche größtentheils abweichen; so sind sie doch deswegen nicht zu verwerfen, vielmehr dem denkenden Leser eine reiche Quelle genauerer Betrachtungen. Zuweilen schreibt er nur zu heftig, oder gar zu subtil. Er satyrisirte oft, und dieses schien ihm

ihm natürlich zu seyn; aber er war gleichsam ein anderer Juvenal, kein Horaz, welchem sein Lehrer Christ. Thomasius, folgte. Außer dem lebte er als ein rechtschaffener gefälliger Mann, und ein guter Christ, ob ihn gleich Einige verschiedener verdächtiger Säze beschuldigen wollten. Bey einer starken Hypochondrie, von welcher er gefährliche Folgen vermuthete, schrieb er bereits 1692. sein Glaubensbekänntnis selbst auf, und fügte den Text, nebst dem ganzen Entwurfe zur Leichenpredigt, auch zum Theil seine Lebensumstände hinzu. Allein es wurde dieses Papier erst nach seiner Beerdigung gefunden, und sogleich auf Einem Oktavbogen zum Drucke befördert. Der Pauliner- oder Universitätskirche, wo seine Gebeine liegen, hinterließ er zur Ausbauung der schönen Orgel, die man nun darinn siehet, eine beträchtliche Summe Geldes; das übrige Vermögen aber ist ohne Zweifel, da er sich niemals verheyrathet gehabt, seinen Brüdern, dem ältesten einem Stadtsecretair zu Nordhausen, und dem andern, einem Leipziger Kaufmanne, zugefallen.

Titius hat die Feder sehr fleißig gebraucht, und seine Schriften, welche alle Haupttheile der in Deutschland üblichen Rechte, das peinliche ausgenommen, zum Gegenstande haben, sind so beschaffen, daß sie noch immer, bis auf den heutigen Tag, ein lebhaftes Andenken seiner Verdienste erhalten, und die meisten derselben von Rechtsgelehrten genuzt werden, welche das Besondere dem Gemeinen, den Kern der Schale, vorziehen. Seine ans Licht gestellte Ausarbeitungen sind bekannt genug. Ich muß sie aber doch, dem mir abgezeichneten Plane gemäß, zusammen bringen, und eben dies soll nunmehr nach der Zeitrechnung geschehen.

1) Diss. an plus valeat, quod est in veritate, quam quod est in opinione, vel contra? occas. §. 11. I. de
Lega-

Legatis, et L. 15. D. de acquir. vel omitt. heredit. Lipſ. 1685. unter Gottfr. Nicol. Ittigs Vorſitze.

2) Diſſ. de obligatione ex teſtamento imperfecto, Lipſ. 1688. Sie war ſeine Gradualſchrift.

3) Iurisconſulti, *Nicol. Beckmanni*, ad V. C. Seuerin. Wildſchütz, Malmogienſem Scandum, Epiſtola, in qua ipſi cordicitus gratulatur de deuicto et triumphato Puſendorfio, Hamb. 1688. 15 Quartbogen. Schon im Jahre 1727. muth-maaßete der Verfaſſer der Biblioth. iuris Impe-rantium, (welcher Joh. Fr. Wilh. von Neu-mann ſeyn ſoll, wie Ayrer im Programm de Principe, herede priuati, S. 5. am Ende an-gezeigt) auf der S. 41. daß Titius dieſe Schrift verfertiget habe. Thomaſius S. 121 der paulo plenioris Hiſtoriae iur. nat. entdeckte ihn nur mit den Anfangsbuchſtaben des Namens; Brucker hingegen in der Hiſtoria crit. Philoſophiae, Band IV. Th. 2. S. 775. drückt denſelben ganz aus. Der Einzige meines Wiſſens, welcher dieſe Meynung verlaſſen hat, iſt der Herr Hofrath Meiſter, zu Göttingen. Er macht im Th. III. S. 130. ſeiner Bibl. iur. nat. et gent. Gottfried Thomaſen, des Hälliſchen Rechtsgelehrten Bruder, zum eigentlichen Urheber, ohne ſichere Beweiſe hinzuzuſetzen. Allein zu geſchweigen, daß im Verzeichniſſe der Schriften, die von dieſem großen Arzte vorhanden ſind, eines ſolchen Send-ſchreibens nicht gedacht wird, ſo wären leicht an-dere Gründe für die erſte Muthmaaßung herbey-zubringen, wofern ich kein Bedenken tragen müß-te, hier zu ſehr auszuſchweifen. Die ganze Schrift iſt ungemein ſpöttiſch, und manche Stelle

auch

auch wider den geistlichen Stand. Ich kann meinem Leser keine bessern Begriffe davon mittheilen, als wenn ich Thomasens Gedanken am angeführten Orte abschreibe. Scriptum Schwarzianum, sagt er, magis risu, quam ira, dignum videbatur. Et risu etiam dignatus est amicus quidam Pufendorfianus, (G. T.) sed erudito, et qui ingenuo homine non esset indignus. Hic simulans, ac si nomine Beemanni Wildschüzio de deuicto et triumphato Pufendorfio gratulari vellet, ita lepide genium Beemanni expressit, eiusque stilum, ita stultitiam scripti Wildschützianii ad oculum, tamquam aliud agendo, monstrauit, ita satyram in omnes pene omnium Facultatum ac scientiarum naeuos, adhuc hodienum in Academiis regnantes, sale et pipere conditam scripsit, vt multi horum guari facti fuerint, et hodienum fateantur, *Erasmi* encomium Moriae et colloquia, item *Hutteni,* epistolas obscurorum virorum, nihil esse ad istum Parmenonis suem.

4) Dissert. de putatiuo contractu litterali, Lipf. 1691. Joh. Zacharias Hartmann, oder vielmehr sein Respondent, Detlev Aug. Werlin, schrieb dargegen, und vertheidigte eine andere zu Kiel 1730.

5) Diss. de fictionum Romanarum natura et inconcinnitate, 1694.

6) Diss. de iure metallorum, 1695.

7) Diss. de officio sermonicantium, 1695. Eine sehr wichtige Abhandlung, an deren Ende er genau bestimmt, in welchen Fällen es Tugend oder Laster sey, die Wahrheit, oder Unwahrheit, zu reden; oder gar zu schweigen.

8) Sermo

8) Sermo funebris in exsequiis *Pauli Wagneri*, Consulis Lipsiensis, 1697. auf 1½ Bogen in F. Diese kurze Rede ist bey den Funeralien desselben.

9) Specimen iuris publici Rom. Germanici, a consueta ordinis materiarumque confusione, variisque Scriptorum praeiudiciis, adaequata breuitate restituti. Die erste Auflage erschien zu Leipzig 1698. in 12. 1 Alph. 6 Bogen stark. Weil er in der Vorrede die Tribonianische Lehrart, deren sich Phil. Reinhard Vitriarius beym Vortrage des deutschen Staatsrechts bedient hatte, auch oft im Buche selbst mancherley Sätze desselben mit zu vieler Galle ziemlich hart angriff; so gab der Sohn, Joh. Jac. Vitriarius, jedoch nur unter den Anfangsbuchstaben seines Namens, zu Leiden in eben dem Jahre, Format und Tone auf 7 Bogen Vindicias heraus pro P. R. *Vitriario* contra *G. Gerh. Titium* scriptas. Titius beantwortete sie 1699. vermittelst seiner Anmerkungen, und ließ die Vindicias zugleich wieder auflegen, welches Exemplar 19½ Bogen ausfüllt. Die zwote Edition vom Specimine iur. publ. erfolgte sehr verändert, auch weit vermehrter, 1705. in 8. und es kamen die Vindicae *Vitriarii*, aanotationibus castigatae, nebst seiner Dissert. de habitu territoriorum Germanicorum, hinzu. Nach des Verfassers Tode ward dieselbe ebenfalls zu Leipzig 1717. wiederholt. Ich habe sie vor mir. Sie enthält nichts mehr, als die zwote, vielleicht nur mehr Druckfehler, und beträgt 3 Alph. 8 Bogen. An Scharfsinnigkeit, eigenem Nachdenken und Ordnung übertrift Titius die meisten seiner Vorgänger; er entdeckt Irrwege, auf welchen Andere unbehutsam fortschritten; er läßt sich von keinem

Ansehen der Person, oder von Vorurtheilen, hinreißen, sondern raisonniret, nach seinem aufgeklärten Verstande, frey. So wie Cocceji die Reichshistorie im Staatsrechte zu Rathe zog, so war Titius der erste, welcher es mit Philosophie traktirte. Darinn ist er aber wohl nicht zu entschuldigen, daß er oft leichte Sachen durch dunkle, aus der Philosophie entlehnte Kunstwörter schwer macht, und die Reichshistorie nicht genug zu Hülfe genommen hat, ob ihn gleich Otto Ludew. von Eichmann in einem zu Halle 1753. gedruckten Quartbogen, welcher nur zu mager gerathen ist, deswegen hat vertheidigen wollen. Doch diese Mängel sind, in Betrachtung der übrigen guten Eigenschaften des Buchs, schon zu übersehen: und wenn es gleich Anfängern nicht zu empfehlen ist; so kann es dennoch Geübtern großen Nutzen zuwege bringen. Mehr davon ist in der Moserischen Bibl. iuris publici, Th. II. S. 484—493. und in des Herrn Pütters Litteratur des deutschen Staatsrechts, Th. I. S. 300. zu lesen. Wie verdient er sich darinn auch um die Privatrechtsgelehrsamkeit durchlauchtiger Personen in unserm Vaterlande gemacht habe, indem er diese Wissenschaft nicht mehr unter andere, zum Staatsrechte gehörige Wahrheiten mengte, sondern in einem eigenen Capitel abhandelte, und zuerst die Grenzen zwischen dem Staatsrechte und dem Privatrechte der Reichsstände bestimmte, zeiget der Herr Geh. R. Nettelbladt Band I. S. 109 in den Hällischen Beyträgen zur jurist. gelehrten Historie sehr wohl.

10) Das deutsche Lehnrecht, nach seiner eigenen Beschaffenheit und Verfassung des deutschen Staats,

durch kurze und deutliche Sätze, nebst einem Anhang einiger in Lehnssachen gebräuchlichen Formuln, vorgestellet, Leipzig 1699. in 12. Ferner 1707. 1714. und 1730. in 8. Diese letzte Ausgabe ist 1 Alph. 17 Bogen stark. Auf dem Titel stehet, daß sie von Druckfehlern der vorigen mit Fleis gesäubert, an vielen Orten verbessert, auch mit nöthigen Summarien und Register versehen sey. Der Reichshofrath von Senkenberg, ein Gelehrter, welcher dieses Fach wohl kannte, beurtheilet die Arbeit des Verfassers also: Opus, vt pleraque auctoris, nimium ordinatum, ab omni historiae Germanicae notitia, et propria experientia, nudum, tamen a multis praeiudiciis sublatis, indicio haud spernendo, et rerum copia laudandum est. Man sehe seinen Prodromum iuris feudalis, bey der 1734. besorgten neuen Auflage des Struvischen Syntagma iur. feud. S. 58. Und in den primis lineis iur. feudal. S. 61. setzet er noch hinzu: modo proponendi satis tolerabili vtitur, iudicium summum vbique spirat, multa dicit aliis indicta.

11) Ars cogitandi, siue scientia cogitationum cogitantium, cogitationibus necessariis instructa, et a peregrinis liberata, Lips. 1702. auch 1723. Beydemal auf 24 Duodezbogen. Er gieng in dieser Einleitung zur Vernunftlehre Chr. Thomasen, seinem großen Anführer, mit glücklichen Schritten nach, und verwarf auch hier alte, unnütze Schulgrillen. Ob er schon dem Aristoteles sein so lange behauptetes Ansehen nicht einräumt, so wundere ich mich doch darüber, daß er weder desselben, noch des Cartesius Schriften gelesen habe, wie er selbst in der Vorrede gestehet. Zur Erläu-

Erläuterung bedient er sich oft juristischer Beyspiele, dergleichen, außer mehrern, im Capitel XIV. de cogitationum humanarum methodo, §. 46—75. und Cap. XV. de ineptiis methodicis, §. 38—46. vorkommen. Was er S. 449—497. gegen Poirets Traktat de eruditione solida, superficiaria et falsa schreibt, wobey er ihm auch einen somatischen Enthusiasmus vorwirft, das ist wohl in einem so kleinen Handbuche zu weitläuftig geschehen. Dieser Gelehrte antwortete ihm in einer ausführlichen Widerlegung, welche seiner neuen Edition des gedachten Traktats zu Amsterd. 1707. in 4. S. 449. u. s. w. einverleibt wurde. Daß aber Titius Werkchen in unsern Zeiten unter die altväterischen Moden gehöre, ist ohne meine Erinnerung bekannt; gleichwohl hat es seinen Werth nicht ganz und gar verloren. Es wird wenigstens jungen Juristen zuweilen noch Dienste leisten. Uebrigens handelt davon das Journal des Savans, 1704. S. 99.

12.) Obseruationes in *Pufendorfii* libros II. de officio hominis et ciuis, Lipf. 1703. in 12. 1. Alph. 10 Bogen; Eben allda 1703. in 8. Beydemal besonders. Mit dem Werke selbst aber 1715. 1722. 1734. 1751. auf 1 Alph. 13 Bogen, und endlich 1759. immer in 8. Doch ist vielleicht das letzte Exemplar nur mit einem neuen Titelbogen versehen worden. Ferner hat auch Everh. Otto des Verfassers Anmerkungen seiner Ausgabe des Pufendorfs zu Utrecht 1728. in median 8. beygefügt, und diese ward zu Leiden 1769. sehr prächtig wiedergedruckt. Die Prolegomena des Titius handeln de habitu et contextu disciplinarum moralium. So viele Editionen sind ein sicheres Kennzeichen des Beyfalls, ob er schon oft zu metaphysisch und logicalisch zu seyn scheint, und auf Kleinigkeiten verfällt, welches Treuer in der Vorrede zum Pufendorfischen Buche tadelt, dessen neuen Abdruck er ebenfalls mit seinen Noten besorgt hat. Daß er nicht selten diesen würdigen Lehrer des Rechts der Natur misbillige, leuchtet bald in die Augen; auch den Grundsatz desselben von der Geselligkeit hält er für zu enge, und nimmt dargegen in der Anmerkung 79. §. 7. den folgenden an: Cole Deum; exerce philautiam et socialitatem erga vivos et mortuos; nec non propagationi, naturae humanae attemperatae, stude, conditioni tuae vel naturali, vel adventitiae, convenienter.

13) Eine Probe des deutschen Geistlichen Rechts, wie selbiges ohne Päbstische und papenzende Verfälschung, auch andere unförmliche Verwirrung, aus den Grundsätzen göttlicher Rechte, zum Gebrauch protestirender Staaten, in richtiger Ordnung etwa könnte fürgestellet werden, Leipz. 1701. 1709. und abermal, mit Beybehaltung dieses Druckjahres, und zuletzt 1741. in 8. Mein Exemplar unter dem Jahre 1709. erfüllt 2 Alph. 10 Bogen. Dieses ist eben dasjenige Buch, worinn er Gedanken eröffnete, die der Geistlichkeit nicht gefielen. Man lese z. E. das Capitel vom Superintendenten, §. 5. S. 343. u. s. w. den §. 51. des Capitels von der Kirchendisciplin, S. 541. Viele andere Sätze, gleichen Gepräges, übergehe ich. Wer Alles umständlicher wissen will, der lese nur seine eben allda 1711. auf 2 Oktavbogen gedruckte, und 1721. wiederholte „Erklärung ei-
„niger in der Probe des deutschen geistlichen Rechts
vor-

„vorkommenden zweifelhaftigen Stellen, wodurch
„dieselben theils geändert, theils erläutert werden.„
Aus dem kurzen Vorberichte an den Leser läßt sich
die Ursache leicht einsehen, warum er so lange ohne öffentliche Bedienung habe bleiben müssen. Ich
will hier seine eigene Worte beyfügen. „Es hat,
„sagt er, die Erfahrung bezeuget, daß vielen mei-
„ne Meynungen misfallen, so gar daß an einem
„hohen Orte dafür gehalten worden, daß in solcher
„Schrift verschiedene wider die Gesetze und Ver-
„fassung des geist- und weltlichen Etats derer
„Sächsischen Lande laufende, weit aussehende
„principia, sowohl ärgerliche, böse, unverantwort-
„liche, wider die Kirchengesetze, auch aller recht-
„schaffenen, unverdächtigen Evangelischen Do-
„ctorum in Gottes Wort gegründete Lehrsätze strei-
„tende Meynungen und Schreibart enthalten wä-
„ren. Wenn ich *Horatii* de arte poet. v. 386. - -
„*si quid tamen olim scripseris*, caet. Rath bey Ab-
„fassung des geistlichen Rechts gefolgt hätte, so
„würde sonder Zweifel, nach Ablauf der von dem
„Poeten gesetzten Zeit, von denen vorigen Gedan-
„ken viel abgegangen seyn. Allein was hindert
„es, daß man nicht auch eine Schrift, welche all-
„bereit über neun Jahre durch den Druck bekannt
„worden, mit nöthigen Anmerkungen erklären
„und ändern könne? Ich thue dieses um so viel
„lieber, je mehr ich denenjenigen, welchen ich al-
„len gebührenden Respekt schuldig bin, mein auf-
„richtig Absehen, nach welchem ich niemalen Din-
„ge vorsetzlich zu schreiben gesonnen gewesen, da-
„durch an den Tag zu legen verhoffe, und je weni-
„ger meine Meynungen der Wahrheit einigen Ab-
„bruch thun können." Eine Recension des geistlichen Rechts, welches, nach Reimmanns

Anzei-

Anzeige in der Einleitung, in die Histor. litterariam der Deutschen, Band VI. S. 514. an einigen Orten confiscirt gewesen seyn soll, stehet in Eccards monatlichen Auszügen 1702. S. 13—20. des Monats März, und in den unschuldigen Nachrichten ꝛc. des Jahrs 1704. S. 539. u. s. w. wo unter andern auch dieses vorkommt: Vtinam vero non occurrerent in elegauti isto apparatu loca quaedam, quae forsan nobilissimo Auctori exciderunt, plena periculo, et a doctrina puriori aliena! O, quam lubentes superlederemus odioso hoc monendi munere! Mit einem Landprediger, unter der Leipziger Inspektion, Justin Töllner, weil er im Capitel von der Ohrenbeichte S. 465. des geistlichen Rechts der Absetzung desselben, wegen verweigerter Absolution, Erwähnung gethan hatte, fiel er in eine besondere Streitigkeit. Dieser stellte 1703. zu Halle eine deutliche Widerlegung ans Licht, die aber Titius 1704. zu Leipzig öffentlich beantwortete. Diese Schrift, welche 11 Octavbogen stark ist, hat den Titel: „G. G. Titii fernere Ausführung seiner in „der Probe des deutschen Geistlichen Rechts für„getragene Lehre vom Päbstlichen Misbrauch des „Bindeschlüssels, wider Herrn Justini Töllners „vermeintliche Widerlegung.„ Man lese dabey die Unschuld. Nachr. 1705. S. 461. und die Walchischen Religionsstreitigkeiten unserer Kirche, Th. III. Cap. 5. §. 24. S. 116. Was Thomasius in der Historia contentionis inter Imperium et Sacerdotium S. 657. schreibt, überlasse ich einem Jeden zum eigenen Nachlesen. Eben derselbe meldet S. 662. daß Titius auch über den Kirchenbann von dem Rostockischen Gottesgelehrten, Johann Fechten, 1711. in der Tractatione

ctatione theologica de excommunicatione ecclesiastica angefochten, aber in der Hällischen Neuen Bibliothek, Band III. St. 21 S. 1—33. von einem berühmten Rechtsgelehrten scharffsinnig vertheidiget worden sey. Er nennt diesen Verfasser zwar nicht; allein er ist nun nicht mehr unbekannt, seitdem Nicol. Hieron. Gundlings Satyrische Schriften zu Jena 1738. in 8. zusammen gedruckt erschienen sind. Allda findet man S. 331—426. nicht nur denselben Aufsatz, sondern auch eine Vertheidigung wider Fechts kurze Nachricht vom Kirchenbann, welche er 1713. auf 12 Quartbogen herausgab, und die gleichfalls im gedachten Bande der Neuen Bibl. S. 739—802. recensirt wird.

14) Obseruationum ratiocinantium in Compendium iuris *Lauterbachianum* Centuriae quindecim, quibus loca obscuriora ac dubia explanantur, ac vetus iuris Romani habitus et vsus ex genuinis principiis, contra vulgaria praeiudicia, per singulos titulos ostenditur. Lipf. 1703. auf 2 Alph. 16 Bogen in 8. Die zwote Ausgabe erfolgte eben allda 1717. ohne Veränderung. Sonst stehen sie auch in Mollenbecks Thesauro iuris ciuilis, und Freieslebens *Schützio* illustrato, von welchen beyden Werken ich bereits Band III. dieser Beyträge, S. 98—100. das Nöthigste gemeldet habe. Die wahre Absicht des Verfassers, erhellet aus dem ganz abgeschriebenen Titel seines Buchs, welches in den Latein. Actis Eruditorum 1730. S. 499—504. mit Beyfügung vieler Proben angezeiget worden ist.

15) ad virum clariffimum, Dn. D. *Sigism. Reichard Lauchium*, Milxenfem vnius illius cafus

aſſertorem ſtrenuum, ac vindicem optimum maximum, Diſſertatio epiſtolica, Lipſ. 1704. in 8. 4 Bogen ſtark. Eine nun rar gewordene Streitſchrift. Ganz unten auf dem Titel lieſet man noch die Worte: Maxima de nihilo naſcitur hiſtoria. Jauch) hatte 1694. zu Dresden eine Enodationem verſiculi *Sane vno caſu §. Aeque* 2. Inſt. de actionibus in 4. ans Licht geſtellt, und zu behaupten geſucht, daß dieſe Worte nicht de neceſſitate agendi, ſed probandi zu verſtehen wären. Er ward aber zu Wittenb. 1697. in einer unter Gottfr. Strauſſens Vorſitze gehaltenen Diſſert. ad librum IV. tit. 6. l. de actionibus widerlegt; worauf er in demſelben Jahre Vindicias caſus vnici caet. drucken ließ. Die von ihm vorgetragene Meynung misbilligte auch Titius in der Obſervation 257. S. 172. ſeines vorher angeführten Buchs über den Lauterbach, welches Jauchen bewog, ihm 1703. iteratas Vindicias entgegen zu ſetzen. Dieſe nun beantwortete Titius vermittelſt der epiſtoliſchen Diſſertation; und weil ſein Gegner bitter und beleidigend geſchrieben hatte: ſo bezahlte er ihn mit gleicher Münze. Sein lateiniſcher Ausdruck iſt übrigens nicht unangenehm, wie in den übrigen Schriften; als Philoſoph aber hätte er billig ſeine aufgebrachte Leidenſchaft im Zaume halten ſollen.

16) Diſſert. de habitu territoriorum Germanicorum, et inde venſente totius Reipublicae forma, Lipſ. 1704. Daß ſie auch der zwoten und folgenden Auflage des Speciminis iur. publici angehänget worden ſey, iſt nach der obigen Nummer 9) gewiß; hingegen ein Braunſchweigiſcher Abdruck, unter dem Jahre 1705. in 4. ſehr zweifelhaft, ob er gleich

gleich in dem neuesten Exemplare der Lipenischen jurist. Bibliothek, Th. I. S. 526. angezeiget, wird. Der Herr Etatsrath v. Moser urtheilet Th. II. S. 496. der Bibl. iur. publ. von dieser Abhandlung, daß Titius hierinn seine paradoxesten Meynungen gleichsam concentriret, und sonderlich die superioritatem territorialem gar zu hoch erhoben, wozu ihn hauptsächlich verleitet zu haben scheine, daß er das Reichsherkommen allzusehr aus den Augen gesetzt habe, u. s. w. (Wie wenig er vom Reichsherkommen halte, beweiset schon der letzte §. des Buchs II. Cap. 8. seines iuris publici.)

17) Diss. de dominio, in rebus occupatis vltra possessionem durante, 1704. Sie ist gegen des Niederländischen Rechtsgelehrten, von Bynkershoek, Dissert. de dominio maris geschrieben worden.

18) Unschuld und Nothwendigkeit des Rechts der Natur, und dessen Lehre, wider das ungereimte Vorgeben des Autoris des Lichts und Rechts dargethan, Leipz. 1704. in 8. unter dem Namen eines Liebhabers der Wahrheit, wie Glasey S. 270. der Geschichte des Rechts der Vernunft, und Andere mehr versichern. Daß Joh. Samuel Stryk am Licht und Recht einen vorzüglichen Antheil, und nichts weniger zur Absicht gehabt habe, als die natürliche Rechtswissenschaft zu einer unnützen Beschäftigung zu machen, ist nun bekannt genug. Thomasius aber, welcher großen Unwillen über den Verfasser bezeigt, ob er ihn schon nicht nennt, sagt in der paulo pleniore Historia iur. nat. Cap. VI. §. 53. S. 128. es sey in der Unschuld und Nothwendigkeit des Rechts der Natur dieses irrigen Satzes Nichtigkeit b--heiden und

gründlich erwiesen, und zugleich entdeckt worden, daß eine Herrschaft über die Gewissen der Menschen darunter verborgen liege.

19) Diss. de successione in Germaniae territoria, 1707.

20) Vorrede von gründlicher Erkenntnis der Gesetze insgemein, und zwar blos nach der Theorie; ingleichen vom Misbrauche des Völkerrechts, welches er einen Deckmantel der Ungerechtigkeit und Eitelkeit nennet. Sie bestehet aus 14 Oktavblättern, und ist der Einleitung zum Natur- und Völkerrecht zu Halle 1708. in 8. vorgesetzt worden. Den ungenannten Verfasser habe ich nicht ausforschen können.

21) *Seuerini* de *Monzambano* de statu Imperii Rom. Germanici liber vnus, Lipf. 1708. in 8. Er setzte zu Oldenburgers, Obrechts, Kulpisens und Thomasens Noten darüber seine eigene. Im Jahre 1734. ward eben allda eine neue Auflage in 8. von Joh. Gottfr. Schaumburgen besorgt. Sie enthält 1 Alph. 19 Bogen, und zugleich des Herausgebers Noten, nebst einer Vorrede desselben von 4 Bogen, de libertate sentiendi in causis publicis restricta, welche lesenswerth ist.

22) Diss. de iure Nobilitatis Lutheranae ad immediata Germaniae Capitula et Canonicatus, Lipf. 1709. Sollte er nicht im §. 20 und 21. satyrisiren?

23) Iuris priuati Romano-Germanici, ex omnibus suis partibus, puta iure ciuili, ecclesiastico et feudali, hactenus separari solitis, secundum genuina iurisprudentiae naturalis fundamenta compositi, a tricis et obsoleto iure purgati, ex necessa-

cessario suppleti, ac ordine naturali planoque, adiectis etiam summariis Capitum, statui Reipublicae Germanicae attemperati, libri XII. quibus Iurisprudentia priuata Germanica vsui Scholarum, et vitae ciuilis, propius aptatur, Lipf. 1709 und 1724. in 4. Diese zwote Ausgabe ist 10 Alph. 7½ Bogen stark; und von der ersten nicht unterschieden; nur das Register hat einige Vermehrungen erhalten. Der ganze Titel, den ich abgeschrieben habe, zeigt schon seinen Plan, welchen er in der Vorrede weitläuftiger darlegt. Er verschweigt auch daselbst nicht, daß er vieles aus seinen übrigen Schriften mit hinein gebracht habe. Sein voranstehendes Bildnis soll ihm sehr ähnlich seyn. Eine gute Recenfion liefern die Latein. Acta Erud. 1709. S. 452—457. In Senckenbergs Tractatione fubitaria, qua Syftematis iuris vniuerfi, caet. fchemata defignantur, ad *Ioh. Henr.* von der *Lühe,* welche Abhandlung zu Giessen 1742. in 4. erschien, liefet man S. 29. das folgende Urtheil von diesem Werke: *Titius* in iure priuato R. Germanico publica et Germanica iurium placita, illa, vt feparatim tractanda, haec, vt nondum fatis nota, nec *Titio* multum adamata, omifit. Voluiffe eum iura Germanica non omittere, vides, et tamen omifit; tentaffe eum naturalium iurium placita fimul tradere, itidem conftat, neque tamen ita tradidit, vt res pofcebat, neque etiam meo fenfu in reliquis ita verfatus, vti ego quidem optaffem. Praktische Rechtsgelehrte werden keinen sonderlichen Trost darinn finden; dies ist wahr. Allein der Verfasser sagt es auch selbst, daß er für diese nicht geschrieben habe. Genug, es bleibt immer ein würdiges Produkt des denkenden Kopfs, von welchem es vorhanden ist. Als Titius todt war, und Joh. Heinr. v. Berger, nebst Casp. Heinr. Hornen, die beyde mit ihm um den Vorzug zu streiten schienen, nicht mehr im Dresdner Appellationsgerichte saß, da kam erst sein Privatrecht empor, und hatte stärkern Abgang.

24) Oratio de libertate iuridica, Lipſ. 1710. 4 Bogen in 4. Das Programm gleichen Inhalts ist dabey, und besonders auf 1½ Bogen gedruckt. Die Veranlassung darzu gab das von ihm anzutretende Lehramt. Warum er aber einen solchen Gegenstand zum Reden erwählt habe, ist nicht schwer zu errathen, vornehmlich da er sich S. 21. wegen unterschiedlicher Sätze verantwortet, die Theologen in seinem geistlichen, und andern im Staatsrechte, nicht gefallen hatten.

25) Diſſ. de seruitute faciendi, L. 1710. Einen Monat nachher trat auch seines ehemaligen Discipels, Ephraim Gerhards, Dissert. de seruitutibus, in faciendo consistentibus, zu Jena ans Licht. Was Gundling von einer solchen Dienstbarkeit gedacht habe, das kann man in der Sammlung seiner kleinen deutschen Schriften, S. 454—464. lesen. Joh. Wieger hat zu Strasb. 1749. gegen den Titius und Gerharden eine andere Differt. de seruitute in facto non consistente gehalten, die ich aber nicht gesehen habe.

26) Progr. de vtilitate iuris naturalis in iure ciuili, 1711. Es wird ihm in der Bibliotheca *Lipeniána*, Band I. S. 780. der neuesten Edition, zugeeignet.

27) Diſſ. de polygamia, incestu et diuortio, iure naturali prohibitis, 1712. Er zeigt auch hier eine freye Denkungsart, und gehet oft von Thomasen, seinem Lehrer, ab, wie er sonst zu thun pflegt.

28) Diſſ-

28) Diff. de contractibus patris et liberorum, in poteſtate eius exſiſtentium, 1713.

Alle dieſe Diſputationen, an der Zahl XIII. hat Ferdinand Auguſt Hommel geſammlet, zu Leipzig 1729. auf 3 Alph. 14 Bogen in 4. herausgegeben, und eine kurze Lebensbeſchreibung des Verfaſſers, nebſt guten Regiſtern, hinzugefügt. Eine ſehr weitläuftige, und lehrreiche, Recenſion dieſer Sammlung iſt den Lateiniſchen Actis Eruditorum, bey welchen Titius ein fleißiger Mitarbeiter war, S. 113—121. des Jahrs 1730. und den Supplementis darzu, Band X. S. 15—33. einverleibt worden. Am erſten Orte heißt es mit Rechte: Quandoquidem *Titius* nihil in lucem emittere poſſe videbatur, niſi quod ingenium ſublime ſpiraret, ac ſolidiori Iurisprudentiae inſignem vtilitatem afferret; intererat ad decus et emolumentum Rei publicae litterariae, publicas tanti Icti Diſputationes, velut aureas variarum veritatum particulas, pretioſasque rerum praeſtantiſſimarum gemmas conquirere paſſim, recuperatasque conſeruare ſolicitius.

Programma funebre Acad. *Lipſienſis*, a. 1714. F. Ein anderes derſelben im Jahre 1715. F. worinn des Titius nach ſeinem Tode gefundenes Glaubensbekenntnis Lateiniſch überſetzt, Verſchiedenes von deſſen Lebensumſtänden eingemiſcht, und Johann Chriſtoph Schachers Gedächtnisrede auf ihn angekündiget wird. Acta Erudit. *Latina*, anno 1714. p. 391. Glafey Geſchichte des Rechts der Vernunft, S. 234. Stolles Hiſtorie der juriſtiſchen Gelahrheit, S. 172.

X. Albe-

X.
Albericus Gentilis.

Die von ihm, und seinem folgenden Bruder, bisher bekannt gewesene Nachrichten schrecken mich nicht ab, diesen beyden vortreflichen Männern ein neues Denkmal zu widmen, und theils erst kürzlich entdeckte Anekdoten von ihnen, besonders von Scipio Gentilis, zu erzählen: theils irrig angezeigte Umstände zu verbessern.

Ihr Geschlecht war alt und edel. Einer ihrer Vorfahren, Joh. Valentin Gentilis, welcher ein enthusiastischer Arianer gewesen zu seyn scheint, hatte nur das Unglück, daß er wegen des, wider seinen Eid, angegriffenen Geheimnisses der Dreyeinigkeit im Jahre 1566. zu Bern mit dem Schwerdte zum Tode gebracht wurde. *) Matthäus Gentii, ein Arzt und Vater von sieben Söhnen, lebte zu Castello di Sangenesio, in der Mark Ancona, und eben hier ward er 1551. durch die Geburt seines ältesten Sohnes, Albericus, erfreut. Dieser legte sich zu Perugia auf die Rechtswissenschaft, worinn ihn, außer andern Lehrern, Oddo, und vorzüglich Rainoldus, unterstützten, erhielt auch daselbst, im ein und zwanzigsten Jahre des Alters, die höchste juristische Würde. Gleich darauf kam er als Stadtrichter nach Ascoli.

Ungefähr um diese Zeit mußte sein Vater, der gegen die römischkatholische Religion eine Abneigung verspür-

---

*) Bened. Aretius handelt davon in der zu Geneve 1567. in 4. gedruckten Historia condemnationis I. V. *Gentilis.*

spåte, und der protestantischen anhieng, deren Bekenner die grausamste Härte erlitten, Italien und alles Vermögen mit dem Rücken ansehen. Er flüchtete in Gesellschaft seines ältesten Sohnes, nach Krain, wo er Landphysikus wurde, und eine ganz gute Versorgung fand. Seine Frau trug Bedenken, ihm zu folgen, und sie wünschte die übrigen Söhne zu ihrem Troste bey sich zu behalten. Albericus Gentil gieng alsdann nach Stuttgard, und weiter an den churpfälzischen Hof, zu welcher Reise ihm der Herzog, Ludewig, von Würtemberg ein ansehnliches Geschenk gegeben hatte. Die Hoffnung zu einer Lehrstelle auf der Tübingischen oder Heidelbergischen hohen Schule begleitete ihn, doch mochte sie wohl so nahe nicht seyn, als er es erwartete. Er befriedigte also des Vaters Verlangen, und wendete sich, im Jahre 1580. nach London, wohin dieser, weil er in Krain seiner fernern Sicherheit wegen bekümmert war, endlich auch kam, und er genoß daselbst über zwey und zwanzig Jahre von edelmüthigen Personen große Wohlthaten. Sein Sohn aber, Albericus, erwarb sich durch glänzende Eigenschaften einen mächtigen Patron an dem Grafen Robert Dudley von Leicester. Als Canzler der Universität Oxford gab er ihm Briefe dahin mit, daß er hier freundschaftlich aufgenommen, und befördert werden möchte. Daniel Donne, der Vorsteher des neuen Collegii, räumte ihm eine freye Wohnung darinn ein, er verschaffte ihm mancherley Beyhülfe, auch ein Jahrgeld der Universität von sechs Pfunden englischer Münze.

Er wurde darauf im Jahre 1582. ein Mitglied der Juristenfakultät, und erst 1587. Professor des Civilrechts, drey Jahre vor seinem Tode aber zugleich, mit guter Zufriedenheit der Regierung, beständiger Advokat der spanischen Nation, um derselben Rechtshändel

del in Engelland zu beforgen. Aus welcher Ursache er sich am 1. May 1586. als Doktor der Rechte zu Wittenberg, wo er eben seinen Bruder Scipio besuchte, habe immatrikuliren lassen, ist mir nicht bekannt genug.*) Wahrscheinlicher Weise hat er Absichten gehabt, sich zu einer Lehrstelle allda den Weg zu bahnen.

Am Ende des Märzmonats, oder im Anfange des Aprils 1611. beschloß Albericus Gentil, in einem Alter von sechzig Jahren, seine Laufbahn zu Oxford. Er ist Vater zweener Söhne gewesen, Roberts und Matthäus Gentils. Jener erlangte frühzeitig in verschiedenen Oxfordischen Collegien eine Stelle, lernte zuletzt in einem derselben die Rechtsgelehrsamkeit, und ließ sich 1612. zum Baccalaureus bey dieser Fakultät ernennen. Allein er führte hernach einen lasterhaften Lebenswandel, und da er nicht nur sein väterliches Vermögen, sondern auch alles, was er von der Mutter erpressen konnte, durchgebracht hatte, schwermte er in fremden Ländern herum. Nachdenkend über seine traurige Umstände kam er jedoch nach und nach wieder zur Vernunft, kehrte in sein Vaterland zurück, und fieng an zu arbeiten. Der König begnadigte ihn mit einem Jahrgelde, wobey er sich die müßige Zeit, durch Uebersetzungen verschiedener italiänischer und französischer Schriften ins Englische, zu vertreiben suchte.

Sein Vater, Albericus, zeigte einen bessern Charakter; einen Charakter, welcher ihn bey seinen Collegen, und den Studenten, ungemein beliebt machte. Die Wissenschaften aber, worinn er sich am meisten hervor that, waren Philologie und das römische Recht. Von Cujazen scheint er wenig gehalten zu haben; denn
er

---

*) Er selbst sagt davon in der Decade I. Disputat. S. 131. und in Svevus Academia Vitemberg. im Bogen Z Num. 3. wird es bestätiget.

X. Albericus Gentilis.

er gedenkt desselben an verschiedenen Orten seiner Schriften eben nicht zum besten. Der lateinische Ausdruck in diesen ist zwar weder so rein, und zierlich, noch angenehm, wie in den Werken seines Bruders; doch werden sie immer schätzbare Beweise derjenigen Fähigkeiten bleiben, die den Gelehrten zu empfehlen pflegen. Ich muß nunmehr von den Früchten seiner fleißig gebrauchten Feder das Nöthigste sagen.

1.) de iuris interpretibus Dialogi VI. Londini 1582. in 4. Hoffmann ließ das Werkchen zu Leipzig 1721. Panzirols Büchern de claris Legum interpretibus andrucken, weil es sehr selten geworden war. Es füllt allda S. 537—660. einen Raum von 16¼ Quartbogen aus. Die Absicht des Verfassers war, den alten Glossatoren das Wort zu reden, und sie über die Würde eines Alciats, Cujazens ꝛc. zu erheben. Er bemühet sich zu behaupten im ersten Gespräch, daß man weit mehr lernen könne, wenn man die Glossatoren lese, als aus Alciats, und seiner Nachfolger Schriften; im zweyten und dritten, daß weder die lateinische, noch griechische Sprache die genaueste Kenntniß eines geschickten Rechtsgelehrten erfordere; im vierten, daß der Nutzen der Vernunftlehre in der Rechtswissenschaft wenig bedeute; im fünften, daß die Historie zu eben demselben Fache unnöthig, ja nicht einmal nützlich sey; und endlich im sechsten stellt er eine allgemeine Vergleichung der Glossatoren mit den neuern Juristen an, und ziehet gegen diese zu Felde, weil sie mit der Ordnung, den vielen Antinomien, und fehlerhaften Stellen im Justinianeischen Gesetzbuche nicht zufrieden sind. Zuletzt aber spricht er von Cujazen, und dessen Schriften, aufs verächtlichste, und bedient sich

sich unter andern, da er Hotmans Commentar über die Institutionen anführt, der folgenden Worte: is vel in eo vno opere plus praestitit omnino, quam in suis omnibus *Cuiacius* praestare potuit. Kaum ist es zu glauben, daß Gentil dergleichen Gedanken im Ernste niedergeschrieben habe, zumal da aus seinen Schriften gerade das Gegentheil erhellet. Und dieser Meynung ist auch Hoffmann in der Vorrede zum Panzirol, wo er zugleich muthmaßet, der Verfasser sey nur gesonnen gewesen, die Misbräuche der Philologie in der Rechtsgelehrsamkeit zu tadeln, auch Cujazens, und seiner Anhänger, großen Credit zu schwächen. Allein Joseph Aurel. de Januario mag nichts von Entschuldigungen hören; er hält vielmehr davor, daß Gentil nur vom Neide durchdrungen dergleichen lächerliche Grillen in einem übertriebenen Grade zu Papiere gebracht habe. Man sehe desselben Reinpublicam Ictorum, S. 242—246. des Leipziger Nachdrucks, wo er jedoch der Ehre seines Landsmannes gar zu nahe zu treten scheint. Was Brunquell in der Hist. iur. Rom. Germ. Parte III. membro 2. cap. 5. §. 5. aus einem Brücknerischen Programm anführt, zielt in der Hauptsache eben darauf ab.

a) Lectionum et Epistolarum, quae ad ius ciuile pertinent, liber I. Londini 1583. auf 5 Oktavbogen. Das zweyte Buch, eben so stark, folgte in demselben Jahre, das dritte, welches einen Bogen mehr hat, und das vierte 1584. nach. Dieses letzte aber habe ich zur Zeit nicht gesehen. In den drey Büchern, die ich vor mir habe, wimmelt es von Druckfehlern: so gar die Seitenzahlen sind nicht überall richtig. Eine außerordentlich große Seltenheit des Werkchens veranlasset mich, die Ueberschriften der Capitel hier mitzutheilen, und ich hoffe, es werde meine Mühe vielen Lesern nicht misfallen. Das erste Buch bestehet aus 19 Capiteln, und in demselben kommen vor: de conditione iuris iurandi, et legibus quibusdam, quae ex in re pugnare videntur, compositis; quando non remittatur conditio iuris iurandi? aliqua adhuc de conditione iuris iurandi; tentata quaedam in doctrina coniunctorum, et L. *Maevio* de Legatis II. Epistola ad *Hug. Donellum*; (welches Sendschreiben auch in dieses Rechtsgelehrten Opusculis postumis S. 210; in der Gudischen Briefsammlung S. 335; und in den zu Neapel zusammen gedruckten Operibus *Scipionis Gentilis*, Th. VII. S. 163. stehet,) L. 5. de condit. et demonstr. cum Lege *sub conditione* de condit. instit. conciliata; defensio receptae sententiae L. 3. D. de abigeis; ad eandem, et ad L. 1. eod. tit.; qui ex libera conceptus est, aut fuit in libero ventre, si ex captiua nascitur, quando non sit seruus; Legatus Proconsulis ordinariam tenet iurisdictionem, et manu mittere vindicta potest; an per venditionem censeatur reuocatum legatum, si rei venditae dominium non sit translatum; de iusto inter consobrinos matrimonio; leuiora quaedam ad L. *Quae extrinsecus* D. de verb. obligat.; recentiorum rationes, quibus componunt antinomias, explosae; (in einem Sendschreiben an Ant. Sherley,) legati definitio, a Florentino tradita, examinatur et confirmatur; alia legati definitio, a Modestino composita, (quod sit donatio) excutitur et probatur; legati definitiones donationi mortis caussa non conuenire, et continere fideicommissum; ad L. 1. D. de legatis

gatis I; errores quidam; (recentiorum interpretum iuris ciuilis) elucidatio L. 1. de legatis II. et L. 1. de re dubia. Dem zweyten Buche hat der Verfasser 14 Capitel bestimmt, deren Ueberschriften diese sind: Si conditio aliter impleri potest, quam per mortem honorati, an locus sit cautioni Mucianae? Ein Brief an Guid. Panzirolen; de sententia L. *Non omnium* D. de Legibus; refellitur sententia cuiusdam ad L. *Liberum* D. de religiosis, et vera dicitur; de iudicum in eadem caussa diuersis sententiis, ebenfalls ein Sendschreiben an einen Orsordischen Rechtsgelehrten und Professor, Griffinius Loydus; Confutantur multae *Cuiacii* definitiones, simul alia quaedam aduersus eum dicuntur; Vernae, vsurae centesimae, trientes, reliquae, litteras ignorare, in sacris esse, caet. Lauter Erklärungen dieser Wörter, und Ausdrücke; quomodo a precario commodatum distinguatur? Verbum *amplius* quando vim habeat repetendi? de poena ignis; de poenis interdictis; de futuris lex est. Quid sint arcana imperii? ein Brief an Rich. Hakluiten; dissolutiones quarundam antinomiarum; an ex Actis, vel ex conscientia sua, iudicet iudex? ein Sendschreiben an Franz Bevannen; vtrum possit Princeps rei alienae dominium sine caussa tollere? Im dritten Buche findet man eben so viel Capitel wie im ersten. Gentil theilet darinn seine Gedanken über folgende Gegenstände mit: de iure naturali, gentium et ciuili, ein Schreiben an Ge. Pouler, nach welchem ein anderes vom Masoragius kommt; de sectatoribus nouitiorum quaedam in §. *Constat.* I. de iure naturali; de auctoritate prudentum; nomina quorundam iuris auctorum, qui nec in L. 2. de O. I. nec in eorum

cata-

catalogo nominantur, ex quibus Pandectae compositae dicuntur; libertatis definitio in tit. I. de iure perſon. explicata; conſenſus nuptias facit; item de patris conſenſu, qui in nuptiis liberorum requiritur, zween Briefe an Rich. Aedes; de quibusdam perſonis, inter quas matrimonium contrahi non poſſe videatur; quaeſita concordia §. 1. I. qui teſtam. fac. cum L. 9. C. de fideic. libertat. L. 5. D. de extraordin. cognit. non pugnare cum princ. tit. I. de cap. deminutione; non omnia, quae in libris Legum habentur, leges eſſe; definitio interlocutionis, et vtrum de ſcripto lata reuocari poſſit? item vſque ad quem diem poſſit reuocari? iudex quoties poſſit interlocutionem reuocare: ea duobus caſibus non reuocatur; de ſcriptorum ſententiis cenſendis. Additiones ex Hiſtoricis ad cap. 9. et 10. libri II. Es iſt mir unangenehm, daß ich, der angeführten Urſache wegen, den Inhalt des vierten Buchs nicht auch hinzufügen kann.

3) de legationibus libri III. Londini 1585. in 4. Hanouiae 1594. auf 15¼ Oktavbogen, auch eben daſelbſt in dieſem Formate 1604. und 1607. welches Exemplar mit einem Regiſter verſehen iſt.

4) Legalium comitiorum Oxonienſium Actio. *Franc. Beuanno* Docturae dignitatem ſuſcipiente, Londini 1585. in 8. In dieſer kleinen Schrift, welche 3 Bogen ausfüllt, handelt er von verſchiedenen Materien, z. E. de quibusdam in iure ciuili inextricabilibus, und es ſind die Knoten, die er aufzulöſen ſucht, dieſe: Si in eodem teſtamento ab eodem herede eadem ſumma bis fuerit legata; tres antinomiae compoſitae. Prima in L. 1. §. *Si ſtipulanti* D. de V. O. et §. *Praeterea* I. de inut. ſtipul.

stipul. Secunda antinomia L. 59. D. de oblig. et act. et L. *Si eius pupilli* 64. ad SCt. Trebell. Tertia antinomia L. 3. §. 7. de adim. legat. et L. 10. D. de reb. dubiis. Ferner wirft er nach einem gegebenen Unterrichte de praemio coronae muralis, die Frage auf: Filius an accusare patrem teneatur, qui eum occidit, a quo filius heres institutus est?

5) Disputatio de nascendi tempore. Sie soll zu Wittenb. 1586. in 8. gedruckt worden seyn. Ich habe jedoch kein Exemplar davon gesehen. In der unten folgenden Decade I. Disputat. ist sie die erste, S. 1—26. Der Verfasser fängt mit dem sechsten Monate an, und gehet bis zum dreyzehnden.

6) de diuersis temporum appellationibus liber, Vitemb. 1586. Hanov. 1607. Vit. 1646. in 8. Die Hanauische Ausgabe ist 10 Bogen stark. In der zu Wittenberg am 21. Sept. des Jahrs 1586. unterzeichneten Zuschrift an die Braunschweig-Lüneburgischen Herzoge, Ernst und August, klagt er, daß ihm vier Bücher de probationibus, ein Volumen Consultationum, ein Buch Quaestionum publice disputatarum, und ein Commentar ad Edictum prouinciale de annona, welche Werke er noch einige Jahre zurück halten wollen, durch das Verfahren der Römischkatholischen (pessimo Pontificiorum facinore. wie er selbst schreibt,) verloren gegangen wären, vermuthlich bey seiner Flucht aus Italien. Die Abhandlung ist ganz gut gerathen, und der Vortrag nicht nur juristisch, sondern auch mit einer feinen Philologie gewürzt. In 15 Capiteln redet er de temporis definitione; de saeculo, indictione, lustro; de anno; de mense; de die; de horis; de momento; de momen-

mentariis articulis; de perpetuo et temporario; de modico et longo tempore; de nouo et veteri; de certo et incerto tempore; de praeterito, praesenti, futuro; de vtili et continuo tempore; de iuridicis et feriatis diebus.

7) Conditionum liber vnus, Vitemb. 1586. auch im folgenden Jahre zu London, beydemal in 8.

8) Disputationum Decas I. Lond. 1587. auf 9½ Oktavbogen. Es stehen darinn diese Schriften: de nascendi tempore, wie ich bey der Nummer 5) gemeldet habe; vtrum possit Princeps de regno suo, suorumque subditorum rebus, pro arbitratu statuere; Si eodem testamento ab eodem herede eadem summa bis fuerit legata; meistentheils eine wörtliche Wiederholung aus der Actione legal. comitior. Oxoniensium, wovon oben unter der Num. 4) de praemio coronae muralis; filius an accusare patrem teneatur, caet. beyde Stücke eben daraus, doch mit einigen Veränderungen; iudex an ex productis, vel ex conscientia, debeat indicare? de iudicum in eadem caussa diuersis sententiis, in welchem Aufsatze so wohl, als im vorhergehenden, der Verfasser sehr viel aus den Lection. et Epistolis iur. civ. Buch II. Cap. 13. und Cap. 4. hier wieder abgeschrieben hat; de beneficio, id tantum praestandi, quod facere obligatus potest; an filius primogeniti, vel secundo genitus, sit potior in succedendo? de iure thesauri et fossilium.

9) de iure belli libri III. Oxonii 1588. in 4. Zu Leiden 1589. in 4. ferner zu Hanau 1598 und 1612. in 8. Die letzte Ausgabe ist fast 2 Alph. stark. Sie stimmt mit der vorigen so genau überein, daß nur ein ganz geringer Unterschied zu bemerken ist.

Vor ihm hat keiner es darinn so weit gebracht, wie er. Daher gestehet auch Grotius in den Prolegom. zu seinem Werke de iure belli ac pacis §. 38. offenherzig, er habe diese Arbeit wohl gebrauchen können; doch verschweigt er auch nicht, was er daran aussetze. Eius diligentia, sagt er, sicut alios adiuuari posse scio, et me adiutum profiteor, ita quid in dicendi genere, quid in ordine, quid in distinguendis quaestionibus, iurisque diuersi generibus desiderari in eo possit, lectoribus iudicium relinquo. Illud tantum dicam, solere eum saepe in controuersiis definiendis sequi aut exempla pauca, non semper probanda, aut etiam auctoritatem nouorum Iurisconsultorum in responsis, quorum non pauca ad gratiam consulentium, non ad aequi bonique naturam, sunt composita. Summa quaedam genera bellorum, quo ipsi visum est, modo delineauit, multos vero et nobilium et frequentium controuersiarum locos ne attigit quidem. Den kurzen Inhalt aller Capitel zeigt Glafey an in seiner Geschichte des Rechts der Vernunft, S. 86—88. worauf des Verfassers Meynung von der Nothwendigkeit einer Kriegserklärung genauer geprüft, endlich aber doch das gegründete Urtheil hinzugefüget wird, es sey dieses Buch ganz wohl zu lesen und zu gebrauchen.

10) de iniustitia bellica Romanorum Actio, Oxonii 1590. in 4. Niceron sagt, daß Gentilis in der Zuschrift an den Grafen von Essex zu einer defensione Romanorum, und der Abhandlung de ipsorum iustitia bellica, Hoffnung gemacht habe, man wisse aber vom wirklichen Drucke nichts, wenn nicht die zwey Bücher de armis Romanorum darunter zu verstehen seyn möchten.

11) ad

11) ad *Iob. Rainoldum* de ludis scenicis Epistolae duae, Middelburgi 1599. auch zu Oxford 1629. in 4. Sie sollen einem in Englischer Sprache geschriebenen Buche beygefüget worden seyn, welches eine Unterredung zwischen Wilh. Chayer und Joh. Rainolden enthält, und die gänzliche Verwerfung der Schauspiele zum Gegenstande hat.

12) de armis Romanis libri II. Hanouiae 1599. auf 18 Oktavbogen, auch 1612. aber nur mit einem neuen Titel. Im Polenischen Thesauro Antiqu. Rom. et Graec. Band I. S. 1205. findet man eine neue Ausgabe, in Struvs Biblioth. antiqua aber S. 500—511. des Jahrs 1705. eine sehr genaue Recension. Gentil handelt vornehmlich von der Gerechtigkeit der römischen Kriege.

13) de actoribus fabularum non notandis, et abusu mendacii, Disputationes duae, Hanov. 1599. in 8. auf 14 Bogen, von welchen die erste Dissert. fast 8 Bogen allein ausfüllt. Eben dieselbe stehet auch in Gronovs Thes. Ant. Graec. Band VIII. S. 1626. Der Druck beyder Werkchen aber muß lange verzögert worden seyn; denn die Zuschrift ist schon im Oktober 1597. ausgefertigt gewesen. Das Wichtigste des Vortrags wird in der eben gedachten Struvischen Monatsschrift, S. 460. des Jahrs 1706. erzählt. Eine sich selbst, oder Andern, nützliche Unwahrheit hält der Verfasser für erlaubt, und erläutert seinen Satz mit Stellen der alten Philosophen, der Gottesgelehrten, ja selbst der heiligen Schrift. Aus den Dedikationen beyder Abhandlungen, welche ein Beweis vieler humanistischer Kenntnisse sind, verspricht er eine andere de potiore interprete Decalogi in secunda tabula. Er hat sie auch bald hernach dem

Tra-

Traktate de nuptiis, Buch I. Cap. 10. S. 49—113. einverleibt, und darinn die Meynung eröfnet, daß die Juristen diesen Theil der göttlichen Gebote besser, als die Gottesgelehrten, erklären könnten.

14) ad primum (librum) Macbaeorum Disputatio, Franequ. 1600. in 4. bey Joh. Drusius Werke, über die Bücher der Maccabäer; auch besonders, und wenn der Titel nicht trügt, verbessert und vermehrt, zu Hanau 1604. auf 7 Oktavbogen; ingleichen in den Criticis sacris, Th. V. 2074. der Englischen; und Th. III. S. 2836. der Frankfurtischen Ausgabe. Gentil tritt auf eine verdeckte Weise denenjenigen bey, welche dieses Buch für canonisch halten, und läßt auch hier wenig Philologie durchschimmern. Die Hauptsätze, die er auszuführen sucht, sind diese: Cap. 2. an dici possit, Alexandrum suis diuisisse imperium? Cap. 3. quomodo post mortem Alexandri tenuerint regnum principes? Cap. 4. Antiochum vinum ceperunt Romani; Cap. 5. Eumeni donarunt Romani Indiam et Mediam; Cap. 6. quot in Senatum Romanum conuenerint? Cap. 7. de officio Consulis; Cap. 8. de Alexandro, qui filius dicitur Antiochi; Cap. 9. de nominum variationibus in Macbaeorum libro I. Cap. 10. plurima pugnare videri in libris sacris. Auf die Zweifel, welche den Maccabäerischen Büchern entgegen gesetzt werden, antwortet er mit Anführung vieler Gründe. Das zweyte Buch aber, wozu er in der gleich unter Num. 15) folgenden Epistola apologetica Hoffnung machte, hat er nicht geliefert. In der angehängten Disputatione parergica de linguarum mixtura, S. 90—110. des Hanauischen Abdrucks, bemühet sich der Verfasser, die Nothwendig-

bigkeit darzuthun, daß man zuweilen, um dem Mangel einer Sprache abzuhelfen, Wörter aus einer andern borge. Sie ist ebenfalls in den Criticis sacris.

15) Disputationum de nuptiis libri VII. Hanoniae 1601. auf 2 Alph. 9 Bogen in 8. auch eben allda, wie man sagt, 1614. vermehrter. Zum Beweise seiner Sätze bedient er sich sowohl der civil- als geistlichen Rechtsgelehrsamkeit. Am Ende stehet eine Epistola apologetica ad lectorem von 11 Seiten, worinn er sich wegen der Worte in der Dissert. de abusu mendacii S. 190. vertheidiget: quacunque vti licet amphibologia — — vt tum diceret, welchen Andere einen gefährlichen Verstand beylegten. Im Jahre 1706. der Struvischen Biblioth. antiquae S. 393—402. findet man eine Anzeige vom Inhalte eines jeden Buchs und Capitels.

16) Lectiones Virgilianae variae Liber, Hanov. 1603. in 8. 12 Bogen. Das Werkchen hat 20 Capitel, und in diesen macht er über Virgils Hirtenlieder schöne antiquarische und juristische Anmerkungen. Er hatte es seinem Sohne, Robert Gentil, bestimmt, in dessen Namen auch eine Zuschrift an seinen Großvater vorangesetzt worden ist. Das angeführte Jahr der Biblioth. antiquae S. 474. stellt die Gegenstände vor Augen, womit sich der Verfasser am meisten beschäftiget hat.

17) ad tit. C. de maleficis et mathematicis, et caeteris similibus, Commentarius; item argumenti eiusdem Commentario ad L. 3. C. de Profess. et Medicis, Hanov. 1604. in 8. auf 7½ Bogen. Doch ist die Zuschrift bereits 1593. zu Oxford unterzeichnet worden, und also vermuthlich eine Edition

tion vorher gegangen. In der ersten Abhandlung
redet er vornehmlich de sortilegis, veneficiis, Astro-
logia, Physiognomia, incantationibus, vatici-
niis, strigis, fascinatione, necromantia, somniis.
Bey der zwoten de poetis et histrionibus verdient
des Herrn Püttmanns 1777. zu Leipzig gehaltene
schöne Dissert. de poetis privilegiorum exsortibus,
gelesen zu werden, weil Gentil darinn widerlegt
wird.

18) Disputationes tres: *prima* de libris iuris canonici; *secunda* de libris iuris ciuilis; *tertia* de La-
tinitate veteris Bibliorum versionis male accusata,
Hanouiae 1605. in 8. und wieder zu Helmst. 1674.
in 4. In der Hanauischen Auflage haben diese
Disputationen ihre besondern Titel und Seitenzahlen. Die erste ist 3½ Bogen, die zwote 5 Bogen, die dritte aber nur 2 Bogen stark. Sie sind
alle drey gleichfalls seinem Sohne, Roberten, zugeeignet, und in dessen Namen jeder eine kleine
Dedikation vorgesetzt worden. In den zwoen ersten gehet er alle Theile des canonischen und Justinianeischen Gesetzbuches durch, und streuet gute
Anmerkungen ein. Die dritte erschien abermal zu
Leipzig 1768. im Bande II. des Noltenschen
Lexici Latino - antibarbari.

19) Regales Disputationes III. de potestate Regis ab-
soluta; de vnione regnorum Britanniae; et de vi
ciuium in Regem semper iniusta, Londini 1605.
in 4. auf 16½ Bogen. Allein es ist nur der erste
Bogen von der Hanauischen Ausgabe unterschieden,
welche eben dieses Jahr auf dem Titel hat. Meiner Vermuthung nach scheint der Verleger an diesem Orte, Wilh. Anton, nur gewisse Exemplare
einem Londner Buchhändler gegeben zu haben; welcher

X. Albericus Gentilis.

cher, den ersten Bogen umdrucken lassen, damit diese Schriften desto leichter in Engelland verkauft werden möchten. Zu Helmstädt erfolgte 1669. eine neue Edition in 4. welche 15 Bogen ausfüllt. Gebh. Theodor Meier setzte eine neue 2 Bogen starke Vorrede hinzu, worinn er de vera indole maiestatis ciuilis nach den Grundsätzen der scholastischen Philosophie handelt.

20) Laudes Academiae Perusinae et Oxoniensis. Hanouiae 1605. in 8. Zwo öffentlich gehaltene Reden, in welchen er nichts vergessen hat, was zur Empfehlung beyder Universitäten gereichen konnte. Er war auch beyden die stärksten Beweise der Dankbarkeit schuldig, da er auf jener studirt, und die Doktorwürde angenommen, auf dieser aber einen beständigen Sitz erlangt hatte. Insbesondere streicht er die Vorzüge der Orfordischen hohen Schule heraus.

21) Epistola ad Iah. Howsomum de libro Pyano. Howson, ein Gottesgelehrter zu Orford, gab allda 1602. eine Disputation in 8. unter dem Titel heraus: Vxore dimissa propter fornicationem, aliam non licet superinducere. Er trat darinn zur Meynung der Römischkatholischen, daß, obgleich der Ehebruch die Scheidung vom Weibe rechtfertige, dennoch der Mann nicht befugt sey, eine andere zu heyrathen. Thomas Pye, auch ein Theologe, bestritt diese Abhandlung, wodurch Howson veranlasset wurde, eben daselbst 1606. in 4. Theseos suae defensionem, in sex Commentationes, et elenchum monitorum, distinctum, ans Licht zu stellen. Er fügte die Disputation selbst, und zwey Sendschreiben hinzu, deren erstes von Joh. Rainolden an Pyen, das andere hin-

hingegen vom Gentilis an Howson gerichtet, und daſſelbe iſt, welches ich vorher angeführt habe. Er zeigt ſich aber hier ungemein ſchwankend, und drückt ſeine Begriffe ſo zweydeutig aus, daß es in die Augen leuchtet, er habe nicht gewußt, wie er die ganze Sache entſcheiden ſolle. Indeſſen hatte er ſchon in ſeinem Buche de nuptiis der gewöhnlichen Lehre unſerer proteſtantiſchen Kirche Beyfall gegeben.

22) In titulos C. ſi quis Imperatori maledixerit, et ad L. Iuliam Maieſtatis, Diſputationes X. Hanouiae 1607. in 8. 12¼ Bogen. Robert Gentil beförderte dieſe Schrift mit des Vaters Einwilligung zum Drucke, und am 20. December des gemeldeten Jahres unterzeichnete er erſt die Dedikation zu Orford. Die Abhandlungen haben folgende Titel: 1) Si quis Imperat. maledix. 2) de criminibus Maieſtatis; 3) de iudicio Maieſtatis; 4) ad Legem quintam; 5) de extraneo, laeſae Maieſtatis reo; 6) de principe externo; 7) de filio perduellis puniendo; 8) de cauſſis poenarum; 9) alius peccat, alius plectitur; 10) de iure ſingulari criminis Maieſtatis, ad L. penult. et L. vlt.

23) Mundus alter et idem; ſiue terra Auſtralis, antehac ſemper incognita; longis itineribus peregrini Academici nuperrime luſtrata, auctore *Mercurio Britannico*, Hanouiae 1607. auf 15 Oktavbogen, außer fünf Landcharten, nämlich einer Mappa viniuerſali und noch vier andern de Pamphagonia, Viraginia, Moronia, Lanernia. Zu Utrecht erfolgte 1643. ein abermaliger Abdruck nebſt den Charten in 12. welcher 11 Bogen ausfüllt. Es ſind hier *Campanellas* ciuitas Solis, und noua

noua Atlantis *Franc. Bac.* de *Verulamio,* angehänget; wenigstens dem Titel nach). Meinem Exemplare aber fehlen beyde Stücke, und in einigen andern habe ich sie auch nicht gefunden. Daß Gentil der Verfasser dieser satyrischen Schrift sey, worinn er die verderbten Sitten seiner Zeit lächerlich zu machen sucht, scheint mir einen hohen Grad der Glaubwürdigkeit zu haben. Schon 1721. entdeckte ihn Gratian Stephan Auleres, (unter welchem Namen, nach dem Catalogo Bibl. *Reimmannianae,* Band II. S. 694. G. A. Pfeiffer, ein Beflissener der Gottesgelehrsamkeit, sich versteckt haben soll,) Th. II. S. 38. seiner sonderbaren Reisen in unbekannte Länder. Blausius folgte diesem im Jahre 1756. nach. Man sehe desselben vermischte Beyträge zur Erweiterung der Kenntnis seltener und merkwürdiger Bücher, Th. II. S. 328. und vornehmlich S. 332. das Register aller Capitel, welches voransteht, hat Buch III. Num 2) diese ausdrückliche Worte: Quid *Alberico Gentili* a Gynaecopolitanis factum fuerit. In der Holländischen Ausgabe hingegen hat man, anstatt des Namens, gesetzt: Quid mihi caet. und eben so ist auch die Ueberschrift des Capitels 2 im Texte selbst. Bayle hingegen Band II. seines Dictionnaire historique et crit. unter dem Artikel Joseph Hall eignet das Werkchen diesem Norwichischen Bischofe zu, und beruft sich auf den Catalogus der Bodlejischen Bibliothek zu Orford, S. 546. Er schreibt zugleich: C'est une fiction ingenieuse et savante, où il decrit les mauvaises moeurs de divers peuples, l'ivrognerie des uns, l'impudicité des autres etc. la Cour de Rome n'y est pas epargnée. L'Auteur composa ce livre pendant qu'il cultivoit la Litte-
rature;

rature; et n' étant depuis attaché à la Theologie, il le négligea et le traita de bagetelle; mais *Guillaume Knight*, son ami, n'en jugea pas de la forte; il le crût si digne de voir le jour, qu' il le publia, quoiqu' il craignit de déplaire à celui, qui l'avoit composé, et qui lui en avoit confié le Manuscrit. C'est ce, qu' il expose simplement dans sa Préface. Eben dieser Meynung ist auch **Placcius** im Theatro Pseudonymorum unter der Nummer 1740. S. 441. zugethan. Allein ich werde dadurch in der meinigen nicht irre gemacht, zumal wenn ich auch bedenke, daß Hanau der erste Ort des Drucks gewesen sey, wo verschiedene Schriften Gentils aus der Presse gekommen sind.

24) Hispanicae aduocationis libri duo, Hanouiae 1613. auf 1 Alph. 8¼ Bogen in 4. Der Bruder des bereits todten Verfassers, *Scipio Gentil*, besorgte die Ausgabe, welche er ihm in seinem Testamente empfohlen hatte. Zu Amsterd. trat 1661. die zwote, 18 Oktavbogen stark, ans Licht. Der Inhalt betrift lauter Rechtssachen, die ihm, als Advokaten der Spanischen Nation, unter den Händen gewesen waren. Was Herm. Conring so wohl an diesem Buche, als an den beyden andern desselben de legationibus und de iure belli, auszusetzen gehabt habe, das ist in einem seiner Briefe an den Baron von **Boineburg** unter dem Jahre 1669. zu lesen. Die Worte sind diese: Alb. Gentilis libros de iure belli, vel Aduocatia Hispanica, vt et de legationibus, qui Grotium legerit, non fortassis desiderabit. Vir fuit lectionis multae, et singularis industriae, nec iudicii hebetis; at cum dictio illius multum est insolens atque obscura; tum ratio philosophandi, me quidem

dem iudice, parum accurata. Non equidem tibi auctor sim impendendi multi temporis eius lectioni. Man sehe die S. 347. des Commercii epistolici *Leibnitiani*, und zwar den Tomum prodromum, welchen Gruber 1745. zu Hannover in 8. herausgab. Die Nachricht Johann Grönings in der Bibliotheca iur. gent. Europaea S. 213. auf welche sich der Verfasser Biblioth. iuris Imperantium, S. 235. beruft, daß Gentil ein besonderes Buch de iure maris geschrieben, und darinn die Herrschaft der Engelländer über das ganze Meer behauptet habe, ist mir verdächtig.

25) In tit. D. de verborum significatione Commentarius, Hanouiae 1614. 2 Alph. 8 Bogen in 4. Ob gleich der Verfasser in seinem Testamente verordnet hatte, alle Handschriften von ihm, außer dem vorhergehenden Werke, zu unterdrücken, oder gar zu vernichten: so trug doch sein zweeter Sohn, Matthäus Gentilis, kein Bedenken, wider des Vaters Willen zu handeln, und desselben noch nicht genug ausgefeilte Arbeit ans Licht zu stellen. Er hat sich aber auch bey Kennern wenig Verdienst damit erworben.

26) Eine in Englischer Sprache geschriebene Abhandlung von den Heyrathen durch Gevollmächtigte. Ant. Wood führt sie im Bande I. seiner Athenarum Oxoniensium an, jedoch ohne Anzeige des Druckjahrs; aus welcher Ursache ich derselben die letzte Stelle eingeräumet habe.

Drey lateinische Briefe von ihm an Hugo Donell stehen in der Gudischen Sammlung S. 335—338. aber sie sind von keinem sonderlichen Werthe, wenn ich den ersten ausnehme, dessen oben unter der Nummer 2) gedacht worden ist.

Jugl. Beytr. 6. B. 1s St.   K   In

In der beliebten Schottischen Critik über jurist. Schriften, Band I. S. 170. finde ich angemerkt, daß der neapolitanische Buchhändler, Gravier, die sämntlichen Werke des Alberic. Gentilis eben so zu liefern versprochen habe, wie er es mit denenjenigen gemacht hatte, welche von desselben Bruder vorhanden sind; allein ich habe weiter nichts davon gehöret, und muß es also dahin gestellt seyn lassen, ob die Sache zu Stande gekommen, oder nicht. Schon lange vorher waren erst Everh. Otto, hernach Troß, dieses zu thun gesonnen; doch keiner von beyden führte den Anschlag aus.

Diese Nachrichten sind aus Nicerons Memoires caet. Th. XV. S. 25. und Th. XX. S. 81. des Französischen Originals, und Th. XI. S. 108. der deutschen Uebersetzung, zuweilen auch aus Gentils Schriften gezogen worden.

XI.

Scipio Gentilis.

Ein Bruder des vorigen, und Matthäus Gentilis sechster Sohn. Er kam ebenfalls zu Castello di Sangenesio im Jahr 1563. auf die Welt. Als sein Vater Italien verlassen mußte, weigerte sich die Mutter, ihn mitzugeben; die Freunde desselben brachten ihn aber, auf eine listige Weise, von ihr weg, und schickten ihn dem Vater nach, welcher an einem sichern Orte liegen blieb, ehe er seine Reise fortsetzte.

Scipio Gentil gieng von Krain zur Tübingischen hohen Schule; wo er, unter Martin Crusens Anleitung, eifrigst der griechischen Sprache oblag, und sich zugleich in der Poesie dergestalt übte, daß ihm auch

Paul

Paul Melissus den Vorzug einräumte. Hierzu hatte
er in den Jahren, da sich der menschliche Verstand zu
entwickeln pflegt, eine natürliche Fähigkeit, welche sein
Vater bald erkannte. Er saß einst mit ihm, und dem
Bruder Albericus vor dem Camine, ließ jeden eine
Kohle nehmen, und befahl, einen gewissen, ihnen vor-
gesagten Satz in Versen daran zu schreiben. Sein
Bruder hatte fast die ganze weiße Wand beschmieret,
Scipio hingegen kaum drey Verse darzu gesetzt. Als
nun der Vater beyder Einfälle gelesen hatte, mußte ihm
der älteste Sohn versprechen, daß er niemals wieder
Verse machen, der jüngste aber, daß er damit fortfah-
ren wolle.

Von Tübingen reisete Scipio Gentil nach Wittenberg, wo ihn 1586. sein Bruder aus Engelland besuchte. Unterdeß glaubte der Vater, auch in Krain,
und den dortigen Gegenden, der Religion wegen nicht
mehr sicher zu seyn, wie ich im vorigen Artikel gesagt
habe. Er nahm daher seine Zuflucht beym Albericus
in Orford; den Scipio hingegen schickte er nach Leiden,
damit er ihn näher haben möchte. Hier nutzte derselbe
vorzüglich den Unterricht eines Donells und Lipsius.
Doch scheinet solches eben nicht lange gewähret zu haben; denn sichere Nachrichten beweisen, daß er 1587.
auf der hohen Schule zu Heidelberg immatriculirt worden sey.

Scipio Gentil wünschte allda Professor der Rechte zu werden. Er ward auch bey einer Vacanz, die
Knichens Abgang gemacht hatte, nebst Heinr. Kref-
tingen aus Bremen, und Peter Himar aus Cölln,
im December 1588. wirklich darzu vorgeschlagen, aber
in der am 27. darauf zur Canzley gebrachten Denomi-
nation weggelassen. Krefting trug die Stelle davon,
ein großer Anhänger des Pacius, welcher ihm wohl

am meisten zuwider seyn mochte. Er beschwerte sich wenigstens über ihn sehr heftig, und es blieb dieses dem Pacius nicht verborgen. Dessen Begehren gemäß wurden daher Gentilen im akademischen Senate 1589. die Fragen vorgelegt: ob, und von wem gesagt worden sey, daß ihn Pacius an dem Professorate der Institutionen gehindert habe? ob er gedrohet habe, sich an ihm zu rächen, und ihn übel zu traktiren, wenn er einen bequemen Ort darzu finden würde? Gentil beantwortete diese Fragen dergestalt, daß er fast Alles läugnete, und sich also ziemlich heraus zu wickeln wußte. Er foderte auch seinen Gegner auf, nach Ordnung der Rechte zu verfahren, wofern er über ihn zu klagen hätte.

Pacius behauptete, er finde sich in dieser Beantwortung ungemein beleidiget, und verlangte zugleich, es sollte des Hippolitus von Colli Ehegattin eidlich verhört werden, ob Gentil Drohungen ausgestoßen hätte. Er übergab eine neue Klagschrift wider diesen, Peter Chambuten, einen Studenten, und den Buchdrucker, Hieron. Comelin, weil Gentil in seinem Epos ad *Hippolitum a Collibus* 1589. schmähende Ausdrücke gegen ihn, sonderlich S. 5. und 6. eingewebt, auch dieses Gedicht beym Hofe und sonst ausgetheilt habe. Hierzu fügte er die Bitte, den Beklagten Stadtarrest anzukündigen. Der akademische Senat willigte darein; Gentilen sowohl, als Chambuten ward also verbothen, vor Endigung der Sache aus der Stadt zu gehen. Wider eine solche Beleidigung protestirte aber Gentil, und verwahrte sich wegen der Unkosten. Am 5 März des gedachten Jahres 1589. lieferte Pacius eine abermalige Klage ein, zog aus der Seite 4. des Epos eine Stelle auf sich, und formirte daraus etliche Fragstücke. Der Senat hoffte einen Vergleich zu treffen, so bald als Gentilis öffentlich bekennte, daß er darinn an den Pa-

cius

cius gar nicht gedacht hätte. Er that es, und Jeder war damit zufrieden, außer dem Pacius, welcher drohete, den Senat selbst zu belangen, wenn dieser die Schuldigen würde entwischen lassen. Gentilis und Chambut sollten nun Bürgen schaffen, daß sie aus der Stadt keinen Fuß setzen wollten. Sie schützten aber die Unmöglichkeit vor, weil sie Fremde wären; es blieb daher beym bloßen Versprechen. Den 6 März confiscirte der Rektor, Heinr. Smetius, das Epos durch einen öffentlichen Anschlag, und den 12 darauf zeigte Pacius klagend an, Gentil und Chambut wären doch ausgetreten. Er protestirte gegen die von ihnen bestellten Anwälde, und ersuchte den Senat um ein Zeugniß, daß beyde aus ihrem Arreste fortgelaufen wären. Dem Pacius, der so lebhaft den Ton gab, ward dabey angerathen, nicht zu hitzig zu seyn, und mehr die Ehre der Universität, als die seinige, zu bedenken.

Unterdessen wies man die Anwälde mit dem Bedeuten ab, daß es eine Criminalsache wäre, welche ihre Principalen beträfe. Es wurde ihnen nur vergönnt, die Abwesenheit derselben zu rechtfertigen. Dies geschah zwar; sie erhielten jedoch den Bescheid, daß die Partheyen öffentlich citirt werden sollten, wenn sie sich innerhalb vier Tagen nicht stellen würden. Den 19 März las man Gentils Appellation an den Churfürsten vor, worinn er auch meldete, man könne ihn zu Basel finden. Daselbst gelangte er erst am 16 April 1589. zum juristischen Doktorate, nicht, wie Andere sagen, vorher, ehe er sich nach Heidelberg wendete. Die Appellation ward angenommen, und Pacius erinnert, die vorgebrachten Gründe schriftlich zu widerlegen. Dieser drang darauf, der akademische Senat möchte nach Basel und Wittenberg schreiben, damit weder Gentilis, noch Chambut, zu öffentlichen Ehrenämtern beför-

befördert würden, wenn sie dahin kämen; denn sie wären, wider ihr Wort, aus dem Arreste entwichen.

Franz Junius, ein Professor der Theologie, welchem Pacius deshalben eine Partheylichkeit aufbürden wollte, weil er Gentils Gedichte vor dem Abdrucke gelesen hätte, war froh, von einer so verdrüßlichen Sache dispensirt zu seyn. Eben darum bath auch der Professor Herm. Witekind, mit dem lustigen Einfalle, Gentil habe in seinen Versen bey den Worten: libertas, Mennis inuisa superbis, desselben Voraltern beschimpft. Die väterliche Großmutter wäre aus dem Geschlechte der Mennen gewesen. Er wolle zwar keinen Streit darüber anfangen, und dem Gentil eine solche poetische Freyheit zu gute halten, könne aber doch dem Senate in der Sache des Pacius nicht beywohnen, um dieser Beleidigung wegen von seinen Affekten nicht hingerissen zu werden, und gegen den Schuldigen zu hart zu votiren. Eine so feine Satyre auf den Pacius machte diesen lächerlich. Witekind erschien gleichwohl wieder im Senate, und als er sich nunmehr ernstlich weigerte, es ferner zu thun, ward er, vermittelst eines abgefaßten akademischen Schlusses, darzu gezwungen. Damals verlangte Pacius, einige Professoren der philosophischen Fakultät sollten sich aus der Versammlung entfernen, damit ihre Menge die Stimmen der übrigen Professoren nicht überwiegen möchte; man schlug es ihm aber ab.

Den 8. April ersuchte der Senat in dieser Sache um einige Räthe vom Hofe, weil die Juristenfakultät jetzt zu schwach wäre. Es kamen nun am 12 darauf sieben Professoren, und zween churfürstliche Räthe, nämlich der Canzler, Pastoir, und Marquard Freher, zusammen. Man setzte sogleich fest, Pacius sollte Gentils Appellation widerlegen, und des von Colli Ehe-

XI. Scipio Gentilis.

Ehefrau examiniret werden, welche sich aber weigerte, und den 16 April in aller Frühe abreisete, ehe ihr der Arrest angekündiget werden konnte. Immittelst bemüheten sich die Professoren, Junius und Tossan, von allen Handlungen in dieser Sache befreyet zu bleiben, welches ihnen jedoch nicht gelingen wollte. Denn diesem ward es ganz und gar versagt: jenen hingegen bath man, sich den fernern Berathschlagungen nicht zu entziehen.

Die Professoren, und die Deputirte des Hofs verwarfen den 23. April Gentils Appellation, und Tages darauf wurde eine ediktal Citation auf 6 Wochen angeschlagen. Am 14 Junius erschien Gentilis freywillig, und berief sich auf Briefe, die er vom Hofe erhalten habe. Alsdann ergieng den 27. dieses Monats ein churfürstliches Rescript an die Universität, welches den Pacius zu einiger Gedult verwies, die Deputirten aber zeigten an, daß sie bey dieser Untersuchung nicht länger gegenwärtig seyn könnten. Am 15. Oktober beklagte sich Pacius, man habe Gentilen nicht in Arrest gesetzt, ob er schon vorhanden gewesen wäre, und den 28 Jenner des Jahrs 1590. machte er den Junius und Smetius verdächtig, welche keine Ursache hatten, darüber unzufrieden zu seyn. Der Rektor eröffnete darauf dem Senate am 4. März des gedachten Jahrs, er habe des Pacius Ansuchen gewillfahret, und den wieder gegenwärtigen Gentilis citirt, jedoch vergebens. Anstatt zu erscheinen, wäre von ihm die Nachricht erfolgt, daß er nun Gesandter der Königin von Engelland sey. Pacius behauptete dargegen, der Senat müsse, auf seine Gefahr, den Gentil in Verhaft bringen lassen, wenn er seinen Gesandschaftscharakter nicht beweisen, oder sich mit einem sichern Geleite vom churpfälzischen Hofe schützen könnte. Wäre man abermal so nachsehend, daß er er entwischte, so protestire er wegen der ihm verweigerten Justiz.

Vom Hofe ward die Sache den 19. März an die Universität, als die ordentliche Instanz, zurückgewiesen, und Pacius wollte dieses auf seine Kosten dem Gentil melden. Der akademische Senat that es aber am 4. April selbst in einem gar höflichen lateinischen Schreiben, und den 6. des folgenden Monats beliebte man die Versendung der Akten an eine andere Universität. Sie giengen nach Marburg, wo das Urtheil gesprochen wurde, Gentilis und Chambut sollten aus der Matrikel ausgelöscht und relegirt werden, weil beyde eines Pasquills beschuldiget entflohen wären. Die Execution geschah den 23. September, gegen welches Verfahren aber sich Gentilis erst im Jahre 1593. beym Hofe beschwerte. Die Universität erhielt davon, und daß der Beklagte die Mittheilung der Akten begehre, am 28. May dieses Jahres Nachricht. Im Rescripte nennt der Churfürst Gentilen seinen lieben Besondern, der Rechte Doktorn, und ordinarium Professorem zu Altorf. Nun sendete der Senat die Akten am 19. September nach Hofe, wo sie ohne Zweifel liegen geblieben sind. Denn mehr weis man von dieser Begebenheit nicht, welche der würdige Herr Büttinghausen unlängst erst bekannt gemacht hat. Es ist daraus offenbar genug, daß Pacius ein zanksüchtiger und gefährlicher Mann gewesen sey, vor welchem Gentilis 1591. von seinem Vater selbst gewarnet wurde, wie die Gudische Briefsammlung S. 365. zu erkennen giebt.

Bisher habe ich beyde, den Pacius und seinen Beklagten, lange processiren lassen; nun müssen wir Gentilen zu Altorf aufsuchen. Dahin kam er von Basel, wo er 1589. Doktor der Rechte geworden, und noch am Ende dieses Jahres zu finden war, als Aufseher sehr über einen jungen Grafen von Ortenburg. Er hatte das Vergnügen, auf der dasigen hohen Schule seinen alten Lehrer, Donellen, wieder zu sehen, welcher es leicht dahin brachte, daß er 1590. als Professor der Institutionen sein College, und zuletzt, da Peter Wesenbeck 1598. von der Universität nach Coburg gieng, oberster Rechtslehrer, auch Rath und Consulent der Republik Nürnberg, wurde.

Der Ruf von seiner ausnehmenden Geschicklichkeit hatte sich dergestalt ausgebreitet, daß unterschiedliche wichtige Vokationen darauf erfolgten. Schon im ersten Jahre seines Aufenthalts zu Altorf scheint dieses den Anfang genommen zu haben, und gewissermaßen läßt es sich aus Paul Melissus Briefe an Hieron. Paumgartnern, einen Nürnbergischen Curator der Universität, schließen. Er schreibt darinn, man möchte Gentilen ja fest halten, und seine Besoldung vermehren. Einen solchen Gelehrten würden die Herren Nürnberger nicht leicht wieder bekommen. Der Pabst, Clemens der achte, wollte ihn gern zum Professor zu Bologna haben, und eine unumschränkte Religionsfreyheit verstatten, welches jedoch eben nicht gar zu sicher gewesen seyn möchte, da der große Eifer dieses Pabsts gegen die Evangelischen eine bekannte Wahrheit ist. Nach Bourges und Orleans wurde er auch verlangt, wie er selbst in einer Anmerkung zu Casaubonus Briefe unterm Jahr 1605. meldet; (Epistolae *Gudianae* p. 357.) ferner nach Heidelberg; (Omeis in gloria Acad. Altorfinae p. 49.) und endlich 1612. nach Leiden zur obersten Stelle in der Juristenfakultät, welche ihm der holländische Minister zu Heidelberg, Pet. Corn. Brederode, antrug. Als er sich nicht bald genug erklärte, schrieben seiner Entlassung wegen der Prinz, Moritz, von Nassau Oranien, und die Staaten von Holland, im folgenden

den Jahre an den Magistrat zu Nürnberg, Brederode aber bath, Gentil möchte ihn nicht länger in Ungewißheit lassen. Es ist dabey die genannte Gudische Briefsammlung S. 368—370. zu lesen. Allein es konnten ihn keine Bedingungen schwankend machen, sie mochten auch noch so vortheilhaftig seyn. Altorf sollte die Ehre haben, ihn Zeitlebens zu behalten.

Marquard Freher schlug ihm schon 1596. eine Verwandte von guter Familie und Vermögen vor, wie aus der Gudischen Briefsammlung S. 348. erhellet; er blieb aber bis zum neun und vierzigsten Jahre im ledigen Stande, und erst 1612. heyrathete er ein schönes und gelehrtes Frauenzimmer, Magdalenen, die Tochter des reichen und vornehmen Patriciers aus Lucca, damals eines nürnbergischen Kaufmanns, Cäsars Calandrins. Ein Sohn, Aegidius Albericus, und eine Tochter, Esther Magdalene, waren die Früchte dieser Ehe, welche nur kurze Zeit dauerte. Denn Gentil endigte schon seine ruhmvollen Tage, in einem sehr mäßigen Alter von 53 Jahren, 1616. am 7 August. Die hinterlassene Wittwe verlor fast Alles im dreyßigjährigen Kriege, weswegen sie unvermögend war, ihren Sohn auf eine anständige Weise zu erziehen. Vossius empfohl ihn 1635. dem damaligen Erzbischofe zu Canterbury, Wilh. Laud, daß er zu Cambridge, oder Oxford, in ein Collegium aufgenommen werden möchte. Was weiter mit ihm geschehen sey, davon hat man keine Nachricht, als nur diese, daß der Bischof sich entschuldiget habe, er könne ihm nicht helfen.

Gentil soll einen stärkern Hang zur Calvinischen, als zur Lutherischen, Glaubenslehre gehabt haben. An und vor sich aber war er gewiß ein Mann von Religion; ein Verächter aller dererjenigen, die sich eine Ehre daraus machten, darinn spöttisch, oder wenigstens kaltsinnig

XI. Scipio Gentilis.

*ñ*ig und nachläßig zu seyn; ein Menschenfreund, der Niemanden beleidigte, vielmehr Jedem Gefälligkeiten und Wohlthaten zu erweisen suchte; munter im Umgange, und Vortrage auf der Cathedër; ein Gönner der Studenten, mit welchen er oft, auch da er bereits zu ziemlichen Jahren gekommen war, vor der Stadt spatziren gieng, oder sich in seinem Hause zu unterreden pflegte. Große Prinzen schätzten ihn hoch. Der Landgraf, Moritz, von Hessen, legte sogar nach Ruchenbeckers Zeugnisse, Band I. S. 201. der Analect. Hassiacorum, vermittelst eines silbernen Pokals, im Jahr 1608. seine ihm gewidmete Gnade an den Tag. In der Griechischen und Lateinischen Litteratur, in der Redekunst und Poesie, zeigte Gentilis, daß er ein Meister sey, ob gleich die Rechtsgelehrsamkeit sein vorzügliches Fach war. Man darf sich daher nicht wundern, wenn er auf seine juristischen Schriften überall Blumen aus der Philologie streuet. Mit einem Worte, man kann ihn sicher eine Zierde seiner Zeit nennen, und Franz Hotman, welcher die Verdienste der Rechtsgelehrten wohl zu beurtheilen wußte, prophezeyete von Gentilen, als ihn derselbe zu Basel auf dem Krankenlager besuchte, er würde dereinst die angesehensten Männer dieser Fakultät übertreffen, oder es ihnen wenigstens gleich thun.

Ich habe am Ende des vorhergehenden Artikels das Vorhaben Everhards Otto und Trotzens berührt, die sämmtlichen Werke beyder Gentile herauszugeben. Da sie aber den Wunsch der Bücherliebhaber nicht erfüllten: so trat der berühmte Reichshofrath von Senckenberg, wie ich in Wills Nürnberg. Münzbelustig. des Jahrs 1767. S. 69. und 88. lese, an ihre Stelle, und schickte Alles, was er vorräthig hatte, oder sonst auftreiben konnte, dem Buchhändler, Gravier, in Neapel, zu, welcher auch daselbst 1763. den Anfang machte,

machte, Scipio Gentils Schriften, die so sehr zerstreuet, und zum Theil außerordentlich selten waren, möglichster maßen vollständig ans Licht zu bringen. Er lieferte acht Quartbände davon, deren letzter 1769. die ganze Sammlung beschloß. Was in einem jeden derselben zu finden sey, will ich nun, nach der von ihm beliebten Ordnung anzeigen, auch bey den meisten Stücken hinzu setzen, wo, und zu welcher Zeit, sie vorher einzeln gedruckt worden sind.

Der erste Band, welcher 2 Alph. 3 Bogen ausfüllt, enthält, außer des Verlegers kurzen Vorrede von Scip. Gentils Leben aus dem Baylischen Wörterbuche, die folgenden Werke:

1) de erroribus testamentorum, a testatoribus ipsis commissis, erst zu Altorf 1593. in 8. Diese Schrift kam darauf zu Strasburg 1669. auf 1 Alph. 8 Bogen mit einigen andern Abhandlungen, die ihre besondere Seitenzahl haben, de scientia heredum; de diuiduis et indiuiduis obligationibus, und de iure accrescendi, ans Licht. Joh. Rebhan ließ sie aus einer Handschrift, dem Traktat de obligationibus ausgenommen, welcher schon zu Frf. 1600. in 8. erschienen war, zusammen drucken, und setzte einige Noten hinzu, vornehmlich bey den zween ersten Traktaten.

2) Disputationes de iure publico populi Romani, Norimb. 1598. Hanouiae 1612. Altorfii 1662. allemal in 8. Die letzte Auflage enthält 14 Bogen. In den Polenischen nouis Supplem. vtriusque Thes. Antiqu. Rom. Graecarumque, Band I. S. 1125—1204. stehen diese Disputationen auch.

3) Disput. ad Constitut. Imperatoris Friderici I. Ahenobarbi de Regalibus, Alt. 1609. in 4. Sie begreift 197 Thesen in sich.

4) Di-

4) Disput. de iure singulari Studiosorum, ad Auth. *Habita* C. ne filius pro patre, Alt. 1613. Nur 76 kurze Sätze. Vorher wurden beyde Stücke dem dritten Abdrucke der Disputat. de iure publico P. R. beygefügt. Von diesen dreyen Nummern ist eine sehr weitläuftige Recension in Struvs Bibl. antiqua 1705. S. 403—411. zu lesen, wo es zuletzt heißt: Elaboratio harum Disputationum maxime politica, moralis aut historica est, magisque ex primis principiis et iuris rationibus disputat, (Auctor) quam ex vsu forensi. Duae tamen vltimae Disputationes magis ad vsum et intellectum iuris ciuilis sunt elaboratae, siquidem in iis non tantum praecipuas iuris quaestiones neruose decidit, sed et allegatis illustrat, vt hinc ad interpretationem Constitutionum Fridericianarum multum conducere possint.

Der zweete Band ist 2 Alph. 19¾ Bogen stark. Man findet darinn:

5) de bonis maternis et aduentitiis, item de secundis nuptiis libros II. Hanouiae 1606. in 8. Das erste Buch, welches aus einer von ihm gehaltenen, und zu Nürnb. 1598. in 4. gedruckten akademischen Disputation entstanden zu seyn scheint, hat in diesem Hanauischen Exemplare 15. das zweyte aber 10 Bogen.

6) Disput. de aestimatione rerum, in dotem datarum, et ad L. 73. *Mulier bona* D. de iure dotium.

7) Parergorum ad Pandectas libri II. et Originum ad Pand. liber singularis, Frf. 1588. Altorf. 1664. in 8. auf 1 Alph. Die erste Ausgabe ist 3¼ Bogen stärker, und gar sauber gedruckt. Nicol. Bassäus besorgte sie. Einen neuen Abdruck veranstaltet Otto im Bande IV. S. 1271. seines The-
sau-

saurus iuris Romani. Der Inhalt wird in der Struvischen Biblioth. antiqua 1705. S. 453— 459. angezeigt.

Im dritten Bande, welcher 2 Alph. 10 Bogen erfüllt, stehen:

8) de iurisdictione libri III. Frf. 1601. 1603 und 1613. in 8. Diese letzte Auflage enthält 1 Alph. 9¼ Bogen. Da der Verfasser die Dedikation an den Pfälzischen Churfürsten Friedrich den IV. den 1. März 1601. unterzeichnet hat: so ist leicht zu erkennen, wie richtig das Vorgeben dererjenigen sey, welche der ersten Edition das vorhergegangene Jahr bestimmen. Im Buche I. hat Gentil sechs Capitel ad orationem D. Marci de tutoribus dandis eingerückt.

9) de alimentis lib. singularis ad orationem D. Marci, Frf. 1600 und 1606. in 8.

Zum vierten Bande, der 3 Alph. 10 Bogen in sich faßt, gehören ganz allein

10) de donationibus inter virum et vxorem libri IV. Dieses gelehrte Werk trat zum erstenmale ebenfalls zu Frankfurt 1606. auf 3 Alph. 2 Bogen, nebst einem guten Register, ans Licht.

Der fünfte Band liefert 2 Alph. 18 Bogen, und darinn kommen vor:

11) de coniurationibus libri II. ad Henricum IV. Francorum Regem. Sie waren vorher, 1 Alph. 1½ Oktavbogen stark, zu Hanau 1602. gedruckt worden. Dem ersten Buche hat der Verfasser seinen Commentar ad L. *Quisquis* C. ad L. Iuliam Maiestatis gewidmet: im zweyten aber sind zu lesen: Liuiae Augustae Orat. ex *Dionis Cassi* libro LV; *Vulcatii* Gallicani, eines Schriftstellers aus

dem

dem zweyten Jahhunderte, Auidius Cassius, welches Werkchen ein kleiner Theil der Scriptorum Historiae Augustae ist; *Ioh. Chrysostomi* Homilia in Eutropium; *Nic. Machianelli* Disputationum ad Liuium cap. sextum; *Scip. Ammirati* Disputatio 10. ad Tacitum ex libro XIX. *Ant. Contii* Index coniurationum; ferner Oratio pro C. Iulio Caesare, worinn er wider den Cato redet, und zu behaupten sucht, Cäsar sey auf eine rechtmäßige Weise, und zum allgemeinen Besten, der Regierung theilhaftig geworden; Oratio de maledictis in Principem; Notae ad priora scripta Liviae, Gallicani, Chrysostomi.

12) Orationes Rectorales, Norimb. 1602. in 8. 10¼ Bogen stark, und wieder zu Altorf 1641. auf 12 Quartbogen. In der ersten Ausgabe waren deren nur drey, nämlich pro C. Iulio Caesare, de re militari Romana et Turcica, worinn er die türkische Kriegskunst mit der römischen vergleicht, und glaubt, daß eben dadurch die Muselmänner so mächtig geworden wären; de Lege regia de imperio Principis. Es sind verschiedene Edikte angehängt, die unter seinem Rektorate nöthig befunden wurden. Zum zweeten Abdrucke kamen noch zwo andere Reden de maledictis in Principem, und de vnione populorum orbis terrarum. Damit Einerley nicht doppelt erscheinen möchte: so hat man hier die Reden pro Caesare, und de maledictis in Principem weggelassen, weil sie schon in der vorhergehenden Nummer 11) begriffen waren. Die gemeldeten Edikte sind sehr kurze Programmen von den Jahren 1598 und 1599. Sie empfehlen sich allein des guten Lateins wegen.

13) in D. *Pauli*, Apostoli, ad Philemonem Epistolam Commentarius, Norimb. 1618. auf 22½

XI. Scipio Gentilis.

Quartbogen. Dem Operi critico sacro, Th. VII. der Londner, oder Th. V. S. 1159. der Frankfurtischen Edition, ist dieses Buch, welches erst nach des Verfassers Tode ans Licht trat, auch einverleibt worden. Die vorangesetzte Zuschrift im Namen des damals kaum fünfjährigen Sohnes ist eines Andern Arbeit, vielleicht des Georg Remus. Im Jahre 1774. besorgte der Niederländische Prediger, Joh. Heinr. von Ruyter, zu Utrecht einen neuen Abdruck in 4. welcher 1 Alph. 10 Bogen, und, außer des Herausgebers Noten, desselben, und Eilhard Lubins paraphrasticam explicationem, nebst Gentils Biographie enthält, welche aus Piccarts Leichenrede zusammen gesetzt worden ist. Theils vortrefliche philologische Anmerkungen, theils besondere Kenntnisse in den theologischen Wissenschaften, gereichen dem würdigen Rechtsgelehrten zur Ehre. Unter andern hat er auch den Verächtern der Paulinischen Epistln gezeigt, wie ungegründet ihre Meynung sey, wenn sie denselben alle Zierlichkeit des Ausdrucks, und rednerische Schönheiten, absprechen wollen.

Des sechsten Bandes Stärke ist gerade 2½ Alphabete. Er begreift in sich:

14) Commentarium in *Apuleii*, Philosophi et Advocati Romani, Apologiam, qua se ipse defendit publico de Magia iudicio. Das Original kam zu Hanau 1607. auf 1 Alph. und 18 Oktavbogen heraus, und die ganze Arbeit, welche der Verfasser bey graßirender Pest vollendete, glänzet von juristischen und philologischen Beobachtungen. Der bekannte Thomas Crenius in der dritten Exercitation de libris Scriptor. optimis Num. 19. rechnet diesen Traktat unter die besten.

Der

XI. Scipio Gentilis.

Der siebende Band bestehet aus 2 Alph. 8¼ Bogen. In demselben treffe ich an:

15) Tractatum singularem de solemnitatibus, quatenus in quoque actu interuenire debeant, et interuenisse praesumantur, Norimb. 1617. in 4. Eine kurze Abhandlung von 26 Capiteln, welche zu Gentils gelehrtem Nachlaße gehörte. Die angefügte Rede de vnione populorum ist in der Neapolitanischen Sammlung weggeblieben, weil sie schon im Bande V. unter der Nummer 12) gedruckt worden war. Auch die Trauergedichte auf des Verfaßers Tod fehlen darinn.

16) *Hug. Donelli* Opuscula postuma. Hanau war der Ort, wo sie, durch Gentilis Besorgung 1604. in 8. zuerst ans Licht traten. Den Beschluß macht deßelben Rede, die er zum Andenken seines gestorbenen Lehrers gehalten hatte. Anfangs erschien sie, nebst verschiedenen Leichengedichten, zu Altorf 1591. auf 7¼ Bogen in 4. und ward allda 4 Bogen stark, 1641. wieder unter die Preße gegeben. Man findet sie auch in Buders Vitis clariss. Ictorum, mit vielen Noten des Herausgebers, S. 77-119. und in der Sammlung der Donellischen Werke, welche zu Lucca 1762. in F. angefangen wurde, nach der Vorrede des ersten Bandes. Eigentlich hätte Gentils Rede ganz allein zu seinen Schriften kommen müßen. Denn die übrigen Stücke sind ja eine fremde Arbeit, und wie kann diese zu den seinigen gerechnet werden?

17) Tractatio methodica de substitutionibus, aus einer Handschrift. Der Verfaßer hat hier in besondern Capiteln de substitutione vulgari; pupillari; exemplari; militari; et reciproca, (si testa-

tor duobus pluribusue haeredibus inſtitutis eos invicem ſubſtituerit,) ſeine Gedanken vorgetragen.

Endlich gehe ich zum achten Bande über, welcher 2 Alph. 16 Bogen enthält. Hier hat man den folgenden Schriften ihren Platz angewieſen:

18) Solimeidos libri II. in heroiſchen lateiniſchen Verſen, aus dem Italiäniſchen des Torquato Taſſo. Die erſte Ausgabe erſchien zu Venedig 1585. in 4.

19) Paraphraſes in Pſalmos 8. 10. 17. 19. 45. 47. 49. 60. 64. 73. 74. 83. 86. 92. 101. 103. 105. 112. 113. 117. 125. 132. 136. 146. 148. 78. Der Pſalm 105. mit einem Neujahrswunſche von Rittershauſen iſt zu Nürnb. 1598. auf 8 Oktavſeiten ans Licht getreten. Man ſehe Baumgartens Nachr. von merkwürd. Büchern, Band I. S. 501.

20) Epiſtolae ad *Conr. Rittershuſium* tres. Sie ſind kurz, und einige Paraphraſen der Pſalmen vorgeſetzt geweſen.

21) Paraphraſis Pſalmi 26. Vorher gedruckt zu Nürnberg 1610.

22) Pſalmi 128. Paraphraſis.

23) Pſalmi 41. Paraphraſis. Erſt zu Altorf 1609. in 8. mit der vorigen zugleich, in den Strenis amoebaeis *Scip. Gentilis* et *Conr. Rittershuſii*.

24) Pſalmi 127. 91 et 104. Paraphraſis. Der letzte Pſalm kam zu Nürnb. 1598. beſonders heraus, der vorherſtehende aber im Specimine S. *Athanaſii* Hypomnematum, ſiue Scholiorum in Pſalmos Dauidis, zu Altorf 1611.

25) Paraphraſis Pſalmi Dauidici 106. Das erſte mal eben daſelbſt 1610. in 8. Alle dieſe Pſalmen

in

XI. Scipio Gentilis.

in heroischen Versen, liefert die Neapolitanische Auflage nach der hier aufgezeichneten Ordnung.

26) Varia Carmina Latina. Ein einziges italiänisches Sonett ist nur darunter, welches er aber auch ins Lateinische übersetzt hat.

Nun folgen, außer einer Leichenrede, juristische Disputationen in kurzen Sätzen, wie es damals Gewohnheit war. Die Ueberschriften derselben, wozu ich die Jahre des ersten Drucks anmerken will, sind diese:

27) de venatione, Altorfii 1608.

28) ad L. *Rem maioris* 2. C. de rescind. vendit. Norimb. 1599.

29) Laudatio funebris *Hieron. Baumgartneri*, Alt. 1603. und eben allda 1641. in 4. mit Rittershausens Programm; auf 4 Bogen.

30) de petitione haereditatis, 1591.

31) de seruitutibus praediorum, 1591.

32) de concurrentibus actionibus, 1593. in 4. auch wieder zu Amberg 1617. in 8.

33) Assertiones iuris controuersi, Norimb. 1596.

34) de pignoribus et hypothecis constituendis et soluendis, Norimb. 1596.

35) de obligationibus ex delictis defunctorum, Norimb. 1598.

36) de mutuo, ibid. 1599.

37) de pupillari substitutione, ibid. 1600.

38) Disputationum ad Africanum *prima*, ad L. *Centum Capuae* D. Quod certo loco, ibid. 1602. Es stehet darauf ein Anhang aduersus magnum *Africani* interpretem, (*Iac. Cuiacium*) dessen verschiedene

dene Meynungen über dieses Gesetz der Verfasser für unrichtig hält.

39) Disput. ad Africanum *quarta*, ad L. *Quum quis sibi* 38. D. de solut. ibid. 1604. Hierzu gehört eine Widerlegung.

40) aduersus interpretationem magni Icti. (*Iac. Cuiacii.*)

41) Disput. ad Africanum *nona* ad L. *Quaesitum* de acquir. rerum domin. Norim. 1607. Hier hat er ebenfalls einige Seiten gegen den Cujaz andrucken lassen. Mehr Disputationen über diesen Gegenstand sind nicht vorhanden. Es ist inzwischen sehr unangenehm, daß zween Drittheile derselben in der Sammlung fehlen. Vermuthlich hat man kein Exemplar erlangen können.

42) de eo, quod interest, Norimb. 1607.

43) de actionibus in factum, ibid. 1604.

44) de operis noui nunciatione, Basil. 1589. Die Doktordisputation des Verfassers, welche 51 kurze Thesen auf 2 Bogen in sich faßt. Sie hat auch eine Stelle unter den zusammen gedruckten Dissert. iuridicis Basileensibus Band II. Num. 30. erhalten.

45) Annotazioni sopra la Gerusalemme liberata di *Torquato Tasso*, welche Anmerkungen vorher zu Leiden 1586. in 8. herausgekommen waren. Nicol. Ciangulo besorgte eine neue Auflage dieses Italiänischen Gedichts, und fügte die Gentilischen Gedanken darüber, nebst seinen eigenen hinzu. Dies geschah 1764. in zween Oktavbänden, deren erster zu Nimes, der andere aber zu Avignon erschien.

Nun habe ich alles angeführt, was man in der Neapolitanischen Sammlung findet. Sie bleibt aber immer

ein

ein unvollständiges Werk, welches noch außer dem nicht
correkt genug zu seyn scheint, und es an einigen Orten
schwer macht, einen richtigen Verstand heraus zu bringen. Bessere Ordnung der Schriften hätte auch beobachtet werden, und der Verleger lieber einige Jahre
warten müssen, bis der ganze Vorrath in seinen Händen
gewesen wäre. Dem ungeachtet verdient das Unternehmen desselben doch aus der Ursache Dank, weil dadurch
viele gelehrte Arbeiten eines so geschickten Schriftstellers,
die man lange vergebens gesucht hatte, der Vergessenheit entrissen worden sind. Damit aber das Uebrige, was
von Gentils Schriften bekannt ist, hier nicht vermisset
werden möge: so will ich das Verzeichnis derselben, möglichster maßen, fortsetzen.

46) in 25 Davidis Psalmos epicae Paraphrases,
Londini 1584. in 4. Er hat darinn die Psalmen
8. 11. 18. 20. 46. 48. 50. 61. 65. 74. 84. 87.
93. 102. 104. 106. 113. 114. 118. 126. 133.
137. 147. 148. den Gegenstand seiner Muse seyn
lassen. Der Augenschein beweiset schon, daß diese
Psalmen, den 8. 74. 106. 113. und 148. ausgenommen, von der obigen Nummer 19) ganz
unterschieden sind. In der Zuschrift meldet er,
daß er ungefähr vor drey Jahren bereits einige
Davidische Psalmen in lateinische Verse eingeklei-
det, und heraus gegeben habe. Er bedient sich
dabey des Ausdrucks: pueritiae praefatus imma-
turos fructus eam *Paraphrasin* esse meae; allein
Herr Zeidler, von welchem ich diese Nachricht
habe, ist eben so wenig, als ich selbst, im Stande gewesen, den Ort und das eigentliche Jahr des
Drucks zu erfahren. Unterdessen läßt sich sehr
wahrscheinlich sagen, daß die Ausgabe ebenfalls
zu London geschehen sey.

47) Ne-

47) Nereus; ſiue de natali Eliſabethae, illuſtriſſimi *Philippi Gidnaei* filiae, Lond. 1586. in 4.

48) Epos ad *Hippol.* a *Collibus*, virum nobilem, Jctum Acad. Heidelberg. ex Rectore Conſiliarium Palatinum, Heidelb. 1589. in länglichtem Quartformate, auf 1⅝ Bogen. Die andere Hälfte des zweeten Bogens erfüllen zwo Oden des Meliſſus, und Stens griechiſche Elegie. Dieſes heroiſche Gedicht iſt eben dasjenige, worüber Pacius ſo großen Lärm machte, wie ich in Gentils Leben erzählt habe.

49) Epos in nuptias *Phil. Scherbii* et *Helenae Rotenburgeriae*, Altorfii 1591. in 4. Es iſt eine Ode des Meliſſus, und eine Elegie von Conr. Rittershauſen angedruckt.

50) de vſucapionibus, ibid. 1591.

51) Centum Theſes de inteiurando, ibid. 1591.

52) Theſes de procuratoribus, negotiis geſtis, et calumniatoribus, 1591.

53) Theſes de in integrum reſtitutionibus, 1591.

54) Theſes de inofficioſo teſtamento, 1591.

55) Theſes de praeſcriptis verbis, 1592.

56) Theſes de Seruiana et quaſi Seruiana actionibus, 1592.

57) Theſes de compenſationibus et depoſito, 1592.

58) Theſes de locatione et conductione, Ambergae 1593.

59) Quaeſtiones de poſſeſſione, quae quidem controuerſae in primis et inſigniores habentur, Alt. 1593.

60) Theſes de iure adcreſcendi, ibid. 1593.

61) Di-

XI. Scipio Gentilis.

61) Disput. de actionibus in factum, ciuilibus et praetoriis, Alt. 1595.
62) Theses de ysuris, Norimb. 1595.
63) Theses de restitutione minorum 25 annis, ibid. 1599.
64) Disput. de mora, ibid. 1602. auf 2 Quartbogen.
65) Quaestiones iuris controuersi, Alt. 1609.
66) Epica Paraphrasis in Psalmum 107. Norimb. 1610, in 8.
67) de nuptiis et matrimonio, Hanouiae 1614. in 4. Ich kenne diese Schrift nicht genauer, und zweifle fast an deren Existenz. Vielleicht ist ein Buch seines Bruders, gleichen Inhalts, damit verwechselt worden.
68) Quaestiones ex tit. de rebus creditis, et amplissima condictionum materia, Alt. 1614. in 4.
69) Orationes Principum, Hanouiae 1664. in 8. Auch damit scheinet es so richtig nicht zu seyn, daß ich meinen Lesern die Gewähr deswegen leisten könnte.
70) Sechs und vierzig lateinische Briefe, die theils schon gedruckt, theils, und zwar am meisten, noch in der Handschrift liegen, führt Herr Zeidler S. 137—140. seiner Lebensbeschreibungen Altorfischer Rechtslehrer von Gentilis an, oder von Andern an ihn.

Er stellte auch das vierte und fünfte Volumen von Donells Commentariis iur. ciuilis zu Frankfurt 1595. und im folgenden Jahre ans Licht. Diese zween Foliobände, welche vom Buche 17. an ein Drittheil des Ganzen enthalten, suchte er nicht ohne viele Mühe aus des Verfassers Papieren zusammen, verbesserte, was nöthig war, und brachte alles in gehörige Ordnung. Seine Verdienste sind also um dieses vormals so beliebte Werk sehr groß. Ich wundere mich fast, daß Gravier nicht auch auf den Einfall gekommen ist, den dicken Folianten, so, wie er es mit Donells Opusculis postumis gethan hat, unter die Gentilischen Schriften zu setzen.

Aus dem Commentar über des Apulejus Apologie, S. 395. der ersten Ausgabe, ist zu sehen, daß Gentilis Annotationes ad *Tacitum* verfertiget habe. Vermuthlich aber sind darunter die Emendationes in *Iusti Lipsi* Commentarium ad *Tacitum* zu verstehen, deren Handschrift in der Rathsbibliothek zu Leipzig verwahrt wird. In eben diesem Buche S. 470. beruft er sich auf ein anderes, von ihm geschriebenes Werk, de antiquis Italiae linguis, welches der größten Wahrscheinlichkeit nach ebenfalls ungedruckt geblieben ist. Man findet es wenigstens in keinem Bücherverzeichnisse. Ich erinnere mich endlich gelesen zu haben, den Ort aber, wo es stehe, weis ich jetzt nicht anzuführen, daß er auch Expositiones ad *Plinii* Epistolarum librum X. de Christianis; ad Orationem D. Pii de Christianis non persequendis; und eine Rede de divo Paulo bekannt zu machen gesonnen gewesen sey. Ein noch zu früher Tod hat aber den Vorsatz vereitelt.

Mich. Piccarti laudatio funebris *Scip. Gentilis*, Altorfii 1617. in 4. auch in *Wittenii* Memoriis Ictorum S. 25—42. und in *Zeidleri* Vitis Profess. iuris in Acad. Altorfina, S. 106—140. mit Noten des neuen Herausgebers. *Claud. Sincerus* in Vitis Ictor Th. II. S. 59—77. wo der größte Theil der Piccartischen Rede ins Deutsche, jedoch sehr pedantisch, übersetzt zu lesen ist. Bayle und Niceron, Anderer nicht zu gedenken, haben aus eben dieser Quelle geschöpft. *Büttinghausens Beyträge zur Pfälzischen Geschichte*, Band I. S. 428–434.

XII. Chri-

XII.
Christian Wildvogel.

Die Stadt Halle im Herzogthum Magdeburg, wo dieser verdiente Gelehrte am 13. August 1644. sein Leben anfieng, zählt auch ihn unter ihre berühmtesten Söhne. Der Vater desselben Georg Wildvogel, des Herzogs August Rath, und geheimer Lehnssekretarius, hatte sich den Ruhm eines geschickten Juristen erworben. Seinem Sohne ließ er im zarten Alter von Hauslehrern die ersten Begriffe der Wissenschaften beybringen, und diese wurden alsdann auf dem Gymnasio daselbst, unter Valentin Bergers, und des Conrektors, Gottfr. Lipens, Anführung, theils in den gelehrten Sprachen, theils in den Regeln der Beredsamkeit und Philosophie, immer vollständiger.

Diese Laufbahn, welche ihm ganze drey Jahre zum Gegenstande seines Fleißes bestimmt worden war, verließ er, nach einer vertheidigten logikalischen Disputation de contrariis, 1663. und wählte im achtzehenden Jahre des Alters die Leipziger hohe Schule, um die juristischen Studien zu treiben. Sein Schwager, der Fürstl. Sächsische Hof- und Consistorialrath, Johann Christoph Herold, hatte ihm zu Halle bereits einigen Vorschmack darinn gegeben, und nun machten Quirin Schacher, Bartholom. Leonh. Schwendendörffer ihn genauer damit bekannt. Jacob Thomasius aber, nebst andern Lehrern der philosophischen Fakultät, befriedigten seine Wißbegierde in allen denenjenigen Fächern der Gelehrsamkeit, welche die unentbehrlichsten Vorbereitungen zur Kenntnis der Rechte sind. Zu

Frankfurt an der Oder, wohin er sich, nach dem Willen des Vaters, 1665. wendete, trugen Joh. Brunnemann, der von Abetz, und Sam. Stryk das ihrige redlich bey, ihn auszubilden.

Sein Vater starb 1666. noch viel zu früh für ihn, daß er dadurch nicht sollte gehindert worden seyn, länger auf Universitäten zu bleiben. Aus Mangel der darzu nöthigen Kosten gieng er nach Weissenfels, und übernahm von der Fürstlichen Regierung bis zum Jahre 1668. Proceßsachen. In diesem kehrte er nach Frankfurt zurück, damit er sich den juristischen Doktortitel ertheilen lassen möchte, welchen er auch im Oktobermonate erhielt. Darauf aber fuhr er zu Halle mit denjenigen Beschäftigungen fort, die er zu Weissenfels angefangen hatte, und war zugleich Consulent der verwittweten Gräfin von Mansfeld, Barbaren Magdalenen, welcher er in ihren verworrensten Rechtshändeln eilf Jahre die wichtigsten Dienste leistete. Vom Herzoge und Administrator des Erzstifts Magdeburg, August, ward Wildvogel auch 1676. zum Niedersächsischen Craysseketair ernennt, welche Stelle er jedoch bald mit der Würde eines Hof- und Regierungsraths zu Weimar verwechselte. Er begab sich 1678. dahin, und ein Jahr darauf kam die Bedienung eines Oberconsistorialraths darzu. Je weniger der Hof seine Geschicklichkeit verkannte, desto mehr brauchte man ihn, so gar in auswärtigen Angelegenheiten. Daher mußte er z. E. 1680. dem Obersächsischen Münzprobationstage zu Frankfurt an der Oder; 1681 und 1683. dem Craystage zu Leipzig; und sonst den verschiedenen Zusammenkünften benachbarter Fürsten beywohnen.

Im Jahre 1685. änderten sich seine bisherige Umstände, da ihn die Aebtißin zu Quedlinburg, Anne Dorothee, als Canzler und Consistorialpräsidenten berief, wel-

welche beschwerliche Aemter, die ihm manchen Neid und Haß zuzogen, er aber 1687. niederlegte, und sich auf ein Landgut seines zweeten Schwiegervaters bey Weimar begab, in der Absicht, ein stilles Privatleben mit allerley Studien zu führen. Dieses Landgut heißt Ehringsdorf, und er pflegte es gemeiniglich sein Tusculanum zu nennen. Von allen öffentlichen Geschäften konnte er indessen hier so wenig frey bleiben, daß er vielmehr, auf Befehl des Weimarischen Hofes, an die deutschen Prinzen zu Maynz, Pfalz und Hessencassel reisen mußte, wo er immer seine Geschäfte glücklich ausrichtete, und mit dem Beyfalle der Fürsten beehret wurde.

Weil er aber keine Neigung verspürte, an einem Hofe sein Glück zu erhöhen: so war es ihm sehr gelegen, als er 1690. zu Jena den Platz des öffentlichen Rechtslehrers, Heinr. Balthasar Roths *) ersetzen sollte. Er folgte also dem an ihn ergangenen Rufe, und übernahm auch die mit diesem Professorate verbundene Arbeit im Hofgerichte und Schöppenstuhle. Der Herzog, Johann Wilhelm, zu Sachsen-Eisenach hielt viel von ihm. Ein öffentlicher Beweis seiner gnädigsten Gesinnungen war der Charakter eines Vicekanzlers, welchen er Wildvogeln 1697. beylegte, und am ersten Tage des Jahrs 1699. machte er ihn zum geheimen Rathe. Der Aufenthalt zu Jena gefiel ihm nun dergestalt, daß er alle ansehnliche Bedienungen ausschlug, wozu ihm verschiedene Gelegenheiten an deutschen Höfen beförderlich seyn wollten, und er starb daselbst, als Senior

---

*) Richard de vitis scriptisque Professor. Ienensium, das akademische Leichenprogramm auf Wildvogeln, und der von Dreyhaupt verwechseln mit diesem Joh. Christoph Salcknern, der aber schon im Jahre 1681. todt war.

nior der ganzen Universität, und zweeter Rechtslehrer, 1728. am 4. December im fünf und achtzigsten Lebensjahre. Seine häuslichen Umstände erforderten eine vierfache Ehe. Zuerst verband er sich 1669. mit Sophien Catharinen, der Tochter des Herzoglich Magdeburgischen geheimen Raths und Canzlers, Johann Krulle; hernach 1681. mit des Weimarischen geheimen Raths und Canzlers, Volkmar Happs, Tochter, Erdmuth Julianen; ferner mit Christianen Sophien, seines vormaligen Lehrers, Joh. Ernst Noricus, Tochter, welche ein Leipziger Kaufmann, Theodor Oercel, als Wittwe hinterlassen hatte; endlich aber mit Annen Reginen, einer Reichsfreyin von Buttlar. Unter vielen in diesen Ehen gezeugten Kindern sind nur erwachsen, aus der ersten eine Tochter, Juliane Rosine, welche an den Gräflich Schönburgischen Canzley- und Consistorialdirektor zu Glaucha, Joh. Ernst von der Lage, verheyrathet wurde. (Dreyhaupt hingegen giebt ihr den Fürstlich-Eisenachischen Cammerrath, Joh. Georg Hochhausen, zum Ehemanne.) Von der zwoten Heyrath rührten ein paar Söhne, her, Wilh. August, Gräflich Schönburgischen Hof- auch Justizrath, und Christian Carl, Rentmeister beym Rhein- und Raugrafen zu Pfalz. Er endigte aber schon 1719. in Hamburg sein Leben. Eben so viel Söhne hat er auch in der dritten Ehe erzogen, nämlich Joh. Friedrichen, Doktorn der Rechte, und Landsyndikus zu Jena, welcher 1727. die Zeitlichkeit verließ, und Philipp Ludewigen, damals, bey des Vaters Tode, einen Candidaten der Rechtswissenschaft.

Wildvogel war so wohl in guten als bösen Tagen gelassen und standhaft; gegen andere seines Gleichen bescheiden und verträglich; leutselig, wenn er mit Niedrigen zu thun hatte; billig in jeder Sache; einnehmend

im

im Reden; klug aber und rechtschaffen in den ihm obliegenden Verrichtungen. Seine Gelehrsamkeit gieng größtentheils aufs Praktische, und erstreckte sich über alle Hauptdisciplinen der juristischen Fakultät. Seine vielen Schriften lassen daran im geringsten nicht zweifeln. Sie bestehen zwar, die einzige Sammlung der Rechtssprüche davon abgesondert, aus lauter Programmen und Disputationen, welche oft von ungleichem Gepräge sind; doch haben die meisten derselben einen dauerhaften Beyfall erhalten, und werden noch immer zu gewissen Lehren des geistlichen, des bürgerlichen und des Staatsrecht vorzüglich gebraucht. Ein Verzeichnis dieser Schriften ließ der Verfasser selbst im Jahre 1727. also nicht lange vor seinem Tode, auf einem Quartbogen drucken. Es ist aber, wie es insgemein solchen Blättern zu ergehen pflegt, nur selten zu finden, und ich weis mich nicht zu entsinnen, es jemals gesehen zu haben. Daher bin ich genöthiget worden, dergleichen, ohne diese Beyhülfe, zu verfertigen. Es mag nun dem hier vor Augen liegenden Aufsatze folgen

1) de effatis agonizantium, Frf. ad Viadrum 1666. unter Sam. Stryks Vorsitze, 9 Bogen, auch einen Bogen stärker zu Halle 1753. Im Bande I. der Strykischen Dissertationen nimmt sie die fünfte Stelle ein.

2) de his, quae raro fiunt, ibid. 1668. auf 6 Bogen. Sie war seine gradual Schrift, bey deren Vertheidigung er Joh. Brunnemannen zum Präses hatte. Der Tadel, daß er darinn, wie in vielen andern Abhandlungen, zu sehr ausschweife, und das Ueberflüßige nicht vermieden habe, ist, meiner Einsicht nach, gerecht.

3) Theses juridicae de solennibus, ibid. 1668. 2 Bogen.

4) Sacer

4) Sacer Christianorum character de venerabili signo crucis, Ienae 1690. Damit erwarb er sich Sitz und Stimme in der Juristenfakultät. Eben allda ward diese beliebte Dissertation 1697. auf 19 Quartbogen, und ferner 1733. wieder abgedruckt.

5) de eo, quod iustum est circa nouum annum, Ienae 1691.

6) de eo, quod iustum est circa tempus quadragesimale, vom Rechte der Fasten, 1691.

7) de eo, quod iustum est circa festum Paschatos, Ien. 1691. und wieder 1737. In den Leipziger gründlichen Auszügen aus jurist. und historischen Disputationen 1738. in 4. Band II. S. 94—102. wird der vornehmste Inhalt erzählt.

8) de eo, quod iustum est circa festum Pentecostes, 1691.

9) de eo, quod iustum est circa dies caniculares, 1691. auf 5½ Bogen.

10) de iure retentionis, vxori, vel viduae, competente, 1691.

11) de eo, quod iustum est circa arbores, 1691. auf 4 Bogen, und von neuem allda 1737.

12) de iure florum, 1691. 5½ Bogen. Doch giebt sich Joh. Ge. Döhler auf dem Titel für den Verfasser aus. Er mag auch wohl Einiges darzu beygetragen haben.

13) de prohibita magistratuum cum subditis conuentione, 1692. 4 Bogen stark.

14) de Decanis, 1692. 8 Bogen. Eine abermalige Ausgabe unterm Jahre 1719. ist auch vorhanden.

15) de eo, quod pendet, seu quod est in suspenso, 1692. 7 Bogen, und eben allda 1744. 6 Bogen stark.

16) de

16) de fauore rei in criminalibus, 1692.
17) de eo, quod iustum est circa Angelos, 1692.
18) de eo, quod iustum est circa festum natiuitatis Christi, 1692. Er ließ diese Dissertation, und die obigen Nummern 5. 6. 7. 8. 9. 17. zu Jena 1700. mit dem allgemeinen Titel zusammen drucken: Chronoscopia legalis, siue de iure festorum, et praecipuorum anni temporum, Commentatio, ex vario iure, historia et antiquitatibus concinnata. Eben allda kam unter dem Jahre 1714. ein neues Exemplar, 2 Alph. 5 Bogen stark, heraus; es scheint aber der vorige Abdruck zu seyn. Der Buchhändler, welcher den Verlag übernommen hatte, spielte schon 1706. einen kleinen Betrug, indem er Adrian Beiers Traktat de Manufacturis wieder hervor suchte, und nicht allein Potts Praecognita iuris vniuersi, sondern auch dieses Wildvogelische Buch mit der Aufschrift: Commentatio de nonnullorum festorum origine, anhängte, jedoch beyder Verfasser Namen verschwieg, und die besondern Titel wegwarf.
19) de decremento, von Abnahme und Verringerung, 1693. 5 Bogen.
20) de eo, quod iustum est circa bona omnia, 1694. auf 11¼ Bogen.
21) de tutore minore, qui veniam aetatis impetrauit, 1694.
22) de iure collectarum, 1694. 9 Bogen, auch wieder zu Jena 1750.
23) de iure salutationis, 1695. auf 7 Bogen. Ein neuer Abdruck erschien 1741. zu Wittenberg.
24) de relatione iuramenti, ad forum Saxonicum potissimum accommodata, 1696. auf 6 Bogen.
25) Ianus Patulcus et Clusinus, siue de iure portarum, 1697. Eine Dissertation von 21 Bogen, worinn

worinn viel merkwürdige, aber auch manche, zur Sache gar nicht gehörige, Nachrichten stehen.

26) de eo, quod iustum est circa tempestates, 1697. auf 8 Bogen.

27) de iure vexillorum, 1697. 6¼ Bogen.

28) Electa iuris tam ciuilis, quam canonici et Saxonici. Decades II. cum Mantissa, in quibus varii ac rarioris argumenti res, dictiones et verba, ex omni iure depromta, expenduntur et pertractantur, Ienae 1698. in 4. mit der Zuschrift und einem Register 21 Bogen. Lauter vorher einzeln herausgegebene Programmen, deren Ueberschriften im ersten Zehend diese sind: de fortunae iudicio, ad *L. 13. D. de statu hominum;* de aenigmatis Legum, ad *L. 12. C. de Legibus;* de apicibus iuris, ad *L. 29. §. 4. D. Mandati;* de scrinio Principis, ad *L. 19. C. de testamentis;* de sacris priuatis, ad *L. 9. §. 1. D. ad L. Iul. peculatus;* de phratria, ad *can. 21. causa II. quaest. 1.* de septima propinquorum manu, ad *cap. 5. et cap. fin. de frig. et maleficis;* de felici Embola, ad *L. 10. C. de ss. Ecclesiis;* de memoria pristinae dignitatis, ad *L. fin. D. de Decurionibus;* de clypeo militari, siue Heerschilde, ad *Libri I. Landrecht, art. 3. et Lehnrecht cap. I.* Das zweyte Zehend enthält eben solche kleine Schriften de voluptatis artifice, ad *L. 7. §. 5. D. de oper. libertorum;* de furtis iudicum, ad *Nov. 8. pr. et cap. 10;* de stallo in choro, ad *cap. 19. 20. 25. de Praebendis;* de puncti solatiis, ad *L. 4. C. de aduoc. diuers. iudiciorum;* de regradatione, ad *L. 2. C. Th. de curs. publ. et L. 3. C. de domest. et protectoribus;* de philanthropia, ad *L. 2. D. de proxenetis;* de stellatura, ad *L. 12. C. de erog. milit. annonae;* de vacantibus, ad *L. 2. C. vt dignit.*

ordo

XII. Christian Wildvogel.

ordo seruetur; de criminibus pernoctatis, ad Weichbild *art. 114.* et Landrecht *lib. I. art. 70;* de imaginibus maiorum, ad *L. 22. C. de administr. tutorum.* Die darauf folgende Mantissa begreift noch drey andere Stücke in sich, nämlich de raritate philosophantium, ad *L. 6. §. 3. D. de excusat. tutorum;* de sacerdotio iuris, ad *L. 1. §. 1. D. de iustit. et iure;* de legibus, neminem in paupertate viuere permittentibus, ad *Nouell. I. in fine.* Ich habe des Verfassers übrige Programmen, vom Jahre 1699. an, so viel, als möglich gewesen ist, nach einer langen Reihe von Jahren aufgetrieben, und zu meinem Exemplare der Electorum iuris binden lassen. Da sie, ihrer bisherigen Seltenheit, und besondern Materien wegen, welche seine Feder beschäftiget haben, mit jenen zusammen eine neue Ausgabe verdienen: so wäre ich nicht ungeneigt, die Hand darzu zu biethen, wenn sich ein Verleger melden sollte. Es würde ein guter Oktavband hinreichend seyn, Alles davon zu liefern. Die Titel dieser nachgefolgten kurzen Abhandlungen will ich nun auch in chronologischer Ordnung anführen. De charactere indelebili, ad *cap. 16. de temp. ordin.* 1699; de dominio rerum paternarum, ad *§. 2. I. de haered. qual. et differ.* 1699; de cantibus angelicis, ad *Can. 55. de Consecr. dist. 1.* 1699; de acclamationibus; ad *L. 3. C. de offic. rect. prouinc.* 1700; de secreto iudicis, ad *L. 14. C. de testibus,* 1701; de iudicio perlusorio, ad *L. 14. pr. D. de appellat.* 1701; de Sycophantis, ad *L. 16. C. ex quib. causs. infamia irrog.* 1702; de signo manus regiae, von des Königs Handzeichen, ad Landrecht *lib. I. artic. 26.* 1702; de tessera frumentaria, ad

Jugl. Beytr. 6. B. 18 St.   M   *L. 52.*

L. 52. §. 1. D. de iudic. 1704; de latere Principis, ad *L. 30. pr. D. de excuſ. tut.* 1706. eben allda 1755. auf 2 Bogen von neuem gedruckt; de aequa lance, ad *L. 20. D. de re iudic.* 1707; de ſecreto patrimonii, ad *L. 2. C. de alim. pup. praeſt.* 1709; de ſeueritate ſaeculi priſtini, ad *L. 3. §. fin. D. de ſupell. leg.* 1709; de aeternitate Principum, ad *Nouell.* 9. 1709; de ſecta temporum, ad *§. fin. I. de legat.* 1709; de ſtultitia emtoris, ad *L. 3. pr. ad L. Falcid.* 1709; de diſtributionibus quotidianis, ad *cap. 32. de praebend.* 1711; de entheca Clericorum, ad *can. 10. cauſſa 12. qu. 1.* 1711; de praeparca Principis ſubtilitate, ad *L. 6. pr. C. de aduoc. diuerſ. indic.* 1711; de velo leuato, ad *L. 5. C. de naufrag.* 1711; de re, per meliorationem deteriore reddita, ad *L. fin. D. de vſu et habit.* 1713; de facto illicito praemium merente, ad *L. 1. D. de bis, quae vt indign. auſer.* 1714; de bono facto, poenam merente, ad *§. fin. I. de Lege Aquil.* 1714. welche beyde zuſammen gehörende Stück zu Jena 1754. auf 3 Quartbogen wieder ans Licht traten; de datione rei, quam dans ipſe non habet, ad *L. 68. D. de vſufructu,* 1716; de re deſinente, quae nondum coepit, ad *L. §. 1. vſufr. quemadm. caveat,* 1716; de iuſto lucro reſtituendo, ad *L. 1. C. de petit. haered.* 1718; de ſuperuacuis obſeruationibus, ad *L. 4. §. 6. de recept. arbitr.* 1718; de vſu imaginario, ad *L. 15. C. de teſtam.* 1718; de reſponſione ſine interrogatione, ad *L. 9. pr. D. de interrog. in iure fac.* 1719; de ſcripturis terribilibus, ad *L. 14. §. 4. C. de iudic.* 1719; dieſes und das vorherſtehende Programm, nebſt den zwey oben angeführten de datione rei, und de re deſi-

XII. Christian Wildvogel.

definente caet. ward zu Jena 1750, 3¼ Bogen in 4. stark, abermal abgedruckt. de ferali peste, ad *L. 6. C. de malef. et mathem.* 1719; de oculis praedio impositis, ad *L. 1. C. de praescript. 30. vel 40. annor.* 1721; de scena ridiculorum, ad *Nouell. 105. cap. 1.* 1721; de volatu Clericorum, ad *cap. 6. X. de postul.* 1721; de simplariis venditionibus, ad *L. 48. §. fin. de aedilitio Edicto,* 1721; de Legibus imperfectis, ad *tit. 1. §. 1. Vlpiani Codicis,* 1723. und wieder allda 1744. mit Joh. Christian Schröters Dissert. de probat. per testes et praesumtiones; de Legibus inexorabilibus, ad *L. fin. C. de Tabellar.* 1723; de reuerentia vetustatis, ad *L. vn. C. de Nili agger.* 1724; de petitione inciuili, ad *L. 12. C. de re vindic.* 1724; de infinito iuridico, 1725. welches Stück von ihm angeführt wird, und vermuthlich auch zu diesen kleinen Schriften gehört; de genio Principis, ad *L. 13. §. fin. de iure iur.* 1726; de more maiorum, ad *L. pen. §. fin. D. de iust. et iure,* 1728. Dieses Programm ist, so viel als ich weis, das letzte, welches er bey Doktorpromotionen geschrieben hat.

29) Diss. de iure pretiosorum, 1698. 12 Bogen stark.

30) de casibus non dabilibus, 1698. 4 Bogen.

31) de actore inuito, 1699. 7 Bogen.

32) de consortibus litis, 1699. auf 5 Bogen.

33) de petitionibus bonorum, fisco delatorum; von Ausbittung heimgefallener Güter, occas. libri 10. tit. 12. C. 1699. 3¼ Bogen.

34) de eo, quod iustum est circa aedes exustas; vom Rechte der Brandstädte, 1699. 5¼ Bogen.

35) de documentorum recognitione, 1699. 7 Bogen. Sie ist über den Titel 25 der alten chursächs. Proceßordnung geschrieben worden.

36) de iure manus dextrae, 1700. 7¼ Bogen.

37) *Christiani Gueinzii* Pharos ad Themidis montem; siue de libris iuris vniuersi, eosdemque allegandi ratione, Ienae 1700. in 8. Diese vorher zu Halle auf dem Gymnasio gehaltene Dissertation ließ Wildvogel auf 2¼ Bogen abermals drucken, und zwar mit seinen Zusätzen, die aber unbedeutend sind, und nur für seine Zuhörer gemacht zu seyn scheinen. Unterdessen ist das Werkchen sehr rar.

38) Diss. de termino Saxonico; von Sächsischer Frist, 1700. 4 Bogen.

39) de iure saeculi; 1701. eben so stark.

40) de inuestiturae renouatione, et eius non petitae poena, 1700. auf 6 Bogen.

41) de testamento holographo reciproco, 1702. Sie ward eben allda 1755. wieder ans Licht gestellt, welches Exemplar 7¼ Bogen ausfüllt.

42) de officio Actuarii, 1702. auf 7¼ Bogen.

43) de eo, quod iustum est circa deprecationem ecclesiasticam, 1702. 5 Bogen.

44) de iure gemellorum, 1703. 5 Bogen, und wieder 1741.

45) de ictu fustium, 1703. 8½ Bogen.

XII. Christian Wildvogel.

46) de iure thalami, 1703. auch 1717. auf 7 Bogen, und 1722.

47) de caussa propria, 1704. 9 Bogen stark. Das Wichtigste daraus wird in den Nouis litter. Germaniae 1704. S. 271. kurz angezeiget.

48) de priuilegiis Clericorum in processualibus secundum normam Legum Romanarum ac vsum hodiernum, 1704. auf 4 Bogen. Man sehe eben dieses Jahr des gedachten Journals, S. 350.

49) de fide, hosti a priuato data, seruanda, 1705.

50) de tribus sententiis conformibus, 1705.

51) de transactione, ob enormem laesionem non rescindenda, 1705. 3 Bogen.

52) Theses controuersae, 1705.

53) de increpatione paterna, 1706. auf 6 Bogen.

54) de vnione Electorali, von der Churfürsten Verein, 1707. 20 Bogen. Noua litter. Germ. dieses Jahrs S. 430. Mein Exemplar, welches ein Nachdruck zu seyn scheint, hat 6 Bogen weniger. Im Jahre 1745. ließ sie der Herr Joh. Andr. Hoffmann zu Jena in einer Sammlung de vnionibus Electorum in 4. wieder auflegen, und 1752. folgte schon die zwote, ansehnlich vermehrte Ausgabe. Man sehe die Allerneuste Nachr. von jurist. Büch. Band V. S. 445. und ferner den Band IX. S. 424—429. damals konnte Dahms zu Maynz 1754. gehaltene Dissert. de vnione Electorali nicht hinzukommen. Wildvogel ist der erste, welcher davon ausführlich und besonders gehandelt hat.

55) de conductore mercatorio, der Kaufleute Geleit, 1707. 6 Bogen. Noua litt. Germ. im Jahre 1708. S. 386.

56) de iure embateutico, seu facultate, bona debitoris propria auctoritate occupandi, 1707. auf 5¼ Bogen. Er giebt vom Titel seiner Disputation folgende Erklärung: ius embateuticum est ius, a creditore in bonis debitoris sibi pignoratis, praecedente pacto acquisitum, propria auctoritate, si pecunia tempore conuento non soluatur, illa ingrediendi.

57) de pecunia succumbentiae, 1708. 6¼ Bogen.

58) de superioritate territoriali Ciuitatum Imperii, 1709. auf 9 Bogen.

59) de termino circumducto, 1709. 4¼ Bogen.

60) de feudo Scultetico, 1709. 4¼ Bogen stark, auch in Jenichens Thesauro iur. feud. Band III. S. 193—213.

61) de relaxatione iuramentorum, 1709

62) de eo, quod iustum est, sed non decorum, 1710.

63) de commodato filii, 1710. 5 Bogen stark.

64) de arbitrio iudicis circa torturam, 1710. auf 7 Bogen. Eine mit vieler Klugheit und Gelehrsamkeit verfertigte Dissertation.

65) de fideicommissis familiarum nobilium conuentionalibus, 1710.

66) de negligentia ministri, Principem non obligante, 1711. 7 Bogen. Ein Auszug in der gelehrten Fama, Band I. S. 185—188.

67) de

67) de non praescriptibilibus, 1711, 5¼ Bogen.
68) de Buccinatoribus, eorumque iure, 1711. 6¼ Bogen, auch wieder zu Halle 1753. Es ist zugleich dasjenige darüber nachzulesen, was in den Schriften der prüfenden Gesellschaft zu Halle, Band I. S. 409—446. und Band II. S. 312—339. stehet.
69) de filiis Electorum, 1711. auf 5 Bogen.
70) de statibus prouincialibus, 1711. 7 Bogen.
71) de singulari caussa exheredandi liberos in Ducatu Magdeburgico, 1711. 5 Bogen.
72) de praecipuis iuris Marchici differentiis a Saxonico, 1712. 4. Bogen. gel. Fama, Band II. S. 337—339.
73) de exercitio iuris circa sacra Ciuitatum imperialium liberarum Protestantium, 1713. 7¼ Bogen. Eine Recension liefert die gelehrte Fama, Band III. S. 341—343.
74) de superuita, vulgo Eingeschneitel, 1713. 5 Bogen. Auch hier berufe ich mich auf die S. 436—439. des eben gedachten Bandes.
75) de iure stabulorum, 1713. 8 Bogen. Da sie selten wird: so kann der vornehmste Inhalt aus demselben Bande der gelehrten Fama, S. 194—196. ersehen werden.
76) de furtis impropriis, 1714. auf 7 Bogen. Man sehe davon die gel. Fama, Band IV. S. 449—451.
77) de eo, quod iustum est circa periculum imminens, 1751. 7¼ Bogen. gelehrte Fama, Band V. S. 128.

78) Conſilia et Reſponſa, Ienae 1717. in F. 9 Alph. 4 Bogen. Dieſes Werk enthält dreyhundert rechtliche Urtheile, die er im Namen der dortigen Juriſtenfakultät, zum Theil auch in ſeinem eigenen, abgefaßt hatte. Sie erſtrecken ſich über alle Fächer der Rechtswiſſenſchaft, ſind aber nicht genug von Druckfehlern gereinigt. Eine zuweilen critiſche, doch gar beſcheidene Recenſion habe ich in der Hälliſchen vermiſchten Bibliothek, Band I. S. 84—99. geleſen, und es wird zugleich erinnert, daß verſchiedene Stücke, oder wenigſtens Auszüge derſelben, bereits vorher in die Lynkeriſchen Deciſionen aufgenommen worden ſind. Uebrigens verſichern die Verfaſſer dieſes Journals nicht ohne Grund, es wären viel wichtige und nützliche Materien darinn ausgeführt, und an der Deutlichkeit des Vortrags werde Niemand leicht etwas zu tadeln finden.

79) Diſſ. de modo inuerſo, in proceſſu ciuili et criminali vitando, 1717. 6 Bogen.

80) de exceptionibus, rei iudicatae exſecutionem impedientibus, 1718. 6 Bogen.

81) de eo, quod iuſtum eſt circa Lottariis, 1718. 5¼ Bogen.

82) de iuramentis Iudaeorum, 1720. 5 Bogen. Eine Recenſion ſtehet in Strubbergs Diario Salano, Trimeſtri I. S. 77—80.

83) de differentia conſenſus ſponſalitii et matrimonialis, 1720. Den Inhalt lieſet man eben daſelbſt, S. 81—84.

84) de ſeruitiis feudalibus, ex allodio praeſtandis, 1723. 7 Bogen.

85) de

85) de iure fructuum, a bonae fidei poſſeſſore perceptorum, 1724. 8 Bogen.

86) de iufinito iuridico, 1725. Genaue Nachricht von dieſer Schrift habe ich nicht einziehen können. Sie ſcheint mir nichts anderes, als ein Programm zu ſeyn. Ich habe ſchon oben am Ende der Num. 28) derſelben erwähnt.

87) de Legum quarundam Iuſtinianearum non vſu in Germaniae foris, ex earundem rationibus nec quidquam probando, 1726. auf 6 Bogen. Einen kurzen Auszug daraus liefern die Jenaiſchen monatlichen Nachrichten von gelehrten Leuten und Schriften in dieſem Jahre, S. 886.

88) de eo, quod iuſtum eſt circa ſublocationem, 1727. auf 4 Bogen.

89) de abolitionibus, et iure tertii circa eas, 1727. Der Candidat, Polycarp Chriſtian Meckbach, ſcheint viel daran gearbeitet zu haben. In Zangers, und Anderer, Traktaten de Exceptionibus, welche 1733. in 4. wieder aufgelegt wurden, iſt dieſe Diſſertation S. 581—620. auch zu finden.

90) de rebus altioris indaginis, 1728. und abermal zu Jena 1757. auf 5 Bogen.

91) de controuerſa iurisdictione eccleſiaſtica Principum imperii in diuerſae religionis ſubditos, 1728. 10 Bogen, und im angeführten Zangeriſchen Werke, S. 372—447.

Ich habe nun das Verzeichnis derjenigen akademiſchen Schriften zum Ende gebracht, welche Wildvogeln zugeeignet werden. Vielleicht ſind aber dennoch einige darunter, woran die Reſpondenten einen ziemlichen Antheil gehabt haben. Von den nachfolgenden glaube ich, daß es mit Gewißheit gesagt werden könne. Indessen ist er ohne Zweifel darauf bedacht gewesen, diesen fremden Arbeiten, die entweder aus der Feder der Respondenten, oder eines Andern, entstanden sind, durch Verbesserungen und Zusätze mehr Vollkommenheit zu verschaffen. Die Namen der Respondenten sollen dabey nicht wegbleiben.

a) de foenore et foeneratoribus, 1691. 10 Bogen. David Simon.

b) de tutela datiua, 1691. 3 Bogen. Gottlieb Kühn.

c) de iure embryonum, 1693. auf $15\frac{1}{2}$ Bogen. Joh. Ernst von der Lage, welcher sie im folgenden Jahre mit einem neuen Titel, unter seinem Namen allein, versah.

d) de protectionis censu, 1693. 5 Bogen. Joh. Christian Schramm.

e) de testium inhabilium saluatione, 1694. $6\frac{1}{2}$ Bogen. Christian Wilh. Schmidt.

f) Bonum publicum, an et quo modo Princeps bonus bonis priuatorum praeferre debeat? 1695. $15\frac{1}{2}$ Bogen. Joh. Dan. Gihnlein.

g) de imputatione culpae propriae, 1695. 11 Bogen. Just Henning Böhmer.

h) Theses controuersae tam ex ipsis elementis Iustinianeis deductae, quam occasione materiarum, in iis occurrentium, superadditae, 1695. 1 Bogen. Auch eine Böhmerische Arbeit, worüber der Verfasser, unter Wildvogels Vorsitze, vom Julius an dreymal disputirte.

i) de

XII. Christian Wildvogel.

i) de Salgamo, vom Servies der Soldaten, 1696. 4 Bogen. Joh. Christian Schramms Grabualschrift.

k) de Parasynaxibus, seu conuenticulis, extra Ecclesiam illicitis, 1697. David Simons Doktordisputation, 6 Bogen stark.

l) de quotidiano, 1699. 7 Bogen. Erich Barthold Gummert.

m) de translatione fideicommissi, 1699. 5 Bogen, auch zu Jena 1737. Joh. Julius Diest.

n) de processu concursus creditorum, in foro Saxonico rite formando, 1699. 2 Bogen. Christ. Wilh. Schmidt.

o) de iure posthumorum, 1700. Eine 7 Bogen starke Jnaugural-Disputation August Bosens, der sonst unter dem Namen Talander bekannt ist. Wie sehr sie Julius Bernh. von Rohr in seiner Iurisprudentia priuata Rom. Germanica, Sektion II. Cap. 2. ausgeschrieben habe, das beweiset einer der Recensenten in der Hällischen vermischten Bibliothek, Band I. S. 728. augenscheinlich.

p) de vltima voluntate testatoris non seruanda, 1700. 4 Bogen. Otto Friedr. Lange.

q) Dodecas legalis de Iudaeorum receptione ac tolerantia, vom Judenschutz, 1700. 6 Bogen. Joh. Carl Lochner.

r) de testibus non rogatis, 1700. auf 2 Bogen. Joh. Philipp Treiber.

s) de iure retorsionis inter Status imperii, 1700. 8 Bogen. Joh. Jacob Müller.

t) de

t) de eo, quod iustum est circa conciones funebres, 1701. 11 Bogen. **Werner Jul. Günther Hantelmann**, nach eigenem Zeugnisse des Präses in dem angehängten Glückwunsche.

u) de esculentis et potulentis, 1701. 6 Bogen. **Joh. Andr. Jacobi.** Unter manchen guten Nachrichten auch zuweilen sehr läppische.

x) de inutilibus sponsaliorum diuisionibus, 1702. 4 Bogen. **Joh. Wilh. Ditmar.**

y) de fortuna lurgiorum, siue processuum, 1702. 7 Bogen. **Joh. Ge. Döhlers** Doktordisputation.

z) de aequitate flebilis beneficii cessionis bonorum, 1703. 5 Bogen. Der Candidat, **Joh. Christoph Schreiber**, hat die Nürnbergischen Statuten zum besondern Gegenstande.

aa) de balneis ac balneatoribus, 1703. 1 Alph. 7 Bogen, auch daselbst 1754. Die Gradualschrift **Friedr. Gottlieb Struve.**

bb) de iure praeferentiae in locatione, vom Vorpacht, 1703. 6 Bogen. **Joh. Zachar. Reinmann**, wie es Wildvogel selbst versichert.

cc) de iudiciis Silesiae inappellabilibus, 1704. auf 7 Bogen, **Augustin Schmid.** Sie ist 1735. zu Leipzig und im folgenden Jahre in den Deliciis iuris Silesiaci Nummer 4 wieder abgedruckt worden. In den Nouis litter. Germaniae 1705. S. 306—310. ist eine gute Recension.

dd) de oblationibus, quae fiunt in Ecclesia per sacculum sonantem, vom Klingelbeutel, 1704. auf 12 Bogen. **Joh. Ge. Lairitz**, den Wildvogel selbst im angefügten Glückwunschschreiben zum

Ver-

Verfasser macht. Das angezeigte Jahr der Novor. litter. Germ. S. 311—313. enthält einen Auszug daraus.

ee) de iure Principis eminenti circa Poſtas, 1705. 4 Bogen. Dieſe Abhandlung, welche auch in Leonhardi Scriptoribus iur. Poſtar. Num. 12) S. 19—25. ſtehet, eignet ſich der Reſpondent, Joh. David Roſenberg, zu. Der Herr Etatsrath von Moſer hält ſie in der Biblioth. iur. publ. Th. III. S. 835. für eine praktiſche und gute Arbeit, entdeckt aber zugleich freymüthig, was ihm darinn nicht gefalle.

ff) de appellationibus in cauſſis non appellabilibus, 1707. 5¼ Bogen, und wieder zu Jena 1755. Joh. Ge. Haſelhuhn.

gg) de ſcamno Comitiorum transuerſo; von der Querbank, 1707. 6 Bogen. Joh. Chriſtoph Purkhauer. Der Inhalt ſtehet in den Nov. litter. Germ. 1708. S. 25—27.

hh) Conuentus monetales S. R. I. trium ſuperiorum correſpondentium Circulorum, Franconiae, Bavariae, Sueuiae, (Münzprobationstäge der drey correſpondirenden Crayſe,) ex Edicto monetali Ferdinandeo, aliisque publicis Receſſibus et Concluſis monetalibus, nec non Mstis authenticis, fideqne dignis, deſcripti, 1707. Eine 9 Bogen ſtarke Gradualſchrift Joh. Scheidlins, welcher ſie zu Augſp. 1719. weit vermehrter, in Geſtalt eines Traktats, auf 20¼ Quartbogen ans Licht ſtellte. Sie erſchien 1723. von neuem. Eine weitläuftige Nachricht von der erſten Ausgabe kann in den Nov. litt. Germ. dieſes Jahres, S. 433 —436. geleſen werden.

ii) de

ii) de emtore inuito, 1707. 6½ Bogen. **Chriſt. Ludw. Werner.** Eben daſelbſt im Jahre 1708. S. 230. findet man die Hauptſätze.

kk) de fallacia ſpei, 1708. 4 Bogen **Joh. Jacob Suppe.**

ll) de Ducatu Franconiae, 1709. 5 Bogen. **Caſp. Achat. Becks** Doktordiſputation.

mm) de iuramento, actus puberum confirmante, 1709. 4 Bogen. **Friedr. Heinr. Graff.**

nn) de legibus conuiuiorum, ad mentem potiſſimum Legum Saxonicarum 1709. 6 Bogen, auch zu Wittenb. 1738. **Gottfr. Leonh. Baydis.**

oo) de perſequutione delinquentium, von der Nacheile, 1709. auf 8 Bogen. **Andr. Simſon Biechling.**

pp) de partu legitimo, 1710. 4 Bogen. **Joh. Heinr. Urſinus.**

qq) de capitulatione perpetua, 1710. 14 Bogen; eben allda 1742. und öfter wieder gedruckt. Sie iſt das Eigenthum des unſterblichen Staatsminiſters, **Gerlach Adolphs von Münchhauſen,** und man würde es ſchon glauben, wenn auch Wildvogels Zeugnis nicht dabey wäre.

rr) de diuiſione parentum inter liberos, 1710. auf 6 Bogen. **Joh. Wilh. Dietmar** hat ſie für **Joh. Friedr. Kromayern,** den Reſpondenten verfertiget.

ss) de voto informatiuo, 1710. auf 5 Bogen.

tt) de teſtamento Legati, 1711. 6 Bogen. **Joh. Swinz.** S. 39. wird dasjenige widerlegt, was im neu eröfneten Welt- und Staatsſpiegel, Th. VII.

XII. Christian Wildvogel.

VII. S. 645. gesagt wird, daß nämlich die Strasburger 1681. ihre Stadt vorsetzlich unter Französische Herrschaft gebracht hätten.

uu) de eo, quod iustum est circa Orationem dominicam, 1712. 6 Bogen. **Joh. Gottlieb Olearius.**

xx) de Deo commissis, 1712. auf 12 Bogen. **Ulr. Marbach.** Der vornehmste Inhalt in der Gelehrten Fama, Band II. S. 588.

yy) de appellatione per saltum, 1712. 6 Bogen. **Joh. Wilh. Dietmar** für den Respondenten, **Joh. Reinhold Mack.** Man sehe davon die Gel. Fama, eben daselbst S. 585.

zz) de praeda militari, 1713. 5 Bogen. **Christian Aug. Büttner.**

α) de citatione, ad processum non necessaria, 1713. 5¼ Bogen. **Joh. Christian Meckelburg.**

β) de vsu iuris naturalis in actionibus Principum conspicuo, 1714. 12 Bogen. **Herm. Carl. Ludw. von Nauendorff,** oder ein Anderer in dessen Namen. Die Gel. Fama Band III. S. 787—795. zeigt den Inhalt dieser wohlgeschriebenen Dissertation an.

γ) de tumultibus, 1714. 6 Bogen. **Joh. Christian Schmidt.** Nachricht davon in der Gel. Fama, Band IV. S. 259—261.

δ) de desertoribus et transfugis, 1714. auf 4 Bogen. **Peter Duvernoy.** Gel. Fama, S. 589—592. desselben Bandes.

ε) de condictione furtiua, eiusque indole et vsu hodierno, 1714. 5 Bogen. **Nicol. Wilh. Dressels**

ſels Doktordiſputation Gel. Fama, eben daſelbſt S. 447—449.

ζ) de competentia Conſiſtoriorum euangelicorum, in primis inferiorum, in prouinciis Electoratus Saxoniae, 1714. 3½ Bogen. Aug. Beyer. Auch hier erzählt die Gel. Fama, im angeführten Bande, S. 592—594. den Inhalt.

η) de clauſula, formulae citationis inferi ſolita, iuſto tempore matutino, 1715. 4 Bogen. Joh. Gottlieb Wenzels Arbeit.

θ) Statutorum Budiſſinenſium collatio cum iure ciuili et Saxonico communi, 1715. auf 13 Bogen. Chriſtian Gottlob Raulfuß. Dieſe Schrift erſchien nicht nur 1720. unter deſſen Namen allein, mit einem neuen Titel, ſondern auch im Bande III. S. 116—153. der Hoffmanniſchen Scriptorum rer. Luſaticarum. Ein Auszug in der Gel. Fama, Band IV. S. 823—830.

ι) de domino, a rei vindicatione excluſo, ſecundum Statuta Hamburgenſia, 1715. Von dieſer 6 Bogen ſtarken Diſſert. Joh. Conr. Firnhabers ſtehet der kurze Inhalt in der Gel. Fama, Band V. S. 126.

κ) de iuribus Altarium, 1716. auf 8 Bogen. Gottlieb Slevogt, deſſen Deutſcher Traktat hernach noch daraus entſtanden iſt. Ich habe davon im Bande II. dieſer biographiſchen Beyträge, S. 407. mehr angeführt.

λ) de clauſula concernente, 1716. 7 Bogen. Joh. Ernſt Sonneſchmid. Er beſchreibt dieſe Clauſul alſo, quod ſit illa inſtrumenti particula, quae

ad

ad eius, qui illud producit, intentionem probandam pertinet.

μ) de positione vltima, 1718. 5 Bogen. Sie war die Gradualschrift Joh. Friedr. Wildvogels, seines Sohnes, welcher, nach vielen allgemeinen Lehrsätzen, erst auf der Seite 25. von der Hauptsache handelt. Am Ende verspricht er zwar eine weitläuftigere und bessere Ausführung; allein diese ist nicht erfolgt.

ν) de reuocatione feudi illorum, qui in eius alienationem valide consenserunt, 1719. auf 16 Bogen, mancherley Rechtssprüche und Glückwünsche mit gerechnet. Carl. Heinr. Heydenreich.

ξ) de sententia condictionali, 1719. 3 Bogen. Nicol. Gericke, oder ein Anderer.

ο) de praecipuis impedimentis, vel obstaculis, iustitiae, 1719. 7 Bogen. Der Candidat, Christoph Dan. Schmidt, ein Goslarischer Sachwalter, welcher darinn den Gerichten seiner Vaterstadt verschiedene Justizfehler vorwarf. Ihm widersetzte sich darauf ein Ungenannter, (er war Christoph Friedr. Plathner, Syndikus daselbst,) in der Idea Iustinianea de lineis administrandae iustitiae; siue animaduersionibus in Dissertationem *Schmidii*, Cosmopoli (Goslariae) 1721. in 4. Die Annales Academiae Iuliae, Semestri III. S. 162. ertheilen davon mehr Nachricht.

π) Tribonianus circa Legem Laetoriam non errans; siue Exercitatio ad §. 2. I. de curator. 1720. 4½ Bogen. Wilh. von Hertoghe. Sie ist 1768. den von D. Wunderlichen zu Hamb. in med. 8.

Jugl. Beytr. 6 B. 18 St.

heraus gegebenen Schriften desselben mit einverleibt worden.

ε) de genuina origine potentatus Principum in imperio S. Rom. Germanico, 1721. 9¼ Bogen. Die Doktordisputation des nachmaligen Holsteinischen Ministers, Ernst Joach. von Westphalen.

σ). Diss. continens varia praeiudicia circa vsucapionem et praescriptionem passim inolita, 1722. 6 Bogen. Carl Erdm. Ririz.

τ) de fontibus iuris Romani, eorumque vsu hodierno, 1723. auf 8 Bogen. Carl Mich. Strassberg.

υ) de recusatione iudicis, eiusque vsu et abusu, 1724. Die 5 Bogen starke Gradualschrift Hieron. Christoph Meckbachs, der sich auch hernach im Jahre 1756. mit seinen gelehrten Anmerkungen über Carls des V. peinliche Halsgerichtsordnung bekannter gemacht hat.

φ) de aetate, et iuribus, circa eam obtinentibus, 1724. auf 6 Bogen. Joh. Gottlieb Brandel.

χ) de concurrentia, diuersae iurisdictioni competente, 1725. Joh. Bernh. Ferbers Abhandlung von 5 Bogen.

Zeumeri Vitae Ictor. Ienensium, p. 241—253. *Richardi* Vitae et scripta Profess. Ienens. p. 31. Programma academicum in memoriam *Wildvogelii*, Ien. 1729. in F. welche nun seltene Schrift ich dem würdigen Herrn Hofr. Walch zu danken habe. Von Dreyhaupt Beschreib. des Saalkrayses, Band II. S. 747.

XIII.

Abraham Wieling.

Von diesem berühmt gewordenen Niederländischen Rechtsgelehrten theile ich hier so viel mit, als es die jetzigen Umstände möglich machen. Das Versprechen meines ehemaligen großen Gönners, Gerhard Meermans, hat sein frühzeitiger Tod nicht erfüllen lassen: und Wielings einziger Sohn, an welchen ich mich im Septbr. des Jahrs 1777. schriftlich wendete, ist meinen Absichten auch nicht beförderlich gewesen. Vielleicht kam der Brief von mir nicht in seine Hände; vielleicht waren gewisse Hindernisse der Bewegungsgrund, darauf nicht zu antworten; vielleicht lebte er gar nicht mehr. Doch schon genug gesagt, um bey meinen Lesern mich zu rechtfertigen, wenn ihnen der gegenwärtige Artikel nicht überall befriedigend seyn sollte.

Wielings Geburt erfolgte im November des Jahrs 1693. zu Hamm, der Hauptstadt in der Westphälischen Grafschaft Mark, wo ihm auch, nach grosser Wahrscheinlichkeit, das berühmte Gymnasium zur Erlernung nöthiger Schulwissenschaften erwünschte Gelegenheit gegeben hat. Vom Stande seiner Aeltern ist mir nichts bekannt. Auf der Universität zu Marburg studirte er erst die Theologie, hernach ungefähr 1710. die Rechtsgelehrsamkeit, besonders unter Joh. Friedr. Hombergks Anleitung; und von dannen wendete bete er sich nach Duisburg, damit er den Vorlesungen Bernh. Heinr. Reinolds und Everhards Otto beywohnen möchte. Dieses muß vor dem Jahre 1714. geschehen seyn, weil jener am Ende desselben bereits zu Frankfurt an der Oder war. Alsdann kehrte er nach Marburg zurück, und es ist gewiß, daß er sich daselbst im Jahre 1719. noch aufgehalten habe. Der Gundlingische Discurs über die Institutionen, S. 738. der Ausgabe von 1739. macht die Muthmaßung, er sey um diese Zeit Hofmeister eines Grafen von Wartenberg gewesen, nicht unwahrscheinlich.

Das Jahr 1721. führte Wielingen in die vereinigten Niederlande. Er kam als Professor ans Gymnasium zu Gouda, und ließ sich nun beym Jubelfeste der Universität zu Rinteln die juristische Doktorwürde abwesend ertheilen.*) Er hatte sich des bekannten großen Gelehrten, Corn. van Bynkershoek, Gewogenheit erworben, durch dessen Vermittelung es ihm 1723. gelung, daß er auf das Amsterdamische Gymnasium als Prorektor berufen ward, wobey er auch die Erlaubnis hatte, seinen Zuhörern die Anfangsgründe des Römischen Rechts, außer der Ordnung, vorzutragen. Im Jahre 1727. verließ Heineccius sein Lehramt auf der hohen Schule zu Franeker, und gieng nach Frankfurt an der Oder. Dessen Stelle verschafte Wielingen das Ansehen und die Empfehlung seines kurz vorher gerühmten Gönners. Die ihm

*) Der Beweis dieser Nachricht stehet in der Historia primi festi saecularis Acad. Rinteliensis, S. 6. Num. 7. Anstatt einer Gradualschrift überreichte er der dortigen Juristenfakultät seine 1719. gedruckte Abhandlung de furto per lancem et licium concepto.

XIII. Abraham Wieling.

ihm bestimmte baare Besoldung bestand aus tausend Caroli Gulden, und noch andern hundert und funfzig, ihn wegen der öffentlichen Abgaben Schadlos zu halten. Er meldet dieses selbst in einem Briefe an den Heineccius, welchen mein alter Freund, der Herr Hofrath Uhl, seiner neuen Briefsammlung (Band I. S. 754.) mit einverleibt hat. Im Anfange des folgenden Jahres begab er sich also dahin. Nächst dem Lehramte aber, das die Erklärung der Römischen Civilgesetze von ihm erforderte, trugen ihm die Curatoren der Universität 1738. noch auf, das Professorat des Staatsrechts zu übernehmen.

Der ungemeine Eifer, welchen er in seinen akademischen Geschäften bewies, und die von ihm ans Licht gestellte Schriften, waren nun Herolde seines Ruhms. Everh. Otto verwechselte 1739. Utrecht mit der freyen Reichsstadt Bremen, wo er die Bedienung eines Syndikus erlangt hatte. Man trug Joh. Wilh. Hoffmannen zu Wittenberg, dessen Name keinem feinern Rechtsgelehrten unbekannt seyn muß, die ledige juristische Profeßion an. Allein da der Churfächsische Hof Bedenken fand, eine solche Zierde aus dem Lande zu lassen: so fiel nun die Wahl auf Wielingen, und es war ein sichtbares Merkmaal der Zufriedenheit, als ihm 1743. seine Obern auch zum öffentlichen Lehrer des deutschen Staatsrechts bestellten, und zweymal die jährliche Besoldung vermehrten.

Nicht lange hernach verwickelte ihn die Disputation eines seiner Schüler in unangenehme Händel mit den dasigen Gottesgelehrten, wovon ich unten, am gehörigen Orte, das Nothwendigste sagen werde. Während

rend solcher verdrüßlichen Auftritte, die er billig nicht hätte veranlassen sollen, that er am Ende 1745. einen unglücklichen Fall, indem er eben von der Catheder wegging. Dieser machte ihn fünf Wochen bettlägerig, und beförderte am 11. Januar des folgenden Jahres, im 53sten des Lebens, seinen Tod. Des gründlichen und angenehmen Vortrages wegen war er unter den Studenten sehr beliebt; in den Hauptsätzen der Religion aber ziemlicher maaßen verdächtig. Er hinterließ einen ansehnlichen Büchervorrath, und Louisen Amalien, eine geborne Willet, als Wittwe, zu deren Aufenthalte er das Landguth Batestein von den Burmannischen Erben gekauft hatte. Ein einziger Sohn aus dieser Ehe, Carl Balthasar Wieling, welcher 1752. Doktor der Rechte wurde, und schon im Anfange dieses Artikels erwähnt worden ist, lebt meines Wissens, noch unter den Mitgliedern des Utrechtischen Magistrats.

Sein Vater war nicht über die Oberfläche der Wissenschaften weggelaufen. Vorzüglich hatte er auf verschiedenen deutschen Universitäten der Rechtsgelehrsamkeit über elf Jahre obgelegen, wie er in der Zuschrift vor der Iurisprudentia restituta sagt. Am allermeisten aber suchte er der Römischen aus der alten Litteratur Licht und Annehmlichkeit zu geben. In dieses Fach gehöret also der wichtigste Theil der Arbeiten, womit er unter dem Haufen der Scribenten seine gemeine Verdienste erworben hat. Zwar darf ich es nicht wagen, ihn ein hervorstechendes Genie zu nennen, wenn ich anders manchen Widerspruch vermeiden will. Dieses Urtheil aber wird wohl Niemand für ungegründet halten, daß seine stets wirksame Neigung, der juristischen Fakultät Ehre zu machen, einen guten Erfolg gehabt habe, und die Nachwelt nicht

so

so nachläßig verfahren werde, beym Anblicke des Wieslingischen Namens der ihm schuldigen Achtung keineswegs eingedenk zu seyn.

Seine Schriften mögen' entscheiden. Ich fange an, sie so genau und vollständig zu erzählen, als es mir möglich ist.

1) de furto per lancem et licium concepto Diatribe, Marburgi 1719. In 8. 10¼ Bog. stark. Der Hr. Sallenberg ließ sie 1760. zu Bern in seiner Iurispr. antiqua, Band II. S. 113—210. wieder abdrucken, da die einzeln Exemplare fast ganz verschwunden waren. Man sehe die Latein. Acta Erudit. 1721. S. 536—538. Eine critische Recension dieser an und vor sich gelehrten, auch angenehm zu lesenden Abhandlung stehet in der Franckischen Bibliotheca nouiss. Observat. ac Recensionum, und deren IX. Abschnitte. S. 389—398. Heinneccius ist ohne Zweifel der Verfasser des gemeldeten Artikels. Ob er schon von den Wieslingischen Meynungen oft abgehet; so entzieht er doch der Arbeit ihr Lob nicht, vielmehr schreibt er insbesondere S. 397. am Ende: Praeclara in primis sunt, quae §. 7. *Capitis septimi* de ratione rem ablatam proposito libello inuestigandi disseruntur, quam nescio an quisquam nostro explicarit accuratius. Was eben derselbe in seinen Antiquit. Romanis, iurispr. illustrantibus, hiervon vorgetragen hat, das ist bekannt genug. In den Noten zu des Alex. Chassanäus Paratitlis Iur. civ. S. 24. schreibt Wieling: Noua ex coniectura τὸ *conceptum* interpretatus *vindicatum*, *lancem* pro aere et libra, *licium* pro habitu serui publici accepi. Multa vero tum dicta non dicta mallem. Darunter hat er ohne Zweifel auch ver-

schiedene Sachen gerechnet, die von seinem Gegenstande zu weit entfernt waren, daß er sie nicht hätte ganz wegstreichen sollen. Man kann hierbey Joh. Wolbers Cap. 2. seiner Anmerkungen lesen, die er 1737. Peters von Toullieu Collectaneis besonders angehängt hat.

2) Dissert. de iure antiquo vitae et necis in liberos. Amstael. 1723. auf 3 Quartbogen. Die am Ende versprochenen fünf Fortsetzungen hat er nicht geliefert, wie er es denn mit andern seiner Schriften eben also gethan hat. Die erste sollte handeln de iure occidendi ab u. c. vsque ad Iustinianum; die zwote de iure exponendi partum recens natum; die dritte de iure vendendi, ex constitutione Romuli; die vierte de iure circa partum sanguinolentum, ex lege Constantini; die fünfte aber de abortu, et an is iure Romano impunitus fuerit?

3) Iurisprudentia restituta; siue Index chronologicus in totum iuris Iustinianei corpus, ad modum *Iac. Labitti*, *Ant. Augustini*, et *Wolfg. Freymonii*, caet. Amst. 1727. in med. 8. 2 Alph. 16½ Bogen. Ob das Exemplar, welches im Catalogo Biblioth. *Wunderlichianae* S. 401. unter der Nummer 736. angezeiget wird, würklich zu Utrecht 1739. von neuen gedruckt sey, kann ich nicht mit Gewißheit sagen. Fast möchte ich daran zweifeln. Wieling hat diesem Werke nicht nur den Vsum Indicis Pandectarum per *Labittum*, cum notis *Schmuckii*; Heinr. Hahns Rede de vsu Chronologiae in iure; Brenkmanns Dissert. de legum inscriptionibus; und eine Rede Bernh. Heinr. Reinolds de inscriptionibus legum Digestorum et Codicis, sondern

dern auch an vielen Orten seine Noten beygefügt, die zur Aufklärung mancher dunkler Stellen dienen. Mehr von diesem Werke in den Latein. Actis Erudit. 1727. S. 360.

4) Diss. de assecuratione, Lugd. Bat. 1727. in 4. auf 5 Bogen.

5) Diss. de mari natura libero, pactis clauso, Vltraiecti 1728. in 4. Von diesen beyden ist er, nach dem jurist. Büchersaale Band II. S. 709, welche Anzeige von ihm selbst herzurühren scheint, der Verfasser gewesen. Die erste hat Jac. von Ghesel, die andere Theodor Graver ohne Beystand, zur Erlangung der Doktorwürde, vertheidiget.

6) Oratio de natura, vna omnis iuris ac virtutis norma, Franequ. 1728. in klein Folioformate, 13. Bogen stark. Sie war seine Antrittsrede als er ein juristisches Lehramt allda erhalten hatte. Der Ausdruck ist in dieser, und andern Reden, die er herausgegeben hat, so beschaffen, daß sie ein Jeder gern lesen wird.

7) Iurisprudentiae Iustinianeae, secundum IV. Institutionum libros, Specimina, nec non selecta iuris controuersi capita ex libro I. Digest. tit. 1. Franequ. 1728. sq. in 4. Es ist mir unbekannt geblieben, wie viel Stücke er eigentlich zum Drucke befördert habe. Vriemont, der an eben dem Orte lebte, hätte sich leicht die Mühe machen, und genauere Erkundigung darüber einziehen können.

8) Schediasma tumultuarium de Iustiniano et Theodora. Augustis, Franequ. 1729. 12¼ Quartbogen. Es ist aber nur der erste Theil. In der Summa Themidis orthodoxae S. 205. meldet

det er, die Abhandlung ſey kaum zur Hälfte vollendet, und alsdann fährt er fort: in eo autem volui aliquantum ridere, volui nugari, et quasi aliud agendo vitia tangere, popularia. Und eben daſelbſt S. 211. verſpricht er eine neue, vollſtändigere Auflage, die er vor ſeine Prolegomena de iure ciuili ſetzen wolle, mit der Verſicherung, ibi sua se vineta seuerioris disciplinae falce putaturum. Aber auch hier hat er es beym bloßen Verſprechen bewenden laſſen. In der vorhandenen Schrift redet er der Kaiſerin, Theodora, welcher man ſo viel Böſes nachgeſagt hat, das Wort; doch machte ihn eine S. 80. aus des Symmachus Briefen angeführte Stelle bey einigen Gelehrten auf der Univerſität verdächtig, weil ſie glaubten, daß er ſich nach der Seite der Libertiner und Indifferentiſten neige.

9) Commentatio de Lege Furia teſtamentaria, Franequ. 1729. in 4.

10) Comment. de Legis Voconiae auctore, aetate, et argumento, ibid. 1730. in 4.

11) Comment. de Legis Voconiae capitibus, ibid. 1730. 4½ Bogen in 4. Die am Ende angekündigte zwo Fortſetzungen de satis Voconiae Legis, und andere, worinn er zu zeigen gedachte, quae aliae Voconiam Leges exceperint, ſind einzeln nicht nachgefolgt, ſondern in die Lectiones iur. ciuilis S. 214—276. eingewebt worden, wo er ihnen die Capitel 26. 29. bis 32. des zweyten Buchs beſtimmt hat.

12) Comment. de Edicto Praetoris peregrini, ibid. 1730. in 4.

13) Comment. de Edictis Praetorum perpetuis, 1730. in 4.

14)

14) Comment. de perpetua Edictorum auctoritate, 1730. in 4.
15) Comment. de Edictis translatitiis, 1730. in 4.
16) Comment. ad Edictum de Lege annua, 1731. in 4.
17) Comment. de *Seruii Sulpicii*, et *Auli Ofilii*, nec non *M. Antistii Labeonis* ad Edictum libris, 1731. in 4.
18) *Alex. Chaſſanaei* Paratitla Inſtitutionum iuris ciuilis, Franequerae 1731. in 8. 1 Alph. 6 Bogen, mit verſchiedenen Noten des Herausgebers. Es ſind auch des franzöſiſchen Rechtsgelehrten Index et Epitome obligationum et actionum; eines Ungenannten Protheoria, und Jac. Gothofredus Hiſtoria et Bibliotheca iur. ciuilis Rom. dabey.
19) Fragmenta Edicti perpetui, Franequ. 1733. in 4.
20) Repetitio Inſtitut. iur. ciuilis, ibid. 1733. in 8. Er hat zwo Reden andrucken laſſen, eine vom Merill de tempore in ſtudio iuris prorogando; die andere vom Heineccius de Ictis ſemidoctis.
21) Poſitiones iuris nat. et gentium, *Grotianae*, ex libro I. cum notis, ibid. 1734. in 4.
22) Lectionum iuris ciuilis libri II. Amſtaelod. 1736. in median 8. auf 1 Alph. Die weitläuftige Vorrede handelt vornehmlich von der ächten Leseart der Römiſchen Geſetze, und den Hülfsmitteln, deren man ſich darzu bedienen müſſe. Am Ende ſiehet man eine Menge Erratorum et Omiſſorum, welche faſt eilf ganze Seiten ausfüllen. Es iſt auch eine, dem Anſchein nach neue Ausgabe unterm Jahre 1740. vorhanden; allein ſie bleibt immer die erſte, und der Buchhändler hat nur Wielings Rede pro Gloſſatoribus auf 2 Bogen darzu dru-

drucken laſſen. Darinn beſteht der einzige Vorzug, welchen dieſe Exemplare haben. Der Verfaſſer ſucht oft die gemeine Lektion in den Pandekten zu vertheidigen. Im Buche II. haben die Capitel 18—25. die Ueberſchriften der obigen Nummern 9. 10. und 11. Er hat ohne Zweifel dieſe Abhandlungen größtentheils eingerückt; wenigſtens kann ich es von derjenigen, welche den Capitibus Legis Voconiae gewidmet iſt, zuverläßig ſagen. Sie iſt jedoch in den Lectionibus iuris ciuilis dergeſtalt verändert und umgeſchmelzt worden, daß man ſie faſt nicht mehr kennt. Auch die Num. 13) de edictis Praetor. perpetuis ſcheint im Cap. 28. des Buchs II. S. 228—233. Auszugsweiſe ihren Platz erhalten zu haben.

23) Oratio de finibus iurisprudentiae regundis. Franequ. 1737. in 4.

24) Doctrina prooemii Inſtitutionum, ibid. 1737. in 4. Er ſoll im §. 13. von den Geſetzen der zwölf Tafeln reden, und einige Anmerkungen machen die dem gelehrten Ausleger derſelben, dem Jac. Gothofredus, nicht eingefallen ſind. Es ſind darauf noch 15 Diſſertationen erſchienen, und er iſt geſonnen geweſen, über alle Titel der Juſtinianiſchen Inſtitutionen dergleichen fortzuſetzen, welche mit der Zeit in einem ganzen Bande hervortreten ſollten. Vermuthlich ſind ſie von den Notis criticis ad prooemium Inſtit. caet. welche im juriſtiſchen Bücherſaale noch beſonders angeführt werden, nicht unterſchieden.

25) Doctrina Pandectarum iuris ciuilis, ad libri I. tit. 1. et 2. ibid. 1737. Ueber drey Diſputationen ſollen davon nicht gedruckt ſeyn.

26)

26) Animaduersa quaedam de Romano Germanorum imperio, ibid. 1738. et 1739. in 4. Wahrscheinlich zwo akademische Dissertationen.

27) Oratio pro Glossatoribus, Traiecti ad Rhen. 1739. 6 Quartbogen, zum Antritt seiner Profession. Er behauptet, daß die Glossatoren weit mehr Achtung verdienen, als man ihnen insgemein erweiset. Unter andern sagt er S. 29. Ad me quod attinet, fremant omnes licet, dicam quod sentio; vnus me hercle *Irnerius*, vnus item *Accursius* in vulgato glossarum corpore omnes omnium recentiorum commentarios, si quis legum caussas, et fori vsum viderit, et auctoritatis pondere, et vtilitatis vbertate, longissime exsuperat. Sollte er den Werth dieser guten Leute nicht zu sehr erhöhet haben? Lange vor seiner Zeit hatte sich Albericus Gentilis im Dialogo I. de iuris interpret. denselben Gegenstand erwählt; und bald nach der Wielingischen Rede trat auch Trotz auf diese Seite, wie die Vorrede zu Marans Werke S. 24. beweiset.

28) Orationes II. de Sanctione pragmatica Caroli VI. Imperatoris, Traiecti ad Rhen. 1741. et 1743. in 4. Die erste, worinn er vom Rechte dieser Sanction handelt, hielt er als damaliger Rektor der Universität: die andere aber, welche die Billigkeit der Sache erweiset, veranlassete das Lehramt des Staatsrechts, welches er damit übernahm. Beyde Reden wurden eben allda 1743. auf 12 Bogen in Quart, jedoch mit kleinern Lettern, wieder gedruckt. Der Titel verspricht Vermehrungen, welche ich nicht habe bemerken können, wenn ich Glückwünsche in Versen absondere, die auch in der ersten Ausgabe, zum eiteln Ruhme des Redners, häufig genug zu sehen sind. Nur einige Worte

Worte hat er in den Reden geändert, aber ohne bedeutenden Unterschied. Der erste Abdruck wird also, der äußerlichen Schönheit wegen, wohl den Vorzug behaupten.

29) Oratio de logomachiis Iure consultorum, ibid. 1744. Diese bey einer Doktorpromotion gehaltene Rede ist 4¼ Quartbogen stark. Er zeigt nur die vergeblichen Wortstreitigkeiten im natürlichen, im Völker-, Bürgerlichen, Deutschen Staats- und Lehnrechte.

30) Apologeticus, Vltraj. 1745. in median 8. auf 1 Alph. 21. Bogen. Man hat auch davon eine Niederländische Uebersetzung. Die unter Wielings Vorsitze in demselben Jahre von Valent. Johann Blondeel vertheidigte Dissertation de legibus war die Gelegenheit vieler Unruhen und Zänkereyen. Die Utrechtischen Theologen glaubten mancherley verdächtige Säze darinnen zu finden. Es wurde deswegen der Respondent vom akademischen Magistrate zur Verantwortung gezogen, und er mußte über 12 Artikel, die hier voran stehen, dem Rektor der hohen Schule seine Meynung sagen. Wieling kam dabey selbst ins Gedränge. Dieses war die Ursache, daß er sich durch den Apologeticus zu rechtfertigen suchte. Es stehen in selbigem: erstlich die schon gedachten 12 Artikel; hernach die Larua, calumniatoribus detracta, mit Wielings Vorrede, welche die ganze Geschichte der Sache enthält; ferner die Blondeelische Dissertation de legibus, nebst der Vorrede und den Anmerkungen des Verfassers; endlich die Summa Themidis orthodoxae. Wieling versprach zugleich ein Votum pro concordia, et atrum calumniarum Indicem, starb aber darüber, als er schon die ersten Linien darzu gemacht hatte.

Indessen gab er noch die Nubem testium, als den zweeten Theil des Apologeticus, unter die Presse. Dieser ist eine bloße Sammlung verschiedener Schriften von Gottesgelehrten, von Juristen und Philosophen, nämlich von Sam. Petit, Ulr. Hubern, Sam. Pufendorfen, Adam Rechenbergen, Joh. Adolph Hofmannen, Just Henning Böhmern, Joh. Barbeyrac, B. Heinr. Reinolden, Joh. Franz Buddeus, und andern mehr, die er zum Beweise brauchte, daß diese Männer lange vorher eben dasjenige vorgetragen hätten, was ihm, und seinem Respondenten, zur Last gelegt worden wäre. Er bat Conr. Val. Vonken auf dem Sterbebette, die noch fehlende Vorrede zu verfertigen, welcher es gern that, und in solcher nicht nur Wielingen, sondern auch Christ. Thomasen rechtfertigte, dessen Lobeserhebung jenem sehr übel genommen wurde. Von der Seite seiner Widersacher kamen dargegen in demselben Jahre 1745. auf 9½ Quartbogen zu Utrecht heraus: Animaduersiones ad libellum cl. *Abrah. Wielingii*, cui titulum dedit: Summa Themidis orthodoxae, Facultatis theologicae Traiectinae. Es ist ein Appendix Animaduersionum, von der S. 57. an, dabey, und die ganze theologische Fakultät hat diese Anmerkungen unterschrieben. Vonk antwortete darauf mit der Promulside Animaduersionum in *Alberti Voget*, (des damaligen Dechants der Fakultät,) scripta varia, ad *Ian. Vinc. Blondeel*, Ictum et Philosophum, und nennte sich Nicol. Hagemann. Man sehe davon Strodtmanns Neues Gel. Europa, Th. I. S. 238. Am 1. Septbr. des Jahrs 1760. gerieth dieses Buch zu Rom in die große Classe der verbotenen Schriften.

31) De-

31) Deductie van 't Regt van Pardon der Stadthouderen van Friesland, welcher, ohne seinen Namen bekannt gewordenen, Staatsschrift er selbst erwähnt in den Noten zu Ulr. Hubers Opusculis minoribus, Band II. S. 340. der Instit. iur. Frisici.

32) *Vlrici Huberi* Opera minora, Traiecti ad Rhen. 1746. in zween Quarttheilen. Der Druck war schon zu Franeker angefangen worden. Als er aber nach Utrecht gekommen war, handelte ein Buchhändler allda den Verlag an sich, und vollendete das ganze Werk. Wieling starb unterdessen, indem das Register darzu gedruckt wurde. Er hat häufige Anmerkungen hinzugefügt, welche besonders bey den Huberischen Reden litterarisch sind.

33) Notae ad *Theophili* Paraphrasin Graecam Institut. Caesarearum, deren neue Auflage Wilhelm Otto Reiz zu Gravenhaag 1751. so rühmlich besorgte. Vriemoet und Paquot schreiben ihm dergleichen Noten zu; ich muß aber bekennen, daß ich sie nicht angetroffen habe. Sie mögen also wohl meinen Augen entwischt seyn; oder es werden wenige Stellen darunter verstanden, die Reiz aus einigen Wielingischen Schriften angeführt hat.

Zu seinen noch ungedruckten Papieren ist die Dissert. de iure Amelandiae zu rechnen. Erst wollte er sie den Lectionibus iuris ciuilis beyfügen. Hernach aber kam die Handschrift an den Prinzen von Oranien, und ich weis keine Ursache anzugeben, warum sie nicht öffentlich erschienen sey. Schon oben habe ich gesagt, daß Wieling noch viele andere Werke und kleine Abhandlungen versprochen habe, die jedoch ins Stecken gerathen sind. Ich bin es meinen Lesern schuldig, auch diese nicht mit Stillschweischweigen zu übergehen, und man wird wenigstens aus dem Folgenden erkennen, wie viel die Feder eines so fleißig arbeitenden Mannes noch hervor gebracht hätte, wenn die Laufbahn seines Lebens nicht in zu enge Grenzen eingeschlossen gewesen wäre.

a) Opus systematicum de Iurisprudentia historica.

b) Diatribe ad LL. XII. Tabularum, et de iure nocturno caelo, bey welcher Gelegenheit er die Einwürfe wegen des furti concepti in der Hällischen Bibliotheca nouiss. Obseruat. ac Recens. beantworten wollte.

c) Diss. de vero sensu L. 9. C. ad L. Iul. Maiestatis.

d) Diss. de actionibus bonae fidei et stricti iuris, tum ad effectus earum, item de actionibus arbitrariis.

e) Diss. de tacito pignore, creditoribus in restitutionem aedium Scto D. Marci concesso, huiusque aetate, occasione, effectibus et extensionibus, ad Paratitla D. *in quib. causs. pign.* caet.

f) Diss. de obligatione nominum.

g) Noua editio Paratitlorum Dig. et Codicis, a *Cuiacio* scriptorum, cum notis *Alex. Chassanei* et *Car. Hannib. Fabroti*. Man sehe von diesen Stücken allen seine Zuschrift an Bynkershoeken; die kurze Vorrede bey der Dissert. de iure vitae ac necis; ferner die Zuschrift und Vorrede zur Iurispr. restituta, und die Noten zu des gedachten Chassanäus Paratitlis Instit. S. 209. 345. 367. in den Erratis et Omissis zum Buche III. und in der Vorrede.

h) Dissertationes de iure honorario, secundis curis expolitae, wovon die Lectiones iur. civ. S. 233. der Beweis sind.

i) Eine

i) Eine verbesserte Auflage des Aelius Donatus, und des Westerhovischen Exemplars von den Comödien des Terenz. Zu den Commentarien des Donats hatte er schon im Jahre 1726. verschiedene gute Anmerkungen beygetragen, welches der Herausgeber in der Vorrede sehr zu rühmen weis; nun aber wollte er noch vieles darinn aufklären.

k) Eine Fortsetzung und Verbesserung der Gothofredischen Noten, über das Römische Gesetzbuch. Die Anzeige dieses Unternehmens habe ich im Jahr 1742. der Kohlischen Hamburgischen Berichte von den neuesten gelehrten Sachen, S. 86. gelesen, und es stehen die Worte dabey: „Gothofredus hat blos „bis auf Cujacii Zeiten die philologischen und kri-„tischen Anmerkungen beygebracht, nach welchen „aber ungleich mehr entdecket worden. Er wird also „alle Schriftsteller, nebst ihren Schriften, kürzlich „anführen, worinn etwas zur Erklärung eines Ge-„setzes beygebracht worden. Man wird sodann im „Stande seyn, alle Meynungen und Erklärungen „beysammen zu sehen, auch die besten zu erwählen." Der Herr Hofrath, Hommel, betrat hernach eben einen solchen Weg mit mehr Glücke. Er stellte zu Leipz. 1767. ein Corpus iur. ciuilis cum notis variorum in median 8. ans Licht. Nur ist dem ersten Bande, welcher sich weiter nicht, als über die Institutionen und Pandekten erstreckt, der zweete noch nicht nachgefolgt. Wenn gleich die Einrichtung keinen allgemeinen Beyfall erlangt zu haben scheint: so bleibt der Versuch doch immer lobwürdig, und es kann mit der Zeit etwas Vollständiges gemacht werden.

l) Epitome Nouellarum *Iuliani* et Nouellar. *Theodosii* II. cum annotationibus historicis. in 4. Der juristische Büchersaal am oben angeführ. Orte giebt

giebt die Nachricht, daß dieses Werk, so wie die übrigen, welche ich noch hinzusetzen will, im Jahre 1738. zum Drucke fertig gelegen habe, woran ich aber sehr zweifle.

m) Codex *Theodosianus* cum adnotationibus criticis, in klein Folioformate. Die schöne Ritterische Auflage mag ihn wohl abgeschreckt haben, weiter daran zu denken. Besser würde es gewesen seyn, wenn er seine neuen kritischen Beobachtungen dem Leipziger Herausgeber mitgetheilt hätte, vorausgesetzt, daß dergleichen von ihm wirklich gesammlet worden waren.

n) Tomus II. ad *Iauchium* de negationibus in Pandectis Florentinis.

o) Varia Opuscula, historiam Pandectarum Florentinarum illustrantia, cum notis in 4.

p) Sylloge Dissertationum et Programmatum, a se ipso editorum. Hierzu hat er dem ehemaligen Verfasser des jurist. Büchersaals, D. Jenichen, große Hoffnung gemacht.

Diejenigen Dissertationen, welche seinen Namen auch führen, und allein Produkte der Respondenten sind, will ich, so viel als ich deren kenne, zum Schlusse mit anzeigen.

α) de emancipationibus Pars I. Franequ. 1731. Gerl. Scheltinga war Verfasser. Nun findet man beyde Abhandlungen in der Fellenbergischen Iurispr. antiqua, Band II. S. 461—540.

β) de iure seruorum, ibid. 1734. Ge. d'Arnaud Arbeit.

γ) de mutuo, et veteri litterarum obligatione, Franequ. 1736. Sacco Herm. van Idsinga hat sie gemacht. Sie ist durch die rühmliche Bemühung des Herrn Raths Oelrichs dem Thesauro nouo Dissert. iurid. in Acad. Belgicis habitarum, Band I. Th.

XIII. Abraham Wieling.

I. Th. 1. S. 107—188. im Jahre 1771. einverleibt worden, und nun in Jedermanns Händen.

d) de maiestate, Traiecti ad Rhen. 1744. Im Apologetico. S. 199. der Summae Themidis orthodoxae giebt er sie selbst für die Schrift des Respondenten aus, welchen er aber nicht nennt.

e) de connubiis militum Romanorum, Trai. ad Rhen. 1745. Phil. Marth. Mestre mag wohl von Wielingen manchen Beytrag darzu erhalten haben. Doch dem sey, wie ihm wolle, der berühmte Herr Rath Oelrichs hat sie für würdig angesehen, ihr einen Platz im Thesauro Dissert. iurid. Belgitarum, Band I. Th. 1. S. 293—314. zu verstatten.

f) de legibus, Traiecti ad Rhen. 1745. Valent. Joh. Blondeels Gradualschrift, welche schon oben vorgekommen, und der Stoff zu so vielem Verdrusse gewesen ist.

Vielleicht erinnere ich es nicht ganz vergebens, wenn ich noch sage, daß Herm. Weisels Dissert. de iure clauium, die er 1740. auf 5½ Bogen zu Utrecht hat drucken lassen, gar nicht unter Wielings Vorsitze gehalten worden sey. Seine Name stehet zwar auf dem Titel; allein nur deswegen, weil er damals Rektor der Universität war, welches bey den Niederländischen Doktordisputationen eine alte Gewohnheit ist.

Vriemoet Athenae Frisiacae, p. 814. Aus dieser Quelle, welche die einzige ist, hat Paquot in seinen Memoires pour servir à l'Hist. litter. des 17. Provinces des Pays-bas, Band I. S. 628. der Ausgabe in F. geschöpft, und eben nichts Neues hinzuzuthun gewußt. Wer diesen Artikel, welchen ich auch aus Wielings Schriften ergänzt habe, mit dem Vriemoetischen zusammen hält, dem wird hoffentlich der Unterschied bald in die Augen fallen.

Johann Friedrich Juglers,
Königl. Großbrittannischen Raths,

Beyträge

zur

juristischen Biographie.

Oder

genauere litterarische und critische

Nachrichten

von

dem Leben und den Schriften

verstorbener

Rechtsgelehrten auch Staatsmänner,

welche

sich in Europa berühmt gemacht haben.

Des sechsten Bandes zweytes Stück.

Leipzig,
bey Paul Gotthelf Kummer, 1780.

Jüngstem Singspiele.

oder

genauere literarische und critische

Nachrichten

von

dem Leben und den Schriften

vorzüglicher

Musiker und ihrer Staatsstücke,

die in Europa berg'... annoch leben.

...

180.

Verzeichniß der Artikel.

XIV.	Paul Freyherr von Fuchs	Seite	213
XV.	Heinrich von Henniges		225
XVI.	Dionysius Gothofredus		240
XVII.	Jacob Gothofredus		265
XVIII.	Caspar Achatius Beck		294
XIX.	Allerley Zusäße und Verbesserungen zu den ersten fünf Bänden		311
XX.	Anzeige der wichtigsten Druckfehler.		383
XXI.	General-Register aller Artikel, nach dem Alphabete.		387

Vorbericht.

Mit dem gegenwärtigen sechsten Bande, welchen ich meinen Lesern darzulegen die Ehre habe, möchten die bisher von mir unternommene litterarische Arbeiten wohl zu Ende gegangen seyn. Eine gefährliche Augenkrankheit warnet mich nicht nur, im Lesen und Schreiben, so viel als möglich ist, Maaß zu halten; sondern ich muß mir auch vorstellen, Verleger und Käufer würden bey ferner anwachsenden Bänden desto leichter ermüden, je mehr es die

tägliche

Vorbericht.

tägliche Erfahrung bestätiget, daß der so wunderbar veränderte Geschmack unter den Gelehrten jezt von ganz anderer Beschaffenheit sey, als vor vierzig Jahren, da ich zuerst den Einfall hatte, meine geringen Fähigkeiten einem solchen Gegenstande zu widmen. Hoffentlich jagt ein günstiges Schicksal in der Folge der Zeit alle Tändeleyen, womit die Buchladen, auf jeder Messe, leider! überschwemmt werden, in die Grenzen der Verachtung zurück, und alsdann tritt vielleicht ein Liebhaber dieses Fachs, lange nach meinem Tode, an meine Stelle, um ein ganzes Gebäude aufzuführen, zu welchem ich nur einige Materialien habe beytragen können.

Sie mögen nun wenig, oder viel, bedeuten: so bin ich doch immer bemühet gewesen, Alles, was vor den Augen liegt, genau und vollständig zu erzählen, und zugleich meine leeren Stunden dem Müßiggange nicht Preis zu geben,

dessen

Vorbericht.

dessen schädliche Würkungen ich niemals ohne Abscheu betrachte.

Unter den zahlreichen Staatsministern, zwischen welche aber Silberrad im vierten, und Neumann von Buchholtz im fünften Bande ganz wider meine Absicht gesetzt worden ist, kommen meistentheils solche vor, die sich entweder vom niedrigsten Stande, oder von dem Lehrstuhle, zu der glänzendsten Würde an Höfen empor geschwungen haben. Dieses ist, ich läugne es nicht, mit gutem Bedachte geschehen, um dadurch zu beweisen, daß Geschicklichkeit und wahre Verdienste ehemals mehr galten, und noch heutigen Tages zuweilen erheben, als allein Stiftsmäßige Geschlechtstafeln.

Verschiedene Rechtsgelehrte sind auch von mir beschrieben worden; welche sich in der juristischen Republik freylich so nicht ausgezeichnet haben,

ben, als hundert Andere, die ich nun zurücklassen muß. Ich hätte also bey diesem, oder jenem, eine bessere Wahl treffen sollen. Dieser Vorwurf ist mir bereits in einigen öffentlichen Blättern, jedoch mit aller Bescheidenheit, gemacht worden, und ich weigere mich im geringsten nicht, ihn einzuräumen. Unterdessen glaube ich dennoch mit gutem Grunde, daß Manche zufrieden seyn werden, wenn sie wieder Männer vor sich sehen, die zu ihrer Zeit bekannt genug waren, hernach aber in den Winkeln der Vergessenheit, wohin sie Neuere gedrängt hatten, lange verborgen stecken mußten. Wenigstens habe ich zu hindern für Pflicht geachtet, daß ihre Namen aus den Annalen der gelehrten Geschichte nicht ganz verschwinden möchten.

Einst las ich in einer Recension des dritten Bandes, mein Buch enthalte keine eigentlichen Biographien: ich hätte aber ohne Zweifel von meinen

Vorbericht

meinen Rechtsgelehrten nicht mehr aufgezeichnet gefunden, und dann auch nicht mehr liefern können. Beydes ist wahr. An fleißiger Nachforschung habe ich es niemals fehlen lassen, und keine Kosten gescheuet, so bald, als ich nur vermuthete, daß ich meinen Endzweck erreichen würde. Nur ist die angewendete Mühe gar zu oft vergeblich gewesen. Was aber die erste Erinnerung anbetrifft: so hat der mir unbekannte Herr Verfasser wohl nicht an den Titel gedacht, auf welchem ich keine Biographien, deren große Schwierigkeit ich einsehe, sondern allein Beyträge dazu versprochen; Bruchstücke, welche doch künftig bey vollkommneren Lebensbeschreibungen ihren Nutzen haben werden.

Vom dritten Bande an ist es unmöglich gewesen, die Revision der gedruckten Bögen selbst zu besorgen. Zu meinem Mißvergnügen sind also nicht wenige Fehler des Setzers stehen geblieben.

ben. Der Mangel der Zeit hat es nicht erlaubt, alle Seiten aufmerksam durchzulesen. Was ich nun zufälliger Weise unrichtig gefunden habe, das ist von mir am Ende dieses Bandes einigermaßen angemerkt, und verbessert worden. Kleinigkeiten aber in den Unterscheidungszeichen, den umgekehrten, oder versetzten Buchstaben, und der Orthographie, worinn man nicht immer meiner Handschrift gefolgt ist, sind unangefochten geblieben, da sie den Verstand des Ausdrucks nicht schwer machen. Billige Leser werden mir dergleichen Fehler eben so wenig zurechnen, als alle andere, besonders diejenigen, welche ihnen im gegenwärtigen Bande aufstossen, weil ich, wegen der Entfernung der Oerter, zur Zeit kein gedrucktes Blatt davon gesehen habe.

Die

Vorbericht.

Die schon vor drey Jahren erwähnten Zusätze und Verbesserungen erfolgen nun unter der Nummer XIX. Sie sind zum Theil beträchtlich. Manche hingegen, welche einigen Lesern zu gering scheinen werden, mögen zum Beweise dienen, daß ich meinen Artikeln so viel Vollkommenheit, als ich vermögend war, zu geben bemühet gewesen sey. Ein allgemeines Namenregister über gesammte Bände habe ich auch angefügt.

Sollten meine Umstände, bey längerm Leben, eine angenehmere Wendung erhalten: so könnte ich vielleicht zur Fortsetzung die Feder wieder ergreifen; oder doch in Einem Bande vorzüglichen Rechtsgelehrten, die ich theils als Anführer zu demjenigen, was ich weiß, theils als

große

große Gönner von mir immer verehren werde, mit erkenntlichem Herze wohlverdiente Denkmale stiften. Aber ich muß vors erste unserm lieben Gellert die Frage abborgen:

— Bau ich nicht aus meiner Hütte
Im Schlafe schon ein Lustschloß auf?

Lüneburg,
am 12. April, 1780.

XIV. Paul

XIV.

Paul Freyherr von Fuchs.

Dieses Stück, vermuthlich das letzte meiner bisherigen litterarischen Versuche, will ich mit zween großen Ministern anfangen, welche beyde zu Einer Zeit gelebt, beyde an Einem der ansehnlichsten deutschen Höfe aus dem Mittelstande sich zu den herrlichsten Staatsbedienungen empor geschwungen, beyde aber auch in der gelehrten Republik ihre Namen durch Schriften verewiget haben.

Die chronologische Ordnung erfordert es, daß der Freyherr, Paul von Fuchs, an der Spitze stehe. Der 15. December des Jahrs 1640. wurde zu Stettin der erste Tag seines Lebens. Samuel Fuchs, sein Vater, stand allda als Superintendent und Hauptprediger: die Mutter aber war eine Tochter Paul Friedborns, Raths beym Könige Gustav Adolph in Schweden, auch Herzogl. Pommerschen Hof- und Landraths. Auf dem Gymnasio seiner Geburtsstadt sammlete Fuchs frühzeitig solche Kenntnisse, welche ihn zu höhern Wissenschaften glücklich vorbereiteten. Er besuchte

suchte alsdann die Universitäten Greifswalde, Helmstädt, Leiden und Franeker, wo er auch, unter Wissenbachs Vorsitze, eine seiner Disputationen über den Codex des Justinians vertheidigte. An allen diesen Orten hatte er die Rechtsgelehrsamkeit zum vorzüglichsten Gegenstande seiner Bemühungen erwählt. Die Holländischen hohen Schulen beförderten den Entschluß, weiter in den Niederlanden, in Frankreich und Engelland herumzureisen. Im Jahre 1664, oder kurz vorher, gieng Fuchs nach Jena, und endigte seine akademischen Studien auf Befehl und auf Kosten des Brandenburgischen Churfürsten, Friedrich Wilhelms, welches er selbst rühmt S. 4 des Sendschreibens an den jungen Freyherrn, Otto von Schwerin, über welchen er vielleicht alda eine genauere Aufsicht gehabt hat. Christoph Philipp Richter und Ge. Adam Struve scheinen diejenigen Rechtsgelehrten gewesen zu seyn, deren er sich zur Ausbildung, und zur Erweckung seiner Wißbegierde, am meisten bediente. Jener hielt damals verschiedene Disputationen de Significatione Aduerbiorum in iure, bey deren einer Fuchs den Respondenten abgab.

Wenige Zeit nach seiner Rückkunft von Jena, versuchte er es, vor dem Cammergerichte zu Berlin Processe zu führen, wo ihn bald die einnehmende Beredsamkeit im Vortrage so rühmlich bekannt machte, daß der Hof kein Bedenken trug, ihm 1667. die juristische Lehrstelle anzuvertrauen, welche Gerh. Feltmann zu Duisburg mit einer Gröningischen verwechselt hatte. Allein die Entfernung der Oerter that den vortheilhaftigen Gesinnungen seiner Berlinischen Gönner von ihm nicht den geringsten Abbruch. Sie bewiesen es wirklich, wie viel ihnen daran gelegen sey, der bereits sichtbaren Geschicklichkeit des würdigen bigen Mannes einen Platz zu verschaffen, auf welchem sie sich immer völliger auswickeln könnte. Zur Erreichung dieser Absichten ward er 1671. als geheimer Cammersecretair nach Berlin zurückgerufen. In diesem neuen, von dem bisherigen so unterschiedenen Amte, hatte er nicht nur die Preussischen, und nachher die Clevischen, Märkischen, Halberstädtischen, sondern auch die Lateinischen und Französischen Expeditionen zu besorgen. Dabey gewann er schon zu derselben Zeit den Vorzug, daß er in den geheimsten Staatsgeschäften gebraucht wurde, und sogar dem Churfürsten fast jeden Tag nahe seyn mußte. Man darf sich also keinesweges wundern, daß er auch den Clevischen und Elsasischen, vornehmlich aber den Pommerschen Kriegszügen vom Jahre 1672 bis 1679. mit seinem Herrn beygewohnt habe.

Sein unbezwinglicher Eifer für desselben Interesse vermehrte das erlangte Ansehen von Zeit zu Zeit, und eine höhere Ehrenstufe folgte auf die andere. Friedrich Wilhelm ernennte Fuchsen 1673. zum geheimen Staatssecretair; 1674. zum wirklichen Hofrathe; auch 1682. in Betrachtung der Verdienste, deren Belohnung der Geburt nicht hinderlich war, zum geheimen Rathe und Staatsminister. Zugleich aber trug er ihm 1686. die Direction der Churmärkischen Lehnsachen auf. Unter der Regierung des Churfürsten und ersten Preussischen Königes, Friedrichs, genoß er das Vergnügen, in diesen schimmernden Bedienungen bestätiget zu werden; es kamen sogar noch andere hinzu. Denn er wurde 1695. Consistorialpräsident zu Berlin; Aufseher über die reformirten Gemeinden, und mit dem Indigenat im damaligen Herzogthume Preussen beehrt; 1703. aber Canzler des Herzogthums Hinterpommern und des Fürstenthums Camin.

Camin. Auch die Landesuniversitäten standen unter seiner besondern Fürsorge. Zur Einrichtung der jüngsten zu Halle trug er sehr viel bey, und war die Hauptperson an ihrem feyerlichen Stiftungstage.

Das Jahr 1700. brachte ihm den Reichsfreyherrnstand zuwege, welchen er vom Kayser, Leopold, erhielt ohne darum angesucht zu haben. Er starb endlich am 7. August 1704. auf seinem weitläuftigen und prächtigen Rittersitze Malchow, ungefehr eine Meile von Berlin, eben zu der Zeit, als der König Friedrich, dessen rechte Hand er wohl genennet werden konnte, dahin fuhr, und sich nach seinem Befinden selbst erkundigen wollte. So sehr aber der Freyherr von Fuchs bey diesem Prinzen, und dessen glorreichen Vater, in Gnaden stand: so viel Mühe gab sich doch der Neid, höchst nachtheilige Handlungen von ihm auszubreiten, und Friedrichs Liebling einige Jahre vorher zu stürzen. Diese Ursache veranlassete auch, daß er eine Zeitlang des außerordentlichen Vertrauens beraubt zu seyn schien, indem er fast an keiner wichtigen Angelegenheit Theil nahm. Doch hinter gar zu sichern Verschanzungen wußte er den Angriffen seiner Feinde klüglich auszuweichen. Es ist leicht zu glauben, daß diesen Umständen die Erfindung einer emblematischen und satyrischen Medaille zugeschrieben werden müsse, die auf ihn geprägt seyn soll, und vielleicht noch jetzt, da ich dieses schreibe, vom Herrn D. Oelrichs zu Berlin gesucht wird. In den Büschingischen wöchentlichen Nachrichten des Jahrs 1779. Stück 46. S. 372. heißt es, der Avers stelle einen Barfüsser Mönch vor, der mit dem Kolben, oder einer Keule, einen Fuchs werfen will, und ihn nicht trifft; der Revers hingegen sey mit diesen Holländischen Reimen angefüllet:

De

XIV. Paul Freyherr von Fuchs.

De Barfeter Mönch, de grote Os,
Smiet met dem Kolve na dem Vos;
Maar hereft hem niet.

Kurz, Fuchs erhob sich wieder, und es gieng hernach der ganze Plan, die Königliche Krone aufs Churbrandenburgische Haus zu bringen, durch seine Hände. Ohne Zweifel sah man es ein, daß er sich unentbehrlich gemacht habe.

Denn er war einer der aufgeklärtesten Staatsmänner seines Zeitalters, welcher dabey eine so hinreissende Beredsamkeit besaß, als man damals nur erwarten konnte. Friedrich Wilhelm brauchte ihn sehr nützlich, den Dänischen König, Christian den V, im Jahre 1682. zu bewegen, daß er Frankreich zum Gefallen, keinen Krieg anfangen möchte. Fuchsens große Talente im Ueberreden leuchteten bey dieser Unterhandlung dergestalt hervor, daß der König an den Churfürsten schrieb, und bath, ihm diesen Mann nicht wieder zu schicken, der ihn noch dahin bringen würde, das Hemde vom Leibe wegzugeben. Wie schmeichelnd für Gesandte ist ein solcher Ausdruck! Und dennoch war der Brandenburgische Minister am Hofe zu Copenhagen willkommen. *) Da der Ausgang dieser Sache mit den Wünschen des Churfürsten gänzlich übereinstimmte: so wurden dem Freyherrn von Fuchs weit mehr Gesandtschaften aufgetragen. Er mußte daher 1684. an den Churcöllnischen, den Braunschweig-Lüneburgischen, den Bischöflich-Paderbornischen, den Fürstlich-Oranischen, und andere Höfe reisen, wo er alle seine Kräfte anstrengte, die vertrau-

---
*) Sam. Buchholtz in der Geschichte der Churmark Brandenburg, Band IV. S. 131.

trauliche Zusammentretung mit den benachbarten Ständen entweder zu erhalten, oder zu befördern. Im Jahre darauf räumte er einige Mißverständnisse zwischen seinem Herrn, und dem Prinzen von Oranien glücklich aus dem Wege; er suchte die Freundschaft der vereinigten Provinzen mit dem Churfürsten, und unter ihnen selbst, wieder herzustellen, schloß auch einen Tractat, welcher rückständige Subsidien, und andere Prätensionen an die Generalstaaten, betraf. Nachdem er 1686. im Namen des Churfürsten ein Bündniß mit der Crone Schweden vollzogen hatte, befreyete er, durch nachdrückliches Zureden, einige Monathe hernach die Stadt Hamburg von den gedroheten Gefahren der Königlich-Dänischen Kriegsvölker, bey welcher Gelegenheit er auch 1688. die entstandenen Zwistigkeiten des Königes in Dännemark mit dem Holstein-Gottorpischen Herzoge, Christian Albrechten, zu Altona beylegen half, und den Bemühungen zweener Kayserlichen Reichshofräthe sowohl, als des Churfächsischen geheimen Raths von Hünicke, ein stärkeres Gewicht gab. Doch geschah es nicht ohne die beschwerlichste Mühe, dergleichen er sich nicht erinnerte, sonst gehabt zu haben. Eben daßelbe that er 1693. als der Dänische König nicht verstatten wollte, daß der Herzog, Georg Wilhelm, von Celle, die Lauenburgische Hauptstadt, Ratzeburg, befestigen ließ, und es darüber schon zu Thätlichkeiten gekommen war. Endlich hatte er noch das Vergnügen, es dahin zu bringen, daß sich die hohen Fürstlichen Braunschweig-Lüneburgischen Häuser, Celtischer und Wolfenbüttelischer Linie, nach dem geschehenen Einfalle verschiedener Regimenter von jener Seite in die Wolfenbüttelischen Lande, freundschaftlich wieder verglichen, und dadurch die innerlichen Unruhen, welche leicht fürs ganze deutsche Reich die traurigsten

Folgen

Folgen haben konnten, nicht weiter ausbrachen. Alles dieses erzählt Pufendorf in seiner Geschichte Friedrich Wilhelms, des Grossen, weitläuftiger.

Bis hieher gehet mein Abriß von dem Freyherrn von Fuchs, als einem Minister und Hofmanne, der auf dem schlüpfrigen Schauplatze der Mächtigen seine Rolle mit so vieler Behutsamkeit, und so seltenem Glücke, spielte. Aber dieses war es nicht allein, weswegen sein Name zur Classe der Privatmänner vom ersten Range gehört. Ein immer lebhafter Geist; Fleiß und Fertigkeit bey der Verwaltung überhäufter Staatsgeschäfte zur Ehre der Fürsten, welchen er diente, und zum Besten der Völker; Verschwiegenheit, wenn es die Sache erforderte: beständige Liebe zur Gerechtigkeit; freundschaftliches Betragen gegen seine Amtsgenossen; Herablassung zu Niedrigen; Bereitwilligkeit, Nothleidenden Schutz und wohlthätigen Beystand zu leisten; solche Eigenschaften, die den Character erhabener Personen am meisten adeln, machten ihn nicht weniger mit unauslöschlichen Zeichen merkwürdig. Insbesondere muß ich noch seinen ungemeinen Eifer für die christliche Kirche rühmen. Da er Präsident im Berlinischen Consistorio war: so setzte er die vornehmste Pflicht darinn, daß die Ausbreitung der Gottesfurcht auf dem Lande sorgfältiger befördert werden möchte. Nur könnte sein Uebergang von der lutherischen Religion zur reformirten Gemeine einige ihm nachtheilige Begriffe veranlassen. Gewiß ist es, daß er dieses, nebst seiner ganzen Familie, gethan habe. Doch man muß es seinem Gewissen zutrauen, es sey ein solcher Schritt nicht der verwerflichen Ursache wegen, seinen Souverains mehr zu gefallen, sondern aus Ueberzeugung geschehen.

XIV. Paul Freyherr von Fuchs.

Der Freyherr von Fuchs hatte sich zweymal vermählt. Zuerst mit einem Französischen Frauenzimmer, aus welcher Ehe eine gelehrte Tochter die Gattin des großen Staatsministers, Wolfgang Freyherrn von Schmettau, geworden ist; die andere starb vor dem Vater. Alsdann aber schenkte er einer gebohrnen Friedbornin Herz und Hand. Sie brachte einen Sohn, Johann Paulen, zur Welt. Er wird als Königlich-Preussischer Hof- und Ravensbergischer Aprellationsrath angeführt, und hatte 1696. zu Utrecht eine wohlgesetzte lateinische Rede von der Eroberung der Festung Namur gehalten, die auf 8 Bogen in Folio gedruckt, und vielleicht unter Joh. Ge. Grävens Feile gewesen ist. Ausser dem oben genannten Guthe Malchow, fielen Webberau, Fuchshöfen, Helnersdorf ꝛc. vom Vater auf ihn und seine Schwester.

Eingedenk meines bisherigen Plans, muß ich nun auch den Minister aus der Reihe der Schriftsteller hervor rufen. Die im bürgerlichen und im deutschen Lehn- und Staatsrechte erlangte tiefe Einsichten waren es nicht allein, welche seiner Gelehrsamkeit keinen geringen Werth beylegten. Er hatte sich zugleich mit den schönen Wissenschaften von Jugend auf beschäftiget, und vorzüglich die lateinische Sprache nicht obenhin gelernt. Daher kam es ihm gar nicht schwer an, zierliche Antworten darinn zu geben, wenn er dergleichen Briefe von Gelehrten erhalten hatte, gegen welche überhaupt er die besten Gesinnungen zeigte, und es für ein reizendes Vergnügen rechnete, so bald er nur Mittel vor sich sah, sie zu unterstützen.

Einige Schriften von ihm sind gedruckt vorhanden, und sie verdienen es, daß ich ihre Titel mit eingemischten Anmerkungen hinzusetze.

1) Gra-

1) Gratulatio panegyrica ad Bernhardum, Ducem Saxoniae, Ienae 1664. in Fol. 4 Bogen stark. Die Geburt des Prinzen Wilhelm, gab darzu Gelegenheit.

2) Tabellae iuridicae secundum ordinem ac methodum Institutionum Iustiniani, ibidem 1665. 1 Alphab. 7 Bog. in Folio. Der Gegenstand einer voranstehenden Epistel an den nachmaligen Oberhofmeister des jungen Brandenburgischen Churprinzen, Friedrich, den Freyherrn Otto von Schwerin, welche allein 7 Bogen ausfüllt, ist die iurisprudentia, ab illustribus et nobilibus excolenda. Zum ganzen Werkgen machte Fuchs schon den Entwurf, als er erst 21 Jahre alt war, und zu Leiden studirte, wie er selbst in der Vorrede zur folgenden Paraphrasi Institutionum meldet. Der Tabellen sind 15 an der Zahl, mit Noten, worinn vornehmlich erinnert wird, was bey den meisten Europäischen Völkern von dem Römischen Rechte noch gültig, oder abgeschaft worden sey?

3) Dissert. de usu et abusu promotionum academicarum, Duisb. 1668. 1¼ Quartbogen. Eine Rede bey Heinr. Brokes Doctorpromotion, der Verfasser hat diese Abhandlung vermuthlich mit gutem Bedachte keine Rede nennen wollen, weil er selbst erkannte, daß ihr der darzu nöthige Schmuck fehle.

4) Diss. de beneficiis, debitoribus concessis, ibidem 1668. auf 4 Quartbogen.

5) Institutionum iuris Paraphrasis perpetua, Duisb. 1671. in 4. Ein Werk von 2 Alph. 21 Bogen. Es ist, eigentlich zu sagen, der zwote Abdruck

der unter der Num. 2. angezeigten Tabellen, welche er hier verändert und vermehrt, auch am Ende jedweden Buchs der Institutionen gesetzt hat. Dabey ist er bemühet gewesen, des Pacius Analysin Institutionum zu verbessern, wo er die Sache nicht getroffen, oder auch leichter hätte machen können. Der Text unterscheidet sich von den darzwischen stehenden Anmerkungen, die den heutigen Gebrauch mit anzeigen, durch kleinere Lettern. Ich habe einst in Daniel Elzevirs Catalogo librorum bibliopolii sui, welches Verzeichniß zu Amsterd. 1674. in 12. erschien, auf der Seite 30. der juristischen Bücher eine Arnhemische Ausgabe unterm Jahre 1670. angetroffen. Allein es ist leicht zu vermuthen, daß sie nur dem Titel nach von der Duisburgischen abweiche. Zu Leipzig besorgte Andr. Nyplius 1684. in 8. eine abermalige Edition, und vermehrte sie mit allerley Noten aus den neuern, besonders den Sächsischen Rechten. Sie ward eben allda 1701. auch in 8. wiederholt, und dieses Exemplar enthält, nebst den Titeln der Pandecten de V. S. und de Reg. Iuris, 2 Alphab. 7 Bogen. Sam. Friedr. Willenberg veranlassete sie, und stellte sein 1699. zu Frankfurt an der Oder herausgegebenes Programm voran, de auctoritate opinionum Ictorum, woraus man siehet, daß er über das Fuchsische Buch habe disputiren lassen.

6) Oratio valedictoria, Duisb. 1671. Wie Withof in den Actis sacror. saecular. Acad. Duisburg. S. 102. anführt, so nahm er damit von der Universität Abschied. Ich habe jedoch kein Exemplar gesehen.

7) Epi-

7) Epistola ad *Ludov. Seldenum*, qua belli Gallo-Belgici momenta exponuntur, 1672. in 4. unter dem angenommenen Namen Sinceri Germani. Dieses Sendschreiben findet man eingedruckt im Bande XXVI. S. 17 — 30. des Diarii Europaei, und darauf folgt sowohl eine deutsche, als Französische Uebersetzung.

8) Oratio, qua inaugurauit solenniſſime Academiam Fridericianam, Berolini 1694. in 4. Zu dieser ersten Ausgabe sind noch Joh. Wilh. Baiers Rede, und Joh. Ge. Grävens Glückwunsch an den hohen Stifter, Friedrich den III, hinzugekommen. Die Fuchsische Hauptrede, woraus deutlich genug erhellet, daß er zu damaliger Zeit, mitten unter den wichtigsten Geschäften, sein Latein noch nicht vergessen gehabt habe, stehet auch in des *Cellarius* Inauguratione Academiae Fridericianae Halensis, S. 131 — 149; in Tenzels monathlichen Unterred. 1694. S. 560 — 581. und in Lünigs Orationibus Procerum Europae, Th. III. S. 159 — 179. Eine deutsche Uebersetzung folgte zu Berlin in 4. und demselben Jahre, da das Original hervortrat. Sie wurde hernach in Lünigs Reden großer Herren, Th. II. S. 531. wie auch in der Nordhausischen Sammlung auserlesener deutscher Reden unterm Jahre 1727. Th. I. S. 340 — 371. von neuem gedruckt.

9) Gehaltene Anrede, als der Churfürstliche Prinz von Brandenburg 1695. dem Grafen zu Dohna zur Auffsicht übergeben wurde, Berlin 1696. in 4.

10) **Verschiedene Huldigungsreden**, und eine andere, bey der Introduction des Hofpredigers Jablonsky. Sie sind alle von Lünigen den Reden großer Herren, Th. I. und II. einige auch der eben gedachten Nordhausischen Samml. Th. I. S. 215. 240. und S. 371. einverleibt worden. Wer sie jetzt lieset, und verstehet, was eine wahre Beredsamkeit sey, der wird freylich den Kopf schütteln, aber doch von einer gelinden Meynung sich nicht entfernen, wenn er ungefehr ein Jahrhundert zurück denkt, und in diesem Zeitpunkte die deutsche Mode zu reden betrachtet.

Joh. Theodors Jablonsky deutsche Abhandlung von den vortreflichen Verdiensten des Freyherrn von Fuchs, Berlin 1705. in Fol. Schöttgen rückte sie ganz ein im Stück I. des alten und neuen Pommerlandes, S. 54. und eben dieses geschah in der Nordhausischen Sammlung, Th. I. S. 665. Das meiste daraus ist auch im histor. Schauplatze vornehmer und berühmter Staats= und Rechtsgelehrten, Th. I. S. 10. heimlich, und ohne die gehabten Hülfsmittel anzuzeigen, genommen worden. *Christoph. Cellarii* Oratio in memoriam *Pauli a Fuchs*, nomine Academiae Fridericianae, Berol. 1705. Fol. und in dessen zusammen gedruckten lateinischen Reden, S. 228.

XV.

Heinrich von Henniges.

Von dieses Staatsmannes Lebensgeschichte haben wir lange Zeit keine recht genauen Umstände gewußt. Nun aber ist es seit ungefehr zwanzig Jahren bekannt geworden, daß er am 5. Septemb. 1645. zu Weissenburg, in der Fränkischen freyen Reichsstadt am Nordgau, gebohren worden sey, und zwar in der nahe dabey liegenden Festung Wülzburg, einer ehemaligen ansehnlichen Benedictiner Abtey, welche dem Marggrafen von Brandenburg Onolzbach gehört. Sein Vater, Lorenz Henniges, der Sohn eines Juweliers zu Schwabach, hatte zuerst des Marggrafen, Joachim Ernsts, beyde jüngere Prinzen, Albrechten und Christianen, unterwiesen, war alsdann geheimer Secretair, endlich aber Aufseher über diese Festung, und Verwalter des Amts. Die Mutter, Margaretha, eine Tochter des Consistorialraths und Stadtpfarrers zu Onolzbach, Lorenz Lälius, hatte der Fürstlichen Wittwe, Sophien, gebohrner Gräfin von Solms-Laubach, als Cammerjungfer gedient.

Der junge Henniges mußte schon 1651. zu Weissenburg den Anfang der Studien machen, und in so zartem Alter zeigten sich die Spuren derjenigen grossen Talente, welche ihm die Natur geschenkt hatte. Aus der Schule kam er nach Jena, und durchlief den ganzen Cirkel der Rechtsgelehrsamkeit, und der vornehmsten damit verbundenen Wissenschaften, in den

Hörsaalen der geübtesten Lehrer. Er besuchte auch die hohe Schule zu Altorf, und disputirte daselbst 1670. zur Erlangung des juristischen Doctorats, welches er aber erst 1676. wirklich angenommen haben soll. So lauten die gemeinen Nachrichten. Indessen bleibt diese Sache, die an und vor sich eine Kleinigkeit ist, ungewiß; wenigstens kann man beweisen, daß ihn der Churbrandenburgische Gesandte auf dem Reichstage zu Regensburg, der Graf von Metternich, 1689. noch immer Licentiaten genennet habe.

Von Altorf reisete Henniges nach Onolzbach, ohne Zweifel sich hier den Weg zu seinem Glücke zu bahnen. Allein er kam bey allen Bedienungen, die seinen Fähigkeiten angemessen waren, und um welche er, auf eine erlaubte Weise, anhielt, in keine Betrachtung. Ein sehr gewöhnliches Schicksal tausend anderer, die mit Laufen und Flehen ihren Endzweck doch nicht erreichen, vielmehr in Gedult so lange warten müssen, bis die Vorsehung die ihnen günstige Stunde herannahen läßt. Aus der weitern Erzählung werden wir erkennen, wie viel Henniges dabey gewonnen habe. Immittelst ließ er den Muth nicht sinken. Er vollendete sein Buch von der Gewalt des Kaysers in Kirchensachen, und suchte, wie man sagt, am Römisch-Kayserlichen Hofe eine Beförderung. Aus eben dieser Ursache mag er auch wohl in dem gedachten, und dem andern Werke, welches bald nachfolgte, so vortheilhaft für das Ansehen des Kaysers geschrieben haben.

Nicht lange darauf lernte ihn Friedrich von Jena, dessen Leben ich im Bande III. meiner Beyträge geliefert habe, aus den Anmerkungen über den Grotius vom Rechte des Krieges und Friedens genauer kennen. Da nun Henniges zu Frankfurt an der Oder

XV. Heinrich von Henniges.

kurze Zeit ein Privatlehrer gewesen war, und daselbst, wenn Gundlings Erzählung zu trauen ist, eine Verwandte von seines Gönners Bruder, Gottfrieden von Jena, heyrathete: so führte ihn das Glück mit schnellen Schritten auf einen Schauplatz, wo er endlich in vollem Glanze erscheinen sollte.

Zuerst trat er beym Schlusse des Jahrs 1678. als geheimer Secretair in die Dienste des Churfürsten, Friedrich Wilhelms, zu Berlin. Kaum war aber seine Bestallung ausgefertiget worden, nach welcher ihm ein jährlicher, jezt ganz geringer Gehalt, von zweyhundert Thalern zukam, als der geheime Legationssecretair, der Licentiat Becker, zu Regensburg starb. Henniges wurde am 7. Febr. 1679. an dessen Stelle gesezt, und der Nachfolger seines großen Churfürsten bestätigte ihn am 11. Decemb. 1689. in dieser Bedienung. Ein hundert Thaler Zulage, nebst sechs und dreyßig Thalern monathlicher Subsistenzgelder, erleichterten den Aufenthalt, welchen eine zahlreiche Versammlung so vieler Minister freylich kostbar machen mußte. Der Churbrandenburgische Gesandte, Graf von Metternich, bezeigte eine besondere Zufriedenheit über die Arbeiten seines Gehülfen, und schlug 1688. dem Onolzbachischen Hofe vor, sich durch denselben alle Acten des Reichstags und die Protocolle beym Fürstlichen Collegio ꝛc. zuschicken zu lassen. Dieses wurde gern angenommen, auch ihm zur Belohnung der Mühe ein Jahrgeld von funfzig Thalern verwilligt.

Im Jahre 1690. accreditirte ihn sein Herr, unter dem Character eines Hofraths zu den Churfürstlichen Stimmen, wobey er noch 1692. die Vollmacht erhielt, im Fürstenrathe zu sitzen: 1708. aber ward er geheimer Rath, und neben dem Grafen von Metternich, 1710.

1710. Comitialgesandter. Friedrich, der erste Preußische König, erhob endlich seinen Henniges in den Adelstand, damit er auf dem Reichstage mehr Ansehen haben möchte. Seine letzte Verrichtung war im folgenden Jahre zu Frankfurt am Mayn. Dahin reisete er zur Wahl des Kaysers, Carls des VI. Der Graf von Dohna hatte die Ehre, der erste, er hingegen der zweete Churbrandenburgische Bothschafter zu seyn. Allein er konnte nur ein einzigesmal am 5. August dem Congresse beywohnen, weil ihn den Tag darauf ein heftiger Schlag tödtete. Es fehlte nur ein kurzer Zwischenraum, so wäre er in sein sieben und sechzigstes Lebensjahr getreten. Einige Staatskluge Leute glaubten, er würde das Capitulationsgeschäfte ziemlich verwirrt haben; daher sey er zur rechten Zeit gestorben. Besonders widersetzte er sich sogleich den unstatthaften Bestrebungen des Päbstlichen Nuntius, Albani, welcher nicht nur den Rang über die geistlichen Churfürsten verlangte, und einem gewissen, damals in Frankfurt verborgen lebenden Prinzen, zur Kayserkrone helfen, sondern auch den beyden, in die Acht erklärten Churfürsten zu Cöln und Bayern das Wort reden wollte. Mehr davon zu melden, würde hier Ausschweifung heißen. Wer alles im Zusammenhange wissen will, der muß die neueste Reichshistorie nachlesen.

Der von Henniges war ziemlich kleiner Statur, doch wohl gebaut, und mit ausnehmender Lebhaftigkeit des Geistes begabt. Er soll dem Hällischen Professor Gundling ganz ähnlich gewesen seyn. Im Reden zeigte er vielen Anstand; in Rathschlägen Scharfsinn; und wenn er zur Arbeit gieng, außerordentlichen Fleiß. Nur handelte er oft zu hitzig, und eben deswegen fehlte es ihm nicht an Feinden.

So

XV. Heinrich von Henniges.

So eifrig er anfangs in seinen ersten Schriften das Kayserliche Ansehen zu unterstützen bemühet gewesen war, und so wenig er sonst von einer einmal gefaßten Meynung abzugehen pflegte: so sehr suchte er die Macht des Kaysers in den Churbrandenburgischen Diensten zu schwächen. Der Wienerische Hof haßte ihn auch am meisten, und vornehmlich aus der Ursache, weil ihm 1703. gar stachelichte Ausdrücke gegen den Kayser entfallen waren, welche derselbe seinem Herrn bekannt machen ließ, mit dem Verlangen, ihn zu bestrafen. Seine Freymüthigkeit leuchtet überhaupt in denjenigen seiner Werke hervor, welche zur Erläuterung des deutschen Staatsrechts gehören; denn hier fand man ihn gleichsam als Herrn auf seinem Boden. Nur bedauren einige, daß er nicht genug historische Kenntnisse besessen habe. *Nic. Hieron. Gundling* hielt daher wenig von ihm; es scheint aber sein Urtheil über die Grenzen der Billigkeit hinaus zu gehen. In der Barrenträppischen Ausgabe des Discurses zur Aufklärung des Westphälischen Friedens sagt er unter andern, Henniger sey ein Glossenmacher, ein elender, ja gar kein Historiker, und ein ganz kleiner Jurist gewesen; ferner nennt er ihn einen Azo, einen Glossator, nicht einmal so gut, als *Accursius*; seine Noten zum Westphälischen Friedensinstrumente wären *guttulae Pedanticae*, keine *gemmae*; er estimire ihn wie den *Pepo, pro homine nihili*. Man sehe die Seiten 2. 80. 98. und 109. Das Wichtigste davon wird auch in dem Gundlingischen Discurs über denselben Gegenstand, den *Scutel* ans Licht gestellt hat, S. 4. der Prologomenen, wiederholt, woraus wohl zu vermuthen ist, daß es ein Raisonnement des Lehrers, nicht aber des Nachschreibers, sey. Unterdessen giebt doch jener zu, man habe seine Betrachtungen mit großem Beyfalle aufgenommen, und daß an des Verfassers schönen Notiz in Reichssachen, zumal wenn er das Regensburgische Protocoll vor sich gehabt, nicht gezweifelt werden könne. Ein neuer, beliebter Schriftsteller im deutschen Staatsrechte, der Herr geheime Justizrath Pütter, hat weit bessere Begriffe von dieses Ministers Wissenschaft, wie ich unten beweisen will.

Hier muß ich nur einige Worte hinzusetzen, welche desselben hinterlassene Familie betreffen. Seine Wittwe, Anne Elisabeth von Nesin, die Schwestertochter von der ersten Gemahlin Gottfrieds von Jena, folgte ihm 1723. zu Coburg im Tode nach. Mit ihr hatte er eine Tochter, welche an einen Herrn von Guttenberg verheyrathet ward, und zween Söhne gezeugt. Der älteste, Nicolaus Dieterich, lebte auf seinem Landguthe Rotenhof, bey Coburg; der zweete aber, Franz Eberhard von Henniges, starb in dieser Stadt unbeweibt, und noch nicht 22 Jahre alt.

Ihres verdienstvollen Vaters Schriften, wodurch er seinen Namen auch in der gelehrten Republik merkwürdig gemacht hat, sind nun der Gegenstand, mit welchem ich mich zu beschäftigen verbunden bin.

1) Diss. de tributis et censibus, Ienae 1668. 4½ Bogen, unter Ernst Friedrich Schröters Vorsitze.

2) Diss. de nullitatibus appellationum, Altorfii 1670. Seine Gradualschrift, die aus 2 Bogen besteht.

3) Observationes politicae et morales in *Hug. Grotii* de iure belli ac pacis libros III. Sulzbachii 1673. in 8. auf 3 Alphabet. Noch als Student hatte er ungefehr innerhalb zwey Jahren den

Grotius

Grotius zehnmal durchgelesen, und bereits zu Altorf diese Anmerkungen angefangen, zu Onolzbach aber vollendet. Durch vielfältige Ausfälle auf Casp. Zieglern, welcher hierinn sein Vorgänger war, suchte er sich einen Namen zu machen; allein dieser wollte ihm den Gefallen nicht thun, zu antworten. Conr. Sam. Schurzfleisch in einem an Pet. Hoinfelden 1674. geschriebenen Briefe, Num. 163. S. 166. der Epistolar. selectorum, wünscht diesem zuerst Glück, daß er die Ehre derjenigen großen Männer retten wolle, welche Henniges angegriffen habe. Darauf schreibt er weiter, Hennigelium multa temere et imprudenter effutiiſſe; libro hoc viam ſibi munire voluiſſe ad Conſiliarii dignitatem in aula Onoldina, vt fama ſit; in hiſtoria hoſpitem eum eſſe. Er soll auch zu Jena in öffentlichen Diſputationen widerlegt worden seyn, wovon ich jedoch keine genauere Nachricht ertheilen kann. Zu einer Zeit, da man dem natürlichen Rechte noch nicht Achtung genug auf den Univerſitäten erwies, war ein solches Buch allerdings sehr zu bewundern, und man rühmte die Belesenheit, den Fleiß, und die Urtheilskraft eines noch jungen Gelehrten. Unterdessen bemerkte man auch, daß der Verfasser in der Moral keine großen Schritte gethan habe; daß er in seinen Ausdrücken zu heftig sey, wie bereits berührt worden ist; und daß er oft auf Nebendinge stoße, die zur Erklärung des Grotius nicht das geringſte beytragen. Ich berufe mich hier auf die Manes *Hug. Grotii*, ab iniquis obtrectatoribus vindicatos, welche dem Wittenbergischen Univerſitätsbibliothekar, Knauthen, zugeeignet werden, Th. II. S. 634. Thomaſius
hinge-

hingegen in der paullo pleniore historia iuris naturalis S. 78—80. hatte schon vorher von dieser Arbeit ein gelinderes Urtheil niedergeschrieben. Ich pflege sonst nicht leicht Anderer litterarische Fehler zu bemerken; an dieser Stelle aber kann ich denjenigen nicht stillschweigend übergehen, welchen Glafey S. 120. der Geschichte des Rechts der Vernunft begangen hat. Er versichert, des von Henniges Vorrede de Operis Grotiani occasione, titulo, argumento, praesidiis, artibus, naeuis, laudationibus et obtrectationibus sey mit gutem Nutzen zu gebrauchen. Diese Vorrede hat er ganz gewiß nicht angesehen, sondern nur Stollen in der Anleit. zur philosophischen Gelahrheit, S. 660. der vierten Auflage flüchtig nachgeschrieben. Daselbst aber wird eben dasselbe von Joh. Heinr. Böclern gesagt, und beym Thomasius am angeführten Orte, S. 72. stehet es auch. Wie wenig kann man doch Schriftstellern trauen, die sich nicht einmahl die Mühe geben, einige Zeilen in vor sich habenden Büchern recht zu lesen!

4) Liber de summa Imperatoris Romani potestate circa sacra, Norimb. 1676. 2 Alphab. 19 Bog. in 8.

5) De summa Imperatoris Romani potestate circa profana liber vnus ibid. 1677. 1 Alph. 19 Octavbogen. In der Vorrede bezeigt er schon eine Reue, daß er die Anmerkungen über den Grotius habe drucken lassen, weil ihm, so lauten seine eigene Worte, die contentiosa et arrogans quaedam iudicii immoderataque libertas nun mißfalle. Deswegen verspricht er eine neue Ausgabe praeciso omni luxu et acerbitate, welche aber

aber zurückblieb; denn es hatte das Buch keinen starken Abgang. Daß er in beyden Werken, aus oben angeführten, gut Kayserlich gesinnet gewesen, jedoch hernach, als Churbrandenburgischer Minister, ganz anders gedacht habe, ist offenbar. Es hieß hier: dessen Brod ich esse, dessen Lied ich singe. Mosers Biblioth. iur. publ. Th. I. S. 42.

6) Annotata ad *Wilh. Beckeri* Synopsin iuris publici, Frst. 1680. auf 16½ Duodezbogen. Diesen Römischcatholischen Schriftsteller scheint er oft zu widerlegen, um nur Etwas zu tadeln. Struvs Biblioth. iuris S. 742. der neuesten Ausgabe.

7) Discursus de Suprematu aduersus *Caesarin. Fürstenerium*, Hyetopoli ad Istrum (Ratisb.) 1687. in 8. ohne Namen, 8½ Bogen. Leibnitz hielt ihn für den Verfasser. In dem Otio Hanouerano, oder Miscellaneis Leibnitianis, S. 233. schreibt er: Mr. *Henniges*, Envoyé du Duché de Magdebourg à la Diète de Ratisbone, est auteur de ce Discours, qui est écrit d'une maniere fort civile, et en fort bon Latin. Eine weitläuftige Recension dieser Abhandlung, worinn er vornehmlich untersucht, ob denn der Supremat wirklich von den Rechten der Landeshoheit unterschieden sey? welches er verneinet, theilen die Latein. Acta Erud. 1688. S. 147 — 156. mit.

8) Discursus de iure Legationis Statuum Imperii, Eleutheropoli, (vermuthlich auch zu Regensburg) 1701. auf 21 Octavbogen. Er hat sich den erdichteten Namen Iustinus Presbeuta gegeben. Die Vorrede dieses Werkgens, dessen vorgesetzte Summarien einen ganzen Bogen ausfüllen, ist von einem Andern, welcher sich

die Edition zueignet, und dabey meldet, daß der ihm unbekannte Verfasser bereits gestorben seyn solle. Vielleicht hat man dieses nur verstellter Weise also hingeschrieben. Indessen wird der von *Henniges* einmüthig für den Fabrikanten gehalten. Man sehe z. E. Ludewigs Dissert. de iure adlegandi Ordinum S. R. Imp. in den Opusculis miscellis, Th. I. S. 315. in der Note s. auch *Serivs* Bibl. iur. S. 848. wo gesagt wird: ab *Henniges* Discursus inter optimos sane habendus est, cum ab eo exhauriatur omnis haec materia, iura Legationum Statibus adserantur, et multa experientia firmentur. Was aber weiter folgt, daß Christ. Thomasius in den Observat. *Halensibus*. Th. II. Artikel 17. S. 401 — 416 weitläuftiger von diesem Büchelgen gehandelt habe, ist nicht wichtig genug. Nur zuletzt wird desselben mit wenigen Worten erwähnt. Alles andere betrifft die bekannten Werke Wicqueforts und Rulpisens. Auch in den Mascovischen Principiis iur. publ. Buch VI. Cap. 4. §. 13 heißt es: maximi merito habendum esse Domini ab *Henniges* libellum. Wer die Memoires *de Trevoux* im Junius des Jahrs 1702. S. 446. aufschlägt, dem wird eine umständliche Recension davon in die Augen fallen. Man erinnert zugleich, der Verfasser habe den Grotius, Wicquefort und Rulpis ziemlich genutzt, diese aber, damit es nicht leicht bemerkt werden möchte, oftmals widerlegt. Darauf kommt der Zusatz: Il faut néanmoins lui rendre cette justice, qu'il les refute à propos: et que dans les questions controversées entre les Ictes il prend assez bien son parti! En un mot, il auroit fait un bon ouvrage, s'il avoit pu y donner une meilleure

leure forme, et y garder un peu plus de moderation au regard des Papes et de la France. Eine gar bescheidene Censur von damaligen Jesuiten. Ehe ich diesen Gegenstand verlasse, will ich noch des Canzlers von Ludewig Meynung am angeführten Orte, S. 303. hinzuthun. Hier sind seine eigene Worte: Auctor pseudonymus est, litteris vero ac vsu negotiorum publicorum admodum praestans. Supplet enim passim, quae *Culpisius* omisit, et loca, vbi idem ostendit, diligenter emendat, omniaque ad praxin solemnium in Imperio congressuum reuocat, vt adeo parum, aut nihil, in eo desiderari posse videatur. Vellem quidem alicubi plenior fuisset in rationibus exemplisque: sed placuit concisum esse, forte, ne rerum publicarum administri granditate voluminis a lectione absterrerentur.

9) Meditationum ad Instrumentum Pacis Caesareo-Suecicum Specimina X. vom Jahre 1706. an, bis 1712. auf 13 Alph. in 4 mit dem Texte selbst, aber ohne Namen und Druckort, welcher Halle war. Das letzte Stück erschien erst nach des Verfassers Tode, und es mag dieses wohl, des Registers wegen, geschehen seyn; denn es sind lauter fremde Sachen darinn, nehmlich Cranzens zu Strasburg 1688. gehaltene Gradual-Dissert. de eo, quod circa reditus bonorum ecclesiasticorum, ex alieno territorio debitos, in Imperio inter Status hodie iuris est; eine kurze, doch gründliche Information, in Sachen Frankfurt contra Hanau, die in dem Gräflich-Hanauischen territorio gelegene, sogenannte Weissenfrauenklostergüther, Renthen und Gefälle betreffend.; Joh. Wilh. Itters weitläuftige

XV. Heinrich von Henniges.

Disquisitio iuris publici de bonis ecclesiasticis, eorumque ex alieno territorio debitis reditibus, inter Protestantes Imperii Status controuersis, Francof. 1687. welche Abhandlung der Cranzischen entgegengesetzt worden ist; Joh. Christian Itters in iure et facto wohlgegründete Gegeninformation in Sachen Frankfurt contra Hanau ꝛc. Sie ist wider die obige Hanauische Deduction für die Reichsstadt Frankfurt geschrieben worden; *Schilteri* Dissert. de termino a quo restitutionis bonorum ecclesiasticorum, worauf das Register, dessen Beschaffenheit gar schlecht ist, den Beschluß macht. Der von Henniges hat in diesem Werke dem allerwichtigsten seiner übrigen Schriften, von welchem die Supplementa Actor. Erudit. Band V. S. 151. die Hällische Neue Biblioth. Band I. St. 2. S. 91—102. und Moser in der Bibl. iur. publ. Th. I. S. 43—73. Nachricht ertheilen, viele sogenannte Mantissas eingeschoben. Unter solchen verdienen vorzüglich die Abhandlungen gelesen zu werden Spec. II. S. 278—305. de Statibus Imperii; Specim. IV. S. 1—50. de superioritate territoriali Statuum Imperii; Specim. V. S. 77—132. de iudicii aulici naeuis, defectibus et vitiis. Die Mantissa 5 im Specim. VIII. S. 1547—1556. rührt aber nicht aus seiner Feder her. Bernh. Zech, ein bekannter Chursächsischer Minister, hat sie gemacht, wie Kreyssig in der histor. Biblioth. von Obersachsen, S. 190. der zwoten Ausgabe anzeigt. Ueberhaupt ist das ganze, mehr juristisch als historische Werk, mit vielen seltenen Nachrichten angefüllt, die kein akademischer Gelehrter hätte liefern können. Keinem wäre auch erlaubt gewesen, mit solcher Dreistigkeit zu schreiben.

ben. Es soll daher wenig gefehlt haben, daß es nicht zur Confiscation, oder wohl gar zu einer schimpflichen Verbrennung, gekommen wäre. In der Vorrede recensirt der Verfasser die Commentatoren über dieses Friedensinstrument sehr freymüthig. Was er aber S. 850. des Specim. VI. geschrieben hatte, *stolidam esse ferociam, quod Ciuitates Imperiales, Francofurtum, Norimberga et Hamburgum, folint Reformatis locum dare intra moenia sua,* das widerlegte **Joh. Adolph Pragemann** vermittelst einer zu Hamburg 1719. in 4. gedruckten Defensionis Rerum publicarum, Norimb. Francof. et Hamburgensis, worinn besonders dieser harte Ausdruck, nebst andern, die dem Reichssystem gefährlich zu seyn scheinen, geahndet worden sind. Von den exercitio Simultanei, welches der von Henniges S. 556—574. und S. 670. vertheidiget hat, ist **Christ. Thomasius** im Gespräch vom Simultaneo S. 250. zu lesen. Daß ihn aber hernach dieses gereuet habe, und er seine Meynung zu ändern nicht ungeneigt gewesen sey, beweiset der würdige Herr geh. Justizrath Pütter, in der Litteratur des deutschen Staatsrechts, Th. I. S. 352. nachdem derselbe vorher von des Verfassers Anmerkungen geurtheilt hatte, daß sie ungemein practisch und voller Gelehrsamkeit, auch meist sehr gründlich und treffend wären; es gebühre ihnen, wegen ihrer Vollständigkeit und Ausführlichkeit eine beträchtliche Stelle unter den Scribenten des allgemeinen deutschen Staatsrechts, deren wenige dem von Henniges an Scharfsinn und Erfahrung gleich kämen.

10) Observationes tres, 1) de iure belli et pacis, Statibus Imperii competente; 2) de iure belli et pacis,

pacis, Statibus Imperii, vi superioritatis, competente; 3) de iure belli et foederum Statuum Imperii Germanici. Zur letzten Abhandlung hat Thomasius einige Noten gesetzt, worinn er des Verfassers Zweifel gegen seine Dissert. de morum cum iure scripto conventione zu heben sucht. — Alle drey Stücke, die zusammen fast 7 Bogen erfüllen, stehen in den Observat. Selectis Halensibus, Th. III. S. 155—184; Th. IV. S. 94—151. und Th. VI. S. 378—400.

11) Considerationes ad clausulam artic. IV. Pacis Rysvicensis; eben allda Th. V. S. 132—171.

12) Meditatio politica de religione catholica Romana, ad eandem clausulam, in demselben Theile, S. 172—185. Diese drey Nummern eignet ihm Heumann zu in den Menckischen Miscellan. Lipsiensibus novis, Band I. S. 300. 302. 304. und 308. Von der ersten de iure belli et pacis, caet. versichert es auch Ludewig in der Dissert. de iure allegandi, Cap. IV. § 3. Band I. S. 452. der Opusculor. miscellor.

13) Memoriale an die Reichsversammlung zu Regensburg, die Grafschaft Tecklenburg und deren Dependentien betreffend, mit Beylagen, 1708. in Folio. Er hat, nach der Anzeige der Bibliothecae *Ludewigianae*, Th. I. S. 631. diese Staatsschrift verfertiget.

Im geheimen Archive zu Berlin liegt noch von ihm ungedruckt:

Eine weitläuftige, mit großem Fleiße abgefaßte Reichstagsgeschichte, nebst dem Register darüber vom Jahre 1662. bis 1675. auch Beylagen; und ferner bis 1711. in 17. Convoluten.

Und

XV. Heinrich von Henniges.

Und Gundling meldet im Discurs über den Westphälischen Frieden, S. 440. der Varrentrappischen Ausgabe, daß er die Handschrift des Projects von einer Capitulatione perpetua Imperatoris in der Verwahrung gehabt habe. Sie sey ihm vom Verfasser zugeschickt worden, damit er ihm seine Gedanken darüber eröfnen möchte.

Die Aquila Romano-Germanica, unter welchem Titel er das Staatsrecht des Römischen Reichs verstand, ist nicht fertig geworden. Er war gesonnen, dieses Werk nach und nach in fünf Theilen herauszugeben, wovon er am Ende der Vorrede zum Buche de summa Imperat. potest circa profana mehr sagt. Unterdessen ist eben dasselbe, nebst dem vorhergegangenen de Imperat. potestate circa sacra, ein Stück dieser Arbeit. Eine Erläuterung des Nürnbergischen Friedensexecutionsrecesses versprach er auf der letzten Seite des Specim. IX. in seinen Meditationibus ad Instrum. Pac. Caes. Suecicum. Allein die wahre Ursache, weswegen es nicht geschah, war ohne Zweifel der Tod, welcher ihm die Feder aus der Hand riß.

Einiges von dieses Ministers Lebensumständen habe ich aus seinen Schriften; aus der Moserischen Bibl. iur. publici; aus Gundlings Discurs über den Westphäl. Frieden, S. 4. in den Prolegomenis der Seustelischen, und S. 2. der Varrentrappischen Ausgabe; auch aus dem Catalogo Bibliothecae *Rinkianae* S. 650 gezogen. Die allerbesten Dienste aber haben mir zwo Programmen de vita et elogio viri quondam illustrissimi, *Henr.* ab *Henniges*, dabey geleistet, welche ich durch Gütigkeit des Herrn D. Oelrichs in Berlin, erhalten habe. Sie sind zu Onolzbach 1757. und 1758. auf 5 Quartbogen erschienen, und von dem gelehrten Rector, Joh. Sam. Strebel, ans Licht gestellt worden. Er hat darinn vielen Fleis bewiesen, und nur die Schriften nicht alle gekannt.

XVI.

Dionysius Gothofredus.

Der berühmte Rechtslehrer Trotz, welcher 1773. die Welt verlassen mußte, hat zwar vor einigen vierzig Jahren die neueste Nachricht von diesem wohlverdienten Manne gegeben. Allein die Blätter, worauf es geschehen ist, sind einem großen Werke vorgedruckt worden, dessen Exemplare bey vielen meiner Leser wohl nicht zu finden seyn möchten. Weil ihm auch der Verleger nicht genug Zeit dazu verstattete: so blieb freylich eine ziemliche Nachlese übrig. Ich will sie jetzt anstellen, und einen neuen Artikel vom Dionysius Gothofredus entwerfen. Doch wird mich der bisherige Mangel an hinlänglichem Stoffe leicht entschuldigen, wenn es auch mir nicht gelingt, meinen Aufsatz, vornehmlich in Ansehung der Schriften, so vollkommen zu machen, als ich es wünsche.

Sein Vater, Leon Godefroy, Herr von Guignecourt, Königlicher Rath im Chatelet zu Paris, hatte sich mit Marien Lourdel Faucher, einer Verwandtin des Canzlers von Frankreich, des Grafen Chiverny, vermählt. Aus deren Ehebette erhielt Dionysius den Ursprung, und seine Geburt erfolgte allda 1549. am 17. October des damaligen Calenders.

Er widmete sich dem Dienste der schönen Wissenschaften und der Rechtsgelehrsamkeit auf der hohen Schule zu Löven, wo Johann Ramus sein Wegweiser war, dessen ausnehmende Geschicklichkeit im Vortrage

XVI. Dionysius Gothofredus.

trage seine Zeitgenossen sehr gerühmt haben. Ein immer stärkerer Eifer für den ihn so reizenden Gegenstand beseelte seinen Geist ferner zu Cöln, und endlich zu Heidelberg. Nach der Rückreise in sein Vaterland, sah er sich in der gefährlichsten Lage. Die fürchterlichen Religionsunruhen schienen ihm alle Würkungen der Grausamkeit zu drohen. Denn er bekennte sich zur protestantischen Glaubenslehre. Bey diesen fatalen Umständen mußte er auf Sicherheit denken, und was er suchte, gewährete ihm Genf. Hier gieng es ihm wohl. Er ließ sich am Ende des Jahrs 1579. die juristische Doctorwürde zu Orleans ertheilen, und als Pacius 1585. die Stelle eines Rechtslehrers bey der Genever Akademie niederlegte, fanden die Scholarchen kein Bedenken, ihn zum Nachfolger desselben zu erwählen.

Im Jahre 1589. veränderte er seinen ruhigen Wohnplatz. Heinrich der IV. König von Navarra, und nachher von Frankreich, bestellte ihn den 11. May als Gouverneur der drey Aemter am Fuße der Geburge Jura, und im Herzogthume Genevois, Gix, Gailland und Ternier, welche Oerter der Herzog von Savoyen nachher hart tractirte, aber endlich 1601. dem lyonischen Frieden gemäß an Frankreich abtreten mußte. Der König gab ihm zugleich im Julius des gedachten Jahres 1589. den Character eines außerordentlichen Parlamentsraths zu Paris. Allein die Savonischen Kriegsvölker vertrieben ihn bald; sie plünderten Alles, was er besaß, hauptsächlich den Vorrath seiner gesammleten Bücher. Gothofredus suchte also seine Zuflucht wieder in der Schweitz, und wendete sich nach Basel, wo Philipp Glaser, ein gebohrner Strasburger, eben Doctor der Rechte, und bey dieser Gelegenheit sein Beförderer wurde. Durch empfehlende Vorstellungen bewog er den Magistrat seiner Vaterstadt, ihn auf die dortige hohe Schule zu berufen. Man that es, und Gothofredus übernahm im May 1591. das ihm daselbst angewiesene Professorat der Pandekten und der Geschichte.

Zu eben derselben Zeit hatte der Tod dem akademischen Gymnasio zu Altorf, welches schon damals von einer vollständigen Universität nicht viel abwich, seinen Hugo Donell entrissen. Aus Peter Corn. Brederode Briefe an den Scip. Gentil, S. 366. der Gudischen Sammlung, siehet man, daß die Herren Nürnberger geneigt gewesen sind, die ledige Stelle mit seiner Person zu besetzen. Er mochte jedoch Strasburg so geschwind nicht verlassen, wie Peter Bertius im Julius 1591. an den Justus Lipsius schrieb. Sein Brief ist der großen Burmannischen Sammlung, Band I. Num. 555. S. 578. einverleibt worden. Am Ende desselben Jahres both ihm Brederode dieses Altorfische Lehramt von neuem an, (eben allda, S. 581.) Allein die Curatoren zauderten zu lange, ehe sie mit ihm zum Schlusse kamen. Unterdeß vermehrte man zu Strasburg seine jährliche Besoldung, welches so viel Eindruck auf ihn machte, daß er sich entschloß, das Gewisse einem Ungewissen vorzuziehen. Man sehe die Gudische Sammlung S. 367. Das Jahr 1593. zeigte ihm andere Wege, seinen zeitlichen Umständen Vortheile zu verschaffen. Er ward nehmlich im Junius als Rechtslehrer nach Franeker verlangt, welches die gedachte Burmannische Sammlung, Band I. S. 55. beweiset, und vermuthlich war auch in dieser Angelegenheit Brederode der Unterhändler. In den Jahren 1597. und 1605. wurden die Anträge wiederhohlt, auch die besten Bedingungen hinzugefügt. Man schickte sogar das letztemal einen angesehenen Mann nach Heidelberg, wo Gothofredus zu dieser Zeit lebte;

XVI. Dionysius Gothofredus.

lebte; die Professoren zu Franeker mußten an ihn Briefe abgehen lassen; und Bredrrode, der Gesandte der Generalstaaten am Churpfälzischen Hofe, bekam auch Instruction, desselben Beurlaubung zu erleichtern, wenn sie ihm etwa schwer gemacht werden sollte. *) Er konnte jedoch auf keine Weise beredet werden, sich den Absichten zu bequemen, an deren glücklichem Ausgange so Viele Theil nahmen: nur weiß man die eigentlichen Bewegungsgründe nicht, welche ihn dazu veranlasset haben. Eben so wenig richteten Wilh. Ranchin und Isaac Casaubonus bey ihm aus, als sie sich 1597 alle Mühe gaben, ihn nach Montpellier auf die hohe Schule zu ziehen, wie zween Briefe des letzten beweisen: (Num. 144. und 158. S. 162. und 178. seiner zu Braunschweig 1656. in 4 gedruckten Episteln.)

Mittlerweile vergrößerte sich der Ruhm von seinen durch Fleiß und Geschicklichkeit erworbenen Verdiensten. Friedrich der IV. der Pfälzische Churfürst, wollte der Heidelbergischen Juristenfacultät durch ihn eine neue Zierde zueignen, weshalben er im Frühlinge des Jahrs 1600. den Ruf dahin erhielt, und annahm.

Er

---

*) Vom zweeten Antrage im Jahre 1597. giebt er selbst Nachricht in einem Briefe an den Scip. Gentil S. 344. der Gudischen Sammlung. Vom letzten aber, da er an Heinr. Schotans Stelle kommen sollte, schreibt Vriemont in Athenis Frisiacis S. 134. also: Erant hae conditiones titulus Profess. iuris primarii, stipendium annuum 1500 Florenorum, vsus aedium, quas inhabitaret, soci, quantum indigeret, alimenta, 500 Floreni pro impensis itineris, quarum dein secreta integra refusio, absque limitatione; addito egregio promisso in fauorem viduae, si quam moriens relinqueret.

Er blieb aber allda nicht länger, als ungefehr achtzehen Monathe, und kehrte nach Strasburg zurück. Beydes, das inständige Bitten des Magistrats dieser Stadt, wie auch der kränkende Neid einiger seiner Collegen zu Heidelberg, beschleunigte den Schritt, welchen er that. Gothofredus fieng nun im November 1601. die vorigen Geschäfte wieder an, und setzte sie bis ins Jahr 1604. unermüdet fort. Dieser Zeitpunkt war es, da er sein System abermal veränderte. Er folgte einem zweeten Winke nach Heidelberg, wo er zuletzt mit der Würde als Churfürstlicher Rath zur Stufe eines obersten Rechtslehrers hinauf stieg. Der Ort war für ihn zu reizend, und das Ungemach, welches ihn vorher wegtrieb, nicht mehr so zu befürchten, daß er dergleichen Einladung hätte abschlagen können. Denn sonst würde das geringste Mißfallen ihn gar nicht in Verlegenheit gesetzt haben, sein Glück anderswo zu versuchen. Schon 1603. ehe er Strassburg verließ, sollte er zu Bourges Cujaciens Stelle bekleiden, die über zwölf Jahre nach desselben Tode offen geblieben war. Im Jahr 1608. wünschte ihn die Universität zu Leiden unter ihren Rechtslehrern zu haben. Ein Jahr darauf konnte er die erste juristische Profession zu Anjou, und eben dergleichen 1610. zu Valence erlangen. Der König Heinrich der IV. schrieb bey der letzten Angelegenheit selbst an den Churfürsten von der Pfalz, und ersuchte um die Entlassung seines Dieners. An beyden Orten wurde ihm ein Jahrgeld von tausend bis zwölf hundert Kronen versprochen. Sechs Monathe waren kaum vorüber gegangen, als die hohen Schulen, Bourges und Valence, ihm von neuem anlagen, zu ihnen zu kommen. Doch wenn er auch keine andern Ursachen gehabt hätte, die ihm riethen, aus Heidelberg nicht wegzuziehen, so schien doch diese allein wichtig genug zu seyn, daß er besorgen

gen mußte, es würden die Religionsverfolgungen in seinem Vaterlande immer noch um sich greifen. Inzwischen führte ihn gleichwohl 1618. ein Zufall wieder dahin, und nach Paris. Der unglückliche Pfälzische Churfürst, Friedrich der V. schickte den fast siebenzigjährigen Gothofredus an den König Ludewig den XIII. welcher ihm nicht nur gnädige Audienz gab, sondern auch, zum Zeichen der Achtung, sein Portrait, nebst einer goldenen Medaille, schenkt'. *)

Nicht lange daraufleßte sein Churfürst den Grund zu dem verwüstenden Kriege, welcher gleich anfangs in der Pfalz lauter Schrecken und Elend ausbreitete. Die entscheidende Schlacht vor Prag nöthigte den Landesherrn zur Flucht, und Gothofredus suchte sich auch zu retten. Er eilte im September des Jahrs 1621. nach Strasburg, kam aber so betrübt und entkräftet an, daß die Natur im folgenden Jahre am 7. des eben gemeldeten Herbstmonaths seinem Kummervollen Leben ein Ende machte.

Seine Ehegattin, Denisen de Saint-Ron, war ein Frauenzimmer von edler Herkunft zu Paris, welche er ungefehr 1573. heyrathete; denn ich lese, daß er mit ihr neun und vierzig Jahre zugebracht habe. Sie wurde Mutter verschiedener Kinder, vorzüglich zweener würdiger Söhne, Theodors und Jacobs, Gothofredus. Jener war Königlich-Französischer Staatsrath, der sich durch mancherley historische und genealogische Werke auszeichnete: dieser hingegen, von welchem der nachfolgende Artikel handeln wird, erwarb sich zu Geneve einen unsterblichen Ruhm, und

über-

*) *Taisand* Vies des plus celebres Ictes, S. 287. der Ausgabe vom Jahre 1721. welche Nachricht ich sonst nirgends bemerkt habe.

übertraf seinen Vater. Deswegen aber ist Dionysius Gothofredus nicht in den Cirkel der niedrigsten Gelehrten zu stellen. Es ist eine gewisse Wahrheit, daß er weniger Beurtheilungskraft, als Gedächtniß, gehabt habe. Noch im hohen Alter konnte er fertig wiederholen, was er in seiner Jugend gefaßt hatte, und ohne Anstoß vierzig bis funfzig Gesetze aus dem Justinianeischen Werke hersagen. Inzwischen sehe ich gleichwohl aus seinen Schriften einen Mann, dessen Fleiß der Rechtswissenschaft, theils der schönen, theils der gemeinen, und der alten litteratur, deren Werth ihm nicht gleichgültig war, auf mancherley Weise nützlich gewesen ist. Die Nachwelt würde sich also den gerechten Vorwurf einer Undankbarkeit zuziehen, wenn sie seinem Namen die gebührende Achtung versagen wollte. Hoffentlich werden die Werke, womit er sich innerhalb einiger dreyßig Jahre in der gelehrten Republik bekannt gemacht hat, zur Gnüge meine Gedanken von ihm bestätigen. Hier gebe ich die Anzeige derselben, bey welcher, wie ich mir schmeichle, wenig fehlen wird; ob ich schon aufrichtig gestehen muß, daß ich verschiedene Stücke seiner Schriften, ihrer bisherigen Seltenheit wegen, nicht habe ansehen können. Doch bin ich sorgfältig bemühet gewesen, keinem Andern, ohne genauere Prüfung, blindlings nachzutappen.

1) de ratione ordinis, a Icto in Pandectis, Codice et Institut. seruati, Lugd. 1580. in 8. Man sehe die Biblioth. *Frid. Otton. Menckenii*, Th. II. S. 462. wo jedoch, vermuthlich durch einen Druckfehler, die Jahrzahl hundert Jahre jünger ist. Dieses kleine Werkgen setzte er hernach vor jeden hier genannten Theil des Römischen Gesetzbuchs, welches er ans Licht stellte. Doch kann es auch

seyn, daß es zuerst dazu gekommen, und hernach nur in dem vom Verfasser des Bienckischen Bücherverzeichnisses angeführten Jahre zu Lion besonders die Presse verlassen habe.

2) Corpus iuris ciuilis Romani, c m notis marginalibus, Geneuae 1583 in Median 4. sehr rar. Eine andere Auflage, die zu Lion unter demselben Jahre ans Licht trat, scheint ein bloßer Nachdruck zu seyn. Meiner Gewohnheit nach sollte ich nun alle übrige beyfügen. Allein ich trage Bedenken, meinen Lesern damit beschwerlich zu fallen. Wer sie ja wissen will, der darf nur die Lipenische jurist. Biblioth. Th. I. S. 750. des neuesten Exemplars, und des Herrn Assessor Schottens Supplemente, S. 277. ansehen, wo zwey und zwanzig besondere Ausgaben angezeiget werden. Auch in Nicerons Memoires caet. Th. XVII. S. 51. des Französischen Originals findet man deren 24, bald in 4. bald in Folio. Manche sind wohl noch unbekannt, und haben deswegen nicht mit angeführt werden können. Allen überhaupt muß man auch nicht einerley Werth beylegen, da sie entweder unzählige Fehler des Setzers, oder schlechtes Papier und elender Druck verwerflich machen. Zur Zeit sind eine Pariser Edition des Jahrs 1628. bey Anton Vitre; die ächte Frankfurtische von 1663; die Amsterdamische Sim. van Leeuwens unter demselben Jahre, welche zu Antwerpen 1726. in 2 Folioteilen verschönerter wiederholt ward; imgleichen drey Leipziger von 1705. 1720. und hauptsächlich von 1740. unstreitig die besten, welche sich am meisten empfehlen. Auch eine Lionische unter dem Jahre 1612. in 6 Foliotheilen rühmt Ludewig S. 316. seiner Vitae

Iusti

Iuſtiniani ungemein. Er ſagt zugleich, daß in der Meyerſchen Bücherauction zu Berlin 1715. ein Abdruck verkauft worden ſey, zu welchem Gothofredus häufige Noten mit eigener Hand geſchrieben habe. Es wären aber wenige derſelben noch leſerlich, vielmehr die Buchſtaben größtentheils ſchon ausgegangen geweſen. Mir fällt dabey die Vermuthung ein, daß dieſe Zuſätze wohl gar von einer fremden Feder gemacht worden ſind. Hingegen verwahret die Herzogliche Wolfenbüttelische Bibliothek ein weit beſſeres Exemplar, welches zu Lion 1590. in zween Follanten erfolgt iſt. Dieſes hat neue Vermehrungen von des Verfaſſers ſehr ſchönen Hand erhalten. Ein gelehrter Sächſiſcher Edelmann, Gottlob von Werther, kaufte es zu Strasburg einem verſchwenderiſchen Enkel deſſelben ab, und ſchenkte es 1671. in den gedachten vortreflichen Bücherſaal. Nach ſeiner Verſicherung hatte ihm vorher Ludwig der XIV. in Frankreich durch ſeinen Reſidenten am Dresdner Hofe eine große Summe Geldes dafür biethen laſſen. Man ſehe Jac. Burckhards Hiſtor. Biblioth. Auguſtae, Th. III. S. 273. Es ſtehen aber im Gothofrediſchen Werke außer den Inſtitutionen, den Pandekten, dem Codex und den Novellen, auch die Canones Apoſtolorum; die Conſuetudines Feudorum; die Fragmenta XII. Tabularum; die tituli ex Corpore *Vlpiani*; *Iulii Pauli* receptae Sententiae; und *Caii* Inſtitutiones. Die Noten, welche der Herausgeber hinzugethan hat, ſind theils ſeine eigene; theils gehören ſie dem Accurſius, und andern alten Auslegern; theils hat er dasjenige genutzt, was Wilh. Budäus, Andreas Alciat, Zaſe, Auguſtin, Duaren,

Briſ

Brisson, Cujaz, Connan, ꝛc. zur Erläuterung unverständlicher Stellen angemerkt hatten. So vielen Beyfall dieses Unternehmens, wodurch er am meisten berühmt wurde, die Menge neuer Auflagen beweiset: so wenig ist man doch in den neuern Zeiten damit zufrieden gewesen. Ge. Christian Gebauer S. 132—169. der Narrationis de *Henrico Brenkmanno* legt drey Hauptfehler, die Gothofredus nicht vermieden hat, mit klaren Beyspielen vor die Augen. Sie bestehen darinn: erstlich schweift er in seinen Noten, welche doch nur kurz seyn sollten, oft zu sehr aus, und mischt Sachen darzwischen, welche den Text keinesweges deutlicher machen, auch an dem Orte, wo man sie findet, gewiß nicht gesucht werden möchten. Zum andern sagt er zuweilen und wiederholt einerley zwey, ja wohl dreymal. Drittens setzt er Noten, mit eben denselben Worten aus dem Texte, ohne weitere Auslegung hin. Doch bey solcher großen und höchst beschwerlichen Arbeit war nichts leichter, als zu straucheln; daher verdient seine darinn begangene Nachläßigkeit immer Entschuldigung, welche ihm Niemand versagen wird, wenn er das ganze Unternehmen aus dem rechten Gesichtspunkte übersehen hat. Indessen sind diese Noten zur neuen Gebauerischen Edition des Römischen Gesetzbuchs nur selten gebraucht worden.

3) Auctores Latinae linguae in vnum redacti corpus, Geneuae 1585. in Median 4. Ferner daselbst 1595. auf 5 Alphab. 16 Bogen; 1602. und 1622. in demselben Formate. Folgende Stücke sind der Inhalt: M. Terentius Varro; M. Verrius Flaccus; Festi Fragmenta; Schedae Festi relictae;

Sext. Pomponius Festus; Nonius Marcellus; Fulgentius Planciades; Isidori Origines; ex veteribus Grammaticis Excerpta; Vetus Kalendarium Romanum; de nominibus et praenominibus Romanorum; varii Auctores, qui de notis scripserunt. Er hat Noten über den Varro, Festus und Nonius, auch verschiedene Lesearten zum Fulgentius und Isidorus, von Seite 1570. bis 1924. endlich aber ein Generalregister beygefügt. In der Ausgabe unter dem Jahre 1602. finde ich noch drey Anhänge, nehmlich Librum Glossarum ex variis Glossariis; Excerpta *Pithoei* ex veteribus Glossis; und *Bongarsii* Excerpta Differentiarum.

4) *Nonius Marcellus* de proprietate Sermonum, et *Fulgentius Planciades* de prisco Sermone, innumeris locis restituti et locupletati: adiectis in eosdem notis, Paris. 1586 in 8. Vielleicht ist diese Ausgabe nur ein Nachdruck der vorigen, was beyde Schriftsteller betrifft.

5) Epitome Fragmentorum, quae nobis supersunt ex LL. XII. Tabularum, Geneuae 1586. auf 4 Octavbogen. Dieses Werkgen, welches aus seinem Corpore iuris besonders die Presse verließ, hat er nach der Ordnung der Pandekten und des Codex eingerichtet, auch mit Noten erläutert. Das nicht ungegründete Urtheil davon in den *Hambergerianis* S. 360. ist folgendes: Non tam legum, quam antiquitatum, rationem habuit. Ita, quamquam complura annotauit maxime profutura, magis tamen philologiae, quam iurisprudentiae, studiosis scripsisse censendus est.

6) Opuscula iuris varia, Geneuae 1586. zusammen 14 Bog. in 8. Es sind darinn Epitome Feudorum;

rum; Nouellarum; Inſtitutionum; item titulorum, qui in Pandectis et Codice, methodica quaedam, in gratiam tironum iuris, delineatio et obſeruatio. Den Kapiteln des Lehnrechts, welche übel unter einander gemiſcht waren, hat er nach der Ordnung der Pandekten und des Codex ihren Platz angewieſen, ſo weit es die Beſchaffenheit der Sache zuließ. Seine dabey gehabte Abſicht giebt ſchon zu erkennen, daß man hier nichts Wichtiges vermuthen müſſe.

7) *Theophili*, Anteceſſoris, Inſtitutiones Graece et Latine, Geneuae 1587. in Median 4. bey Euſtachius Vignon. Andern Exemplaren iſt des Buchhändlers, Wilh. Lamars, Name vorgeſetzt worden. Neue Ausgaben folgten daſelbſt 1598. ferner zu Llon 1608. und endlich 1620. immer im vorigen Formate, ohne Veränderung. Ehe Fabrot mit ſeinen Editionen hervortrat, war dieſe die einzige, welche allgemeinen Beyfall an ſich zog. Gothofredus hat, außer dem Griechiſchen Original, die Lateiniſche Ueberſetzung vom Jacob Curtius, den Text der Juſtinianiſchen Inſtitutionen, hiernächſt aber zu jedem Titel Paratitla, und am Rande der Seiten Noten und Schollen drucken laſſen. Zuletzt kommen vor Graeca titulorum de verborum Significatione et de regulis iuris fragmenta, hinc et inde collecta, wovon W. Otto Reitz in ſeiner Auflage des Theophilus S. 958. nachgeleſen werden kann.

8) Conſtantini *Harmenopuli* Promtuarium iuris Gr. et Latine, Geneuae 1587. in Median 4. Ein Buch von 3 Alph. 3 Bogen. Joh. Mercier hat die Ueberſetzung gemacht, Gothofredus aber

aber Paratitla, variarum lectionum libellum, und einen Nomenclatorem Graecarum dictionum iuris hinzugethan. Seine kurze Noten stehen ebenfalls am Rande. Jac. Lecrius, der würdige College desselben, theilte ihm eine Handschrift mit, die er genutzt hat. Eine neue Ausgabe soll 1602. auch wieder 1637. veranstaltet worden seyn, wie ich in Bücherverzeichnissen bemerkt habe. Allein ich kann für die Richtigkeit dieser Anzeige, welche mir verdächtig zu seyn scheint, keine Gewähr leisten. Zur Zeit ist also das Gothofredische Exemplar immer noch das beste; nur fängt es an, mehr und mehr selten zu werden. Vor vielen Jahren wollte David Rhunken eine weit schönere Edition besorgen. Er ließ aber diesen Vorsatz wieder fahren. Der oben angeführte Reitz trat an seine Stelle, und Merrman unterstützte ihn mit Handschriften sowohl, als andern vortreflichen Hülfsmitteln. Nachdem die ganze Arbeit, kurz vor Reitzens Tode, ihr Ende erreicht hatte, fehlte nur ein Verleger. Da keiner zum Drucke zu bewegen war, entschloß sich zuletzt Meermann in dem 1769. angekündigten Supplemente des noui Thesauri iur. ciu. et canonici das große Verlangen der Gelehrten selbst zu befriedigen. Doch dieser verdienstvolle Mann starb auch darüber weg, und nun müssen wir erst erwarten, ob die angewendete Bemühung, durch ein günstiges Schicksal, zum gemeinen Gebrauche bald ausschlagen werde. Man sehe hier die Schottische Critik über jurist. Schriften, Band II. St. 16. S. 567 —569.

9) Differt. de pupillis, Geneuae 1687. in 4. nach dem Zeugnisse in Lipens jurist. Bibliothek.

XVI. Dionysius Gothofredus.

10) *Ciceronis* Opera omnia, cum notis, Lugduni 1588. Ein eben nicht starker Band in vier besondern Theilen. Der erste enthält die rhetorischen Schriften; der zweyte die Reden; der dritte die Briefe; der vierte aber die philosophischen Abhandlungen. In den Noten bringt er mancherley Lesearten und Formeln bey, insbesondere solche, welche zum richtigen Verstande der Gesetze, der Rathschlüsse und Actionen eine Erklärung erfodern. Ich weiß, daß 1591. imgleichen zu Geneve 1633. und 1660. abermalige Auflagen erschienen sind. Eben allda 1616. wurde auch eine in vier Foliotheilen veranstaltet, welche mit Dion. Lambinus Anmerkungen vermehrt worden ist. Zu unsern Zeiten achtet man diese Exemplare wenig; doch wird der Fleiß, den Gothofredus aufs Register gewendet hat, von Barthen im Buche 50. Kap. 9. S. 2356. seiner Aduersariorum gerühmt.

11) In L. Annaei *Senecae*, Philosophi, Opera Coniecturarum et variarum Lectionum libri V. Basil. 1590. in Medianoctav, 1 Alph. 10 Bog stark. Die Conjecturen endigen sich mit der S. 84. Alsdann liefert er Locos communes, seu libros Aureorum ex Seneca, die zu dem Fache der Theologie, der Rechtsgelehrsamkeit, der Philosophie überhaupt, und der Moral, auch der Politik und der Naturlehre besonders der Haushaltungskunst, der freyen Künste, der Medicin, der Mathematik, ꝛc. gehören. Ein Nomenclator aber, oder Commentar auserlesener Redensarten, Sprüchwörter, u. s. w. macht den Beschluß. Nach Junkens Anzeige im Tractate de imminente Latinae linguae senectute, S. 671.

sind die Loci communes zu verschiedenen Pariser Ausgaben des Seneca vom Jahre 1602. bis 1687. auch, nebst den Conjecturen, zu denenjenigen gekommen, welche zu Geneve 1628. und 1638. in Folio die Presse verlassen haben. Er hatte einige Stellen des Römischen Philosophen ganz anders verbessert, als Janus Gruter glaubte, daß es nöthig sey. Deswegen ließ dieser 1591. zu Wittenb. in 8. Librum singularem Suspicionum extraordinariarum contra D. *Gothofredi* Coniecturas drucken. Es ist das Werkgen seinen Libris IX. Suspicionum angehänget worden. Gothofredus setzte in demselben Jahre zu Frft. in 8. entgegen: Pro Coniecturis in Senecam brevem ad *Jan. Gruterum* responsionem, welche Schrift sein Antagonist ebenfalls zu Wittenberg in diesem Jahre mit der Confirmatione Suspicionum extraordinariarum, contra D. *Gothofredi* Coniecturas et varias Lectiones in Philosophum, auf 3½ Octavbogen beantwortete. Er überschritte aber die Grenzen der Bescheidenheit gar sehr. Auch in der Vorrede zu den Animadversionibus in *Senecae* Opera, die er hernach 1594. herausgab, konnte er seine Leidenschaft noch nicht im Zaume halten. Er schreibt allda vom Gothofredus also, wenn er ihn gleich nicht nennt: Ille Ictus, cuius nomini parco, adeo licenter grassatus in hunc nostrum Senecam, atque si excarnificatum nobis reponere voluisset Promethea. Volebam quidem leniter ac leuiter, imo vero praeterire hominem parabam, quoniam nihil omnibus illis quinque variarum Coniecturarum libris, quod non aut compilatum, aut superuacuum, aut ineptum, aut insulsum, aut adeo absurdum et falsum, —— die Stelle ist mir zu weitläuftig.

tig, sie ganz abzuschreiben. Wer dieses Buch bey der Hand hat, der wird das Uebrige leicht dazu lesen können. Ueberhaupt muß Gruter niemals ein Freund vom Gothofredus gewesen seyn. Als derselbe einige Jahre vorher nach Altorf verlangt wurde, suchte ihn jener dort verächtlich zu machen. In einem Briefe an Scipio Gentilis bediente er sich daher des folgenden Ausdrucks: Nae decori Academiae vestrae indecore consuletur, si sinciput illud sine cerebro in Donelli sufficietur locum. Cogita cantiones selectas Ariosti, vbi similitudo est ab ense ferreo amisso, et in eius locum indito ligneo. Auch Giphanius meynte es mit ihm nicht besser. Er schrieb zu eben dieser Zeit an den Gentilis: Miratus fui, potuisse eum (*Gothofredum*) a nostris vocari, cuius vt innumerabiles ineptias praetermittam, et naeuos turpissimos, quibus pulcherrimum Iuris nostri Corpus foedauit, videas mihi vel parum eius libellum de ratione ordinis in Pandectis obseruati: crassos et pueriles plane errores reperias. Beyde angeführte Stellen findet man in der Gudischen Briefsammlung, S. 349. und 352.

12) Antiquae historiae ex XXVII. Auctoribus contextae libri VI. totidem solemnes temporum Epochas continentes, Basil. 1590. in 8. Lugd. 1591. in zween Duodezbänden, auf 1 Alph. 5 Bogen. Hernach kam dieses Buch wieder zu Strasburg 1604. und 1654. in 8. heraus. Weil der Verfasser von Italien vor der Stadt Rom Erbauung anfieng, und beym Kayser Rudolf dem II. aufhörte: so setzte hernach Magnus Hesenthaler die Arbeit bis auf den Kayser Leopold fort, und

stellte

ſtellte ſie zu Stuttgard 1668. in 8. abermal ans
Licht. Nun wird nicht mehr darnach gefragt.
Uebrigens iſt davon Fabritzens Biblioth. Latina,
Band III. S. 283. der neueſten Erneſtiniſchen
Auflage, weiter zu leſen.

13) Praxis ciuilis, ex antiquis et recentioribus auctoribus, Germanis, Italis, Gallis, Hiſpanis, Bel-
gis, et aliis collecta, et ad Pandectarum ordinem relata, Summariis, notis etiam interdum,
aucta, Francof. 1591. in Folio. Es ſind zween
Bände, die 19 Alph. 14 Bogen ausfüllen. Er
iſt aber nicht weiter gekommen, als bis zum
Titel 16. des Buchs II. in den Pandekten. Man
ſiehet alſo leicht, daß es ein ungeheures Werk
würde geworden ſeyn, wenn er es ganz vollendet
hätte. Die Noten zu dieſen erſten zween Bänden zeigen eine verſchwenderiſche Hand an.

14) Diſſ. ad L. 2. C. de reſcind. vendit. Argent.
1591. in 4.

15) Maintenuë et defenſe des Empereurs, Rois,
Princes, Etats et Republiques, contre les Cen-
ſures, Monitoires, et Excommunications des
Papes, 1592. und 1607. in 8. zu Geneve, obgleich
dieſer Druckort nicht auf dem Titel ſtehet. Seinen Namen hat er auch verborgen; der Pater
le Long aber eignet ihm das Buch in ſeiner
Bibliotheque hiſtor. de la France zu.

16) Index chronologicus Legum et Nouellarum,
a Iuſtiniano compoſitarum, Argent. 1592. in 4.
Ich kenne dieſe vermuthlich kleine Schrift noch
nicht genauer.

17) Diſſ. de vera nobilitate, ibid. 1592. auf 5 Quartbogen, auch wieder, nach einigen Anzeigen, zu
Speier

XVI. Dionysius Gothofredus.

Speier 1610. In der Lipenischen jurist. Bibliothek stehet sie unter dem Namen Joh. zur Neoden, welcher zuletzt Pfalz-Neuburgischer geheimer Rath war. Er mag aber wohl nicht viel dazu beygetragen haben.

18) Diss. de iure iurando, Argent. 1593. in 4. auf 6 Bogen.

19) Iurisprudentiae Diatyposis, Basileae 1593. in 4.

20) Diss. de legibus et consuetudinibus, ex primo C. et octavo eiusdem Codicis titulo 5. Arg. 1595. Eine 6 Bogen starke Abhandlung.

21) Diss. de personis sui iuris in tutorum potestate constitutis, Argent. 1595. in 4.

22) Diss. de arbitris et satisdationibus, caet. ibid. 1595. in 4.

23) Diss. de appellationibus, Arg. 1596. in 4.

24) Diss. de privilegiis Studiosorum et Professorum, Arg. 1596. in 4.

25) Diss. de pupillis, ibid. 1597. in 4.

26) Diss. de interdictis, seu actionibus extraordinariis, ibid. 1597. in 4.

27) Notae ad *Ioh. Schneidewini* in IV. Instit. Imperialium Commentarios, welche mit diesem von ihm untersuchten und verbesserten Werke in großer Anzahl zugleich erschienen. Der Druck geschah zu Strasb. 1597. in Fol. und ward allda 1652. auch 1664. in Median 4. wiederholt, anderer Ausgaben nicht zu gedenken.

28) *Caroli Malinaei* Commentarii in Parisienses Parlamenti supremi Galliae, atque adeo totius regni Franciae, Consuetudines principales, nunc recens ad novam

vam confuetudinem relati et reſtituti, Francof. 1597. in Fol. auch wieder zu Cöln 1613. Wenn die Jahrzahl im Catal. Bibl. *Gribnerianae* S. 222. am Ende ihre Richtigkeit hat, ſo iſt der erſte Druck ſchon 1596. zu Paris erfolgt, oder zu beſſern Verkaufe in Deutſchland das Titelblatt nur umgedruckt worden.

29). Confuetudines Ciuitatum et Prouinciarum Galliae, Bituricenfis, Aurelianenfis, Turonenfis, *Nic. Boerii, Pyrrhi Englebermei, Ioh. Sainſonii*, luculentiſſimis Commentariis ſingulae illuſtratae. Nunc autem recognitae, difpunctae ac diſtinctae melius a *Dion. Gothofredo*. Praefixa eſt eiusdem Synopſis, ſuperiorum Commentariorum ſummam ſimul et breuiter continens, methodica, et ad Pandectarum ordinem, quoad fieri potuit, relata, Francof. ad M. 1598. in Fol. 8 Alphab. 17 Bogen ſtark. Eben allda trat 1612. eine neue Ausgabe hervor. Die vorangeſetzte Synopſis enthält allein 21 Bogen im erſten Exemplare.

30) Quaeſtiones politicae, ex iure communi et hiſtoria defumtae, Arg. 1598. in 4. Sie ſcheinen eine akademiſche Diſſertation zu ſeyn.

31) Centuria quaeſtionum iuris, ex materia contractuum collecta, ibid. 1599 in 4. Vermuthlich auch eine ſolche Schrift, welche in den Schottiſchen Supplementen zur Lipeniſchen Bibliothek angezeigt wird.

32) Praefatio, *Ioh. Caluini* Lexico iuridico praefixa, Francof. ad M. 1600. in Follo.

33) Semicenturia illuſtrium controuerſi iuris problematum de obligationibus ex contractu et quaſi contractu, delicto et quaſi delicto, Arg. 1600. in 4.

34)

34) Conclusiones de emtione venditione, ibid. 1600. in 4.

35) Diss. de noui operis nunciatione, ibid. 1602 in 4.

36) Illustrium quarundam controuersiarum ex iure publico et priuato de pactis et foederibus methodica dispositio, Argent. 1603. auf 2¼ Quartbogen.

37) Dissert. de iurisdictione, ibid. 1603. in 4.

38) Disputationes 50 ad L. libros Digestorum, Arg. 1603. in 4. Ich habe diese Sammlung noch nicht gesehen. Vermuthlich aber bestehet sie aus lauter kurzen Sätzen. Diejenige wenigstens, welche 1595. auf 6 Bogen gedruckt, und über das Buch 39. der Pandekten gehalten wurde, ist nicht anders beschaffen.

39) Dissertat. de priuilegiis, ibid. 1604. 5¼ Bogen.

40) Praefatio ad *Euer*. a *Middelburg* locos argumentorum legales, Francof. 1604. in Median 8. Er handelt in der Vorrede kurz de vtilitate locorum topicorum iuris.

41) Quaestiones aliquot selectae ex iure ciuili, canonico et feudali, ibid. 1604. in 4.

42) Disput. sistens varias iuris quaestiones, ibid. 1604. in 4.

43) Quaestiones miscellae ex variis vtriusque iuris materiis depromtae, ibid. 1604. in 4.

44) Notae *Iac. Cuiacii* in IV. vsque ad IX. libros Codicis, auctae a *Gothofredo*, Francof. 1605. in 4.

45) *Cuiacii*

45) *Cuiacii* Recitationes in plerosque libros Pandectarum, ibid. 1605. in 4. Auch dieses Werk hat er herausgegeben.

46) Praefatio. *Gentiani Herveti* libris octo Basilicorum praemissa, Hanouiae 1606. in Folio. Er redet de horum librorum ratione et vtilitate. Man sehe die Lipenische jurist. Bibliothek, Th. I. S. 108. der neuesten Ausgabe.

47) Statuta regni Galliae, iuxta Francorum, Burgundorum, Gothorum et Anglorum, gentium Germanicarum, in ea dominantium, Consuetudines, cum iure communi collata, et Commentariis illustrata, Francof. 1611. in Folio.

48) Synopsis Statutorum municipalium, ad Pandectarum methodum et ordinem digesta, ibid. 1611. in 4.

49) de tutelis Electoralibus testamentariis, legitimas excludentibus, libri VI. ad Imperii Electores, Heidelb 1611. in 4. auf 2 Alph. 12 Bogen. Der Churfürst, Friedrich der Vierte, hatte im Testamente den Pfalzgrafen zu Zweybrücken, Johann den Zweeten, zum Vormund seiner Kinder, und Administrator der Churlande, eingesetzt. Dieses wollte der allernächste Agnat, Pfalzgraf, Philipp Ludwig, von der Neuburgischen Linie nicht leiden. Es kam also, wie gewöhnlich, zum Federkriege. Gothofredus und Marqua d'Freber schrieben für den testamentarischen Vormund; die Gerechtsame des Pfalzgrafen zu Neuburg aber suchten Johann Zeschlin, sein Canzler, und der Rath, Zacharias Friedenreich, zu vertheidigen. Den Anfang machte von dieser Seite eine zu Düsseldorf 1610.

in

XVI. Dionysius Gothofredus.

in 4. gebruckte Compendiosa et breuis demonstratio, quod administratio Electoratus Palatini Philippo Ludouico competat. Eine deutsche Uebersetzung trat auch zu Lavingen in eben dem Jahr und Formate ans Licht. Und diese Schrift widerlegte Gothofredus, auf Befehl des Hofs. Ihr stellte Zeschlin eine andere entgegen de tutela Electorali legitima, semper et soli Agnato Seniori atque proximiori, nullo obstante testamento, ex lege publica debita, Laningae Sueuorum A. 1612. in 4. Auch Friedenreich that ein gleiches. In dem gedachten Jahre erschien von ihm zu Cöln auf 26 Quartbogen: Controuersiae, quae hodie in S. Rom. Imperio de tutela et administratione Electorali Palatina agitatur, Synopsis, *Marquardi Freheri* et *Dion. Gothofredi* sparsis ea de re scriptis potissimum opposita. Gothofredus ließ darauf zu Heidelberg 1613. 7 Quartbogen hervortreten, unter dem Titel: de tutelis Electoralibus testamentariis, legitimas excludentibus, Metator, *Zach. Fridenricho* missus: interim dum liber VII. de tutelis Electoralibus, *Fridenricho* oppositus, imprimitur. Dieses siebende Buch folgte nun daselbst im Jahre 1614. Es enthält 2 Alph. 7 Bog. in 4. und ist gegen Friedenreichs Synopsin gerichtet. Auf Zeschlins librum singularem aber de tutela Electorali legitima antwortete Gothofredus, und beleuchtete die vorangesetzte Dedicationsepistel sowohl, als dessen Prooemium, in einem Prodromo, vel Antecursore, *Ioh. Zeschlino* misso, interim dum liber octauus de tutelis Electoralibus, *Zeschliniano* oppositus, excuditur. (Der Druck dieses achten Buchs ist jedoch nicht geschehen, so viel als ich erfahren habe.) Er fügte zugleich eine Responsionem ad

Jugl. Beytr. 6. B. 2s St. S /Nar-

Narrationem *Fridenrichi* hinzu. Diese drey kleine Stücke kamen noch im Jahre 1613. heraus, und erfüllen in besondern Seitenzahlen zusammen fast 10. Quartbogen. Nicht lange hernach machte er seinen Prodromi, nuper editi, defensorem primum gemein, aduersus vindicias tutelares et replicationem apologeticam *Ioh. Zeschlini*, welche Abhandlung aber ich in meiner Sammlung vermisse. Mehr weiß ich nicht zu sagen von einer gelehrten Streitigkeit, die zu des Gothofredus Geschichte gehört. Beyden Theilen hat nur die so anständige Bescheidenheit im Schreiben gefehlt, am allermeisten Friedenreichen. Endlich behauptete doch, nach vielen vergeblichen Bewegungen, der Testamentsvormund den Besitz, wovon in Ludewigs Erläut. der güldenen Bulle, Th. I. S. 723—730. der ersten Ausgabe, in Lünigs Biblioth. Deductionum, Band II. S. 267—269. der Jenichenschen Ausgabe, und im Moserischen deutschen Staatsrechte, Th. XVII. S. 324—356. umständlicher gehandelt wird.

50) *Iean Boutiller* Somme rurale. Dieses mir gar nicht bekannte Buch soll er mit Noten versehen haben. *Marchand* aber, aus dessen Dictionnaire historique, Band I. S. 145. ich diese Nachricht entlehnt habe, ist nicht im Stande gewesen, das Jahr des Drucks zu erforschen.

51) Notae ad *Alex.* ab *Alexandro* Geniales dies. Sie stehen in der besten Edition, welche zu Leipzig 1673. in zween Medianoctavbänden geliefert wurde. Nach dem Buche II. Cap. 2. und der S. 255. habe ich aber nichts mehr von ihm bemerkt.

merkt. Seine Noten sind auch insgemein sehr kurz, und bedeuten eben nicht viel.

Noch ungewiß ist es, ob ihm die zwey folgende Stücke zuzueignen sind:

a) Avis pour réduire les monnoyes à leur juste prix et valeur, et empécher le surhaussement et empirance d'icelles, à Paris 1611. in 8. Niceron zweifelt selbst daran.

b) Tract. de dote, Colon. 1615. in 4. Nur in der Lipenischen Bibliothek habe ich diese Anzeige gefunden.

Die Fontes iuris canonici, welche zu Lion 1583. in 4. sollen die Presse verlassen haben, sind keine besondere Schrift von ihm. Trotz beruft sich zwar auf die Struvische Biblioth. iuris selectam; allein in der neuesten Ausgabe stehet sie schon nicht mehr. Vermuthlich sollen es die Canones Apostolorum seyn, welche in seinem Corpore iuris Rom. anzutreffen sind. Er wird auch sonst bey einigen Büchern mit seinem Enkel, gleichen Vornamens, irrig verwechselt.

Unter denenjenigen Werken, die er ans Licht zu stellen gesonnen war, nennt man den Sveton. Bertius aber schrieb 1591. aus Strasburg, S. 579. Band I. der Burmannischen Sylloges Epistolarum: a Criticis, coniecturisque manum ille abstinebit. Callide metuit fortasse Witebergensem illum, (*Gruterum*) ne ad Praetorem corripiat, et dicam subscribat; nam is, vt audio, in eodem scriptore est. Er hat aber nicht für gut angesehen, seine Arbeit zu vollenden; vielleicht weil er sich im Gebiethe der Critik nicht stark genug fühlte, und die Coniecturae in *Senecae* Opera keinen großen Beyfall erhalten hatten. Mit Heinr. Stephanus soll er auch über eine neue Ausgabe des Plutarchs in Tractaten gestanden haben. Wenigstens schrieb Isaac Casaubonus 1596. davon an ihn, welcher Brief in den Epistolis desselben unter der Nummer 89. zu lesen ist, S. 107. der Braunschweig. Ausgabe vom Jahre 1656. in 4.

Wittenii Memoriae Ictorum p. 85. *Freberi* Theatr. viror. erudit. claror. p. 1034. *Niceron* Memoires pour servir à l'Hist. des hommes illust. Tome XVII. p. 47—55. welcher Schriftsteller auch darauf von dessen Sohne und Enkel, der zuweilen mit dem Großvater verwechselt wird, wie ich eben erinnert habe, Nachricht ertheilt. *Trotzii* Praefat. Operibus *Iacobi Gothofredi* praemissa, p. 3—7.

XVII.

Jacob Gothofredus.

Er war der würdige Sohn des vorhergehenden, und ließ an scharfen Einsichten und auserlesener Gelehrsamkeit seinen Vater weit hinter sich.

Dieser lebte damals noch zu Geneve, als er am 13 September 1587 das erste Licht erblickte. Auf welcher Schule und Universität sein munterer Geist sich zu bilden angefangen habe, ist mir zu erforschen unmöglich gewesen. Es mag wohl zu Heidelberg und Strasburg, unter der Aufsicht oder eigener Anleitung des Vaters, am meisten geschehen seyn. Im Jahre 1616 finde ich ihn unter den Parlaments-Advocaten zu Paris, welches er selbst auf dem Titel des Commentars de paganis meldet, und meine Vorgänger nicht bemerkt haben; 1619 aber erhielt er bey der Academie seiner Vaterstadt das Amt eines öffentlichen Rechtslehrers, welches er so lange rühmlichst verwaltete, bis er zehn Jahre hernach zum Mitgliede des dasigen Magistrats erwählt wurde. Der hergebrachten Verfassung gemäß, hatte er die Ehre, in dieser ansehnlichen Versammlung viermal als Consul, fünfmal aber als Syndicus zu sitzen. Dem Scholarchat stand er ebenfalls vor, wozu Niemand geschickter war außer ihn. Da die Angelegenheiten der Republic mancherley Gesandtschaften nach Frankreich, Deutschland, Piemont, und an die Helvetischen Cantons nöthig machten: so setzte man auf ihn ein so großes Vertrauen, daß er dergleichen glänzende Verrichtunzen von sich nicht ablehnen könnte. Gothofredus kam auch immer unter lautem Beyfalle der zufriedenen Bürgerschaft zurücke. Sie hätte jedoch ihren berühmten Landsmann im Jahre 1639 bald verlohren, wenn seine Neigung, den bisherigen Aufenthalt zu verändern, nur einigermaßen rege geworden wäre. Peter Cunäus war am Ende des vorhergegangenen Jahres zu Leiden verstorben. Die Curatoren der Universität luden ihn also ein, das juristische Professorat desselben anzunehmen. Claudius Sarrau ertheilet von diesem Umstande genauere Nachricht *); und Gothofredus selbst bestätiget sie in der Zuschrift vor Philostorgs Kirchenhistorie; die Liebe aber zum Vaterlande, die Hochachtung der ganzen Stadt, in welcher er zur vornehmsten Classe gehörte, und die ihn für ein Orakel ansah, vielleicht auch andere nicht so bekannte Bewegungsgründe, hatten einen zu starken Einfluß in seine Denkungsart, und hielten ihn zurück, dem Begehren der Holländer zu willfahren. Er beschloß sein gelehrtes und arbeitsames Leben, welches er in müßigen Stunden vorzüglich dem Theodosianischen Gesetzbuche widmete, am 24 Junius 1652, noch nicht fünf und sechzig Jahre alt. Seine schöne Bibliothek und Handschriften handelte Anton Marville an sich, der Herausgeber seines Commentars über den Theodosianischen Codex.

Dieses

*) In einem 1639 geschriebenen Briefe, S. 16. der Gudischen Sammlung heißt es: A Leidensibus Curatoribus in *Cunæi* locum ponitur *Iacobus Gothofredus, Dionysii filius*, qui Genevæ olim magna cum laude iurisprudentiam professus, postea in vrbis Senatum cooptatus est; quare vereor, vt academicum suggestum velit denuo conscendere. Der Erfolg bewies es, daß sich der Verfasser nicht geirret habe.

Dieses ist es Alles, was ich von seinen Schicksalen habe sagen können. Seine Landsleute hätten billig das Andenken eines der vortrefflichsten Rechtsgelehrten und Humanisten, welcher das vorige Jahrhundert zierte, vermittelst einer vollkommenen Lebensgeschichte erhalten sollen. Doch vielleicht gelingt es mir, daß mein Wunsch erfüllt, und ein gelehrter Schweizer dadurch aufgemuntert wird, dasjenige mit einer solchen Feder zu thun, wie sie Gothofredus verdient. Denn wer muß ihn nicht für einen Mann von ganz außerordentlichen Fähigkeiten erkennen? Die griechische und lateinische Litteratur, die Critic und Kirchenhistorie vereinigte er mit der alten und neuern Rechtswissenschaft so glücklich, daß nach Cujazen wohl keiner auf dieser Seite mehr geschimmert hat, als eben er. Ja es sind Verschiedene der Meynung, er übertreffe denselben an Beurtheilungskraft und Belesenheit. Bynkershoek*) wirft ihm zwar vor, es wären ihm seine Versuche in Verbesserung alter Stellen selten wohl gerathen. Allein man ist es von großen Geistern schon gewohnt, daß sie oft, nicht mißtrauisch genug gegen ihre ersten Einfälle, Muthmaßungen wagen, die sie nach einer strengern Prüfung entweder ganz wegstreichen, oder wenigstens ändern würden. Dieser ansehnliche Niederländer konnte es ebenfalls Andern nicht immer recht machen, wenn er seinen Fleiß critischen Beobachtungen widmete. Denenjenigen aber, welche in einigen Gothofredischen Schriften schärfere Anstrengung seiner Kräfte vermissen,

---

*) Observ. Iur. Rom. Buch I. Cap. 10. am Ende, wo er schreibt: Eius viri eruditionem suspicio ac stupeo; sed in ea parte Crítices, quae in emendandis Auctoribus cum nostris, tum aliis, absoluitur, fere est, vt infeliciſſime verſatum eum dicere.

sey, hat Everh. Otto *) geantwortet. Doch gesetzt, es ließ sich hierbey zur Entschuldigung nicht viel sagen: so bleibt es gleichwohl eine längst gegründete Wahrheit, daß die meisten Stücke unter den Werken dieses zum Erstaunen geschäftig gewesenen Rechtsgelehrten alle Merkmaale solcher Abhandlungen haben, welche dem Verfasser ein unvergängliches Lob bey der späten Nachwelt gewähren **).

Es sind davon drey Sammlungen vorhanden, die aber nur den größten Theil seiner Schriften, besonders der kl. inern enthalten. Eine übertrifft auch die andere an Vollständigkeit. Die erste besorgte Gothofredus selbst. Sie trat zu Geneve 1634 in 4. ans Licht, unter dem Titel: Opuscula historica, iuridica, politica noua quinque: quibus sociata insuper tria alia, iam antehac edita. Jede Abhandlung hat ihre eigene Seitenzahlen. Die zwote folgte allda 1654 in demselben Format, nach des Verfassers Tode. Den einzigen Discurs ad L. 5. C. de Lege Iulia Maiest. ausgenommen, findet man lauter neue Producte darinnen.

---

*) Man sehe desselben Vorrede zum Bande III. des Thesauri Iuris Rom. S. 2. des wiederholten Abdrucks.

**) Ich kann daher der ungünstigen Meynung des Heineccius in der Vorrede zum Krugischen Corpore iuris, S. 283. der Opusculorum minorum nicht beypflichten, wenn er sagt: Magna fuit Iac. Gothofredi ac plane diffusa eruditio, sed aliquando misera et anxia nimis diligentia, et mira in confectandis obseruationibus nullius momenti subtilitas, criticum denique acumen, quod tamen vbique adfectat, pene nullum. Das angeführte Exempel scheint die Sache noch nicht auszumachen. Sollte nicht das bekannte mortuo leoni insultare meinem Lesern hier einfallen?

XVII. Jacob Gothofredus.

nen. Ein Nachdruck derselben geschah zu Helmstädt 1732. auf 2 Alph. 9 Bogen in 4. gleichfalls mit besondern Seitenzahlen, um die Stücke einzeln zu verkaufen. Neues ist nichts hinzugekommen, außer der Diatriba de Cenotaphio, und einer historisch-critischen Vorrede Franz Carls Conradi von 2 Bogen, in welcher er über jedwede Schrift gar gute Gedanken mittheilet. Im Jahr 1733 veranstaltete Christ. Heinr. Trotz die dritte Sammlung, und diese ist ohne Widerspruch die vollkommenste. Sie bestehet aus 11 Alph. 7 Bogen in median Folio, und hat die Aufschrift bekommen: *Iac. Gothofredi* Opera iuridica minora, siue libelli, tractatus, orationes et opuscula rariora et praestantiora. Der Herausgeber hat sich nicht nur bemühet, daß unzählige Druckfehler verbessert worden sind, sondern auch des Gothofredus wohl gestochenes Bildniß, und eine eigene gelehrte Vorrede darzu gethan, welche 8 Bogen stark ist. Zuletzt aber kommen drey gute Register der Sachen und Wörter; der erklärten Römischen Gesetze; und der angeführten Schriftsteller. Alles, was diese Ausgabe in sich faßt, will ich nunmehr einzeln anzeigen, die ersten Editionen eines jeden Stücks, so viel als möglich ist, zugleich melden, und hernach die übrigen Schriften hinzufügen, welche unter dem großen Namen des Verfassers die Presse verlassen haben.

1) Fragmenta XII. Tabularum, cum *Gothofredi* et aliorum notis. Das erste mal zu Heidelb. 1616 in 4. Auf der S. 362. der zusammengedruckten Opusculorum *Hambergerianorum* urtheilet der geschickte Rechtsgelehrte von dieser Arbeit also: Quemadmodum stellas aethereus sol, ita *Gothofredus* eorum, qui vnquam duodecim tabulis insudarint, labores sua recensione praeliluxit.

Cum enim videret, post omnes illos, qui huic rei incubuerunt, superesse, quae iusti adhuc operis materiam praeberent, quandoquidem varie et multipliciter erratum est, — — — haec igitur cum videret vir doctissimus, praetereaque in connectendis inter se legibus grauiter a plerisque peccatum intelligeret, repetendae praelectionis has satis graues caussas fore credidit. Itaque tum superiorum errores sedulo cauit, tum vero ordinem et argumentum legum non vna ratione inuestigauit. Ich glaube, mir die Mühe ersparen zu können, daß ich das Uebrige, welches alles lesenswerth ist, auch abschreibe. Denn die Hamburgerischen Schriften sind doch wohl vielen meiner Leser bey der Hand. Zuletzt heißt es noch der Wahrheit gemäß, wer dieses Buch habe, der könne die andern in demselben Fache leicht entbehren. Unter Mehrern stimmt auch Everh. Otto mit dem angeführten Urtheile überein. In der Vorrede zum Bande III. des Thes. iur. Rom. Cap. 12. S. 52. schreibt er: *Iac. Gothofredus* hoc opusculo ostendit, nondum exhausta fuisse omnia, neque spicilegium, sed integram messem sibi relictam. Nullus hanc prouinciam magis opportune suscipere potuit, quod priscae eruditionis subsidiis, multisque litteris, exquisitis et reconditis, erat instructus. Nullus etiam superiorum tanta diligentia rem tractauit, tantoque iudicio operas digessit, et idoneis documentis confirmauit vbiuis. Nemo feliciore successu discreuit, quid in his sincerum, quid suspectum foret, aut legem maiori sagacitate a superfluis repurgauit. Nemo etiam fragmenta quaeque, tam probabili coniectura, tabulis suis restituit, aut maiori fiducia sui de serie earum pronunciauit.

Hinc

Hinc quotquot ipſum exceperunt harum legum
editores, et verba, et originem ejus, tanquam
originaria et ex tripode, retinuerunt; quaſi ſu-
peruacuus nunc omnis ea in re longior ponatur
labor, nec fieri poſſet, vt ab illo praeceptis me-
liora inueſtigentur. Am allermeiſten rühmt der
Herr Hofrath Hommel in der Litteratura iuris
S. 51. des zwoten Drucks die Ordnung. Seine
Worte ſind dieſe: Additis vbique probationibus, leges decemuirales variis coniecturis ita re-
ſtitutae, vt inita ſponſione contendere velim, ſi
quando ex Herculani cineribus erui poſſint, aut
alibi inueniantur, vera earundem exemplaria,
appariturum eſſe, quod ordinem attinet, in nulla
Gothofredum tabula aberraſſe.

2) Lex Iulia et Papia repetitae praelectionis cum
notis. Ein Werkchen, welches 1617 zuerſt erſchien. Auch hier kann ich nicht unterlaſſen,
eine Stelle aus den *Hambergerianis* Opuſculis
S. 379. auszuzeichnen, wo es heißt: Quam multis partibus iurisprudentiae hic vnus *Gothofredi*
liber profuerit, quam multas capitales controuer-
ſias praeclariſſimis notis ſuis diremerit, non ali-
vnde melius intellexerimus, quam ex ſeptem et
triginta ſectionum, in quas legem partitus eſt,
argumentis. Freylich haben nach ſeinem Tode
der gelehrte Spanier, Franz Ramos del Man-
zano, deſſen ſchönes Werk im Bande V. S.
55—532. des Meermanniſchen Theſauri iur.
ciu. et canonici wieder gemein gemacht worden
iſt, und nach demſelben unſer Heineccius in dem
bekannten Commentar weit größern Fleiß an dieſen Gegenſtand gewendet; allein Gothofredus
behält doch immer das Verdienſt, daß er die
Bahn

Bahn gebrochen, und in damals noch jungen Jahren zuerst seine Kräfte zur Erläuterung dieses Gesetzes versucht habe.

3) Series Edicti perpetui, et librorum, a ICtis secundum ordinem Edicti conscriptorum. Beyde Stücke füllen nur wenige Blätter aus, sie waren ihm aber weit besser gerathen, als die Proben seiner Vorgänger. Heineccius würde Alles hierinn erschöpft haben, wenn ihm der Tod so viel Zeit gelassen hätte, seinem Plane genug Vollständigkeit zu geben. Diese vier Gothofredischen Schriften stellte Esaias Colladus zu Geneve 1653 in 4. also nach des Verfassers Tode, unter dem Titel: Fontes quatuor juris civilis, auf 2 Alph. 10 Bogen, zusammen ans Licht. Im Ottoischen Thesauro, Band III. S. 2—254. sind sie auch zu finden.

4) Animaduersiones iuris ciuilis liber. Vorher zu Geneve 1628 in 4. 13 Bogen stark, und im gedachten Bande des Thesauri, S. 258—324. Der Verfasser hat das Werkchen an die Rechtsgelehrten zu Bourges gerichtet, unter welchen Merill der erste war, und sich bemühet, theils den wahren Verstand einiger Römischen Gesetze, theils die ächte Lesart derselben, gründlich zu zeigen, dabey aber vornehmlich des Bernischen Rechtsgelehrten, Joh. Sicks, Obseruationes anticriticas iuris zu widerlegen. Diese kamen ein Jahr vorher zu Basel auf 10 Quartbogen heraus, und wurden im Otroischen Thesaur. Band I. S. 501. von neuem gedruckt. Es werden darinn mancherley Meynungen Ant. Fabers, Jac. Raewaerd, Franz Hotmanns, Jac. Cujazens, und Anderer, verworfen, welches Gothofredus

fredus nicht leiden konnte. Er setzte daher eben so viel Capitel, als Siek gemacht hatte, seiner critischen Kühnheit entgegen, unter welchen Otto das 5. 11. 15. und 16te für die wichtigsten hält.

5) Diatriba de Cenotaphio, Geneuae, 1634. auf 2 Quartbogen. Auch in der ersten Genever Sammlung, im Ottoischen Thesauro S. 325. des Bandes III. und in der Helmstädtischen Sammlung. Vermittelst dieser gelehrten und aus der Philologie schön erläuterten kleinen Abhandlung hat er den Widerspruch zwischen dem Marcian und Ulpian ziemlich gut gehoben. Nur die Erklärung der Worte in jenes Bruchstücken: Magis placere, die er von den Zauberern verstanden haben will, gefällt weder Bynkershocken Buch I. Cap. 5. der Obseruat. iur. Romani, welches überhaupt hierbey zu lesen ist, noch Everh. Otto und Conradi.

6) Discursus historicus ad Legem *Quisquis* C. ad Leg. Iuliam Maiestatis, Genenae 1633. auf 14½ Bogen in 4. und in den beyden Sammlungen, die alba veranstaltet worden waren. Eine seiner besten Arbeiten, welche eben so, wie die vorhergehende, eine Probe, und gleichsam ein Vorläufer des Commentars über den Theodosianischen Codex seyn sollte. Im Cap. II. sagt er, daß ihm Contius und die beyden Gentile, Anderer nicht zu gedenken, in ihren Abhandlungen noch kein Genüge gethan hätten. Deswegen sah er es für keine vergebliche Mühe an, seine Feder einem solchen Gegenstande auch zu widmen. Der allgemeine Beyfall folgte bald, und Hamberger S. 387. der von ihm hinterlassenen Schriften drückt seine gegründete Gedanken davon

von also aus: Ibi de quo caeteri vix cogitarunt, originem caussasque historicas nobilissimae istius constitutionis primus eruit, doctissimumque iurisprudentiae historicae specimen sexdecim capitibus dedit. Gundling im Cap. I. der Singularium ad Legem Maiestatis, besonders §. 83. und 84. erwähnt des Verfassers ebenfalls rühmlichst.

7) De imperio maris, deque iure naufragii colligendi Legeque Rhodia, Hypomnema, ad L. Αξιωσις, seu Legem *Deprecatio* 9. D. de Lege Rhodia de iactu zuerst zu Geneve 1637. 9 Bogen in 4; ferner in der zwoten Sammlung des Jahrs 1654; und zu Frankfurt 1669. in 12. unter den Variorum Dissertationibus de imperio maris, welche Joach. Hagemeier zusammen drucken ließ, S. 121 — 221. Bynkershoek hat hernach mit seiner Arbeit de dominio maris mehr Ehre eingelegt.

8) Diatriba de iure praecedentiae repetitae praelectionis. Sie erschien anfangs als eine akademische Disputation. Gothofredus hatte sie hernach verbessert, und um die Hälfte vermehret. Dieses Exemplar überließ er seinem Collegen, dem Collado, welcher es 1664 auf 23½ Bogen herausgab. Der Hauptinhalt bestehet aus drey Theilen, worinn zuerst de titulis, alsdenn de notis, seu signis praecedentiae, endlich aber de Eurematicis, seu cautelis, in controversiis praecedentiarum mit einer dem Verfasser eigenen Gelehrsamkeit gehandelt wird. Doch hat die Schrift zu unsern Zeiten einen großen Theil ihres Werths verlohren.

9) Tr

9) Tractatus nouus et practicus de Salario repetitae praelectionis. Auch vorher eine academische Dissertation, welche derselbe in eine weit bessere Gestalt umgoß, und dem Colladus einhändigte, um sie nach seinem Gutbefinden zu gebrauchen, auch allenfalls zum Drucke zu befördern. Dieser that es nun zu Geneve 1664. Es sind 23½ Bogen.

10) Politicae Orationes tres, Geneuae 1634. in der ersten Sammlung einiger Werke von ihm. Der damals sehr unruhige Religionszustand im Deutschen Reiche veranlassete ihn, diese Reden zu halten. Sie betrugen zusammen 15¾ Bogen in 4. In der ersten Rede, die den Titel *Vlpianus* hat, weil L. 21. D. de Legibus von demselben herrührt, ist die Maiestas Principis Romani, Legibus soluta, sein Gesichtspunkt; die zwote, *Iulianus* genannt, trägt arcanas Iuliani, Imperatoris, artes ad profligandam religionem Christianam vor; und der dritten gab er die Aufschrift: *Achaica*, seu de caussis interitus Reipublicae Achaeorum. Er zeigt darinn, daß die alte Achaische Staatsverfassung zum Beyspiele einer wohl eingerichteten Republic dienen könne, daß aber hernach die Uneinigkeiten der Bürger unter sich, und mit den Lacedämoniern, auch die Kunstgriffe der Römer, den Untergang der ganzen Nation befördert haben.

11) *Libanii*, Sophistae, Orationes quatuor, Constitutionum Imperatoriarum; quales virorque Codice, Theodosiano et Iustinianeo, occurrunt, super Magistratuum officio suasoriae, sub Theodosio M. ante 1300 ferme annos conscriptae, Geneuae 1631. in 4. 1 Alph. 2 Bogen stark. Diese

Diese vier Reden, welche ihm aus der berühmten Augsburgischen Rathsbibliothek mitgetheilt wurden, stellte Gothofredus zum ersten male ans Licht, fügte auch die fünfte, die Friedr. Morell bereits unter die Presse gegeben hatte, nebst einer lateinischen Uebersetzung hinzu, und erläuterte den Text mit seinen Noten. Ein gutes Register macht das Werkchen noch brauchbarer. Die erste Rede handelt de patrociniis; (militum ac Ducum militarium, ad quae confugere agricolas solebant, mercede quadam, his constituta,) die zwote de angariis agricolarum, worinn er das Unrecht vorstellt, welches den Landleuten widerfuhr, da sie von der Obrigkeit in Antiochien auf dem Rückwege nach Hause angehalten wurden, um mit ihren Eseln oder Maulthieren allerley Schutt wegzuschleppen; die dritte de vinctis, feu custodia reorum, bestehet in einer Beschwerde gegen die Richter, daß sie entweder Unschuldige zur gefänglichen Haft brächten, oder doch diejenigen, welche dieses verdient hätten, unmenschlich tractirten; die vierte rathet zu einem Gesetze aduersus ingredientes in Magistratuum domos; weil ein solches Anlaufen nur vielen Unfug veranlasse; die fünfte endlich ist adversus Adsiduos apud Magistratus, das heißt, wider Personen, welche den Richtern gar nicht vom Leibe bleiben wollten.

12) *Libanii* pro templis gentilium non exscindendis Oratio ad Theodosium M. Genevae 1634. auf 9 Quartbogen, in der ersten Samnlung seiner Werke. Er ließ sie ebenfalls aus der Augsburgischen Handschrift zuerst Griechisch und lateinisch drucken, und setzte sie nicht weniger, als die

die vorigen Reden, durch Anmerkungen in ein helleres Licht.

13) Differtationes duae de mutatione et argumento monetae aureae, ad explicationem L. 2. Cod. Iuſtin. de veteris numiſmatis poteſtate; ac de functione et aequalitate in mutuo, ad intellectum veramque lectionem L. 2. D. de reb. cred. ſi cert. pet. Beyde erſchienen vorher auf einigen Bogen. Alsdenn kamen ſie 1654 in die zwote Genever Sammlung. Von der erſten kleinen Schrift ſagt Bynkershoek, Buch II. Cap. 22. der Obſervat. iuris Romani, mit den folgenden Worten ſeine Gedanken: *Gothofredus* ſcripſit libellum ea, qua ſolet, diligentia, id eſt, fere nimia. Multorum interpretationes improbat, quae, dummodo non peruertas, et rem ipſam ſpectes, cum ipſius eaedem ſunt. Originem et cauſſam legis longius arceſſit, ſed multum ſudabit, vt perſuadeat, agi de imminutione librae, non de imminutione ſolidi, imo de augmento ſolidi, quo reliquae ſpecies decreſcerent. Mihi certe non perſuaſerit in tanta verborum luce.

14) In electione magiſtratus inhabilis, ſeu incapacis, per errorem facta, Differt. ad L. *Barbarius Philippus* 3. D. de offic. Praetor. Genevae 1645. In 8. auf 3 Bogen, und ferner ſowohl in der zwoten Genever als auch in der Helmſtädtiſchen Sammlung. Er verwirft Johann Roberts, Hotmanns, Contius, Heraldus ꝛc. Verbeſſerungen des Textes; ob er aber in der ſeinigen glücklicher geweſen ſey, das iſt eine Frage, die wenigſtens Conradi in ſeiner Vorrede verneinet.

15) De velandis mulieribus, deque exuuia capitis, ad *Pauli* locum ad Corinth. I, 11. Differtatio, Geneuae in 8. auf 2¼ Bogen ohne beygefügte Jahrzahl, aber auch 1645. Hernach wieder in der zwoten Genever, und in der Helmstädtischen Sammlung. Statt des Wortes ἐξεσία liefet er ἐξαβίαν; und für διὰ τὰς ἀγγέλας, διὰ ἀγελαίας; oder διὰ τὰς ἀγέλας, womit jedoch die Gottesgelehrten nicht zufrieden gewesen sind. Man sehe hiervon die Gundlingiana, Stück 37. Artic. 4. S. 166—184. und Heumanns Poecile, Band III. S. 123. besonders den §. 5. S. 129.

16) Epistola de interdicta Christianorum cum gentilibus communione, deque Pontificatu maximo, num Christiani Imperatores eum aliquando gesserint? Dieses weitläufige Sendschreiben an Andr. River, mit dem erdichteten Namen Jacobus Pacidius, welches er zuerst, nebst den vorhergehenden Nummern 13. 14. und 15. 1645 in 8. aller Wahrscheinlichkeit nach unter dem Titel: Differtationes quinque, nouiter editae, auf 57. Seiten herausgab, ist auch der zwoten Genever-Sammlung im Jahre 1654 einverleibt worden. Die Verordnungen Constantins des Großen, Valentinians und Theodosius des Großen, worinn diese Kayser den Umgang der Christen mit Heyden verbiethen, erhalten hier ihre Erläuterung; was hingegen den Satz betrifft, daß der Titel eines Pontifex Maximus von keinem christlichen Kayser bis auf den Gratian gebraucht worden sey: so hat Joh. Andr. Bose in der Differtation de Pontificatu M. Imperat. Rom. den Verfasser gründlich widerlegt. Man sehe
auch

XVII. Jacob Gothofredus.

auch des Campiani Buch de officio et potest. Magistratuum Rom. Cap. IX. S. 20. darüber nach.

17) De famosis latronibus inuestigandis Dissertatio, ad L. Si Barsatoram 14. C. de fideiussor. Sie soll zuerst zu Geneve 1652, und wieder daselbst 668 in 4. auf 5 Bogen gedruckt seyn. In der 1654, wie auch 173 zu Helmstädt erschienenen Sammlung hat sie gleichfalls einen Platz erhalten. Die Erklärung des Verfassers ist deutlich; dieses aber noch manchem Widerspruche unterworfen, daß er im l. 7. §. 12. D. d. part. unter eben diesem Worte pacta nuda verstanden haben will.

18) Dissert. de nuptiis consobrinorum; item alia de testamento tempore pestis, vel a testatore peste contacto, condito, Geneuae 1642. In 4. zusammen auf 11 Bogen, als ein Anhang zu Philostorgs Kirchenhistorie angedruckt. In der ersten hat er L. 19. C. de nup. zum Gegenstande, und eignet dieses Gesetz dem Kayser Arcadius zu. Die Arbeit, welche er zu eben der Zeit dem Philostorg widmete, und Sirmonds Quaestio triplex, deren erste von demselben Gesetze handelt, beydes bewog ihn zu dieser Untersuchung. Eine dem Verfasser vorgelegte Frage gab Gelegenheit, die zwote Dissertation zu verfertigen, worinn L. 8. C. de testam. ins Licht gesetzt, und zugleich gezeigt wird, daß an dem gedachten Orte die Rede gar nicht von der Pest sey.

19) De statu paganorum sub Christianis Imperatoribus; seu Commentarius ad tit. 10 de paganis, libri XII. Codicis Theodos. 1616. auf 6¼ Bogen in 4. aus Gotthard Vögelius Druckerey zu Heidelberg.

delberg. Dieser Commentar, nebst den Fragmentis XII. Tabularum, ist die erste Frucht seines gelehrten Fleißes. Marville ließ ihn darauf verbessert und mit neuen Zusätzen bereichert in dem Gothofredischen Codice Theodosiano wieder abdrucken. Nur klagt Ritter in der Vorrede zum Theil VI. seiner Leipziger Auflage, daß dieses nicht genau genug geschehen sey. Eben derselbe neue Herausgeber hat noch die Noten Favrots, welchen Gothofredus oft zu tadeln pflegt, hinzugefügt, da Alles durch deren Beyhülfe weit leichter verstanden werden kann. Ich habe davon bereits in meinen biographischen Beyträgen Band II. S. 115. gesagt.

20) Nouus in tit. Pandectarum de diuersis regulis iuris antiqui Commentarius. Geneuae 1653. 4 Alph. 19 Bogen in 4. Die Edition der Handschrift hatte der Verfasser seinem Colladus im Testamente empfohlen, und zugleich einige Bücher aus seiner Bibliothek vermacht. Dieser hat auch endlich erfüllet, was von ihm verlangt worden war. Er ließ das kaum angefangene Werk fortdrucken, (denn Gothofredus revidirte noch einen schon gesetzten Bogen selbst eine halbe Stunde vor seinem Tode) und zierte es mit einer Zuschrift an des Verstorbenen Bruderssohn, des allerchristlichen Königes Rath und Geschichtschreiber, worinn er desselben vortrefflichen Oncle, und seine rühmlichsten Eigenschaften, sehr geschickt abschildert. Die Vorrede aber ist vom Verfasser noch ausgearbeitet worden. Sie enthält eine umständliche Erzählung, warum er sich mit diesem Titel der Pandecten beschäftiget, und wie er dabey gehandelt habe. Nach dem Urtheile

Urtheile aller Kenner bleibt dieses Buch in demjenigen Fache, wozu es gehöret, das wichtigste, zumal da der Herausgeber sorgfältig verbessert hat, was in der Handschrift undeutlich, oder nicht in der genauesten Ordnung gesetzt worden war. —

21) Manuale iuris; seu parua iuris mysteria. Er gab zu Geneve 1624 auf 197 Seiten in 12 eine Summam simul et seriem Digestorum et Codicis heraus. Nachher vermehrte er das kleine Werkchen stark, und ließ es unter dem angeführten veränderten Titel wieder drucken. Dieses geschah von neuem sehr oft. Die Auflage im Jahr 1651, welche das Quartformat, nach der Anzeige der Lipenischen Bibliothek, haben soll, ist mir noch nicht vor die Augen gekommen. Eine andere hingegen, die allda 1652 in 12. schon zum fünften male erschien, beschreibt Beyer in der Notitia Auctorum iuridic. Specim. I. Art. 4. An eben dem Orte erfolgten mehrere 1654, 1665, 1672, 1677, 1695, auch 1726, immer in 12. welche letzte 524 Seiten enthält, und auf dem Titel die eilfte genennt wird: ferner zu Amsterdam 1663 in 12 mit Suaresens notitia Basilicorum; zu Leiden 1676 und 1684 in 12. 1 Alph. 2 Bogen stark; wieder zu Geneve 1710 auf 22 Duodezbogen; zu Strasburg 1713, und zu Turin unter demselben Jahre in 8 Vielleicht ist auch die Frankfurtische Ausgabe in 12. vom Jahre 1731 vorhanden, wenn anders der Lipenischen Biblioth. hier zu trauen seyn möchte. Gesunden habe ich sie nirgends. So oft wiederholte Abdrücke sind ein offenbarer Beweis, wie vieles Glück das Buch gehabt habe. Es bestehet

het aber eigentlich aus vier Stücken: 1) einer Historia iur. ciuilis Romani; 2) aus einer Biblioth. iur. ciu. Romani, welche beyde Theile Abrah. Wieling, seiner Zuhörer wegen, zu Franeker 1731 auf 9 Octavbogen besonders drucken ließ; *) 3) aus einem Florilegio sententiarum cis politicarum et communium notionum, ex Corpore Iustinianeo pesumtarum; 4) aus der Serie Librorum et titulorum in Digestis et in Codice. Dem ersten Versuche, welcher Anlaß zur übrigen Arbeit gab, wie ich im Anfange dieser Nummer gesagt habe. Beyer am gemeldeten Orte schreibt davon also: Ex Serie Digestorum et Codicis magnum *Gothofredi* ingenium cognosco, id vero nondum ab ipso mihi persuadetur, egregie ibidem cohaerere omnia, et optimam ordini rationem constare, nec meliorem methodum potuisse, vel posse, inueniri. Sed hactenus consentio: retinendum esse Pandectarum ordinem, non quod perfectus sit, verum, quod vulgo receptus. Dieser Meynung pflichte ich allerdings bey; doch wundere ich mich darüber immer, wenn man Leuten aus dem sechsten Jahrhunderte, einer Zeit, welche der Philosophie sehr nachtheilig war, Vorwürfe über eine schlecht beobachtete Ordnung machen will. Uebrigens muß ich noch den ganzen Plan des Gothofredus anzeigen. Er war gesonnen, drey Manualia zu schreiben. Das erste fasset die Quatuor fontes iuris ciuilis in sich, wovon

---

*) Wenn ich vielleicht im Artikel von Wielingen geschrieben habe, es sey dieses Werkchen aus Alex. Chassanäus Paratitlis iur. ciu. zugleich erschienen: so will ich diesen kleinen Fehler hier verbessern.

wovon oben unter der Nummer 3.) Das zweyte ist dasjenige, deſſen Beſchreibung ich eben
geliefert habe. Zum dritten hatte er beſtimmt
1) artem cauſandi, ſeu genuinam legis ſpeciem
deſignandi, additis dubitandi et decidendi rationibus, 2) Antinomicum, ſeu legum conciliationes,
3) Indicem legum ſelectarum et practicabilium,
4) conſilium de bibliotheca, ſiue theoretica, ſiue
practica, indicatis ipſismet libris. Trotz wünſch-
te vor einigen vierzig Jahren, daß ein Gelehrter
des Verfaſſers hinterlaſſene Papiere dazu, welche noch vorhanden ſeyn ſollten, ans Licht ſtellen
möchte. Allein nun wäre es wohl zu ſpät, und
ich wenigſtens würde keinem Verleger anrathen,
den Druck zu übernehmen.

So viel enthält die Leibenſche Ausgabe der Gothofrediſchen Schriften, welche ſowohl in den lateiniſchen Actis Erud. 1733. S. 452—458. als auch in
den deutſchen, Band XV. St. 180. S. 837—853.
weitläuftig recenſirt wird. In der Vorrede zu denſelben läßt Trotz S. 14. auf eine neue Sammlung
Operum criticorum, a *Gothofredo* exaratorum, hoffen,
worinn ſeine critiſch-hiſtoriſche Bemühungen, oder
Noten über alte Scribenten, und litterariſche Abhandlungen dargeſtellt werden ſollten. Das Vorhaben iſt
jedoch nicht gelungen; vielleicht weil der Verleger den
Mangel hinlänglicher Käufer befürchtete. Ich will
unterdeſſen meinen Leſern ein Verzeichniß der übrigen
gelehrten und mir bekannten Producte dieſes ſo fleißigen Mannes hier vorlegen.

22) Vita Q. *Aurelii Symmachi.* Daß dieſes Leben
aus ſeiner Feder gefloſſen ſey, und in der Ausgabe der lateiniſchen Briefe vom Symmachus
ſtehe,

stehe, welche Pareus zu Neustadt in der Pfalz 1617. in 8. besorgte, versichern. Hamberger Th. II. S. 905. der Nachrichten von den vornehmsten Schrifstellern, und der Catalogus Biblioth. *Bunaxianae*. Band I. Volum. 2. S. 1635. Funccius im Commentar de vegeta Lat. linguae senectute S. 394. führt so gar einen besondern Umstand daraus an. Gleichwohl finde ich in meinem Exemplar derselben Ausgabe nicht die geringste Spur von einem solchen Aufsatze.

23) Coniectura de suburbicariis regionibus et ecclesiis; seu de praefectura et Episcopi vrbis Romae Dioecesi. Erf. 1618. in 4. zwo Dissertationen ohne seinen Namen. Er ward darüber in eine Streitigkeit verwickelt. Denn er nahm aus dem Canon VI. des Nicänischen Synodus den Beweis her, daß die Gewalt und Gerichtbarkeit des Römischen Pabsts sehr eingeschränkt gewesen sey, ungefähr wie die Macht des Praefecti Vrbi, welche sich mit dem centesimo ab Vrbe lapide geendiget habe. Es wären also die ecclesiae suburbicariae auch nicht weiter auszudehnen, und der Pabst sey nicht ein Patriarch des ganzen Occidents. Jacob Sirmond setzte dieser Meynung die Censuram Scriptoris anonymi de suburbicariis regionibus et ecclesiis entgegen, welche zu Paris 1619. in 8. erschien, und 1696. dem vierten Bande seiner Werke in Fol. einverleibt wurde. Er behauptete, ecclesiae suburbicariae wären nicht suburbanae, sondern dem vrbico magistratui untergeordnet gewesen, nehmlich Vrbis vicario, und es habe der Pabst, als Römischer Bischoff, allerdings den Patriarchat über den ganzen Occident gehabt. Gothofredus antwortete

wortete zu Paris 1619 wieder ohne Namen in den Vindiciis pro coniectura aduersus Censuram *Iac. Sirmondi.* Darauf trat Salmasius zur Parthey des erstern, und ließ Amici ad Amicum de suburbicariis regionibus et ecclesiis Epistolam 1620. in 4. zu Leiden drucken, obgleich der Ort, wo es geschehen, nicht angezeiget worden ist. Sirmond aber gab eine Aduentoriam caussidico Diuionensi (*Salmasio* Parisios cogitanti) aduersus Amici ad Amicum Epistolam — — cum Censura Vindiciarum coniecturae alterius Anonymi, heraus. Salmasius vertheidigte sich im Eucharistico, *Iac. Sirmondo* pro Aduentoria: de regionibus et ecclesiis suburbicariis, welches Werkchen zu Paris 1621 in 4. hervortrat. Sirmond endigte nun den ganzen Federkrieg mit dem Propemtico *Claud. Salmasio,* aduersus eius Euchariflicon, eben allda 1621 in 8. Auch Hieron. Alexander, der jüngere, hatte bey den Muthmaßungen des Gothofredus Manches zu erinnern. Seine Widerlegung kam schon 1619 in 4. zu Paris aus der Presse. Mehr davon in Küsters oder Neocorus Biblioth. libror. nouorum, Band I. S. 298. und Christian Kortholts ersten Dissert. de ecclesiis suburbicariis, wo er S. 47. ebenfalls mit des Gothofredus Sätzen nicht zufrieden ist.

24) Diss. de testamentis ordinandis, Geneuae 1625. in 4. Hieron. Imhof, ein Nürnbergischer Edelmann, vertheidigte sie unter ihm.

25) Diss. de principis potestate, ibid. 1626. 1 Bogen in median 4. Es wird von der rechtmäßigen und unrechtmäßigen Gewalt des Fürsten in geistlichen und weltlichen Dingen kurz, jedoch so gehandelt, daß man des Präses letzte Aussellung

nicht

nicht verkennt, wenn gleich der Respondent, Joachim Camerarius, ein Sohn des berühmten Churpfälzischen, und endlich Königlich-Schwedischen Staatsmannes, Ludwig Camerarius, der Fabrikant dieses Probestücks gewesen seyn mag.

26) Diss. de tutela et cura, ibid. 1625. in 4. Nach der Anzeige der Lipenischen Bibliothek.

27) Q. Sept. *Florentis Tertulliani* ad Nationes libri II. Aureliopoli 1625. 1 Alph. 3½ Bog. in 4. In meinem Exemplare scheint aber der erste Bogen zu fehlen, welchen vermuthlich eine Zuschrift ausfüllt. Er hat dieses Werkgen aus einer Lionischen Handschrift des neunten Jahrhunderts zuerst ans Licht gebracht, und mit Noten erläutert, die weit mehr Raum einnehmen, als der Text, auch darinn viele durch die Länge der Zeit ausgelöschte Wörter zu ergänzen gesucht. In den Prolegomenis beweiset er, daß Tertullian wirklich der Verfasser, und seine Schrift vor dem Apologetico vollendet worden sey, mehrerer lehrreicher Beobachtungen nicht zu gedenken. Unter den vier angehängten Registern ist das zweyte einem Juristen besonders zu empfehlen. Sigbert Havercamp hat eine schönere, von ihm versprochene Auflage, dieses nun sehr seltenen Exemplars nicht geliefert.

28) Diatriba de armorum iure et gestatione inter priuatos, vom Waffenrecht, ad L. vn. C. vt armor. vsus, caet. libro XI. et textus similes, Geneuae 1628. in 4. Ein Schlesier, Mart. Willer, war sein Respondent. Diese höchst seltene Schrift, welche Trotz nicht gekannt hat, ist nun in Euseb. Begers zu Frankf. und Leipzig, oder viel-

vielmehr zu Ulm 1767. in 4 ans Licht getretenen Codicis Iustinianei Illustrationibus S. 19 — 116. zu lesen, und verdiente es wohl, daß sie der Vergessenheit entrissen wurde. Außer einer Protheoria de armis in genere, et eorum fine ac vsu, bestehet die ganze Arbeit in 14. Capiteln, deren Inhalt ich nicht anzeigen will, weil ein solches Werkgen in allen Buchladen zu haben ist.

29) Vetus orbis descriptio Graeci Scriptoris sub Constantio et Constante Imperat. nunc primum, post mille trecentos fere annos, edita, cum duplici versione et notis. Geneuae 1628. in Med. 4. 17 Bogen stark. Die Noten, welche er dazu gemacht hat, sind zuletzt besonders angedruckt; auch die neue Uebersetzung ist von ihm, die andere aber eine ältere. Nicol. Heinsie in einem Briefe, Band II. S. 692. der Burmannischen großen Sammlung, beschuldiget den Herausgeber einer Impostur, und glaubt, er habe den lateinischen Originaltext in die Griechische Sprache selbst übersetzt. Allein Krause in den Anmerkungen zu Böclers Bibliographia critica S. 850 beruft sich auf einen Gelehrten, welcher ihm gesagt habe, er wolle dereinst augenscheinlich darthun, daß die Griechische Beschreibung schon im achten, oder folgenden Jahrhunderte, von einem occidentalischen Mönche verfertiget worden sey. Ich weiß es aber nicht, ob derselbe irgendwo sein Versprechen erfüllt habe.

30) *Philostorgii* historiae ecclesiasticae libri XII. cum versione, supplementis, indice, et Dissertationibus prolixioribus, Geneuae 1642. in 4. Median. Die erste Ausgabe dieses Griechischen Gelehrten, welche jedoch von allerley Mängeln nicht

nicht frey ist, wie Gothofredus in seinen weitläuftigen Prolegomenis selbst gestehet. Stolle in der kurzen Nachricht von den Büchern seiner Bibl. Th. V. S. 427. ist weiter davon nachzulesen; imgleichen Joh. He. Jacobs zu Erfurt 1722. in 4. gedrucktes Programm de meritis Ictorum, speciatim *Jacobi Gothofredi* in historiam ecclesiasticam. Doch muß ich noch Einiges hinzusetzen: Das Werk überhaupt ist 4 Alph. 14 Bog. stark, wovon die Dissertationen über alle zwölf Bücher mehr als die Hälfte einnehmen. Die Addenda und Emendanda in den Dissertationen bestehen aus zween, und die Restituenda in *Philostorgio*, eiusque versione, aus anderthalben Bogen, welches dem Leser nicht wenig Beschwerlichkeit verursacht. Diese aber vermindern wieder die mannigfaltigen Nachrichten in den Dissertationen, welche zur Kirchen- und politischen Historie der damaligen Zeit gehören.

31) Sacrae Exercitationes duae de Ecclesia, deque incarnatione Christi. Geneuae 1649. In diesem raren Buche, welches 10 Octavbogen enthält, ist er bemühet, die Verse 15. 16. des dritten Capitels des ersten Paulinischen Briefs an den Timotheus in ein helleres Licht zu setzen. Die Critici Sacri, Band V. S. 942. der Frankfurtischen Edition, legen einen neuen Abdruck vor. Salomo Deyling, Th. I. Artik. 65. seiner Observat. sacrarum. S. 319 — 321. urtheilt von der ersten Exercitation also: Vir doctissimus, *Iac. Gothofredus*, totum hunc Apostoli locum accurate pariter et erudite interpretatus, in ea versatur opinione, Paulum ad columnas in templo Ephesino, vel Eleusino, collocatas, et su-

per

per impositis Deorum simulacris, aut inscriptis legibus celebratas, allusisse, et templorum gentilitiorum columnis Ecclesiam Dei opposuisse, cum illam vocauit ξύλον τῆς ἀληθείας. — — Haec sermonis Paulini interpretatio, quam Cl. *Gothofredo* debemus, non solum erudita, sed ad mentem Spiritus S. valde etiam accommodata, et peridonea est ad nugas Pontificiorum, quas ad auctoritatem quandam suae Ecclesiae conciliandam afferre refellendas ac profligandas.

31) Codex Theodosianus cum perpetuis Commentariis, Lugduni 1665. in Fol. sechs Theile, wovon Beyer in der Notit. Auct. jurid. Spec. II. Art. 13. S. 33—40. genauer handelt. Gothofredus hatte über 30 Jahre daran gearbeitet, starb aber, ehe er das große Werk zur Presse fertig machen konnte. Anton Marville, der oberste Rechtslehrer auf der Französischen hohen Schule zu Valence, kaufte, wie ich schon an einem andern Orte gesagt habe, alle Bücher und Handschriften des Verfassers, unter welchen eine ungeheure Menge von Zeddeln war, die lauter Anmerkungen zum Theodosianischen Gesetzbuche enthielten. Diese gebrauchte Marville zur Ausgabe desselben; er brachte sie jedoch sehr oft an die unrechte Stelle, Vieles verstand er auch nicht, und begieng sonst einleuchtende Nachlässigkeiten. Dessen ungeachtet ist ihm jeder Liebhaber der eleganten Rechtswissenschaft den größten Dank für ein so wichtiges Geschenk schuldig. Denn wer sein Leben lieset, der wird über die saure Mühe, welche er dabey gehabt hat, ganz gewiß erstaunen. Inzwischen ward diese von ihm veranstaltete Edition mit allem

Bey=

Beyfalle aufgenommen, und zuletzt so selten, daß man ein Exemplar sehr theuer bezahlen mußte. Es zeigte sich hier das Gegentheil, da sonst Schriften, die nach eines Gelehrten Tode ans Licht treten, gemeiniglich von geringern Werthe zu seyn pflegen, als diejenigen, welche bey desselben Leben erscheinen. Um nun das beständige Verlangen nach einer neuen und wohlfeilen Auflage zu befriedigen, traf der Leipziger berühmte Buchhändler, Weidmann, Anstalten dazu. Er trug das ganze Geschäfte Joh. Daniel Rittern auf, einem Manne, dem es nicht an Geschicklichkeit fehlte, einem solchen Produkte die herrlichsten Vorzüge zu geben. Insbesondere verglich er den Text mit einer Gothaischen und Würzburgischen Handschrift, welche letzte den Florentinischen Pandekten an Alter wenigstens gleich ist, und von Rechtswegen der kostbarste Theil der litterarischen Schätze in Deutschland genennt wird. Er verbesserte sorgfältig die falsch angeführten Stellen aus den Alten, und andere eingeschlichene Druckfehler, füllte nach Möglichkeit häufige Lücken aus, brachte das Zerstreute in bessere Ordnung, und fügte selbst überall, wo es nöthig war, seine Noten, auch jedem Bande lesenswürdige Vorreden hinzu. Der erste Band erschien zu Leipzig 1736. und der sechste, welcher in zwo besondere Abtheilungen getrennt worden ist, 1745. Alle diese Bände enthalten beynahe 46 Alphabete. Im ersten stehen des Gothofredus Prolegomena ad Codicem Theodosianum, die in zwölf Capiteln gelehrte Nachrichten davon geben. Sim. Pet. Gasser ließ sie, ihrer Brauchbarkeit wegen, zu Halle 1727 an seine Praelectiones ad Codicem Iustinianeum in 4. drucken,

wo

XVII. Jacob Gothofredus.

wo sie, mit des Herausgebers Summarien vermehrt, 7 Bogen ausfüllen. Die Latein. Acta Eruditorum, in den Jahren 1736—1738. liefern von den drey ersten Bänden eine Recension. Den übrigen aber ist diese Ehre nicht wiederfahren. Was Gothofredus über den letzten Titel im ganzen Theodosianischen Gesetzbuche sagt, das ist von einem Pariser Rechtslehrer, Johann le Gendre, scharf, aber doch nicht ohne viele Gelehrsamkeit, angegriffen worden. Er gab 1690. zu Paris in 4. heraus gab: Episcopale iudicium aduersus calumnias Iac. Gotkofredi acerrime defensum, nec non ab omni falsi suspicione plenissime vindicatum. Ein neuer Abdruck dieser Vertheidigung ist nun im Meermannischen Thesauro iur. ciu. et canonici, Band III. S. 333—368.

Unter des Gothofredus hinterlassenen Handschriften waren auch

33) Memoires, touchant l'état et la ville de Geneve, jusqu'en 1627. In 3 Quartbänden. Sie kamen hernach von Nicol. Chorier an Jacob Spon, welcher das beste daraus seiner Histoire de Geneve einverleibte. Dieses Buch wurde zu Lion 1680. 1682. und endlich zu Utrecht 1685. in zween Medianduodezbänden gedruckt. Nach der Struv= und Buderischen Biblioth. historica, Band II. S. 1315. der zur Zeit neuesten Ausgabe, ist nun ein Exemplar vorhanden, welches zu Geneve 1730. in 2 Quartheilen die Presse verlassen, und sowohl wegen der vielen Verbesserungen, als auch der schönen Zusätze von archivalischen Documenten, große Vorzüge hat. Man lese hierbey die Anmerkung im vortreflichen

Cata-

Catalogo Biblioth. *Rinckianae* S. 579. Sonſt eignet ihm Freher noch eine Differt. de iuſtitia et iure, ſtatuque hominum, zu, welches wohl richtig ſeyn kann, ob ſchon kein Druckjahr dabey ſtehet. Niceron aber ſetzt unter deſſelben Schriften Commentaires ſur la Coûtume reformée du Pais et Duché de Normandie, à Rouen 1626. in 2 Foltanten; und Le Mercure Ieſuite, ou Recueil des Pieçes, concernant le progrés des Ieſuites, leurs ecrits et differends, depuis l'an. 1620. jusqu' à l'année 1625. Geneve 1630. in 2 Octavbänden, auch im folgenden Jahre weit vermehrter. Von beyden kann ich nichts Zuverläßiges ſagen, ſondern nur anmerken, daß in der Lipeniſchen Biblioth Th. I. S. 551. der neueſten Auflage das erſte Buch unter Dionyſius Gothofredus, des Vaters Namen ſtehe. Auch Trotz meldet, er habe zu Geneve 1586. die Fragmenta Codicis Gregoriani et Hermogeniani herausgegeben. Schon die Jahrzahl zeigt aber, daß Jacob Gothofredus, ein neunjähriger Knabe, dieſes unmöglich habe thun können. Von Cujacen hingegen weiß man es, und denſelben hat Schulting S. 684. der Iurisprud. Ante-Iuſt. angeführt, auf welchen ſich Trotz beruft.

Gothofredus arbeitete noch an verſchiedenen andern Büchern, und ſammlete Materialien dazu. Sein verkürztes Leben aber hinderte die Ausführung der gemachten Entwürfe. Ich will derſelben Titel alle, ſo wie ich ſie finde, hier anfügen.

a) Obſeruationes in Obſeruationes Cuiacii.

b) Fráucica;

c) Status Imperii Romani; Orthographia Codicis *Theodoſiani;*

d) Anim-

d) Animaduersiones in Appendicem Cod. Theod. *Sirmondi*. Diese Stücke erwähnt der Verfasser selbst im Bande III. seines *Codicis Theodosiani*, nach Ritters Versicherung am Ende der Vorrede dazu.

e) Corpus Antiquitatum iuridicarum, wovon Almeloveen S. 24. der Biblioth. promissae et latentis schreibt. Den Plan hat er in der Zuschrift zum Discursu ad L. quisquis C. ad L. Iul. Maiest. vorgezeichnet, ob er gleich allda nichts von seiner eigenen Ausarbeitung deutlich erwähnt.

f) *Theophili* benedicta, et perperam ab eodem admissa. Ein Werk, welches aus vier Büchern bestehen sollte. Man liefet es auch auf einigen Titelblättern unterm Jahre 1630. der Ausgabe des Theophilus, dessen Griechische Paraphrase der Institutionen sein Vater, Dion. Gothofredus, veranstaltete, wie ich im vorhergehenden Artikel gesagt habe. Allein derjenige mag auftreten, welcher beweisen kann, daß jemals eine Zeile davon gedruckt worden sey. Wilh. Otto Reitz im Prodromo Theophilino S. 1121. seiner Edition.

Niceron Th. XVII. der Memoires pour servir à l'Histoire des hommes illustr. S. 49—77. des Französischen Originals. Der Verfasser hat sich dabey des Srcherischen Theatri viror. erudit. claror. S. 1121. bedient. *Trotzii* Praef. Operib. minor. praefixa, p. 9. Beyde Schriftsteller fast zu gleicher Zeit. Der letzte meldet auch, daß ein Gelehrter, auf Marvills Ermunterung, gesonnen gewesen sey, des Gothofredus Leben umständlich zu beschreiben; auch ein Deutscher habe Trotzen einen Aufsatz, nebst vielen ungedruckten Briefen von diesem so verdienten Schweitzer, versprochen.

Ja der Vorredner selbst macht S. 18. zu einer genauern Historia *Gothofredorum* Hofnung. Keiner aber von Allen hat den Liebhabern der juristischen Litterargeschichte ein Gnüge geleistet. Unterdessen bringt doch Trotz in seiner Vorrede mancherley kritische Anmerkungen zu den Gothofredischen Schriften bey. Schade nur, daß der Correktor so nachläßig gewesen ist.

XVIII.

Caspar Achatius Beck.

Von Geburt war er ein Franke, aus Berolzheim, einem Marktflecken im Fürstenthum Anspach, wo er am 22. December 1685. zur Welt kam. Sein Vater, Joh. Jac. Beck, erst Prediger dieses Orts, wurde hernach Archidiaconus zu Anspach, und hatte Sophien Rosinen, eine Tochter des Margräflichen Cammeraths, Ge. Adam Ulmers, zur Ehegattin. Von des jungen Becks erster Erziehung, welche sich die Aeltern mit gehöriger Klugheit und Sorgfalt angelegen seyn ließen, auch auf den Gymnasien zu Anspach und Heilbronn seine weitere Cultur zu befördern suchten, schreite ich zu desselben höhern Beschäftigungen fort.

Ob er gleich anfänglich die stärkste Neigung zur Gottesgelahrheit empfand, wozu ihn vielleicht das Beyspiel zweener Brüder reizte, und er sich deswegen alle Mühe gab, die hierzu nöthigen Sprachen zu lernen; so änderte er doch seinen Entschluß, als er 1705. die Universität Jena bezog, und ergriff die Rechtswissenschaft, mit welcher er die unentbehrlichsten Hülfsmittel

XVIII. Caspar Achatius Beck.

mittel, Philosophie und Geschichte, verband. In beyden Studien erwählte er einen Hamberger Treuner Struve und Heumann zu Anführern. Seine nachmalige Schriften sind einleuchtende Beweise, wie wohl er deren Vortrag zu benutzen gewußt habe. Den ganzen Umfang der Rechte hingegen machten ihm Joh. Phil. Slevogt, Adrian Beier, Christ. Wildvogel, Joh. Christ. Schröter und Joh. Paul Kreß bekannt, Männer, die zu dieser Zeit ungemein viel zum Glanze der hohen Schule beytrugen. Was er aber hier gehört hatte, schien ihm noch nicht hinlänglich zu seyn. Er wendete sich auch nach Halle, wohin ihn ohne Zweifel der ausgebreitete Ruhm beyder Stryke, Thomasens, Ludewigs und Böhmers zog. In den Hörsälen derselben wiederholte er alle Theile der Rechtsgelehrsamkeit, und seine gute Aufführung erwarb ihm ihre ganze Gewogenheit. Endlich besuchte er noch Wittenberg, und es ist nicht unwahrscheinlich, daß er allda sich gleichfalls Joh. Heinr. Bergers, Horns, Wernhers und Fribners, die mit besonderm Beyfalle lehrten, gründlicher Vorlesungen einigermaßen bedient, und seine Kenntnisse zu mehrerer Reife gebracht habe. Ich sage einigermaßen; denn aller Vermuthung nach, ist sein Aufenthalt zu Wittenberg von kurzer Dauer gewesen.

Beck eilte nun wieder an den vorigen Ort, welcher ihm den ersten Unterricht in seinem Lieblingsfache mitgetheilt hatte. Im Jahre 1709 ernennte ihn die Jenaische Juristenfacultät zum Licentiat der Rechte, und ein Jahr hernach erhielt er von Slevogten die höchst Würde darinn. Je größere Hofnung er schöpfte, daß er daselbst auch die Früchte seiner bisherigen gelehrten Bemühungen einernden können, desto geschwinder war der Anfang dazu. Beck dachte einzig
und

und allein an seine Pflicht, der Welt nützlich zu seyn, und eben dieses bewerkstelligte er sowohl durchs Lehren, als durch praktische Arbeiten. Zu letztern ward er vorzüglich ermuntert, da man ihn 1711. in die Reihe der dortigen Hofgerichtsadvokaten treten ließ: jenes aber that er vermittelst mancherley Privatvorlesungen, wobey er die müßigen Stunden einer fleißigen Ausarbeitung akademischer Schriften bestimmte, und solche von Zeit zu Zeit auf den Catheder vertheidigte.

Beydes bahnte den Weg zu einem außerordentlichen juristischen Professorate, das er, nebst einer Stelle im Schöppenstuhle, 1718 übernahm. In dieser Lage blieb Beck bis zum Jahre 1728, welches Johann Bernhard Friesen aus der Zahl der Lebenden riß. Es fiel ihm also das ordentliche Lehramt der Institutionen zu, hiernächst aber das Assessorat im Hofgerichte und in der Juristenfakultät. Er rückte alsdann 1730. weiter in die ledige Profession der Pandekten, und ward auch mit dem Character eines Hofraths von den gesammten Fürstlich-Sächsischen Häusern begnadigt. Das folgende Jahr 1731. erhob ihn auf die höchste Stufe, welche ein Jenaischer Rechtslehrer jemals besteigen kann. Denn er wurde nach dem Tode Johann Christian Schröters Ordinarius, oder Präsident, der Juristenfakultät und des Schöppenstuhls, oberster Rechtslehrer und erster Beysitzer auf der bürgerlichen Bank im Hofgerichte. Allein er genoß eine solche Ehre nicht lange, weil er am 28. November 1733 noch keine acht und vierzig Jahre alt sein Leben beschließen mußte, welches er unter vielen Geschäften rühmlichst geführt hatte.

In einer 1711. glücklich vollzogenen Ehe mit Sophien Dorotheen, der Tochter seines Vorgängers im Ordinariate, Joh. Phil. Slevogts, sind ihm

ihm verschiedene Kinder, beyderley Geschlechts, gebohren worden, wovon ich nichts mehr zu sagen weiß, als nur dieses, daß ich keinen Sohn desselben kenne, welcher sich besonders hervorgethan hätte.

Wenn sich schon Beck durch große Werke nicht verewiget hat; so verdient er doch, wegen seiner kleinern Schriften, die genug Gründlichkeit und feine Kenntnisse an den Tag legen, auch mit allem Rechte zu den brauchbarsten gezählet werden zu müssen, Aufmerksamkeit der Leser und ein gutes Andenken. Sie sind gewiß mit Einsicht in die Rechtsgelehrsamkeit, und mit geschickter Anwendung der Philosophie abgefaßt: Erfahrung in der Geschichte, Erläuterungen aus den Alterthümern, und der Sprachkunde leuchten darinn hinlänglich hervor, und werden zweckmäßig beym erwählten Gegenstande zu Hülfe genommen, weil das Praktische in seinen Abhandlungen die Hauptabsicht gewesen zu seyn scheint. Die Achtung, welche sie sich bis jezt erhalten haben, muß mein Urtheil rechtfertigen. Eine nicht schwache Neigung zum Natur- und Völkerrechte läßt sich leicht daraus erkennen; derjenige wagt aber wohl nicht zu viel, welcher behauptet, daß er im Privat- und dann im Lehnrecht die mehreste Stärke gehabt habe. Indessen waren auch die übrigen Theile, welche zum Gebiethe der Rechtsgelehrsamkeit gehören, keine ihm wenig, oder gar nicht, bekannte Gegenden. Aus dieser Ursache ist es gewiß bedaurenswerth, daß uns ein frühzeitiger Tod manch schönes Produkt seiner Feder entzogen habe, worauf die Republik der Juristen hoffen konnte. Sonst machen ihn noch andere, besonders moralische Eigenschaften, ungemein beliebt. Man rühmt ihn als einen vortreflichen Redner, als einen angenehmen Lehrer, als einen gottesfürchtigen, im Urthelsprechen und allen seinen Handlungen gerechten, auch gegen jedermann bescheidenen und höflichen Gelehrten.

Becks hinterlassene Schriften, die zugleich eine ziemlich lateinische Einkleidung zieret, sind in der Ordnung ans Licht getreten, wie sie nun folgen:

1) D. C. de Ducatu Franconiae, Jenae 1709. 5 Bogen, unter Wildvogels Vorsitze. Sie war die Gradualschrift. Seine Meynung gehet dahin, es sey das dem Bischoffe zu Würzburg verliehene Herzogthum Franken erdichtet, und habe keinen Grund in der Geschichte. Darwider ließ Gundling, unter dem Namen Augustin de Lanussio, im St. XI. der Hallischen Neuen Bibliothek, S. 750. des zweeten Bandes ein Bedenken von dem Herzogthum Franken des Bischofs zu Würzburg einrücken, und als sich Beck 17 3. in einem   o de Ducatu Franconiae, welches seiner Dissert. de manumissionibus in Ecclesia angehäng worden ist, darüber verantwortet hatte; so erschien im Stück XX. S. 947. des gedachten Journals eine Erinnerung an den Herrn Becken zu Jena welche etwas spötisch und beleidigend gerathen ist. Beyde kleine Abhandlungen stehen nun auch in der Sammlung Gundlingischer deutscher Schriften, die zu Halle 1737. in 8. ans Licht traten, S. 226—253. Gegen diesen neuen Angriff vertheidigte sich Beck im Parergo altero bey seiner bald folgenden Dissert. de iure regni patrimonialis, S. 41—64. Lange nachher, nehmlich 1751. fieng auch der damalige Bambergische Rechtsgelehrte, Bened. Schmidt, den Verfasser zu widerlegen an. Er gab auf 15 Quartbogen heraus: Beleuchtung des dem Hochstift Würzburg competirenden Herzog-

zogthums zu Franken, worinn er besonders S. 72. gegen Becken auftritt. Es sind hiervon des Herrn Weidlichs zuverläßige Nachrichten von den jeztlebenden Rechtsgelehrten, Th. VI. S. 316. weiter zu lesen. Endlich aber hat Joh. Gottlieb Gonne in der zu Erlangen 1756. auf 1 Alph. in 4 gedruckten Disquisitione, de Ducatu Franciae Orientalis, ad fidem diplomatum atque Scriptorum instituta, die ganze Sache in ein helleres Licht gesetzt, und die Beckischen Gedanken ungemein bestärkt.

2) Positionum ex vario iure Specimina III. Ienae 1711. Es waren drey akademische Disputationen, die zusammen 13 Bogen ausfüllen. Den Hauptinhalt der ersten findet man in der Gel. Fama, Band I. S. 504.

3) Diss. de periurii occasione praescindenda, 1711. 7 Bogen.

4) Diss. de manumissionibus in Ecclesia, 1712. 3¼ Bogen. Das oben gedachte Parergon de Franconiae Ducatu ist angedruckt. Mit der Ausführung vom Freylassen in den Kirchen, war aber Joh. Friedr. Joachim nicht wohl zufrieden. Daher bemühete er sich in einer besondern lateinischen Schrift 1738. zu Halle die Sache aus den kirchlichen Alterthümern besser zu erläutern.

5) Dissert. de iure regni patrimonialis, et de Franconiae Ducatu Parergon alterum, 1712. 8 Bogen. Ein kurzer Inhalt dieser Dissert. ist in der Gel. Fama, Band II. S. 740. wo jedoch der Verfasser irrig sagt, daß im Anhange von dem Herzogthume Franken gegen Joh. Sebast. Müllern, und dessen Sächsische Annalen, Etwas

zu lesen sey. Sie werden S. 63. bey einer ganz andern Gelegenheit allein angeführt. Der Streit zwischen Becken und Gundlingen hatte nun mit jenes Replic ein Ende.

6) Differtationes de paribus Reipublicae Miniftri et Vafalli iuribus, ex primaeua feudorum indole deductis, et ad fori vfum accommodatis, Ienae 1715. Ein Alph. in 4. ohne das Register. In den deutschen Actis Eruditor. Band V. S. 134 — 138. habe ich eine Becken zur Ehre gereichende Recenſion gefunden. Er unterſucht den Urſprung der Lehen gar geſchickt, und beweiſet, daß zwiſchen herrſchaftlichen Beamten, Bedienten und Vaſallen eine große Aehnlichkeit ſey, da die Lehen vormals nicht ſowohl den Soldaten, als vielmehr den Hofofficianten, anſtatt der Beſoldung, verliehen worden wären, welche Meynung jedoch keinen allgemeinen Beyfall erlanget hat. Die ganze Arbeit ist aus vier Differtationen erwachſen, wovon ich zwo kenne, eine de feudorum indole primaeua, und die andere de cauſſis mutati feudorum iuris, welche 1713. offentlich vertheidiget wurden. Darauf übernahm ein Jenaiſcher Buchhändler den Verlag dieſes Tractats, der nun ſechs Capitel in ſich faßt. Das erſte zeigt inftituti rationem et vfum; das zweyte handelt de ſignificatione vafalli ac feudi; das dritte de cauſſis mutati feudorum iuris; das vierte de pari feudorum et officiorum publicorum natura ac definitione; das ſechſte aber de pari feudorum et officiorum publicorum diviſione.

7) Differt. de eo, quod iuſtum eſt circa commendationem, 1716. Von dieſer 7 Bogen ſtarken Abhand-

Abhandlung liefert die Gel. Fama, Band V. S. 913. einen Auszug.

8) Differt. de vſu et auctoritate iuris Romani in Vngaria circa doctrinam de patria poteſtate, 1717. 6 Bogen. Der Respondent, Joh. Jony, ein gelehrter Ungar, welcher ſich ſonſt noch bekannt gemacht hat, iſt ohne Zweifel bey dieſer Arbeit nicht müßig geblieben. Sie ward hernach, nebſt zwoen andern Schriften, in einer Sammlung unter dem Titel: Tractatus iuris publici et hiſtorici Hungarici zu Jena 1756. in 4. wieder aufgelegt.

9) Differt. de iurisprudentia, per reformationem religionis reformata, 1717. 5 Bog. Das Jubelfeſt der lutheriſchen Kirche gab den Anlaß dazu. Sein Verſprechen im §. 21. Arnold Corvins Iuſtinianum catholicum zu beleuchten, hat er nicht erfüllt.

10) Progr. de recta iuris per principia docendi ratione, 1718. 1 Quartbogen. Damit trat er sein außerordentliches Lehramt an.

11) Diff. de ſponſalibus minorum, ſine conſenſu curatorum non contrahendis, 1718. auf 6 Bog. Niemand wird ſeinen Gedanken widerſprechen können, wenn er ſie aufmerkſam betrachtet.

12) Diff. de Curiis prouincialibus Saxonicis, 1720. Es iſt aber nur der erſte Theil, welcher 7 Bog. enthält. Er ſchreibt darinn am weitläuftigſten von den Gerichtsplätzen der Deutſchen überhaupt, und vom Urſprunge der Sächſiſchen Hofgerichte insonderheit. Seine Meynung aber, daß man den Anfang der Tribunale von den Landtagen herleiten müſſe, hat dem Herrn Joh. Adam Kind

Kind in seiner 1773. zu Leipzig herausgegebenen Dissert. de origine et fatis Curiae prouincialis supremae in Saxonia nicht gefallen wollen. Er bemühet sich vielmehr zu erweisen, es rühre die Einrichtung der Sächsischen von dem ehemaligen Kayserlichen Hofgerichte eigentlich her. Im zweeten Theile der Beckischen Abhandlung, welchen er aber meistens schuldig blieb, sollten die Vorsätze, die Gerechtsame und die Gerichtsbarkeit der Sächsischen Hofgerichte genauer vorgestellt werden.

13) Dissert. de feudis, transmissione femininis, 1720. 7 Bogen. Jenichen ließ sie im Thesauro iuris feudalis, Band II. S. 327—356. wieder abdrucken.

14) Diss. de vnione prolium, patriae potestatis causa, 1720. Eine 6 Bogen starke Schrift.

15) Diss. de triplici aduocatia Imperatoris ecclesiastica, 1721. Sie hat eben so viel Bogen, und ist auf den Artikel I. der Wahlcapitulation des Kaysers Carls VI. gerichtet.

16) Epistola gratulatoria, illustrissimo Domino, Ioh. Carolo, S. R. I. Comiti de Solms et Tecklenburg, de confecto feliciter studiorum cursu in Acad. Ienensi scripta, 1721. Dieses Schreiben wird wohl nichts anderes, als Complimente, enthalten.

17) Caroli VI. Wahlcapitulation und Reversales, mit dienlichen Marginalien, einer Vorrede und Register, Jena 1722. 9 Octavbogen. Gesehen habe ich diese Ausgabe nicht, daher es mir auch unbekannt ist, ob er in der Vorrede etwas Besonderes abgehandelt habe. Da er über diese Wahlcapitulation Vorlesungen gehalten hat: so mögen

mögen die meisten Exemplare wohl unter seinen Zuhörern geblieben seyn.

18) Dissert. de vera indole feudi, et officio nobilis, 1722. 5 Bogen.

19) Dissert. de iure Principis circa connubia ministrorum et vasallorum, 1724 auf 8 Bog. Eben daselbst ward sie 1754. wieder aufgelegt.

20) Dissert. de Nouellis Leonis Philosophi, Imperatoris, earumque usu, et auctoritate. Praemissa expositio summaria prouidae Dei curae in dispensandis Iurisprudentiae satis, 1726. 12¼ Bogen. Mit dieser Schrift, welche ich unter der Num. 32. abermal erwähnen werde, etwarb sich Beck Siß und Stimme in der Juristenfacultät. In den Jenaischen monathlichen Nachrichten von gel. Leuten und Schriften aufs Jahr 1726. stehet eine gute Recension.

21) Dissert. de eo, quod iustum est circa restitutionem rerum furtiuarum, 1726. 5 Bogen.

22) Dissert. de iudicio statario, Germanice vom Standgerichte, 1727. 4¼ Bogen. Im Kriegsrechte kann sie ihre Dienste leisten. Nur ist Joh. Georg Cramer, ein vormaliger würdiger Rechtsgelehrter zu Leipzig, in den Nouis litterariis, quae Disputationes recensent, caet. einer kleinen Monathsschrift, welche daselbst 1727. ohne Vorsetzung seines Namens in 4. erschien, S. 152. von des Verfassers Meynung nicht zu überzeugen gewesen, da derselbe §. 24. eine Uebereinstimmung des Standgerichts mit dem Lehngerichte behaupten wollte. Dieses Werkgen ist nun in wenigen Händen. Ich will deswegen auszeichnen, was hieher am meisten gehört. Conueniunt, heißt

heißt es, non in accidentibus, sed in substantialibus, ostendenda fuisset. Ast vero in substantialibus vtrumque iudicium mirum in modum a se inuicem differt. Iudicium statarium est criminale, et poenas corporis adflictiuas ac capitales decernit; sed iudicium feudale magis ciuile est, et nunquam capitaliter punit: statarium summariissime et celerrime tractatur, neglectis Processus ordinarii ambagibus; sed feudale ordinarium Processum obseruat, et quae sunt reliqua vtriusque discrimina. Accedit, quod hodie longe alia sit iudicii feudalis ratio, quam quidem olim fuit.

23) Dissert. de Lege Cornelia testamentaria, et SCto Libomano, 1727. 5 Bogen. Sie ist eigentlich über l. 3. C. de his, qui tibi adscrib. in testam. abgefaßt.

24) Diss. de eo, quod iustum est circa emigrationem ciuium, religionis caussa factam, 1728. auf 6 Bogen. Die §. 27. 30. 31. 34. 36. und 37. des Artikels V. im Instrum. Pacis Westphal. sind sein vornehmster Gegenstand.

25) Dissert. de consensu feudali, 1728. 7 Bog.

26) Dissert. de obligatione ad cedendum in via publica, 1728. 4 Bogen. Daß er aber dabey von einem gelehrten Raube nicht wohl frey gesprochen werden könne, hat Engau in seiner Dissert. de pontium regiorum iuribus §. 53. S. 31. in den Noten entdeckt. Man sehe nur Heinrich von Cocceji (oder vielmehr Christian Ernst Reichenbachs) Dissert. de regali viarum iure, §. 4 — 6. und die Beckische §. 4. 5. Jenichen machte in der Lipsischen jurist. Biblioth S. 452. seiner Ausgabe einen großen Lärm darüber, und griff

griff Engauen heftig an. Er mußte aber doch endlich die Segel streichen, da ihm deutlich gewiesen ward, was er gar nicht glauben wollte. Wie große Ursache hat nicht ein jeder Gelehrter, sich für allem Ausschreiben zu hüten! Denn es bleibt immer Horazens Spruch wahr: Quicquid sub terra est, in apricum proferet aetas.

27) Dissert. de insolubili fidelitatis et subiectionis nexu, 1728. auf 4 Bogen. Eine vor seiner Zeit eben nicht viel abgehandelte Materie, wenigstens nicht besonders.

28) Progr. de introducto iuris canonici nomine, fatisque huius iuris in Germaniae Academiis, 1728. Ein Quartbogen. Es ist eine lesenswerthe Einladung zu Lectionen über Schilters Instit. iur. canon.

29) Dissert. de periculo nominis pupillaris, 1729. 5 Bogen.

30) Dissert. de potestate et iurisdictione Principum, speciatimque S. R. I. in liberos, 1729. 3 Bog.

31) Dissert. de Principe Christiano, aeternae subditorum salutis curatore, 1730. auf 6 Bogen; bey Gelegenheit der evangelischen Jubelfeyer.

32) de Nouellis Leonis, Augusti et Philosophi, earumque vsu et auctoritate, Commentatio prolusoria. Praemissa est Dissert. de prouida Dei cura in dispensandis Iurisprudentiae satis, itemque laudati Imperatoris Vita, Ienae 1731. 20 Quartbogen. Diese Abhandlung ist eine seiner wichtigsten Arbeiten. Bereits 1726. hatte er mit der oben unter Num. 20. angeführten Dissert. den Grund dazu gelegt. Darauf kamen, als eine Fortsetzung, acht Programmen hinzu, die

er seit dem 30. Julius 1729. bis zum 12. Januar 1731. bey Gelegenheit verschiedener Doctorpromotionen ausgefertiget hatte. Im ersten redete er de poena conuentionali in sponsalibus; im zweyten de repudio propter ereptum sponsae pudorem; im dritten de satis doctrinae de iure circa inuentionem thesauri; im vierten de poena castrationis et Eunuchorum coniugio; im fünften und sechsten de praestantia Nouellarum Leonis, earumque vsu cum theoretico, tum practico; im siebenden de receptione Nouellarum earundem in scholis ac foro; endlich aber im achten de obseruantia earum in iuris, variis exemplis vlterius confirmata. Am Ende verspricht Beck eine Erklärung jeder Novelle vom Leo zu liefern, und sich zu bemühen, vt ex rectae et naturalis rationis principiis, itemque ex fontibus Iurisprudentiae Romanae Graecae, cuncta deriuentur, et ad illustrationem iuris ciuilis pariter et canonici, seu ecclesiastici, nec non ad vtrinsque fori vsum, in quantum quidem hoc poterit fieri, referantur, wie seine eigene Worte lauten. Allein es ist zu beklagen, daß ein frühzeitiger Tod die Ausführung unterbrochen habe. Die Latein. Acta Erudit. 1731. S. 420 — 422. enthalten eine Recension dieser gelehrten Abhandlung, die Jenaischen monathlichen Nachrichten aber dergleichen von der vorangeschickten Dissertation, wie schon oben Num. 20. gemeldet worden ist. Die meisten Rechtsgelehrten sind bey der vertheidigten Meynung des Verfassers geblieben, daß nehmlich verschiedene Leonische Novellen in Deutschland eine gesetzliche Kraft hätten. Allein vor einigen Jahren trat der berühmte Leipziger Rechtslehrer, Joh. Gottlieb Seger

Seger, auf, und erklärte sich hierinn, jedoch mit Bescheidenheit, gegen Becken in einer besondern und Einsichtsvollen Dissertation de Leonis, Philosophi, Constitutionum Nouellarum auctoritate, welche 1767. ans Licht kam. Der Herr Hofrath, Hartleben, hat dieselbe in seinen Meditationibus ad Pandectas über das genug bekannte Leyserische Werk, Band I. Th. 1. Specim. 6. Num. 4. gut benutzt, und Becken ebenfalls widersprochen. Da dessen Tractat ungemein selten zu finden war, gleichwohl gemeiner zu seyn verdiente: so veranstaltete der Herr Assessor, Carl Friedr. Zepernick, der fleißige Mann, welcher sich schon durch wohlgerathene Schriften ausgezeichnet hat, zu Halle 1779. eine neue Edition. Sie ist 1 Alph. 14¼ Bogen in Medianoctav stark, und hat den Titel: *Casp. Achat. Beck* de Nouellis Leonis, Augusti et Philosophi, earumque vsu et auctoritate, Liber singularis. Der geschickte Herausgeber hat nicht nur häufige juristische und litterarische Anmerkungen unter den Text gesetzt, sondern auch über die Hälfte des Werkgens mit zwo eigenen Abhandlungen erfüllt. Zuerst erscheinen S. 205 — 391. Praetermissa de vita, rebus gestis, et Constitutionibus in primis Nouellis *Leonis* Sapientis. Alsdann folgen S. 403 — 552. Coniecturae, quibus ex caussis Nouellae *Leonis* Sapientis in Germania receptae dici nequeant. Zwischen beyden aber stehet ein sehr rares Programm von Joh. Friedr. Olearius de valore Nouellarum *Leonis*, quatenus cum statu Reipublicae nostrae conueniunt. Ich würde von diesem rühmlichen Unternehmen des Herrn Zepernicks noch mehr zu sagen haben, wenn mir nicht einfiel, daß die
Hälli-

Hällischen gelehrt. Zeitungen viele Leser finden. Man sehe also das Jahr 1779. derselben, und im St. 89. die Seiten 705 — 709. nach.

33) Differt. de solemni fractionis baculi ritu in exsequenda supplicii extremi sententia, 1732. 5 Bogen, ohne die Dedication des Respondenten, Ge. Andr. Fischel, welcher dazu Einiges beygetragen zu haben scheint. Die Abhandlung enthält angenehme Nachrichten, und ist, meines Wissens, die einzige über diesen besondern Gegenstand.

34) Progr. de iurisdictione Curiarum prouincialium Saxonicarum in caussis criminalibus, 1732. 1½ Bogen. Es gehört zu der eben angezeigten Inauguraldissertation.

35) Progr. de iurisdictione Curiarum prouincialium Saxonic. in caussis Politiam spectantibus, 1732. Gesehen habe ich es nicht; es wird aber ins Verzeichniß seiner Schriften von den Leipziger Urhebern der Actorum academicorum gesetzt.

36) Progr. de casibus, in quibus Clerici iudicio saeculari subiecti sunt, 1732. 1½ Bogen. Zur Doctordisputation de probatione consuetudinis et obseruantiae unter Kemmerichs Vorsitze.

37) Progr. de exemtione Academiarum a iurisdictione Curiarum prouincialium, 1733. 1½ Bogen, bey Gelegenheit der gleich folgenden Gradualschrift. Mit diesen drey Programmen, unter den Num. 34. 35. und 37. hat der Verfasser einigermaßen seine Schuld abtragen wollen, wovon ich oben Num. 20. geredet habe.

38) Differt-

38) Dissertat. de officio iudicis nobili et mercenario, 1733. 9 Bogen stark. Sie war die letzte Schrift, welche aus seiner Feder floß.

Einige schreiben ihm auch ein Programm zu de quibusdam Collegiorum iuridicorum dissensionibus; allein unstreitig aus Irrthum. Er verfertigte das erste Programm zu den Novellen des Kaysers Leo bey einer Doctordisputation, gleichen Inhalts, unter Johann Christ. Schröters Vorsitze. Von einigen andern Dissertationen, die unter seinem Namen vorhanden sind, hat er sich selbst losgesagt. Sie haben also entweder die Candidaten, oder gewisse Fabricanten zu Verfassern, welche auf Universitäten den Nothleidenden für gute Bezahlung gern zu dienen pflegen. Ich mache mit der Anzeige dieser Stücke den Beschluß meiner bisherigen Nachrichten.

a) de iusto commodo cum alterius damno coniuncto, Ienae 1718. 6½ Bogen. Ge. Friedrich Schneider.

b) Comment. succincta in L. vnicam C. Si quis Imperat. maledixerit, 1719. 4½ Bogen. Joh. Friedrich Strebel, wie Beck selbst im angedruckten Glückwunsche versichert.

c) de Lege non obligante, 1719. auf 6 Bogen. Ernst Friedr. Bach.

d) de legitimo iuramentorum vsu, 1720. 6 Bogen. Johann Gottfr. Schäffer, nach des Präses Zeugnisse.

e) de vsuris, ex deposito praestantis, 1722. 5 Bogen. Joh. Ge. Juncker, welcher den Stoff dazu aus Beck's Vorlesungen genommen hatte, und dieses bestätiget desselben Empfehlungsschreiben am Ende der Dissertation.

f) de oppignoratione seruitutum, eiusque vsu communi et Borussico, 1729. 7 Bogen. **Reinhold Dulz.**

g) de emendatione iuris Romani in quibusdam caussis successionum, 1729. 5 Bogen. **Joh. Christian Morer.**

h) de successione creditorum, 1731. 5 Bog. **Joh. Wilh.** Dirniar verfertigte diese Schrift für den Respondenten, **Arnold Heinr. von Möller,** und gab ihr den Titel: de iure offerendi, welchen Beck vermuthlich geändert hat.

Christ. Wilduogelii Progr. de emtore legum atque prouinciae, Ienae 1709. in 4. Jenaische monathliche Nachrichten von gelehrten Leuten und Schriften, 1726. in 8. S. 157—162. wo auch Becks Abhandlungen bis zum gedachten Jahre angeführt werden. Programma Vniuersit. Ienensis de obitu *C. B. Beckii*, 1733. in Folio. Daraus ist genommen worden, was in den Leipziger Actis academicis aufs Jahr 1734. S. 59—61. stehet. Beyträge aus der Feder des Herrn Assessors, Zepernick, zu Halle. Das Jöcherische Gelehrten Lexicon enthält in der Anzeige der Beckischen Schriften viele Irrthümer.

XIX.

XIX.

Neue Zusätze und Verbesserungen

zu

den bisher herausgegebenen Stücken

der

juristischen Biographie.

Erster Band.

Seite 11. Zur Num. 4) Die Abhandlungen, worinn er beweisen wollte, daß wirklich allgemeine göttliche Gesetze vorhanden wären, ist er schuldig geblieben. Er versprach sie in der Exercit. IV. §. 6. Note 1).

S. 13. Zur Num. 6) Die Auflage unterm Jahr 1688 ist nicht zu Tübingen, sondern zu Schwabach erfolgt; wenigstens habe ich ein solches Exemplar gesehen. Es besteht aus 2 Bogen.

S. — Zur Num. 7) Diese Rede ist allerdings auf 3¼ Quartbogen ans Licht getreten, aber ohne Anzeige des Jahrs und Druckorts.

S. 17. Zur Num. 20) Die Stuttgardische Ausgabe vom Jahr 1700 ist eben so stark, als die allererste, und hat, in kleinerm Octavformate, auch einen rothen Titel, auf welchem versichert wird, es sey dieses Exemplar von neuem übersehen worden.

S. 24. Zur Zeile 18) Auch Ulr. Huber gehört unter die Lehrer des van Bynkershoek, wie er selbst im Anfange des Cap. VI. de iure occid. vend. et exponendi liberos meldet. Bey desselben sechsten und neunten Dissertat. de Ennomia Romana war er 1693 Respondent.

S. 30. Zur Num. 4) Wider seine Meynung de dominio maris, welche Dissert. auch in *Coccii* Grotio illustrato, Band IV. S. 361 — 392. des Exemplars in Folio zu finden ist, schrieb G. Gerh. Titius die Dissert. de dominio in rebus occupatis, vltra possessionem durante.

S. — Zur Num. 5) Dahin gehöret *Hermenegildi - Personaei*, Patricii Lycien. (ohne Zweifel erdichtete Namen) in priores quatuor libros Obseruat. iur. Rom. *Corn. van Bynkershoek* Animaduersionum Liber vnicus, Neapoli 1744. ap. Barthol. Roselli, in median 4. auf 13 Bogen. Dieses Werkchen ist eine ungemein große Seltenheit in Deutschland, daher wird es von einem berühmten Hällischen Rechtslehrer, welcher es jetzt besitzt, vielleicht in kurzer Zeit wieder zum Drucke befördert werden. Die Anmerkungen des Verfassers verdienen eine genauere Erwägung. S. 78 — 88. prüfet er die Bynkershoekischen Gedanken de sectione debitorum ap. Rom. und ist mit der Erklärung gar nicht zufrieden. Zuletzt macht er Hoffnung zu einem zweeten Theile, von welchem ich aber nicht sagen kann, daß er er wirklich nachgefolget sey. Seine eigene Worte sind diese: Perpendendae supersunt Cornelii nostri reliquae Romani iuris Obseruationes, in alios quatuor libros distributae, quas in posterum, summo probante Numine, percurremus, et si quid in iis notatu dignum inuenerimus, eadem breuitate eruditis viris, quaque par erit, modestia proponemus.

S. 34. Vor der Num. 9) Die vom Verfasser 1730 auf 3 Alph. 7 Bogen herausgegebenen Opera minora hat derselbe allerdings verbessert, und mit Zusätzen vermehrt, welche er oft an den Rand geschrieben hatte. Einiges ist gar weggestrichen worden. Er wollte damit der Hällischen Sammlung Abbruch thun, weil sie ohne sein Vorwissen veranstaltet worden war, welches er in der Vorrede dem Herausgeber übel nimmt. Ebenfalls zu leiden wurde 1744 die zwote Ausgabe dieses Exemplars bekannt. Auf jedem Bogen stehet Tomus IV. woraus ich vermuthe, daß damals seine sämmtlichen Werke in einigen Quartbänden hervorgetreten sind.

S. 35. Zur Num. 11) Eine Niederländische Uebersetzung erschien zu Amsterdam 1747 unter dem Titel: Verhandelingen over burgerlyke Rechtszaaken. Sie ist in zween Theile gebracht worden, welche überhaupt 3 Alph. 1 Bogen in median 8. ausfüllen.

S. 36. Zur Linie 10) Die Leibensche Edition enthält 10 Alph. 19 Bogen. Nur zu den ersten vier Büchern der Obseruat. iur. Rom. ist des Heineccius Vorrede mit eingedruckt, die zwote hingegen zu den letzten Büchern, ich weis nicht warum, weggelassen worden. In den Opusculis varii argumenti folgt gleich nach dem Tractate de iure occidendi liberos die Nummer 8.

S. 43. Zur Num. 24) De reformatione diuisionis, caer. Gebauer widerspricht dem Verfasser weitläuftig in seiner Dissert. de heredo cito, S. 18 — 31.

S. — Zur Num. 27) Er machte die Dissert. de muliere teste für einen Hamburgischen Candidaten, Garlef Meurer, welcher sie unter Gottfr. Straussens Vorsitze hielt.

S. 45. Zur Num. 50) Sie ward zu Jena 1702 mit einer andern, unter dem Titel: Commentatio *Lynckeriana* de pactis et transactionibus, auf 10¼ Bogen vermehrter ans Licht gestellt.

S. 48. Zur Num. 61) Eine gute Recension findet man in Tenzels curieusen Bibliothek, Band III. S. 588 — 593.

S. — Zur Num. 62) Eben derselbe im Jahr 1696. S. 453 — 464. der monatlichen Unterred. giebt von dieser Schrift ad L. II. C. die vollständigste Nachricht. Die Ursache, weshalben er die Dissertation, woraus dieser kleine Tractat erwachsen ist, aus der Sammlung seiner übrigen weggelassen habe, leuchtet bald in die Augen. Denn sie war schon zweymal vermehrter, und ganz umgeschmelzt, gedruckt worden. Die Zeilen: Ich weis nicht — — ausgelassen habe, unter der Nummer 60) müssen also weggestrichen, dagegen aber hinzugefügt werden, daß Leisten der wahre Verfasser gewesen sey; daß Berger wenig an der Arbeit geändert, und nur eines oder das andere mit eingerückt, vielleicht auch die Schreibart zuweilen verbessert habe.

S. 51. Zur Num. 72) Bey diesem hatte er besonders die Absicht, zu zeigen, worin die Wittenbergischen

der juristischen Biographie.

schen Rechtsgelehrten vom Schöppenstuhle zu Leipzig entweder abgehen, oder mit demselben übereinstimmen.

S. 66. Am Ende des Artikels) In Joh. Carl Nävens Programm zu Bergers Doctordisputation, worinn er kurz untersucht, in quibus caussis locum habeat officium iudicis nobile? stehet desselben Leben bis aufs Jahr 1710.

S. 78. Zur Num. 1) Er schrieb die angezeigte Abhandlung gegen des verkappten Franz de Ingenuis Discurs von Jurisdiction und Gebiet der Herrschaft Venedig auf dem Adriatischen Meere, welcher 1610 ans Licht trat, und hernach 1619 in 4. lateinisch übersetzt erschien. Man sehe davon die Lipenische jurist. Biblioth. Th. I. S. 661. und Th. II. S. 20. der neuesten Ausgabe.

S. 83. Zur Zeile 12) Besolds hinterlassener Büchervorrath war der Grund zur Salzburgischen Universitätsbibliothek, und wurde 1649 gekauft. Diesen Umstand berichten die lat. Acta Erudit. 1730. S. 95. aus der Historia Vniuersitatis Salisburgensis.

S. 87. Vor der Num. 9) Ich habe auch unlängst iuris controuersi Disceptationes 51. ex singulis Pandectarum libris depromtas von Besolden gesehen, welche der Respondent, Phil. Adolph von Münchhausen, zu Tübingen 1614 auf 13 Quartbogen unter ihm vertheidiget hat. Die folgende Num. 9) scheint eine Nachlese dazu zu seyn.

S. 102. Zur Num. 62) Die 1632 gedruckte Dissert. de Studiosis caet. ist 6¼ Bogen stark. Es folgt darauf, mit fortlaufenden Seitenzahlen eines Würtembergischen Hofgerichtsadvocaten, Joh. Jac. Frisch, Resolutio iuridica quaestionis: habeatne *magnificus Dom. Rector, et inclytum Academiae Concilium, vi Auth. Habita C. ne fil. pro patro, merum imperium?* welche Schrift, worinn der Verfasser seine Frage mit guten Gründen zu behaupten sucht, 4 Bogen ausfüllt.

S. 107. Nach der Num 70) Unter eben dieses Jahr 1629 gehören noch zwo Dissertationen von ihm, die eine *de vfuris, ad mutuum accedentibus,* auf 6¼ Bogen; die zwote *ad renunciationum materiam,* 3 Bogen stark, in kurzen Sätzen.

S. 123. Zu den hier angeführten Stücken habe ich nun beyzusetzen: *de homicidio,* Tub. 1616. 2 Bog. Burc. Ehinger; *de successione feudali,* 1617. 4 Bog. Heinr. von Taubenheim; *de tutelis,* 1617. 3¼ Bogen, Hieron. Calmberg.

S. 127. Von Joh. Ge. Besolds Lebensumständen ist noch anzumerken, daß er in den Jahren seiner ersten Jugend von der Mutter Stiefvater, Martin Hausen, einem gebohrnen Litthauer, und Rathsherrn zu Tübingen, in der Historie und Geographie, hernach von Nicol. Fend, dem Rector des Eslingischen Gymnasii, wohl unterrichtet worden sey. Wenn sein Lebensfaden nicht zu früh abgeschnitten worden wäre: so würde er ein vollständiges System vom Staatsrechte geliefert haben. Neuffers auf ihn gehaltene Trauerrede, die 4 Bogen ausfüllt, und mir vor weniger Zeit in die Hände gekommen ist, giebt von der Besoldischen Familie viel Nachricht; von diesem Rechtsgelehrten aber findet man sonst nichts, das einiger Aufmerksamkeit des Lesers werth seyn möchte.

S. 134. Zur Num. 6) In Samuels von Cocceji Tract. *iuris gentium de principio iuris nat. vnico, vero,*

vero, et adaequato, welcher 1702 in 4. ans licht trat, stehen Th. II. S. 52—75. Vindiciae contra Iac. Frid. Ludouici, weil derselbe in der Delin. hiſtoriae iur. diuini caet. deſſen Gradualſchrift de principio iur. nat. angegriffen hatte. Man vergleiche damit, was unten Num. 21) geſagt worden iſt.

S. 135. Zur Num. 11) Er kündigte in dieſer kleinen Abhandlung ſeine Abſicht an, über die Novellen zu leſen.

S. — Zur Num. 13) Auch dieſes Programm ſchrieb er, als er Vorleſungen über den vſum practicum diſtinctionum iuridicarum anſtellen wollte, die hernach im folgenden Jahre aus der Preſſe kamen.

S. 143. Zur Num. 40) Mich. Gottfr. Wernher hat in ſeinen lectiſſimis Commentationibus ad Digeſta, deren zweeter Theil neulich ans Licht trat, des Ludovici Handbuch oft erläutert und verbeſſert.

S. 149. Nach der Num. 78) Das Verzeichniß der Ludovicischen Schriften iſt 1741 auf 1 Quartbogen zu Halle gedruckt worden. Nur die Diſſertation unter der Num. 17) de certioratione iurium renunciandorum, welche ihm doch in der Lipeniſchen Bibliothek, und von Dreyhaupten, zugeeignet wird, findet man daſelbſt nicht. Hingegen werden noch folgende kleine Schriften von ihm angezeigt:

Nachricht, welchergeſtalt das Studium practicum bisher in Collegiis practicis getrieben worden, nebſt einigen Gedanken, wie ſolches beſſer, als bisher geſchehen, künftig etwan zum Nutzen der ſtudirenden Jugend eingerichtet werden möchte,

ohne

ohne beygefügtes Druckjahr, vermuthlich aber zwischen 1703 und 1705. Ein Programm, wegen Disputirübungen über Struvs Iurispr. Rom. Germanicam, welches de differentia inter leguleium et rabulam handeln soll. Eine Vorrede zu der Struvischen Euolutione controuersiarum caet. die aber vor meinem Exemplare des Jahrs 1713 nicht stehet.

S. 151. Zur Linie 8. von unten hinauf) Otto ist 1706 zu Bremen gewesen, und hat im April dieses Jahres ein Collegium über Lauerbachs Pandecten zu hören angefangen, wie er selbst in seinem Handbuche angemerkt hat.

S. 156. Zur Num. 1) Der Herr Rath Oelrichs zu Bremen besitzt des Verfassers Exemplar mit desselben eigenhändigen Verbesserungen: Vielleicht besorgt der berühmte Besitzer nach demselben eine neue Ausgabe, da er schon vor einigen Jahren gesonnen gewesen ist, zu der vorhandenen Sammlung der Ottoischen Dissertationen den zweeten Band zu liefern.

S. — Zur Num. 2) In Gundlings Discurs über Justinians Institutionen S. 65. der dritten Frankfurtischen Auflage in 8. unter dem Jahre 1739 heißt es, „durch diesen Tractat hat Otto sein Glück ge-„macht; da wurde er bekannt, kam nach Duisburg, „und jetzo (1720) gar nach Utrecht.„

S. 164. Zum Buchstaben l) Eben allda S. 34. lese ich das Folgende. „Otto war mein Auditor, und „da ich willens war, von dieser Materie (de Stoi-„ca ICtor. Philosophia) zu schreiben, per singulos „titulos zu gehen, und die vestigia Philosophiae Stoi-„cae zu zeigen, auch allerhand Collectanea darzu „gemachet,

"gemachet, bath er mich, ihm solche zu überlassen,
"et feci."

S. 166. Gleich zum Anfange) Die Vorreden zum Thesauro der zwoten Edition hatte der Verfasser mit sehr vielen Zusätzen oder Verbesserungen fast auf allen Seiten bereichert. Dieses vorzügliche Exemplar kam in die große Bünemannische Bibliothek zu Hannover, und ward mit derselben 1775 öffentlich verkauft. Man sehe den Theil III. des gedruckten Verzeichnisses, S. 63. Ich habe mich vergebens bemühet, zu erfahren, in welchen Händen es jetzt sey.

S. 169. Zur Num. 14) Otto Noten über den Pufendorf sind 1737 der Auflage dieses Buchs in 12. vom Verleger Broedelet besonders beygefüget worden, und füllen 11 Bogen kleiner Schrift aus. Es ist kein Zweifel, daß derselbe den alten Exemplaren von 1723, die er von einem seiner Handlungsgenossen erhalten hatte, dadurch einen bessern Absatz habe verschaffen wollen. Daß auch 1740 auf 2 Alph. 19 Bogen in median 8. der zweete Abdruck, mit den Noten des Titius zugleich, an eben dem Orte erfolgt sey, ist mir vom Herrn Rathe Oelrichs schriftlich versichert worden.

S. 169. Zur Num. 15) Eben derselbe hat mir gemeldet, Otto habe 1739 diesen Commentar von neuem, und sehr vermehrt, zu Utrecht herausgeben wollen, es wären auch bereits zween oder drey Bogen gedruckt gewesen. Weil er aber darauf nach Bremen gezogen sey, habe der Verleger sich geweigert, fortzufahren.

S. 173. Zur letzten Zeile) Die Dissertation de coercitione accusatorum ist ohne Zweifel diejenige, welche
Constantia

Constantin Jac. van Reneſſe 1724. zur Erlangung der Doctorwürde hielt, und nun im Oelriſchiſchen Thelauro nouo Differt. iurid. Belgicar. Band I. Th. 2. S. 563—632. ſtehet. Die Fabrik, aus welcher ſie hervorgebracht worden, ſcheint mir ſehr kenntlich zu ſeyn. Die zwote de obligatione ex conſilio, 4¾ Bogen ſtark, vertheidigte 1734 Joſua Franz Burnard; die dritte aber de liberat. ab indebito 1735. Phil. Leonh. van Weſtrenen. Sie erfüllt 3 Bogen.

S. 180. Zur Num. 3) Dieſe Rede des Florent hat nunmehr Joſeph Valent. Eybel ſeiner Collectioni ſelectar. lucubrationum, iurispr. eccleſ. illuſtrantium, welche zu Wien 1777 in 8. die Preſſe verließ, und zwar der XIIten Diſtribution einverleibt.

S. 202. Die Griebneriſche Edition dieſes iur. Germ. beſtehet aus 2 Alph. 8 Bogen; die Vorrede aber nur aus zwey Blättern, und enthält, außer der zierlichen Schreibart, nichts Beſonderes. Zwar ſagt der Herausgeber, er habe darinn von den vornehmſten Urſachen handeln wollen, warum das Deutſche Recht ſo ſehr hintangeſetzt werde; allein ſeine übrige Geſchäfte hätten ihn daran gehindert. Beyers Programm unter der obigen Num. 18) de vtilit. lection. acad. caet. iſt voran gedruckt. Mit dem Cap. 14. des zweyten Buchs endiget ſich deſſelben Arbeit. Die übrigen acht Capitel, und das ganze dritte Buch, ſind hernach erſt in den folgenden Auflagen hinzugekommen.

S. — Zur linie 9) Nach den Worten: Dieſer ſetzte, muß es alſo heißen: Dieſer ſetzte zu dem ſchon erwähnten Programm auch ein anderes unter der Num. 26) de vſu iur. Romani in cauſſis ius perſonarum

der juristischen Biographie.

sonarum in Germania concernentibus, nebst seiner eigenen Dissert. de iurisprud. German. principiis voran, worauf in der dritten Ausgabe von 1729 Beyers Positiones de orig. iur. Germ. — hinzugekommen sind.

S. 209. Zur Zeile 2 von unten hinauf) Der von Eyben studirte allerdings zu Helmstädt, und hernach ungefähr 1681 zu Gießen, wo er, unter Rulpisens Vorsitze, die dritte und zwölfte Dissert. des Collegii Grotiani vertheidigte.

S. 211. Auf der Zeile 7 von unten hinauf) Nach den Worten: Er blieb zu Celle, wo er noch im Frühlinge Befehl erhielt, im Namen des hohen Braunschweig-lüneburgischen Hauses die Lehn beym Stifte Corvey zu empfangen, worüber seine Relation unterm 20 May in Lünigs Corp. iur. feud. Band I. S. 1939—1946. zu lesen ist.

S. 214. Zur Num. 4) Der Druck ist eigentlich nur Quartformat, aber auf Foliopapier, und der ganze Titel des Buchs, welches 3 Alph. 20 Bogen enthält, der folgende: „Schleswig-Holsteinische Landgerichtsordnung, wie dieselbe im Namen Ihro „Königl. Majestät zu Dännemark, Norwegen ꝛc. „und der zu Schleswig-Holstein Hochfürstl. Durch„laucht, als beyder regierender Herren der Herzog„thümer Schleswig-Holstein ꝛc. zu Beförderung der „Justiz A. 1656 revidirt und publicirt, jetzo zum „vierten male aufgelegt, mit vielen Constitutionen „und Edicten vermehrt, corrigirt, in Paragraphen „eingetheilt, und mit Marginalien illustriret, nebst „angefügter Landes-Matricul, und ausführlichem „Register."

S. 224.

S. 224. Zur Num. 40) Diese Disput. de Sede Majestatis ist mehr die Arbeit eines gelehrten Schweden, Nicol. Gyllenadler, als Eybens, welcher es, im vorgedruckten Schreiben an ihn, selbst bestätiget. Man hat solches aber, nebst des Verfassers Vorrede, zusammen auf 2 Bogen, in den Eybenschen Werken weggelassen.

S. 233. Zur Num. 4) Das angeführte Werk de primit. parent. et lib. ist 5 Alph. 20 Bogen stark, und mit Philologie verbremt. Die Vorrede bestätiget meine obige Vermuthung, daß man den Verfasser auch zu öffentlichen Geschäften gebraucht habe.

S. 238. Zur Zeile 10. von unten hinauf) Arumäus Testament ward am 24 September 1636 beym Hofgerichte zu Jena übergeben, und den 16 May des folgenden Jahrs publicirt. Außer seiner Bibliothek hatte er auch der Universität sein neu erworbenes Rittergut zu Löbeda vermacht. Die Erben fiengen aber Proceß darüber an, hauptsächlich aus dem Grunde, weil der Erblasser dieses Legats halben den lehnsherrlichen Consens nicht ausgewirkt habe. Endlich ward bey der Fürstlichen Regierung zu Weimar den 16 Dec. 1637 ein Vergleich konfirmirt, des Inhalts, daß die Erben, anstatt des Ritterguths, zwey tausend Meißnische Gülden der Universität auf sichere Obligation anweisen sollten. Ob jedoch, und zu welcher Zeit, diese Summe bezahlt worden sey, ist nicht zuverläßig zu sagen. So viel hat sich nur in den Acten offenbaret, daß der Rath und die Gemeine zu Weißenfels, an welche die Universität deswegen gewiesen worden war, im Jahre 1676 an Capital und Zinsen noch 9131 Meißnische Gülden schuldig gewesen sey, auch die Arumäischen Erben verlangt haben, diese Gelder

zur

der juristischen Biographie.

zur Vermehrung der academischen Bibliothek anzuwenden. Von dem weitern Erfolge dieser Bedingung weis man aber ebenfalls nichts Gewisses. Diese Anmerkung ist aus des würdigen Herrn Geh. Raths und Canzlers Schmidt zu Weimar Unterrichte von der Verfassung der Herzoglich-Sächsischen Gesammtacademie zu Jena, S. 77. genommen worden.

S. 340. Nach der Num. 1) Ich muß Arumäus Gradualdissert. unter dem Titel hinzusetzen: Assertionum iuridicarum Decades tres. Sie hat auf 1¼ Bogen 30 Thesen, und er vertheidigte sie zu Jena am 1 December 1599 unter Pingizzers Vorsitze.

Ferner habe ich noch die folgenden mit seinem Namen bezeichneten Dissertationen in den Händen gehabt:

Decades tres miscellanearum Quaestionum, controversarum iur. ciuilis; 1606. 2 Bogen.

Animaduersiones iuris ciuilis, feudalis et canonici 1606. 1 Quartbogen. Es sind 25 kurze Sätze des Respondenten, Johann Freudemanne.

Assertionum, ex iure ciuili, canonico et feudali desumtarum, Decades III. 1646. 1 Bogen. Die Arbeit des Respondenten, Joh. Detláv.

Controuersiarum iuris Decas, 1606. 1 Bogen. Der Verfasser war Joh. Cellarius.

Dacades tres miscellanearum iuris ciuilis Quaestionum, 1606. auf 2¼ Bogen. Johann. Phil. Ruppel scheint der Autor zu seyn.

Quaestiones, ex iure ciuili, canonico et feudali, desumtae, 1606. 1 Bogen; von Daniel Schwerin, dem Respondenten.

Miscella-

Miscellanearum iuris ciuilis controuersi Quaestionum Triades quinque, 1606. 2¼ Bogen.

Controuersiarum, ex iure ciuili, feudali, et canonico desumtarum, Decades tres, 1606. 1 Bogen.

Quaestiones aliquot iuridicae, ex variis iuris materiis collectae, 1607. 1 Bogen.

Decades duae controuersi iuris, 1607. 1 Bogen.

Controuersi iuris themata septies septenarum Quaestionum, 1607. 1 Bogen. Der Verfasser war Friedr. Cost, und Arumäus Präses für Joh. Stromern.

So wenig auch diese Stücke jetzo bedeuten, so habe ich sie doch, zur Ergänzung dieses Artikels, nicht zurücklassen wollen.

S. 258. Zur Num. 5) Die Varia Raewards sind auch in die Nouarum Declarationum iuris libros XXII. S. 348 — 425. der ersten Auflage in Fol. und S. 503 — 621. der zwoten in 4. eingedruckt worden.

S. 278. Zur Num. 19). Die Dissert. de priuilegiis ist auf 8¼ Bogen aus der Presse gekommen.

S. — Zum Buchstaben b) Diese Dissert. de in litem iurando erschien 1624. auf 1 Bogen. Sie ist eine mäßige Arbeit des Respondenten Friesensdorffs.

S. 289. Zur Num. 4 am Ende) Bey einer müßigen Stunde habe ich gefunden, daß Carpzov Th. I. quaest. 48. Num. 19 — 21. und 28. den Theodoricus Cap. VII. S. 945 — 947. und 955. der Jenaischen Ausgabe vom Jahre 1671 wirklich ausgeschrieben habe. Auch Hachoven wußte er in seinen Schriften, die zum Civilrechte gehören, wohl zu nutzen,

nutzen, zuweilen ohne ihn zu nennen. Berger wirft es ihm schon vor in der M..ud. ad stud. iur. §. 1., S. 123. der ..uderischen Sammlung.

S. 2.) . Zur Num. 9) Nach Bailler Aufführen Band V. Th. 2. der Auteurs deguisés. In den J..gemens des Savans. S. 75. der Amsterd. Edition in 12. ist unter dem Namen Er.. de Eu..biis der Pabst Alexander des VI. verborgen, welcher damals noch Nuntius zu Cölln und Münster war.

S. 295. Zur Num. 11) Der Herr Assessor Schott erinnert in der unpartheischen Critik über juristische Schriften, Band VI. S. 513. daß die neueste Auflage der Iurispr. eccles. vom Jahre 1721 ihren Vorzug vor den ältern darinn habe, weil bey jeder Stelle, womit die Beyerischen Zusätze zu vergleichen sind, der Leser in einer kurzen Note darauf verwiesen werde.

S. 298. Zur Num. 4) Diese Dissertation hat Oldenburger in den additionibus ad Pand. iur. publici, S. 36—65. wieder auflegen lassen.

S. 302. Zum Buchstaben f) Sie ist wirklich so stark, wie ich angeführ. habe, und von dem Verfasser, dem Respondenten, Mich. Heinr. Schade, seinem Prä es dedicirt worden.

S. 305. Zur Num. 3) Dieses Programm von einem einzigen Bogen bedeutet nichts. Er kündigte damit seine nie gedruckte Antrittsrede de iuris canonici absurditatibus, und seine Vorlesungen an.

S. 329. Am Ende) Mastrichts Sohn, Peter von Mastricht, ward zu Frankfurt an der Oder Doctor der Rechte, starb aber vor dem Vater, wie Reinold in der Vorrede zur Berliner Ausgabe des Conciliatoris *Ioh. Mercerii* meldet.

Jugl. Beytr. 6 B. 28 St.   Y   S. 33l.

S. 331. Zur Num. 2) Eigenhändige Zusätze des Verfassers hat Joh. Ludolf Bünemann gehabt, und sie, nebst desselben geschriebenen starken Vermehrungen der Historiae iuris ecclesiastici, welche unter der Num. 4) folgt, in seinem Catalogo MStor. et libr. rariss. einem Verleger für 60 Rthlr. angebothen.

S. 335. Zur Num. 7) Dieser Catalogus füllt fast 24 Bogen aus. Nur ist zu den Büchern das Jahr des Drucks und Formats selten hinzugesetzt worden. Aus Mastrichts Vorrede kann man einigermaßen die Geschichte der Bibliothek kennen lernen.

S. 337. Zur Num. 11) Die neue Ausgabe des Noui Testam. Graeci vom Jahr 1735 ist weit besser, und besonders in den Prolegomenis aus Mastrichts eigenem Exemplare, wozu er Noten geschrieben hatte, unterschiedenes verändert und hinzugefügt worden. Mehr davon in der Biblioth. raisonnée, Band XV. S. 27. u. s. w. woraus die Beyträge zu den Leipz. Zeit. v. gel. Sach. Th. IV. S. 249. das Vornehmste wiederholet haben.

S. 340. Nach der Zeile 6) Er hat auch an Dissertationibus in *Baronii* Annales ecclesiasticos gearbeitet, welche Joh. Friedr. Meyer bey ihm gesehen hat, und in der Zuschrift vor den 1697 zu Amsterd. in 8. gedruckten Eclogis de fide *Baronii* et *Bellarmini*, ipsis Pontificiis ambigua, ungemein rühmt. Er bedient sich des Ausdrucks, eos et *Casaubonum*, in ruborem dare posse, gestehet auch gern, daß er Alles, was in seinem Werkchen gut sey, Mastrichts Beyträgen zu danken habe.

S. 365. Vor der Num. 2) In den Schoetischen Zusätzen zur Lipenischen juristischen Bibliothek, S. 188. stehet noch eine Dissertation von ihm, de usuris, unter dem Jahre 1586. und S. 122. eine andere unterm Jahre 1589. de materia dotis.

S. 368. Zur Num. 7) Die Dissertation de Excommunicatione maiore hat im Catalogo librorum, a Commissione aulica prohibitorum, (Wien 1765 in 8.) S. 182. eine Stelle erhalten.

S. 374. Zur Num. 1) Das Werckchen enthält nicht 15 Bogen, wie falsch gedruckt worden, sondern zween Bogen weniger. Im Buche II Capit. 8. Seite 63 verspricht Geraldus einen ganzen Commentar über den Vindarus, auch Buch Cap. 12. S 74 eine Ausgabe des Polyäus. Beyde Werke aber ist er schuldig geblieben.

S. 376 Zur Num. 5) Das angeführte Werkgen ist zuerst 1612 auf 16. Octavseiten bey Friedr. Gandau zu Cölln herausgekommen, oder wohl gar, wenn ich recht vermuthe, zu Paris. Das Frankfurtische Exemplar von 1613. fast 11 Bogen, oder 173 Seiten stark, scheint also ein Nachdruck zu seyn, worinn jedoch einige Druckfehler der ersten Ausgabe verbessert worden sind. Vielleicht haben die Jesuiten, welchen des Verfassers Vortrag am meisten mißfallen mußte, die Exemplare aufgekauft, und eben dadurch rar gemacht. Die Pariser hohe Schule wollte diese Ordensbrüder von ihrem Körper absondern, worüber der heftigste Streit erregt wurde. Geraldus handelt Alles gesprächsweise zwischen einem Pariser Gelehrten, den er A. Ricofanus nennt, und ihm selbst, ab. Diesen führt er als einen großen Feind der Jesuiten redend ein; er aber scheint immer ihre Vertheidigung über sich zu nehmen. Nur zuletzt leuchtet es in die Augen, welche Gesinnungen er habe. Denn er schreibt: Optimo seni gratias agere coepi quam maximas, qui me tantis

tantis ignorantiae tenebris, quibus tam diu fuerat involutus, liberaſſet, ac in hanc lucem vindicaſſet. Wenige meiner Leſer werden dieſe Schrift bey der Hand haben. Ich glaube daher, ihnen einen Dienſt zu erweiſen, wenn ich den Inhalt der Capitel mittheile.

Buch I. Cap. 1) Scribendi occaſio; 2) totius Diſputationis ordo proponitur, ac primum de incommodis, quae eorum opinionem conſequuntur, qui regna et dominationes iure tantum humano niti exiſtimant; 3) Confutatur Ieſuitarum diſtinctio, qua dicunt, dominationes conſtitui a Deo mediate, et non immediate; 4) Doctrinam de poteſtate Papae in temporalibus, deque Principum poſt excommunicationem abdicatione, cauſſam eſſe parricidiorum oſtenditur; 5) De cauſſis abdicationis, ac primum de haereſi; 6) Proponuntur aliae abdicationis cauſſae, inutilitas, vt ipſi loquuntur, ſiue incapacitas ac tyrannis. Ac primum de incapacitate, quod eſt eorum vocabulum; 7) De tyrannide, ac primum de noua tyrannidis ſignificatione, qua Principes excommunicati habentur tyranni; 8) De vera et primigenia tyranni appellatione; 9) Notae non nullae tyrannidis, a *Mariana* propoſitae, expenduntur, et plures illius errores conuincuntur; 10) Aliae tyrannidis notae, ab eodem *Mariana* propoſitae, confutantur; 11) Reliquae tyrannidis notae, a *Mariana* propoſitae, examinantur; 12) Superiorem *Marianae* diſputationem de notis tyrannidis eſſe perniciosam oſtenditur; 13) Incommoda, quae ex ea doctrina exiſtunt, qua Papam ſtatuit ſupra Concilium, paucis aperiuntur.

Der juristischen Biographie.

Buch II. Cap. 1) Iesuitarum professionem a scholis esse alienam, breuiter comprobatur; 2) Iesuitarum professionem monasticam esse ostenditur; 3) Examinantur ea, quae de Iesuitarum industria dicuntur; 4) Ponuntur fundamenta, sequentis disputationis, qua Iesuitas a scholis arcendos esse disseritur: ne doctrinam exoticam doceant, neque superstitione omnia subuertant; 5) Iesuitae, cum Pharisaeis componuntur; 6) Iesuitarum fortitudo cum Pharisaeorum fortitudine comparatur; 7) Sequitur conclusio ex praecedentibus, Iesuitas a scholis esse remouendos, atque heic de iuuenum quorundam ἀπονία; 8) Examinantur ea, quae de Castelli et caeterorum in tormentis reticentia Iesuitae proponunt; 9) Historia elegans, qua ostenditur, quibus actibus procurentur parricidia ab iis, qui parricidas subornant; 10) Vltimum argumentum, quo Iesuitas a scholis esse remouendos, breuiter ostenditur, atque de coeca obedientia pluribus disputatur; 11) Examinatur eorum sententia, qui Iesuitas tolerandos existimant; ne domini Papae indignatio prouocetur, atque de distinctione, quae inter S. Sedem, et temporalem Papae dominationem adhibenda est, plura disseruntur; 12) In Reipublicae administratione nihil esse negligendum, atque quo quid leuioris momenti videtur, eo curiosius et diligentius obseruandum ostenditur; 13) Occurritur eorum obiectioni, qui verendum autumant, ne, si regni iura nimis anxie tueri voluerimus, pax publica turbetur, ac Disputationi finis imponitur.

S. 377. Zur Num. 6) Die Unterschrift ist ebenfalls im Original 1650, wie im Ottoischen Thesaurus.

Man

Man ſehe, was ich oben S. 372. davon geſchrieben habe. Beyde Bücher de re. iudic. auctoritate der erſten Ausgabe füllen 1 Alph. 15½ Bogen, das andere aber, die Obſervationes, 13 Bogen aus. In der Vorrede zum erſten Werke S. 16. und gleich beym Anfange deſſelben meldet er, daß von ihm ein Commentar de iure von Scripto verfertiget worden ſey. Das weitere Schickſal dieſer Schrift iſt mir unbekannt.

S. 429. Zur Num 2) In Klocks Band I. S. 443—500. ſeiner 1649. gedruckten Conſiliorum habe ich auch Heigens rechtliches Gutachten de iure vocandi et iurisdictione ecclesiaſtica, Reipublicae Sundenſi competente, gefunden. Die Sache betraf Irrungen, welche von Seiten des Herzogs Ernſt Ludwig, zu Pommern gegen den Rath und die Stadt Stralſund über dieſen Punkt entſtanden waren. Woher es der Herausgeber bekommen habe, zeigt er nicht an. Es ſtehet auch kein Jahr dabey, in welchem es ausgefertiget worden iſt. Der verdiente Gelehrte, Herr Doctor Oelrichs, zu Berlin berichtet S. 42. ſeines Entwurfs einer Pommerſchen Bibliothek, es ſey dieſes Gutachten, das man in den Quaeſtionibus iuris vergebens ſucht, auch in Fritſchens iure eccleſiaſtico tripartito, Th. 1. Tit. 6. Num. 4. jedoch ohne des Verfaſſers Namen.

S. 436. Am Ende) Die Quaeſtio, vtrum iudex ſecundum allegata et probata, vt aiunt, iudicare debeat an ſecundum conſcientiam? eine ſehr rare Abhandlung in 12. ohne Jahr und Ort des Drucks, welches unter den Anfangsbuchſtaben eines jungen Gelehrten zu Angers, I. D. P. bezeichnet, nach der erſten Hälfte des vorigen Jahrhunderts herauskam, wird von Meermannen mit vieler Wahrſcheinlichkeit dem der juristischen Biographie. 331

dem von Roye auch zugeeignet. Ich berufe mich auf desselben Conspectus Supplementi Novi Thesauri iur. civ. et can. in der Schottischen Critik über juristische Schriften, Band II. S. 571.

Zweeter Band.

S. 10. Zur Num. 1) Die Austrias ist in den Delicii Poetar. German. Th. IV. S. 924—978. zu lesen. Darauf folgen die Necharides, und endlich die Exhortatio ad bellum contra Turcas, bis zur S. 997. Das Uebrige hingegen, welches ich unter der Num. 2. angezeigt habe, fehlt in dieser Sammlung. Aus der Biblioth. *Nicol. Heinsii*, Th. I. S. 85. Num. 281. habe ich bemerkt, daß Heinr. Meibom 1587 *Ioach. Mynsingeri* Poemata zu Helmst. in 4. ans Licht gestellt habe. Eben dasselbe wird auch im Jöcherischen Gelehrten Lexicon gemeldet.

S. 11. Zur Num. 3) Mynsingers Scholia in tit. I. de action. unterm Jahre 1548 füllen 1 Alph. 3 Bogen aus. Auf dem Titel finde ich von einem vorhergegangenen Abdrucke nichts. Auch keine Vorrede ist dabey. Daher vermuthe ich, es sey dieses Exemplar entweder ein Nachdruck, oder der Verleger habe das Buch aus einer Handschrift von Mynsingers Zuhörern, ohne dessen Vorwissen, ans Licht gestellt. Im Commentar über die Institutionen stehet es allerdings; doch habe ich nach einiger Vergleichung wahrgenommen, daß der Verfasser darinn nicht allein Manches geändert, sondern auch Verschiedenes hinzugesetzt habe.

S. 12. Ganz zuletzt) Anstatt des Worts verstümmelt, welches im Bande XXIX. Th. 2. S. 484. der Berlin. allgem. deutschen Bibliothek angefochten

ten worden ist, passet das mehr bekannte castrirt vielleicht besser

S. 18. Zur Num. 12) Das lateinische Exemplar, welches 1 Alphabet enthält, ist kein Original, sondern ein deutsches. Der Helmstädtische Professor, Simon Mencius, hat den deutschen Text zum Gebrauche der Schulen in die Sprache der alten Römer übergetragen, und seine Arbeit mit einer starken Vorrede, auch kurzen Scholien versehen. Im Vorberichte, wo zuerst viel von der Nothwendigkeit des Gebets gesagt wird, — war aber auch Weitläuftigkeit bey einem so bekannten, wahren Satze nothwendig? — versichert der Uebersetzer, dieses Büchelgen entdecke so große theologische Kenntnisse, daß man sie einem Juristen kaum würde zutrauen können, wenn der Name nicht auf dem Titel stünde. Eben diese Vorrede an Mynsingers Söhne und Eidame, George von Marenholtz und Hei.r. Sammer, ist am 15 Octob. 1593 zu Helmst. unterzeichnet worden. Im ganzen Werkchen habe ich von der ersten Ausgabe des Originals nicht die geringste Spur gefunden. Das vor mir liegende Exemplar sowohl, als das bereits S. 18. angeführte deutsche muß unfehlbar schon der zweete Druck seyn, oder nur einen neuen Titel erhalten haben. Die Gebete, wozu in der lateinischen Uebersetzung neue gekommen sind, fassen dergleichen auf Festtage, und mancherley Gegenstände im menschlichen Leben in sich, und werden zuletzt, vermittelst eines besondern Registers, angezeiget.

S. 26. Zur Num. 9) Die Berlinische allgem. deutsche Bibliothek, Band XXIX. Th. 2. S. 484. entdeckt von Beusts Tractate de sponsalibus auch eine Auflage, welche zu Frankf. am Mayn 1591 in 4.
bey

ben Johann Spies, aber ohne Mausers Abhandlung, erschienen seyn soll.

S. 32. Im Anfange) Das zweyte Exemplar von des Baro Werken ist völlig der erste Abdruck des Jahrs 1562.

S. 38. Zur Num. 7) Eine andere Cöllnische Auflage des Oberti Ortensii vom Jahr 1574 ist 18¼ Octavbogen stark.

S. 43 (Gleich anfangs) Du Moulin in einem den 4 Sept. 1554 zu Tübingen an Bullingern nach Zürch geschriebenen Briefe berichtet, Balduin sey vor 15 Jahren sein gelehrter und vornehmster Schreiber gewesen, er habe ihn auch vor 6 Jahren zu einer juristischen Profession in Bourges empfohlen. Eben dasselbe that er am Württembergischen Hofe, nachdem er seine Dienste aufgesagt hatte. Sein Vorschlag war, ihn zum Rathe zu ernennen, und Balduinen seine Tübingische Lehrstelle anzuvertrauen. Nur befürchtete er, die Römischcatholisch Gesinnten würden diesen für einen Zwinglianer ausgeben, weil er von ihm empfohlen worden wäre; doch hoffte er, es so weit zu bringen, daß ihn die meisten Studenten selbst verlangten. Man sehe Mulei Heluetici Partic. XI. S. 443.

S. 61. Zur Num. 3 am Ende) Einige geben vor, es habe Balduin den Text der Institutionen nach einer schon damals vor vierhundert Jahren, also zur Zeit Kaysers Lothars des Sachsen, am Baltischen Meere gefundenen Handschrift abdrucken lassen. Es ist aber falsch, und man kann darüber des Herrn geh. Rath Koch gelehrtes Programm de Codice manuscripto Instit. Iustin. ad more Balthicum reperto nachlesen, welches 1772 in 4. zu Gießen hervortrat.

Y 5 S. 61.

S. 61. Zur Num. 4) Die slonische Ausgabe der brevium Commentariorum ist 18 Bogen stark.

S. 62. Zur Zeile 3) In des Herrn Hofraths, Gatterer, historischen Journale, Th. VI. S. 132. wird versichert, es sey allerdings die letzte Auflage am angeführten Orte gebraucht worden.

S. 79. Zur Zeile 11 von unten hinauf) Nach Hartmanns Berichte, Th. II. S. 116. seiner Historiae Hassiacae, wäre Vigel erst 1566. Professor geworden, wenn die letzte Ziffer nicht etwa verdruckt ist.

S. 83. Zur Num. 7) In den Götting. Anzeigen von gel. Sachen, 1775. St. 122. S. 1050. heißt es also davon: „Von Vigels Commentariis giebt es „IV. Annos, zu Basel gedruckt, wovon Num. 5) „das zweyte, Num. 6) das vierte, und Num. „54) das dritte Jahr ausmacht. In dem Methodo iur. civ. de hereditatibus Num. 3) ist der Tractat „de legatis wieder eingedruckt."

S. 83. Zur Num. 8) Der Commentarius de pactis, transactionibus, obligationibus, action. et verbor. obligat. ist 22 Bogen stark. In der Vorrede handelt der Verfasser auf 18 Seiten de interpretandis Legibus: voran aber stehet eine andere kleinere Vorrede mit Cursivschrift, woraus erhellet, daß sein Methodus iuris ciuilis (unter der Num. 10.) schon 1561. müsse gedruckt worden seyn, und er wirklich die Absicht gehabt habe, jährlich einen solchen Commentar heraus zu geben, bis er das ganze Werk vollendet haben würde. Es sind hernach aus solchen einzeln Stücken seine Digesta erwachsen. Aller Vermuthung nach, hat er sich lange zu Heidelberg aufgehalten, auch daselbst im Jahre 1561. öffentliche Vorlesungen angestellt. Doch ist er über die Rechtsgelehrgelehrten dieser hohen Schule sehr unzufrieden. Spem quidem studiorum meorum, schreibt er in der gedachten kleinern Vorrede, in Doctorum ordine aliquando posueram, putans eos esse, quos Vlpianus iuris Sacerdotes appellandos censet, qui iustitiam colerent, — — verum in tota vita nihil stultius, cuius magis me poeniteat, feci, adeo ab iis per totum nunc septennium cum summis meis laboribus ac honestis conatibus haud aliter, ac optimi quique, qui ad eos contugiunt, cum iustissimis suis caussis eludor. In iudiciis quidem disputanti et iudicanti de caussis et controuersiis hominum prima disputandi et iudicandi principia negant, procedendumque in vna caussa triginta annos, quae vel vno mense expediri pollet: in scholis vero suas functiones Italis, Gallis et aliis, nescio quibus, offerunt, interim mihi Germano inter Germanos sutoris sumtibus Legum ordo est conficiendus. Doleo non tam meam, quam Rerum publicarum vicem, in quibus non prudentiores et sinceriores viri iuri et iustitiae praeficiuntur. **Ein neuer Beytrag zur Kenntniß des Vigelschen Characters.** Manche sonst geschickte Männer bleiben gemeiniglich lange sitzen, wenn sie aus Eigensinn kein gutes Wort geben wollen, und aus Stolz glauben, daß sie unentbehrlich sind. Von der Seite 658. an, bis 692. hat er IV. kurze Disputationen angehängt, woraus der Nutzen dieser Commentarien zu sehen ist; die dazu gehörige Vorrede aber handelt de vsu Legum et disputandi ratione.

S. 83. Zur Num 9) Die Auflage des Methodi Regularum iuris vom Jahre 1584. enthält 9 Bogen. In der Zuschrift führt er, meines Wissens, zuerst öffentliche Klagen über die Beredsamkeit, und das unbank-

undankbare Vaterland gegen seine Verdienste. Er sagt unter andern: Apud Turcas Icti moribus hominum regendis ac iuri dicendo praeficiuntur, qui et ius certum curant, et iurisprudentiam eloquentiae praeponunt. Sed apud Christianos contra oratores, quorum vis virtusque in lingua sita est, quique perpetuo inter se dissident, Ictis praeferuntur — — Oratorum calumnias et obtrectationes effugere nequeo. Hinc fit, vt quem ob bene merita sua laudet Germania, laudet Italia, laudet Gallia, laudet Hispania (quod sine arrogantia scriptum volo) eum rideat, vexet, contemnat, calumnietur Hassia, patria sua. Tales honores, taliaque praemia pro meis laboribus, quos in adiuuandis iuris studiis exhausi maximos, ab oratoribus nostris mihi sunt exspectanda. Dergleichen unnütze Ausdrücke wiederholt Vigel in seinen Schriften so oft, daß ich mich kaum überwinden kann, mit dem Juvenal nicht auszurufen: o medici, mediam pertundite venam!

S. 84. Zur vierten Zeile) In den Göttingischen Anzeigen, am vorher angeführten Orte, wird behauptet, es müsse für Basel 1606. das Jahr 1609. gelesen werden.

S. 85. Zur Num. 12) Eben allda stehet die Anmerkung, es sey das auf der vierten Zeile von unten hinauf gemeldete Jahr 1577. unrichtig an statt 1571. und eben die erste Baselische Ausgabe von 1568. bis 1571.

S. 86. Zur Num. 13) Die zu Basel 1572. wieder gedruckten Institutiones iur. publ. enthalten 1 Alphab. 22 Octavbogen, und sind nichts anderes, als ein oft veränderter Auszug des ersten Theils seiner Digesten, welcher die vordersten 13 Bücher in sich faßt.

Er

der juristischen Biographie.

Er hat in diesem Auszuge die Allegaten der Gesetze ganz weggelassen. Denn außer diesen pflegte er sonst keine Schriften anzuführen. Es ist aber bey demselben Exemplare keine Spur einer vorhergegangenen Auflage zu finden. In der Vorrede macht er sich anheischig, daß er zum Besten der Anfänger auch die übrigen Theile seiner Digesten in einen Auszug bringen wolle.

S. 87. Zur Num. 17) Die Ausgabe des Methodi iuris Pontificii unterm Jahre 1597. füllt 2 Alphab. 5 Bogen, ohne die Additionen, aus, welche erst zur folgenden gekommen sind.

S. 90. Zur Num. 22) Vigel hat die Zuschrift von der Edition im Jahre 1604. welche 1 Alph. 3 Bog. stark ist, an einen von Riedesel gerichtet, und darinn sehr gegen die Beredsamkeit geeifert. Zugleich rühmt er die ihm bewiesene Freygebigkeit einiger Prinzen und Städte, die denenjenigen nachgefolgt wären, welche er schon im Repertorio iuris öffentlich bekannt gemacht hätte.

S. 102. Zur Num. 3) Diese Controuersiae, ein Werkgen von 1 Alphab. 1½ Bogen, sind eben so beschaffen, wie die Controuersiae feudales.

S. 115. Zur Zeile 7 von unten hinauf) Im Jahre 1649. sollte er wieder dahin kommen, an die Stelle des gestorbenen ersten Rechtslehrers. Das Uebrige ist aus Marvills Leben im Bande I. des Theodosianischen Codex hinzuzusetzen.

S. 120. Zur Num. 4 in der Mitte) Der Herr Rath, Joh. Conr. Feuerlein, zu Nürnberg, besitzt auch ein Exemplar, unterm Jahre 1679. Allein Reitz in den Excursibus ad Theophilum, S. 1122. berichtet, es sey der vorige Druck, nur mit einem neuen

neuen Titel. Er bemerkt zugleich, daß in beyden Auflagen keine genaue Korrectur der Druckfehler beobachtet worden sey; daß Fabrot im Texte zu viel geändert habe, ohne die Ursache dazu anzuzeigen ꝛc. Noch muß ich erinnern, ob schon der Herr Recensent in der Bertin. allgem. deutschen Bibliothek Band XIX. Th. 2. S. 48. daran zweifelt, daß die Ausgabe vom Jahre 1657. ganz gewiß als die zwote angesehen werden müsse.

S. 125. Zur Num 8) Joh. Jensius in seinen zu Rotterdam 1749. herausgekommenen Stricturis ad Iustiniani Caesaris Codicem et Pandectas hat eine Vlteriorem notitiam libro rum Basilicorum vorangesetzt, und darinn S. 59 — 70. eine große Menge entweder Druck- oder Schreibfehler angemerkt, welche die Fabrotische Edition verunstalten. Uebrigens ist die ganze Nachricht von den Basiliken aus des Herrn Regier. Raths, Höpfner, zu Giessen 1755 in 4. gedruckten gründlichen Programm zu verbessern. Es wird darinn behauptet, es sey noch gar nicht erwiesen, daß Luitas alle Bücher derselben besessen habe, vielmehr zeige sich die größte Wahrscheinlichkeit des Gegentheils. Hr. Höpfner glaubt auch, es wären, außer den von Leermann zuerst bekannt gemachten vier Büchern, die aus Cujazens Nachlasse an Pet. Favern gelangten, die andern Bücher von jenem ebenfalls in der Königlichen Bibliothek zu Paris befindlich, und vermuthlich alda noch verborgen, weil Fabers Erben das Werk schwerlich getrennt haben würden. Solche kleine Schriften verlieren sich bald; daher wünsche ich, daß diese Höpfnerische bey einer guten Gelegenheit gemeiner werde, als sie bisher gewesen ist. Von den gedachten vier Büchern, welche nun

im

im Meermannschen Thesauro stehen, hatte auch der van Bynkershoek eine Handschrift. Der Catalogus seiner Bibliothek S. 7. Num. 130. zeigt den Titel derselben also an: Basilicorum Libri IV. nondum editi, nempe XLIX. L. LI. et LII. descripti ex Codice Colbertino, qui fuit olim penes *Petr. Fabrum*, Sanjoranum, Praesidem Tholosaaum, vt patet ex notis eius marginalibus. Christfr. Wächtler hat sich aber gewundert, daß Fabrot bey den Griechischen Novellen der ersten Pariser Ausgabe von 1542. nicht gefolget sey, auch keinen Grund angeführt habe, warum er diese nicht gebrauchen mögen. Man sehe die Opuscula *Waechtleriana* S. 510.

S. 127. Zur Num. 16) Nach dem Abdrucke dieses Bandes erhielt ich ein Exemplar der Enarrationum, welches weit älter ist. Es hat zu Paris 1641. auf 2 Alph. in 12. die Presse verlassen. Allein darinn sind seine Anmerkungen nur über das vierte Buch des Codex, von S. 185—448. als dem Ende des ersten Theils. Der Verfasser sagt in der Vorrede, es solle dieses nur eine Probe seyn, und der Rest über alle IX Bücher nachfolgen, wenn genug Liebhaber dazu wären. Auch hierinn schimmert der Philolog an den meisten Orten hervor.

S. 139. Zur Num. 2) Das Gattererische historische Journal, Th. VI. S. 132. meldet die Ausgabe unterm Jahre 1670. als gewiß vorhanden.

S. 146. In den Gundlingianis, Stück XI. S. 3. wird des Limnäus litterarischer Character also geschildert: „Allbieweil dieser Mann zwar vieles gesammlet, „excerpiret und gelesen, aber sehr wenig reiflich überle„get; als habe ich dessen Schriften jederzeit nicht „anderst, als locos communes angesehen, darinnen „viel Materialien und Sand; hingegen weder Kitt „noch

„noch Kalk, womit jene verbunden werden müssen,
„anzutreffen. Er ware ein sehr schlechter Raison-
„neur; ob er schon des Professoris Matthesen zu
„Jena Sch. gewesen, und also das indicium mit
„aus Mutter Leib bringen sollen. Die Welt hat
„sich also darinnen betrogen. Er ware ein arbeit-
„samer, aber kein judicioser Mann. Was ist es
„Wunder, daß wir in den meisten Stücken nichts,
„als eitle und falsche Nachrichten, finden? Alles,
„was er lib III. cap. 3. N. 30. seq. von dieser Sache
„(warum der Kayser die geistlichen Churfürsten
„Neven nenne?) annoch gutes fürbringet, ist aus
„D. Noldens Buch d. Nobilitate genommen, der
„bessere Nachrichten, als Petr. Heigius in seinen
„Quaestionibus iuris von dieser Sache gehabt. Das
„übrige, was er von den Seinigen dazu gethan,
„ist ein vergängliches Nichts.„ So hoch ich auch
Gundlings Verdienste schätze; so ungerecht scheint
mir doch dieses Urtheil überhaupt zu seyn. Würde
er es wohl besser gemacht haben, wenn er zu Limnäus Zeiten gelebt hätte?

S. 146. Vor der Num. 1) Er brachte schon vorher
im Jahr 1617. zu Altorf mit einem Oesterreichischen
Edelmann, Joh. Ge. Spitler von Metterberg,
eine Dissert. nomico-politicam de Lege regia auf
4¼ Bogen zur Catheder.

S. 147. Zur Num. 3) In den spätern Auflagen des
iuris publici hat Limnäus Vieles weggelassen, daher behält die erste immer noch ihre Vorzüge. Gat-
terers histor. Journal, Th. IX. S. 120.

S. 152. Zur Num. 5) B. G. Struve in der Vorrede zu Pigmal. de la Force Staate von Frankreich urtheilt von der Notitia regni Franciae, daß
es dem Verfasser an Belesenheit und Fleiße gar
nicht

nicht gefehlt habe, wohl aber an scharfer, pragmatischer Beurtheilungskraft, Alles in gute Ordnung zu bringen. Eben deswegen bestehe das Werk mehr in Collection, als in einem wohleingerichteten Vortrage. Doch könne man immer noch von verschiedenen Sachen nützliche Nachrichten daraus lernen. Das glaube ich auch.

S. 164. Zur Num. 24) Der dritte Theil de Sacerdotibus hat seine besondere Seitenzahl, und füllt 3½ Bogen aus. In einigen Exemplaren pflegt er nicht vorzukommen.

S. 165. Zur Num. 25) Clasens Commentar ist auch zu Frankfurt 1693. in 4 gedruckt worden, wie das Gatterische historische Journal, Th. VI. S. 132. versichert.

S. 173. Zur Num. 19) Hahns Disputationes VII. ad Codicem sind zusammen nur 8 Bogen stark. Sie enthalten lauter kurze Sätze aus seinen Vorlesungen über den Codex, und die Aufschrift einer jeden ist diese:

 de Codicis historia, L. Decisionum auctoritate
  et ordine;

 de iure publico sacro, in genere;

 ex L. 1. de summa Trinitate, et fide catholica,
  et vt nemo de ea publice contendere audeat;

 ex L. 2. vsque ad 8. eiusdem tituli;

 de iure sacro quoad res, in genere;

 ex L. 1. 2. 3. et insertis Authenticis, vsque ad
  L. 14. de SS. Eccles. et de reb. et priuilegiis
  earum;

 ex L. 14. et seq. cum insertis Authenticis ad finem
  eiusdem tituli.

Jurist. Beytr. 6 B. 28 St.   Z   S. 174.

S. 174. Zur Num. 22) Der ganze Titel heißt: de modo agendi in iudiciis in genere, et in specie, de processu tam Romanae, quam nostrae Germanicae reipublicae, eius incommodis et remediis. Es sind meistens kurze Sätze. Was von Verbesserung unseres Justizwesens gesagt wird, ist recht gut. Warum ist es aber, seit einer so langen Zeit, immer beym Alten geblieben?

S. 176. Zur Num. 40) Eine Recension dieses Commentars stehet in den Latein. Actis Erudit. 1683. S. 257.—260.

S. — Zur Num. 45) Die angeführte Dissertat. ist nicht 12 sondern nur 7 Bogen stark.

S. 179. Zur Num. 62) Hahn war von dieser akademischen Schrift nur der Herausgeber. Anton Coler, ein nachmaliger Bürgermeister zu Lübeck, vertheidigte sie 1613. zur Erlangung der Doctorwürde, und sie hat hernach in Hampels Nucleo Discursuum iuris publici, auch in Biermanns iure publico, einen Platz erhalten. Der wiederholte Helmstädtische Abdruck unter dem Jahre 1660. ist der erste, und der von 1669. der zweete, 14 Bogen stark, dessen ganzer Titel also lautet: de iure Imperii Germanici SS. Caesareae Maiestatis, Electoribus Principibusque viris singulari, et hoc maximo saeculo controuerso. Daraus erhellet, daß ich sie nicht unter die Hahnischen Schriften hätte setzen sollen.

S. 181. Zur Num. 78) Die Ueberschrift dieser Dissertation, welche 9½ Bogen ausfüllt, bestehet in den folgenden Worten: de laesione vltra dimidium, eiusque correctione, ad L. 2. C. de rescind. vendit.

S. 182.

S. 181. Fast in der Mitte) Der würdige Herr Rath Feuerlein muthmaßet in seinen mir gütigst mitgetheilten Erinnerungen und Beyträgen, daß die Practica iudiciaria vom Lipenius vielleicht mit dem Processu iudiciario unter der Num. 56. vermenget worden sey, und der Setzer aus der Jahrzahl 1660. gar leicht habe 1606. machen können.

S. 183. Zur Zeile 5 von unten hinauf) Der Respondent und Candidat, ein Syndicus der Reichsstadt Goslar, heißt Lorenz Duve.

S. 185. Die Miscellan. iur. feud. assert. hat Ge. Junckher gemacht.

S. 191. Unter die Waldschmiedtischen Schriften müssen noch gesetzt werden:

 Oratio inaug. de vsu et auctoritate historiae in iure publico, publicisque controversiis, Marb. 1708. in 4. auf 4¼ Bogen.

 Dissert. de nexu arctissimo Philosophiae moralis cum Theologia naturali; ohne Jahrzahl, aber gewiß 1713. 1¼ Bog. in 4.

 Collegii Pandectarum priuato-publici Disputationes XII. 1709—1715. lauter halbe Quartbogen, welche Theses iuris controuersi über die zwölf ersten Bücher der Pandekten enthalten.

S. 193. Bey der Num. 23) Die angeführte Stelle aus dem Hessischen Journale gehöret nicht hieher, sondern zur Num. 26.

S. 196. Waldschmiedt hat für Andere noch mehr Dissertationen verfertiget, deren Titel, und die Candidaten, welche sie zu Marburg auf die Catheder gebracht haben, also heißen:

XIX. Neue Zusätze u. Verbesserungen

de potestate Iudicis indifferenti, radicata et fundata in L. 40. D. de iudiciis, 1716. 4¼ Bog. **Balth. Heiferich Winter.**

de poenis secundarum nuptiarum, 1717. 3¼ Bog. **Adolph. Conr. Burckhard.**

de sententiis interlocutoriis, et earum revocatione, 1722. 3 Bog. **Joh. Christoph Franck.**

hexas meditationum iuridicarum, 1723. 5¼ Bog. **Joh. Gottfr. Rodtberg.**

de bonae fidei possessore, fructus a tempore litis contestatae restituente, et non restituente, 1740. 3¼ Bog. **Joh. Casp. Cunzmann.**

S. 206. Zur Num. 9): In Schubarts Exercitationibus wird von der wahren Beschaffenheit der Römischen iurisprudentiae formulariae so gründlich, und mit so guter Ordnung gehandelt, als vielleicht noch niemals besser geschehen ist.

S. 208. Nach der Num. 17) Schubart ist größtentheils der Verfasser einer lateinischen Glückwunschrede, welche Joh. Wolfg. Kieser, bey der Erhöhung der Schwarzburgischen Grafen in den Fürstenstand, zu Jena 1698. gehalten, und in Folio zum Drucke befördert hat. Man findet sie auch in Rappens Oration. selectis clariss. virorum, S. 1029—1047.

S. 215. Zur Num. 8) Die Dissert. de auctoritate curatorum widerlegt Herr Püttmann, Buch I. Cap. 21. S. 146. der Probabil. ius. civilis.

S. 216. Zur Num. 23) Von der Rede de non solubili caet. stehet eine Recension in der Biblioth. Bremensi, Classe V. Fasc. 2. S. 382—385.

S. 219.

S. 219. Nach der Num. 30) Auch die nachfolgenden Differtationen, unter des von Coullieu Namen, habe ich in Herrn Dähnerts Catal. Biblioth. academicae Gryphiswald. Band II. S. 799. angetroffen; doch kommt es darauf an, ob er sie selbst gemacht habe, oder ob die Respondenten Verfasser gewesen sind:

de traditione in rebus corporalibus et incorporalibus, Gron. 1723.

de donationibus, 1724.

de ratihabitionis paternae in nuptiis efficacia, 1724.

vtrum praescriptionis exceptio instrumenta liquido et recognita opponi possit? 1724.

S. 234. Zur Num. 11) Das Werkgen de vanitate gloriae humanae erfüllt beynahe 7 Bogen. Die vorherige Nummer 10. ist mit angedruckt, welche aus eben so vielen Blättern bestehet, und als ein Discursus, unter einem besondern Titel, angegeben wird. Diese kleine Schrift war vorher ein Programm, worin er seine Vorlesungen bekannt machte, als er nach des Churfürstens zu Sachsen, Christians des Ersten Tode, sich wieder zur Wittenbergischen Universität gewendet hatte. Er sagt darinn Einiges von seinen eigenen Hofbedienungen. Das Programm unter der Num. 4. stellte er hernach erst ans Licht.

S. 235. Fast in der Mitte) Die Opera a *Weybe* sind überhaupt 2 Alph. 4 Bogen stark.

S. 236. In Joh. Rudolf Bünemanns Catalogo Mstorum, caet. welcher 1732. zu Minden in Medianoctav gedruckt wurde, findet man S. 96. ein Diarium manuscriptum *Eberh.* a *Weybe*, in Comitiis

tiis Spirenſibus A. 1599. et 1600. in Quarta Forma
compoſitum.

Ferner ſoll er auch der Verfaſſer des **Königlichen
Weckers** geweſen ſeyn, eines ſehr merkwürdigen
Schreibens vom **Könige Chriſtian dem IV.** in Dännemark, an den Herzog zu Braunſchweig-Lüneburg,
Friedrich Ulrich, unterm 21. Decemb. 1620. wie
Erath im Conſpectu Biblioth. hiſtor. Brunſuico-
Luneb. vniuerſali, S. 33. Num. 974. anzeigt, und
der Herr Juſtizrath **Schlegel,** zu Copenhagen,
Th. II. S. 54. ſeiner Leben der Däniſchen Könige
beſtätiget. Einige ziehen aber dieſes Vorgeben noch
in Zweifel. Nun iſt daſſelbe Schreiben in Hinü-
bers Beyträgen zum Braunſchw. und Hildeshei-
miſchen Staats- und Privatrechte, Th. I. S. 68
— 94.

S. 242. Zur Num. 6) Die Berliniſche allgemeine
Deutſche Biblioth. Band XXIX. Th. 2. S. 485.
giebt von einer Genever Ausgabe des Borcholten-
ſchen Commentars Nachricht, welche unterm Jahre
1663. auf 751. Quartſeiten vorhanden ſeyn ſoll.

S. 248. Nach der Num. 5) Noch gehöret ihm eine
1596. auf 1¼tel Bogen gehaltene Diſſert. zu de legatis, (in teſtamento) welche aber unbedeutend iſt.

S. 249. Am Ende der angeführten Schriften) Statius v. Borcholten hat auch eine Menge Obſerua-
tionum camerealium ad *Gailium* geſchrieben hinter-
laſſen, welche in der Bibliotheca *Plothoniana,* Th. II.
S. 834. ſtehen.

S. 252. Nach der Zeile 4) Pacius fieng zu Heidelberg mancherley Händel an, wozu, ſeinem Vorgeben nach, ein Pasquill auf ihn Gelegenheit gab.
Es ſollte dieſes ein Epos *Scipion. Gentilis* in Hippol.
a Col-

a Collibus seyn. Er führte nicht nur gegen jenen, sondern auch wider den Buchdrucker, Hieron. Commelin, einen Injurienproceß, der sehr weitläuftig wurde. In Scip. Gentils Leben habe ich davon mehr erzählt. Seine Profeſſion des Codex ſagte er am 18. Febr. 1594. nicht 1596. auf, und ſetzte hinzu, er wäre nun acht Jahre daſelbſt, könne aber dieſer Kränkung wegen nicht ruhig leben. Der akademiſche Senat vermochte nicht, ihn auf andere Gedanken zu bringen. Am 22. März erfolgte, nach dem abgeſtatteten Berichte, ein Reſcript vom Hofe, des Inhalts, der Churfürſt ſäh es gern, wenn Pacius bleiben würde, er zweifle jedoch, daß bey ihm eine Vorſtellung Statt finde: die Univerſität möchte thun, was ſie für gut hielt, und allenfalls an ſeine Stelle einen Andern nennen. Den 19. Jun. bekam er endlich die Erlaubniß, ſeine Lectionen zu beſchließen, damit er ſich zur Abreiſe anſchicken könnte. Unterdeſſen war es bald merklich, was man an ſeiner Perſon verloren hatte. Vergebens ward ein würdiger Nachfolger lange geſucht, und zuletzt am 10. Sept. 1595. vom damaligen Rector, Toſſan, in Vorſchlag gebracht, ob Pacius nicht zurückgerufen werden ſolle? Es verlaute ſtark, daß ſeine Umſtände, des Kriegs wegen, zu Sedan eben nicht die angenehmſten wären: daß ihn der Herzog von Bouillon leicht entlaſſen, und Pacius ſelbſt, wie man erfahren habe, ſein voriges Lehramt gern wieder antreten würde. Der Hof ließ ſich nun dieſen Vorſchlag gefallen. Doch wollte man ihn nicht, im Namen des Churfürſten, von neuem berufen, ſondern der Rector könnte nur ein Privatſchreiben an ihn abſchicken. Dieſes geſchah, und Pacius antwortete darauf, es wären ihm bereits von andern Orten Anträge gethan worden; er ſey auch zu Sedan

dan gar beliebt. Da er niemals eine Stelle gesucht habe: so könnte und wollte er in solcher Absicht nicht wieder nach Heidelberg kommen. Es würde besser seyn, Jemanden an ihn zu senden, der mit ihm tractirte, und von der eigentlichen Meynung des Churfürsten umständlicher spräche. Eines rühmlichen Friedens würde er sich immer befleißigen, sonst aber lieber sterben. (Freylich weit besser, als ein Leben in lauter Zank und Streit fortzusetzen.) Es beruhe auf der Klugheit der Universität, Mittel auszusinnen, welche seiner Ehre nicht nachtheilig wären. Als sein Brief im Original vom Hofe abgefodert worden war, befahl der Churfürst am 17. Novemb. 1595. durch ein abermaliges Rescript, die Universität solle sich Pacius wegen nicht weiter bemühen, und vielmehr auf andere qualificirte Personen denken. (Der klügste Entschluß, welcher gefaßt werden konnte.) Marquard Freher erhielt also im Anfange des Jahrs 1596. das ledige Professorat. Pacius hatte mittlerweile seine Ausgabe der Aristotelischen Bücher de anima den Heidelbergischen Professoren dedicirt, wofür man ihm einen silbernen und vergoldeten Becher, ein und dreyßig Gulden am Werthe, zuschickte. Am 21. Septemb. 1597. nicht 1598. wie ich vorher geschrieben hatte, both man ihm wieder die vacante Lehrstelle der Pandekten, in sehr höflichen Ausdrücken, an, und gab zu verstehen, daß der Churfürst auch die Reisekosten auf eine billige Weise ersetzen würde. Der an ihn abgefertigte Bothe konnte aber, da in Deutschland die Pest, und in Frankreich der Krieg wührete, nicht weiter, als bis Geneve kommen, wo der Magistrat versprach, das zurückgelassene Schreiben bey bequemer Gelegenheit, an den gehörigen Ort zu befördern. Was ferner geschehen

schehen sey, davon meldet mein hochgeschätzter Freund, der Herr Züttringhausen, nichts, aus dessen Beyträgen zur Pfälzischen Geschichte, Band I. S. 435. und Band II. S. 207—214. ich diese vorher unbekannte Nachrichten ausgezeichnet habe. Von dem Bevollmächtigten hingegen, welcher aus Nimes nach Heidelberg gegangen seyn soll, wie der von mir angeführte Brief Peter Wesenbeck's meldet, wird kein Wort gesagt. Fast möchte ich daher in diese Erzählung ein Mißtrauen setzen.

S. 258. Zur Num. 5) Hamberger Th. I. der zuverläßigen Nachrichten von den vornehmsten Schriftstellern, S. 275. führt noch eine Genever Ausgabe in 4. unterm Jahre 1605. an, welche wenig bekannt, und, gleich der vorhergegangenen, die beste ist.

S. 260. Zur Num. 7) Des Pacius Enantiophana kamen auch nebst dem Mercerius zu Franff. 1625. in 12. heraus; aber es sind nur sieben Centurien. In solchen folgt er der Ordnung der Pandekten; bey den drey letzten hingegen beobachtet er gar keine. Man sehe die Berlin. allgem. Deutsche Bibl. Band XXIX. Th. 2. S. 485.

S. — Nach der Num. 7) Eine Heidelbergische Dissertation vom Jahr 1586. welche Positiones de inofficioso testamento auf 1 Bogen enthält, ist wohl des Respondenten, Friedr. Hilderichs, Arbeit.

S. 262. Zur Num. 14) Die Institutiones logicae sind auch zu Speier 1596. in 8. gedruckt worden.

S. 266. Zur Num. 22) Nach dem Catalogo Biblioth. Lugd. Batavae in Folio, S. 102. ist allda ferner 1620. ein Abdruck gemacht worden.

S. 267. Zur Num. 28) In *Cocceii* Grotio illustrato, Band IV. unter dem Buchstaben b) habe ich eine neue Edition von der Disceptatione de dominio maris angetroffen, welche ihre besondere Seitenzahlen hat, und beynahe 4½ Bogen ausfüllt.

S. 271. Zur Zeile 14. fast in der Mitte) Eine Tochter Joh. Althusens, Anne Catharine, hatte der berühmte leidensche Rechtslehrer, Bernh. Schotan, 1627. geheyrathet, wie ich in Vriemoets Athenis Frisiacis, S. 231. gelesen habe.

S. 277. Zu den Worten: Nach des Vaters Tode) Aus der Zuschrift vor seinem unter Num. 12. angeführten Commentar de regulis iuris der Ausgabe im Jahre 1600. meldet Matthäi, daß er aus Basel berufen worden sey, um seines Vaters Stelle zu übernehmen. Er scheint also dort auch studirt zu haben.

S. 279. Zur Num. 12) Eben dieser Commentar erschien zuerst 1600. nicht 1595. Ich weiß es nicht mehr, wer mich zur letzten Zahl verführt hat. Ein Jahr vor dem Drucke war das Buch zu seinen öffentlichen Vorlesungen gebraucht worden, und dieses sagt er selbst. Herm. Vulte, sein Collège, beredete ihn zur Ausgabe, zumal da einige seiner Zuhörer damit umgiengen, den nachgeschriebenen Discurs drucken zu lassen, welches er also verhindern wollte. Ich habe neulich ein Exemplar erhalten, welches 1615. bey Paul Egenolphen, 1 Alph. 18 Bogen stark in 8. zum Vorscheine gekommen ist. Auf dem Titel aber wird keiner dritten Ausgabe gedacht, welche es doch seyn müßte, wenn 1607. eine vorhergegangen wäre. Ich gerathe daher auf die Vermuthung, es sey nur ein neuer Titelbogen umgeschlagen worden. Die Edition vom Jahre 1633. ist gewiß vorhanden. Des Verfassers Vortrag empfiehlet sich der Deutlichkeit wegen, und

diese

diese Eigenschaft mag wohl die Hauptursache seyn, daß dem Buche im vorigen Jahrhunderte so viel Abgang verschaft worden ist.

S. 280. Nach der Num. 14) In den Consiliis Doctorum et Professorum Marburgensium stehen Band I. vier; Band II. zween; Band III. wieder zween; und Band IV. drey Rechtssprüche vom Matthäi.

S. 283. Zur Zeile 20) Es ist bekannt, daß er einer der vornehmsten war, welche Antinomien zusammensuchten, damit sie nur den Tribonian tadeln möchten. Mehr davon in Heineccius Vorrede zu Wissenbachs Emblematibus Triboniani, S. 15 — 17.

S. 286. Zur Num. 3) auf der Zeile 9) Das Exemplar des Collegii Instit. iuris, welches 1625. in 12. zu Herborn herausgekommen war, enthält 5¼ Bogen. Der ganze Titel ist dieser: Collegium Institutionum iuris reformatum, et tantum non nouum, difficultatibus et controuersiis, scitu necessariis, passim auctum, et contra lenioribus, minusque frugiferis, minutum. Sein Sohn, Johann Matthäi, ein Professor der Rechte zu Herborn, ließ das kleine Buch allda wieder auflegen, und darüber disputiren.

S. 290. Zur Num. 1) nach den Worten: vermehrt angepriesen) Diese Vermehrungen bestehen, so viel als ich bemerkt habe, nur in einigen neuen Allegaten.

S. 297. Zur Zeile 6) Soerman im academischen Register der Vniversiteyt tot Leyden, S. 144. meldet, Matthäi sey im Anfange des Jahrs 1673. nach Leiden gegangen.

S. 299.

S. 299. Zur Num. 5) Die Observationes sind nicht 1673. welches ein Druckfehler ist, sondern 1676. in 12. auf 21¼ Bogen herausgekommen. Die fünf übrigen Blätter enthalten nur ein Verzeichniß mancherley Bücher beym Verleger.

S. 302. Nach der Num. 8) Im Catalogo Bibliothecae Bynkershoekianae, S. 132. wird dem Matthäi ein 1686. in 8. gedruckter Tractat de tellibus zugeeignet, welcher sehr selten seyn muß; wenigstens entsinne ich mich nicht, ihn sonst bemerkt zu haben. Ob die bald darauf folgende Rede in x. de euersoribus rerum publicarum, wobey weder Jahrzahl noch Druckort stehet, auch von ihm, oder von seinem Vater, herrühre, bleibt mir zweifelhaft.

S. 307. Zur Zeile 12) Diese Lehrstelle, in welcher er 1583. Joh. Wiganden und Heinr. Daubern als Gehülfe zugeordnet wurde, wie Hartmann Th. II. S. 122. seiner Historiae Hassiacae sagt, scheint er im folgenden Jahre mit einer Herbornischen verwechselt zu haben.

S. 309. Zur Num. 4) Die Trauerrede auf den Landgrafen, Wilhelm, ist im ersten Abdrucke 15 Bogen stark.

S. 319. Gleich zum Anfange) Soerman am oben angezeigten Orte S. 86. und 96. berichtet, daß Mästricus am 8. Novemb. 1635. die Erlaubniß erhalten habe, das Lehnrecht privatim zu erklären, auch öffentlich zu disputiren. Nachher sey derselbe den 23. Octob. 1637. außerordentlicher Professor des Lehnrechts, und 1639. am 11. Julius ordentlicher Rechtslehrer geworden. Seinen Tod aber setzt er in den 5. April 1658. welche Zeit ohne Zweifel die richtigste ist.

S. 323.

der juristischen Biographie.

S. 323. Zur Num. 7) Im Catalogo Biblioth. Gr. Zach. Wincklegi, Hamb. 1774. Th. II. S. 170. stehet der Titel also: Illustrium materiarum prima rudimenta, 145 Disputationibus comprehensa, (mein Exemplar vom Jahre 1664. enthält deren nur 74.) Lugd. B. 1646. in 4. Wenn der Setzer die zwo letzten Zahlen nicht verkehrt hat: so wäre dieser Abdruck sehr unbekannt. In Aug. Rudolph Jenichs Bünemanns Bücherverzeichnisse aber, Th. III. S. 147. finde ich noch einen leidenschen, unter dem Jahre 1657. in 4. welchen ich ebenfalls nicht genauer kenne.

S. 324. Zur Num. 11) Die Ausgabe der Institutionen in Sedezformate, verdiente die Vorsetzung seines Namens nicht. Denn, die Zuschrift füllt nur wenige Zeilen aus, und die Summarien findet man in den meisten andern Exemplaren.

S. 325. Ganz am Ende) Die Disputation de successione ab intestato M 1655. gedruckt, auch in der Richeyischen Bibliothek also angezeigt worden.

S. 334. Zur Zelle 13) Aus des Josinga Dissert. de mutuo et veteri litterar. obligatione Cap. IV. §. 1. erhellet, daß Cunäus die Unterredung mit dem Salmasius de mutuo zu Papiere gebracht habe, und vermuthlich sind diese Blätter denselben, nach jenes Tode, in die Hände gerathen.

S. 339. Nach dem Buchstaben b) Bey der 1664. auf 22 Seiten gedruckten Disputation eines Wismarburgers, Martin Christoph Gerdes, de patronis publicis expensis, hat Regner auch nur den Vorsitz gehabt; und mit einer andern, L. Juliam Maiestatis, die ich ohne Jahrzahl bemerkt habe, wird es wohl nicht anders beschaffen gewesen seyn.

S. 347.

XIX. Neue Zusätze u. Verbesserungen

S. 347. Zur Num. 21) Man hat auch Exemplare von diesem Commentar unter dem Druckort Leiden vom Jahre 1691. auf deren Titel editio II. stehet. Allein es ist keinem Zweifel unterworfen, daß nur der erste Bogen neu gedruckt worden sey. Am Ende der letzten Seite stehet auch ganz unten: Vltraiecti typis Guil. Clerk, typographi.

S. 348. Zur Zeile 1) Nach Soetmans academisch Register caet. S. 51. ist Johann Voet nicht am 3. sondern am 30. October gebohren worden.

S. 349. Zur Zeile 3) Vriemoet in den Athenis Frisiacis S. 719. schreibt, Joh. Voet sey im Jahre 1713. gestorben, und Anton Schulting habe seine Stelle wieder erhalten. Damit stimmet Joh. Jacob Vitriarius überein, welcher in der Leichenrede auf Schultingen sagt: Munus suum auspicatus est die Nouembris nono, anni huius saeculi tertii et decimi.

S. 350. Zur Num. 1) Eine Holländische Uebersetzung dieses Buchs verfertigte Rutgert Christ. Alberts, und stellte sie im Haag 1726. in 8. ans Licht. Es sind zween Theile, welche zusammen 1 Alph. 18½ Bogen enthalten. Der Titel aber ist der folgende: I. Voet Tractat van't Krygsrecht vertaald.

S. 355. Gleich im Anfange) Von der Hällischen Ausgabe sind seit dem Jahre 1776. bis 1779. fünf Bände vorhanden. Der letzte wird bald folgen.

S. — Zur Num. 17) Diese 2 Bogen starke Schrift muß hier ganz weggestrichen werden. Ein Candidat, Adrian le Clercq, vertheidigte sie allein unter Voets Rectorate.

S. — Zur letzten Zeile) Auch die 1698. auf 3½ Bogen gedruckte Disputation de inofficioso testamento

mento gehöret nicht ihm, sondern dem Respondenten, Peter Calkoen. Eben dasselbe ist von einer
andern ad L. Nihil interest 112 de R. I. zu sagen,
die Joh. Fabricius 1711. mit Voets Beystande zur
Catheder brachte.

S. 381. Zur Num. 13) In Aug. Rud. Jesaias
Bünemanns Bücherverzeichnisse, Th. III. S. 156.,
siehet man, daß derselbe von Noodts Commentario ad Pandectas ehemals ein geschriebenes Exemplar aus Everhards Otto Bibliothek bekommen
habe, worinn, wie versichert wird, Manches stehet, welches das gedruckte Werk ergänzen kann.
Ich habe keine gewisse Nachricht, wer nun Besitzer
dieser Handschrift sey.

S. 382. Nach der Zeile 8) Mit vier andern Dissertationen, auf welche Noodts Name gesetzt worden,
ist es eben so beschaffen. Die erste, unterm Jahre
1698. de consuetudinibus Silesiacis feudalibus, hat
Wilh. Peter Schröern zum Verfasser, von welchem Christ. Runge in der Notitia Historicorum
et historiae gentis Silesiacae, Th. I. S. 203. und
213. Einiges sagt. Seine akademische Schrift ist
in den Deliciis iuris Silesiaci zu Schweidnitz 1736.
in 4. wo sie die Nummer 6. enthält, wieder aufgelegt worden. Die zwote de tortura vertheidigte
der Respondent, van Eckeren, 1705. Die dritte
de coloribus iuris, welche 1711. zu Leiden auf 1¼ Bogen ans Licht trat, ist aus der Feder Joh. Fabricius geflossen, eines schon vorher angeführten Rechtsgelehrten, der sich auch durch eine andere juristische
Abhandlung de sectis veterum Ictorum, in demselben Jahre, bekannter gemacht hat. Endlich aber
kam die vierte ad *Iulii Pauli* fragmentum ex libro
XXII. Quaestionum in L. 14. D. ad L. Cornel. de
falsis

XIX. Neue Zusätze u. Verbesserungen

falsis von Branchu 1718. hinzu. Sie erschien darauf im Th. I. seiner Observat. ad ius Rom. S. 147. vermehrter, und ward mit der zwoten, seiner Grabualschrift, vereiniget.

S. 387. Zur Num. 5) Die Dissert. de aequitate retorsionis ist in der Struvischen Abhandlung de vindicta priuata vom Jahre 1678. mit besondern Seitenzahlen gedruckt worden, und 8¼ Bogen stark, die Annotata dazu gerechnet.

S. 402. Zur Num. 109) Diese Schrift ist nun billig von den Slevogtischen abzusondern, und dem Respondenten zuzueignen. Mein Urtheil davon nehme ich zwar nicht zurück; aber man darf sich darüber nicht wundern, daß sie wohl geschrieben sey, wenn man in den Opusculis *Hambergerianis* S. 404 lieset: Nuper in academia Ienensi *Christ. Frid. Schroeterus* de vicesima hereditatium breuem dissertationem edidit, tam superiori (*Burmannianae* in libro de vectigalibus populi Romani) similem, vt nesciam, quid esse possit magis. Interim ille auctorem suum vbique dissimulat. Vereor plane, *ne si forte suas repetitum*, et quae sequuntur. Nota enim est fabula de cornicula.

S. — Zur Num. 110) Die drey Slevogtischen Briefe stehen allda S. 184 — 189. und empfehlen sich nur des reinen, zierlichen Ausdrucks wegen.

S. 403. Nach der Num. 121) Zwo deutsche Reden von ihm sind auch nicht zu vergessen, da er sich Mühe gegeben hat, von der Mode seiner Zeit abzuweichen, und weder lateinische, noch Französische Wörter einzumischen. Die erste, über das 1678. erfolgte Lebensende des Herzogs, Bernhard, zu Sachsen Jena, ist in Limigs Reden großer Herren,

ren, Th. X. S. 587—595. die zwote aber, welche
er 1708. beym allgemeinen Landtage zu Weimar gehalten hatte, in der Nordhausischen Sammlung
auserlesener Reden, Band II. S. 132—137. anzutreffen.

S. 404. Zum Buchstaben f) Der Herr Rath Feuerlein erinnert, daß sein Exemplar nur aus 2 Quartbogen bestehe. Vielleicht sind an dem Orte, wo ich
diese Anzeige gelesen habe, verschiedene beygedruck-
te Glückwünsche dazu gerechnet, oder einige Stück
auf Foliopapier abgedruckt worden. Eben dieser
wohlgedachte Nürnbergische Rechtsgelehrte erwähnt
noch eines Sievogtischen Programms zu Heinr.
Gottlieb Spitthusens Probelection de impensis,
in rem alienam factis, auf 1 Quartbogen. Das
Druckjahr ist anzumerken vergessen worden.

S. 408. Zur Num. 2) Im Jahr 1729. kam diese
Sammlung eben allda bey Rittern mit einem neu-
gedruckten Titelbogen: Casuum forensium ex Actis
publicis Collectio, unter die Buchhändler.

Dritter Band.

S. 2. Fast am Ende) Friedr. von Jena erhielt die
Erneuerung der adelichen Würde im Jahre 1658.

S. 5. Zur Zeile 1) Nach der ihm gemachten Grabschrift war der 24. November sein Geburtstag.

S. — Fast in der Mitte) Ich glaube nicht, daß es
recht sey, wenn im Elencho Professorum Heidelberg. (an Wiegs 1771. in 4. gedruckter Rede de
Acad. Heidelb. ortu et progressu) angeführt wird,
daß Gottfr. v. Jena erst im Jahre 1655. ein juristisches Lehramt zu Heidelberg erlangt habe. Es soll

wohl 1653. heissen. Ich habe in dieser Nachricht mehr Unrichtigkeiten bemerkt.

S. 5. Nach den Worten: an eben dem Tage Zeile 8 von unten hinauf) Es war der 6. Junius.

S. 6. Zur Zeile 4 von unten hinauf) Er legitimirte sich am 12. Decemb. des Jahrs 1662. und die gedachte drey andere Minister waren der von Platen, von Blumenthal, und von Marenholz.

S. 7. Zur Zeile 3) Für die dem Dänischen Könige geleistete Dienste erhielt er, vom Jahre 1684. an, eine jährliche Pension von fünf hundert Thalern, und diese hatte man ihm auf seine ganze Lebenszeit versprochen. Als er aber zu Halle war, meldete er sich deswegen nicht weiter.

S. — Zur Zeile 9) Nach den Worten: des Fürstenthums Minden) Schon 1667. im März verlangte sein Herr, daß er dahin reisen sollte, weil einige, der Regierung und Aemter halben, vorgefallene Veränderungen seine Gegenwart allda nothwendig machten. Allein der Erzbischoff zu Salzburg, als Kayserlicher Principalcommissarius, ersuchte den Churfürsten, seinen Minister noch beym Reichstage zu lassen, weil er nach dem bisher bewiesenen Eifer, und seiner großen Erfahrung, zum Entscheiden der wichtigsten Angelegenheiten viel Gutes würde beytragen können. Der von Jena hingegen hätte es gern gesehen, abgerufen zu werden, und seine eigene Geschäfte zu besorgen. Allein der Churfürst schlug ihm die Bitte darum ab, und er hatte nur Erlaubniß, auf ein paar Monathe nach Frankfurt an der Oder zu reisen, von dannen er am 26. Septemb. zu Regensburg wieder ankam. Alsdann ward ihm, auf sein Suchen, im Anfange des Jahrs 1681.

1681. der Neumärkische Regierungsrath von Schönbeck, ein ehemaliger Legationssecretair auf dem Reichstage, zur Erleichterung der überhäuften Arbeit als Adjunkt bestellt. Er reisete endlich am 24. Junius 1687. von Regensburg ab, wo er ein so großes Ansehen erlangt hatte, daß er die Sachen lenken konnte, wie er nur wollte. Das Mindener Cancellariat aber legte er nieder, als er ins Magdeburgische eingesetzt worden war.

S. 7. Am Ende). Auf seiner Grabschrift wird doch auch der 8. Januar, als der Tag seines sehr erbaulichen Todes, angegeben.

S. 8. Zur Zeile 12) Das Rittergut Döbernitz, im Sternbergischen Kreise der Neumark, brannte ihm gegen das zum Ende laufende Jahr 1675 ganz ab. Für das andere, Lütkendorf, welches ich genennt habe, wird im Lebenslaufe desselben Columben gesetzt. Nach dem Tode seiner ersten Gemahlin war er, vom Jahre 1684 bis 1697, zwölf, nicht funfzehn Jahre im Wittwenstande gewesen. Um der Richtigkeit willen habe ich doch diese kleine Verbesserung nicht übergehen mögen, so wenig auch darauf ankommt.

S. 9. Gegen das Ende). Seine männliche Beredsamkeit, einnehmende Stimme, und ein vortreffliches Gedächtniß, rühmt man gleichfalls. Er soll den Inhalt ganzer Bücher behalten haben, wenn er sie nur flüchtig durchgegangen war.

Alles, was ich hier zur Ergänzung dieses Artikels angemerkt habe, ist theils aus J. E. Wittes Epill la, ad *Paul. Fuchsium, caet. scripta, de vita et morte Godofr. a Iena*, Hal. 1703. auf 5 Foliobogen; theils aus dem Lebenslaufe in den Funeralien genommen worden.

S. 29. Zur Num. 6) Die Baselische Ausgabe in Fol. ist bey Hervagen auf 1 Alphabet 5 Bogen erschienen.

S. 31. Zur Num. 11) Bey Sebast. Gryphen traten auch zu Lion 1535. in Fol. 3 Alph. 4 Bogen stark ans Licht: *Alciati* de verborum signific. libri IV. Eiusdem in Tractatum eius argumenti veterum ICtorum Commentaria. Ex vltima Auctoris recognitione.

S. 34. Zur Num. 14) Die Emblemata kamen zu Padua 1621. in 4. aus Lorenz Pasquati Buchdruckerey abermal, mit Figuren unter dem folgenden Titel, heraus: Emblemata cum Commentariis Cl. *Minois*, *Franc. Sanctii*, Brocensis, et notis *Laur. Pignorii*, Patauini. Opera et vigiliis *Ioh. Thuilii*, Mariaemontani, Tirol. Philos. et Medicinae Doctoris. Diese Ausgabe enthält, nach des Herrn Raths Feuerleins Anzeige, 1003 Seiten, ohne 80 Seiten des Titels, der Vorrede, des Lebens Alciats, und des Registers über die Emblemen, zu rechnen.

Vielleicht ist das Kunstbuch desselben, welches zu Frf. 1580 in 8. mit Kupfern erschien, nichts anders, als eine deutsche Uebersetzung des Originals.

S. 45. Zur Num. 11) Ein einziger Bogen von 37 Sätzen, welche wahrscheinlicher Weise zu Augsburg gedruckt, zu Ingolstadt aber vertheidiget worden sind.

S. 46. Zur Num. 2) Auch ein Exemplar von 1585. habe ich gesehen unter dem Namen Theophilus Dossiliander. Es ist also im folgenden Jahre nur ein neuer Titel vorgedruckt worden. Die zwote Ausgabe aber trat 1596. zu Rostock auf 17¼ Bogen

gen in 4. mit seinem wahren Namen bezeichnet hervor. Thomas Werner besorgte sie. Außer einigen Verbesserungen sind wenige Zusätze darinn zu finden.

S. 46. Zur Num. 4) Im Verzeichnisse seiner Schriften führt er selbst Panegyricos quinque Imperatorum Romanorum et Principum Germaniae an. Wenn nun auch die Num. 11) dazu gerechnet wird: so ist doch noch Ein Panegyricus übrig, welchen ich nicht habe erforschen können. Die Rede von dem Kayser, Carl dem Großen, ist vorher zu Augsburg 1585. in Median 4. auf 4¼ Bogen gar schön gedruckt worden. Die Zuschrift an den Pfalzgrafen am Rhein, Philipp Ludwig, hat der Verfasser zu Ingolstadt unterzeichnet, wo er vermuthlich studirte. Nach der Dedication folgt das sauber gestochene Portrait des Kaysers.

S. 47. Zur Num. 5) Die Idea boni ICti enthält überhaupt 15½ Bogen.

S. — Zur Num. 6) Diese fast 8 Bogen starke Schrift begreift zugleich Imperatorum eorum symbola, Eteosticha item, diem natalem, electionis et obitus singulorum Imperatorum indicantia in sich.

S. 51. Nach der Num. 15) Noch gehöret zu seinen gedruckten Schriften Synopsis methodica Institutionum Imperialium, omnium titulorum summam breviter comprehendens; welches Werkgen ohne Ort, Format und Druckjahr in dem bereits gedachten Verzeichnisse seiner Schriften stehet. Dieses ist 1604. auf drey Octavblättern besonders erschienen, und ich habe es an einem Exemplare der Poematum angebunden gesehen. Die Responsa iuris quatuor casuum difficilium, welche er darinn ebenfalls anzeigt,

zeigt, sind ganz wahrscheinlich nichts Anders, als die von mir unter der Num. 8. und 13. gemeldeten Stücke, zumal da er dieser gar nicht erwähnt hat. Von denenjenigen Büchern, die er noch herauszugeben willens war, ist allein die Num. 15, das Volumen Confultationum, ans Licht getreten. Die Titel der übrigen heißen:

Commentaria Paratitularia in tres Digeſtorum libros, vetus, infortiatum, et nouum.

Tract. ad L. *Stipulatio hoc modo concepta* D. de verbor. obligation.

Deciſiones aureae, vſu practico frequentiores, caſuum quotidianorum.

Syllabus Romanae nomotheſiae per varias quaſi aetates Legum, in locos communes temporum redactus.

Tract. in L. *Poſſibilis* 7. et L. *Si Titius* 8. D. de verbor. obligat.

Nouellarum Iuſtiniani, quotquot hodie exſtant, in commodiorem et methodicam Eutaxiam, ad vitandam odioſam Periſtologiam, reductio.

Commentaria in IV. Inſtit. Iuſtiniani Imperat. libros, iurisprudentiae inſtauratae.

Iſagoge, in qua continentur anagnoriſmata vtriusque iuris ſecundum methodum dialecticam comprehenſi.

Tract. luculentus de arte iuris, libris II.

Commentaria in tit. D. de diuerſis regulis iuris, cum regulis concordantibus.

Orationum et praefationum variarum libri II.

Epiſto-

Epistolarum Graecarum ad Philosophos academicos lib. I.

Summae breues ad X. libros Ethicorum Aristotelis.

Diese Nachricht dient wenigstens zur Ergänzung der Geschichte von Gelehrten der Stadt Lüneburg, wenn sie auch sonst den meisten Lesern unbedeutend scheinen möchte. Nur muß ich noch hinzusetzen, daß ich nicht habe erfahren können, ob diese Handschriften des fleißigen Dassels von seiner Familie aufbewahret worden sind, und an welchem Orte sie verborgen liegen. Die Maculaturhändler werden sie doch wohl nicht in ihre Hände bekommen haben.

S. 54. Zur Num. 1) Die Lectiones subseciuae sind auch in die Nouas Declarationes iuris S. 436—502. der zwoten Ausgabe in Medlan 4 eingedruckt worden.

S. 55. Zur Num. 5) Das kleine, nicht zu Bourges, sondern zu Paris, 1555. ans Licht getretene Buch füllt 9 Bogen aus.

S. 56. Zur Num. 10) In Frebers Edition ist Contius Werkgen fast 5 Bogen stark.

S. 59. Zum Buchstaben a) Eine eigene Edition des Corporis iur. ciuilis *glossati* hat Contius auch besorgt, und sie ist, nach der von ihm 1571. veranstalteten Ausgabe dieses Gesetzbuchs ohne Glossen, deren Exemplare unter dem Jahre 1581. nur einen neuen Titel erhalten haben, zu Paris 1576. bey Sebast. Niuellius auf schönen Papier in vier Imperialfoliobänden erschienen, aber nun ausserordentlich rar. Alle Rubriken der Titel, die Scholien, die Anfangsbuchstaben eines jeden Gesetzes, die

Summarien der Paragraphen sind mit vortrefflicher rothen Farbe gedruckt. Diese mir schätzbare Nachricht hat der Herr geheime Rath Koch, zu Gießen, in den Frankfurter gelehrten Anzeigen 1779. St. 73. S. 577. und St. 82, S. 665. ertheilt, auch alsdann im St. 85. S. 672—685. der Herr Regierungsrath, Medicus, zu Weilburg, von dessen Güte ich die angeführten Blätter erhalten habe, mit einer sehr genauen Beschreibung des ganzen Werks bereichert.

S. 50. Zur Zeile 2 von unten hinauf) Eine Stelle in Casaubonus Briefen Num 130. S. 148. seiner 1656. in 4. zu Braunschweig gedruckten Epistolarum zeigt, daß Lectius seit dem Jahre 1590 mit einem vornehmen Frauenzimmer verbunden gewesen sey.

S. — Nach der Zeile 6 von unten hinauf) Aus zween Briefen Isaac Casaubonus S 160. Num. 140. und S. 178. Num. 158. der eben erwähnten Sammlung ist zu sehen, daß Wilh. Ranchin 1597. alle Kräfte angestrengt habe, den Lectius auf die hohe Schule zu Montpellier zu ziehen. Er wollte aber nicht kommen.

S. 76. Zur Num. 3) In Biermanns Dissert. historico- und. politicis Band III Num. 2. und 13. ist die Dissert. de Lege Regia, nebst einer Decas thesium per saturam, ebenfalls eingerückt worden.

S. 77. Zur Num. 7) Crenius Animadvers. philol. et historic. Th. XV. S. 120 giebt die Helmstädtische Auflage für sehr fehlerhaft aus.

S. 123. Zur Num. 8) Im Jahre 1701. erschien die vierte, 1707. die fünfte, und 1712. die sechste Edition.

Der juristischen Biographie.

S. 131. Zur Num. 3) Der Herr Rath, Feuerlein, hat die Güte gehabt, mir zu melden, daß er diese Abhandlung von 1 Alph. 5 Bogen besitze.

S. 132. Zur Num. 7) Die Differt. de fororibus Caroli M. welche Franz Kraut unter ihm vertheidigte, ist 2 Bogen stark, wie ich von eben diesem würdigen Manne erfahren habe.

S. — Zur Num. 8) Die Streitigkeit über Carls des Grossen Bart ist bekannt. Thulemeyer tritt in den Noten auf die Seite derer, welche die bejahende Meynung angenommen haben, und da der Jesuit, Daniel Paprbroch, das Gegentheil behauptete: so ließ er dessen Brief an Leibnizen, S. 985 der Tentzelischen monathlichen Unterred. vom Jahre 1695. bekannt machen, um die Wahrheit seiner Gedanken noch mehr damit zu bestätigen.

S. 136. Zur Num. 13) Bernh. Friedr. Moser v. Filseck, war der Respondent der Differt. de archiepiscop. pallio welche 3 Bogen ausfüllt, nach der Anzeige des oft gerühmten Herrn Feuerleins.

S. 146. Zur Num. 11) Von der Palaestra illustri ist dieses hinzuzufügen: Zuerst Disputationes philosophicae ex Theologia naturali; Philosophia in genere; Logica; Philosophia practica; Historia; et Litteratura varia. Hernach eben so viel Disputationes iuridicae ex Iurisprudentia naturali, iure Iustinianeo; iure publico; iure feudali; miscellanea ex iure privato; ex iure publico miscellanea. Es sind meistens wohl ausgesuchte, und Widersprüchen unterworfene Thesen. Von der S. 88 an, bis 110. folgt Pentadion quaestionum variarum, A. 1683. respondente de *Selmnitz* in aula venustarum. Sie sind vornehmlich philosophischen Inhalts. S. 17 —136.

— 136. folgt das Vale Sondershusanum, siue Sermones duo αυτοσχέδιοι, welcher geringer Schrift ich unten Num. 36. gedacht habe, wo ich sie nun wegstreichen muß. In der ersten kurzen Rede nahm er, nach der letzten Disputation, die er am Hofe gehalten hatte, von Sondershausen Abschied. Ich habe daraus gesehen, daß ihm der Unterricht und die Erziehung der jungen Herren sehr beschwerlich gewesen sey, und oft Verdruß veranlasset habe, weil er sie, nach den Jahren des zarten Alters, tractirt, und mit ihnen keine Complimente gemacht hatte; welches der Prinz, Günther, am meisten übel empfunden zu haben scheint. Denn der Bruder desselben, August Wilhelm, war damals schon todt. Die letzten Worte: Sic vale tibi dico, Sondershusa, mihi quidem iniquior, sed ex voto meo perpetuo benedicta. Diuitias, amplosque honores, mecum abs te non aufero; sed aufero, quod omnibus caeteris anteponendum semper duxi, et post ducam, mentem scilicet recti consciam, et Deum mihi propitium, diese Worte, sage ich, beweisen genug, wie wenig er allda zufrieden gewesen sey. Von der Seite 132. an hat er eine kurze Dankrede des Prinzen an seinen Lehrer beygesetzt, welche fünf Seiten ausfüllt.

S. 159. Zur Num. 54) Die Dissert. de turbatis S. R. I. Circulis hat in Mosers unpartheyischen Urtheilen von juristisch-histor. Büchern, S. 146. keine gute Censur erhalten.

S. 173. Zur Num. 102) Diese akademische Schrift ist 9¼ Bogen stark.

S. 192. Zur Zeile 7) Das illustre Examen hat der Herzog, Heinrich Julius, zu Braunschw. Lüneburg selbst verfertiget, wie der Herr Hofrath von Selchow

Selchow im Grundriſſe der Geſchichte des Hauſes Braunſchw. Lüneburg, S. 271. der zwoten Ausgabe, berichtet.

S. 196. Zur Zeile 13) Colli ſoll erſt 1588. Rechtslehrer zu Heidelberg geworden ſeyn, welches im Elencho Profeſſ. Heidelb. hinter Miegs Orat. de Acad. Heidelb. ortu et progreſſu gemeldet wird. Dieſes Jahr iſt auch wohl das richtigſte.

S. 213. Zur Num. 2) Es beſtehet die Diſſert. de crimine laeſae Maieſt. aus 4 Bogen; die zwote hingegen, zur Erlangung des Doctorats, nur aus 2 Bogen. Sie ward 1633 unter der Aufſchrift gedruckt: Semicenturia inſigniorum ex iure ciuili paſſim decerptarum controuerſiarum.

S. — Zur Num. 4) Eine Schrift auch von 2 Bogen. Im Jahre 1638. erſchienen ferner auf 1 Bogen Concluſiones, ex latiſſima conſenſus materia paſſim decerptae, die ein Candidat, Chriſt. Petſch, mit ſeiner Beyhülfe vertheidigte.

S. 243. Zur Num. 8) Der Freyburger Abdruck vom Jahre 1538. iſt 1 Alph. 14 Bogen ſtark.

S. 246. Zur Num. 17) Ich habe dieſe einzelne Ausgabe nun ſelbſt geſehen. Sie enthält 3 Alphab. 19 Bogen.

S. 331. Gleich beym Anfange) Ein gelehrter und berühmter Geiſtlicher zu Weimar, den ich vor drey Jahren perſönlich kennen zu lernen das Vergnügen hatte, theilte mir darauf zur angeführten Nachricht den folgenden Beytrag mit. „Die erzählte Geſchichte von dem vormaligen Herzoglich-Sachſen-„Weimariſchen Obriſtlieutenant, der wegen ſeiner „guten Eigenſchaften bey ſeinem Herzoge in großer „Gnade, und bey Jedermann in verdienter Achtung

„tung stund, mag in so weit ihre völlige Richtig-
„keit haben, daß er auf Befehl seines Herrn, in
„die fest verschlossene Gruft des Herzogs Wilhelms
„des IV. in der jetzt in ihren Ruinen liegenden Schloß-
„kirche habe steigen müssen, obgleich die Absicht,
„in welcher es geschehen ist, ungewiß bleibt. Aber
„verschiedene Umstände in der Juglerischen Nach-
„richt von dieser Geschichte sind nicht ganz richtig
„angegeben. Nicht sogleich an dem Tage, als der
„Obristlieutenant in die Gruft gestiegen ist, sondern
„kurze Zeit darauf, und, so viel ich mich erinnere,
„am Weynachts heiligen Abend 1736. ist es gesche-
„hen, daß er beym Herzoge, und bey seinen guten
„Freunden, in der Stadt herum gefahren ist, von
„ihnen Abschied genommen, und gesagt hat, daß
„er morgen sterben würde. Sein Tod erfolgte wirk-
„lich an diesem Tage, und zwar so plötzlich, daß
„als sein Bedienter, dem er ebenfalls seinen nahen
„Tod angezeigt hatte, sogleich bey den ersten Merk-
„malen einiger Unpäßlichkeit zu dem ganz nahe bey
„ihm wohnenden Arzt geeilt war, um ihn herbey-
„zurufen, bey der Zurückkunft seinen Herrn schon
„todt antraf. Ein Steck- und Schlagfluß hatte
„dem Leben ein Ende gemacht. Aus welchen Grün-
„den aber der von Comartain seinen Tod mit so
„vieler Gewißheit vorher gesagt habe, davon läßt
„sich nichts mit Zuverlässigkeit behaupten. Die
„gemeine Sage war es, es wäre ihm in der Gruft
„ein Geist erschienen; doch verdient das mehr Glau-
„ben, daß er sich in der Jugend die Nativität stel-
„len lassen, wenige Tage vor seinem Tode das Pa-
„pier, worauf seine Schicksale geschrieben gewesen,
„wieder gefunden, und sich seinen bevorstehenden
„Tod so lebhaft eingebildet habe, daß davon ein
„Schlagfluß erfolgt sey. So viel hat sein vorge-
„dach-

„dachter Bedienter erzählt, daß er wenige Tage vor
„seinem plötzlichen Ende einige alte Papiere durch-
„gelesen, und sogleich hierauf verbrannt habe. Was
„aber die ganze Geschichte von den drey damaligen
„Hofgeistlichen zu Weimar, Weber, Bartholo-
„mäi und Schmidt betrifft, die dem Rath Jugler
„ist berichtet worden, so kann ich mit der vollkom-
„menſten Zuverläſſigkeit melden, daß dieſe ganze
„Sache eine Erdichtung ſey. Die drey genannte
„Geistliche ſind nie zu einer Abendmahlzeit vom
„Herzoge erfodert worden, noch weniger hat der-
„ſelbe mit ihnen von der vermeintlichen Erſcheinung
„des verſtorbenen v. Comartain geſprochen. Der
„Tod ſeines Lieblings war ihm ſo empfindlich, daß
„ers ſehr ungnädig aufnahm, wenn daran gedacht
„wurde.“

S. 335. Zur Num. 4) Lange nach dem Drucke dieſes
Bandes, habe ich endlich ein Exemplar erhalten.
Es beſtehet aus 5 Alph. 21 Bogen, und der voll-
ſtändige Titel iſt dieſer: „Libera Wormatia preſſa
„ſuspirans. Actorum Wormatienſium nouiſſimo-
„rum Volumen. Acta, so in wichtigen, wider die
„des heil. Röm. Reichs freye Stadt Worms von
„dem hochlöblichen Hochstift und daſiger Geiſtlich-
„keit unter heftigſten, der unglückſeligen armen
„Stadt zugefügten Beſchwerniſſen, und wider die-
„ſelbe ausgeübten Thätlichkeiten, erregten Strei-
„tigkeiten.“ Der dritte Theil ſoll 1740. nachgefolget
ſeyn, und er wird in Wegelins Bibliotheca Scriptor. de rebus Ciuitat. Imper. (welche deſſen 1770.
gedruckter Theſaurus Diſſert. et Commentat. de li-
beris S. R. I. Ciuitatibus mit enthält,) S. 120. citirt. Ich habe ihn aber noch nicht können zu Ge-
ſichte bekommen.

S. 368.

S. 368. Zur Num. 5) Herr Rath ‽ uerlein hat mir angezeiget, daß diese Differt. 3½ Bogen ausfülle.

S. 3–c. Zur Num. 8) Der Cölnische Abdruck de euichombus beträgt 1 Alph 6 Bogen; der Commentar hingegen de periculis et culpis besonders 8¼ Bogen.

Vierter Band.

S. 7. Zur Num. 6) Ohne Zweifel ist die älteste Ausgabe der Explicari ons diejenige, welche Goblei zu Lion 1550. auf 16 Octavbogen ans Licht stellte. Zuletzt muß es in dieser Nummer also heißen: eine Erklärung der Titel in den neun Büchern des Codex und den fünf Büchern der Decretalen.

S. —. Zur Num. 7) Die lionische Auflage vom Jahre 1550. bestehet aus 1 Alphab. 10 Bogen kleiner Lettern.

S. 32. Nach der Num 39) Eichel war auch Verfasser der zu Ratzeburg 1670. auf 1½ Quartbogen gedruckten abgenöthigten, „in iure et facto wohlbe„gründeten Remonstration, daß dem Herrn Her„zoge von Sachsen, Engern und Westphalen die „Stadt Lübeck nicht nur das Städtlein, sondern „auch die Vogtey und die ganze Herrschaft Möl„len, mit allen incorporirten adelichen Sitzen, „Dörfern und Pertinentien, wie sie außer der Lü„beckischen Landwehr zwischen dem Stifte Ratzeburg, „Fürstenthum Holstein, Aemtern Steinhorst, Lauen„burg, Ratzeburg und Schwarzebeck, in ihren „Scheidungen und Gränzen belegen, zu restituiren „schuldig, und vermittelst Execution dazu anzuhal„ten sey." Als hierauf der Lübeckische Syndicus, D. Brauer, eine Liquidationem des auf dem Städtlein Möllen haftenden Kauf- und Pfandschillings,

schillings, sammt dem, was E. E. Hochweiser Rath der Reichsstadt Lübeck vor Abtretung desselben liquido ferner zu fordern hat, entgegensetzte, antwortete Eichel in demselben Jahre mit der Liquidatione illiquidissima, d. i. kurzer in iure et facto wohlbegründeten Antwort auf die von der Stadt Lübeck in Druck gegebene, sogenannte Liquidation, worinn sonnenklar remonstriret wird, daß die in termino executionis objicirte drey Exceptiones altioris indaginis sind, und unmöglich die Execution hindern können. Diese Deduction, welche er so, wie die vorhergehende, auf Befehl des Lauenburgischen Hofes verfertiget hat, ist ebenfalls zu Ratzeburg in 4. erschienen, und 14 Bogen stark. Man findet diese Nachricht in des unlängst gestorbenen Christoph Siegm. v. Holzschuher Deductionsbibliothek von Deutschland, Band I. S. 170. und 171.

S. 34. Zur Num. 45) Daß er auch zu dem daselbst 1690. gedruckten Mohrischen Tractate de concursu creditorum eine Vorrede geschrieben habe, ist aus Zenners Winter-Parnasse 1694. S. 180—183. zu sehen.

S. 42. Zur Note *) Des Verfassers eigene Worte, welche der Setzer ausgelassen hat, sind diese: C'est le plus grand Iurisconsulte de Saxe, ses decisions passent dans ce pays pour des Loix. Il est reservé, et peu communicatif, et il parle plus tôt par des arrets de la Regence, que par des simples paroles. On dit pourtant, qu'il n'a pas les yeux bandés, comme la Iustice les devroit avoir, mais qu'il distingue fort bien les personnes, contre quelles il les prononce. — —

S. 52.

S. 52. Zur Num. 4) Die angeführte Deduction, welche der Lübeckische Syndicus, Domerech, gemacht, und ans Licht gestellet hat, ist mit dem Titel versehen worden: „Hochnöthige Beantwor-„tung der von Seiten Herzogs, Julius Franzen, „zu Sachsen-Lauenburg wider die Städte Lübeck „und Hamburg ausgegebenen Schrift *x* u. c. *facto* „*et Artis* bre *illima informatio.* Die Wiedererstat-„tung der Schlösser, Herrschaften und Güter Ber-„gerdorf und Riepenburg, sammt deren Pertinen-„tien betr." und eben darinn füllt die Andlerische Relation 5 Bogen aus.

S. 61. Zur Num. 3) Der zweete Pariser Abdruck des kleinen Tractats *de nuptus* ist gewiß vorhanden. Er enthält 8 Octavbogen, und der Verfasser hat ihn, wie er in der Vorrede meldet, verbessert, vermehrt, und in zwey Bücher abgetheilt.

S. 74. Zur Num. 9) Was hier stehet, das mache den ersten Theil seiner zu Lion 1612. auf 12 Alph. in Fol. zusammen gedruckten Werke aus; Alles hingegen unter der Num. 8. findet man im zweeten Theile.

S. 79. Zur Zeile 12) Des gelehrten Herrn Büttinghausens Beyträge zur Pfälzischen Geschichte, Band II. St. 2. S. 207. beweisen, daß Dauth im Jahre 1595. an Pacius Stelle nach Heidelberg habe berufen werden sollen.

S. 85. Nach dem Buchstaben d) Joh. Wilh. Engelbrecht in der Dissert. *de iure Sepul.* §. 1. gedenkt noch einer andern ungedruckten Schrift von Dauthen mit diesen Worten: *Consignatam quae-dam litteris de iure Sepulcrae Dauthius in Discursu contra Comites Barbienses pro Ciuitate Magdebur-*
gica

gica, sed eius scriptum lucem publicam haud vidit. Irrigauit interim eius riuulis hortulos suos *Werdenhagen* Parte III. rer. Hanseat. cap. 20. qui vt illum omnibus fere paginis solet adhibere, nisi illum habuisset, forte quoque non habuisset, quae hac de re l. c. scriberet. Dolendum est, intercidisse eius operam, cum ex illis, quae *Werdenhagen* deproinsit, satis appareat, illum non tralaticie et raptim eius tractationem suscepisse.

S. 99. Zur Num. 19) Humius Dissert. de substitut. ist erst 1617. auf 7½ Bogen erschienen.

S. 100. Zur Num. 21) Dieser Tractat enthält nur 15 Bogen.

S. 147. Zur Num. 18) In den Hymmenschen Beyträgen zur jurist. Litteratur in den Preußischen Staaten, S. 157. der ersten Sammlung heißt es, daß ein lateinischer Abdruck zuerst 1676. zu Bremen, darauf aber im folgenden Jahre ein Deutscher von der Polygamie zu Leipzig ans Licht getreten sey. Die Sache bleibt mir aber immer noch zweifelhaft; ich kann mich wenigstens nicht erinnern, jemals ein lateinisches Exemplar gesehen zu haben.

S. 165. Zur Num. 2) Pfeffingers Problemes mathematiques, tirez de la Geometrie, fort utile à un homme de guerre, ou à ceux, qui veulent apprendre l'architecture militaire, ist 5 Duodezbogen stark, außer 11 mit Figuren angefüllten Blättern.

S. 171. Zur Num. 8) Unlängst habe ich sein Handexemplar vor den Augen gehabt, worinn er selbst viele mathematische Figuren gar sauber hinzugezeichnet hatte.

S. 200. Zur Num. 14) Sie ist 5 Bogen; die vorhergehende 6 Bogen; die Dissert. de infamia 7

Bogen; die de famosis libellis aber 6¼ Bog. stark. Ein neuer Druck ist die gedachte Sammlung nicht. Er ließ nur die besondern Titel wegwerfen, und setzte eine Zuschrift voran.

S. 217. Zur Num. 8) Eben allda ward sie 1725. wieder aufgelegt. Eine deutsche Uebersetzung, welche 1723. auf 4 Octavbogen unter dem Titel: Juristische Ergötzlichkeiten vom Junggesellen-Rechte, mit beygefügten Namen des Präses, und Respondenten, Schütze, ans Licht trat, verräth einen Stümper.

S. 227. Zur Zeile 6) Sein letztes Programm kam nach dem Tode Matthias Steins, eines Rostockischen Rechtslehrers, allda 1718. auf 2 Quartbogen heraus. Vorher, ehe des Verstorbenen Leben, nebst dessen Schriften, erzählt wird, sagt er etwas Weniges von einem sanften Tode.

S. 253. Zur Num. 15) Friedr. Movius, ein Professor am akademischen Gymnasio zu Stettin, ließ daselbst 1669. Differentias iuris communis et Lubecensis, ex *Meuiano* Commentario excerptas, auf 6 Duodezbogen, nach alphabetischer Ordnung, drucken, welche beym Gebrauche dieses Werks gute Dienste leisten können.

S. 256. Nach der Num. 21) Mevius Beantwortung und Widerlegung zwoer Dänischer Schriften, die ich Band V. S. 215. meiner Beyträge angeführt habe, ist mir in des Herrn v. Balthasar Memoria *Meuiana*, S. 95. entwischt. Wenn aber daselbst stehet, es sey dieses Exemplar 1 Alph. 3¼ Bogen stark: so steigt mir ein Zweifel auf. Das meinige, welches doch ganz ist, enthält nicht mehr, als 7 Bogen, wie ich angezeigt habe. Vielleicht sind hernach Beylagen hinzugekommen.

S. 263

S. 263. Zur Num. 27) Glasey in der Geschichte des Rechts der Vernunft, S. 189—209. handelt auch vom Prodromus weitläuftig.

S. 269. Nach der Num. 38) Herr Doctor Oelrichs hat 1770. in seinen fortgesetzten histor. diplomatischen Beyträgen zur Geschichte der Gelahrtheit, besonders im Herzogthum Pommern, S. 21—35. ein Bedenken vom Mevius, über die im Jahre 1666. vorgewesene Translocation der Universität Greifswalde nach Stettin, zuerst bekannt gemacht.

S. 297. Zur Num. 66) Die Dissert. de iure iurando füllt 2¼ Bogen aus, scheint aber des Respondenten, Friedr. Rehders, Arbeit zu seyn.

S. 298. Zur Num. 72) Böckelmann brachte die erste dieser Dissertationen zu Leiden 1671. auf die Catheder.

S. 345. Zur Zeile 20) Brunnemanns Dissert. de praecipuis remediis caet. wurde 1650. gedruckt, und von Friedr. Hohndorfen, zur Erlangung des Licentiatentitels, gehalten. Man sehe des v. Dreyhaupt Beschreibung des Herzogthums Magdeburg, Th. II. S. 641.

S. 366. Nach der Num. 2) Aus Holzschuhers Deductionsbibliothek, Band I. S. 33. gehört noch zu seinen Schriften: „Gründlicher Unterricht von den „gemeinschaftlichen iuribus des Hauses Oettingen, „und wie solche zur Division zu bringen." Oettingen 1675. 15¼ Quartbogen.

Fünfter Band.

S. 41. Zur Zeile 4) In seinen Studentenjahren legte sich Victor stark auf die Stoische Philosophie. Sein Latein ist sehr affectirt. Er sucht gar zu gern die ältesten Wörter aus dem Plautus, Pacuv ꝛc. zusammen.

S. 42. Zur Num. 6) Seine Gedanken trägt er in Gesprächen vor, und giebt ihnen deswegen den Namen Praescriptio, um dem Goclenius zuvorzukommen, dessen Schrift gegen ihn er befürchtete.

S. — Zur Num. 7) In diesem Buche will er auch Nicol. Taurells Orthodoxie in der natürlichen Gottesgelahrheit zweifelhaft machen. Man sehe davon Jac. Wilh. Feuerleins Taurellum defensum, Nürnb. 1734. in 4. S. 3—7.

S. 71. Nach der Zeile 6) Wißenbachs auf den gestorbenen Corn. Pynacker 1645. gehaltene Gedächtnißrede scheint nicht gedruckt zu seyn, ob ich sie gleich in Quartformate angeführt bemerkt habe. Vriemoet S. 291. der Athenar. Frisiacar. sagt nur, es sey ihm diese Rede aufgetragen worden.

S. 93. Zur Num. 101) Eine weitläuftige Recension der Dissert. de absurdo stehet in den 1738. zu Leipzig in 4. ans Licht gestellten gründlichen Auszügen aus jurist. und histor. Disputationen, Band III. S. 8—24.

S. 127. Gegen das Ende) Wenn eine neue Auflage des Theatri Praetensionum bald erfolgen sollte: so könnten des Verfassers eigene Zusätze zur ersten Edition, die manch Neues enthalten sollen, das Glafey nicht eingerückt hatte, gar wohl gebrauchet werden. Jetzt sind sie ein Eigenthum des Herrn D. Oelrichs zu Berlin.

S. 128. Zur Num. 3) Was eben derselbe geschickte Mann über die Ausgabe unterm Jahre 1762. billig erinnert, das ist in seinem Entwurf einer Pommerschen

ſchen vermiſchten Bibliothek von Schriften zu den Alterthümern, Kunſtſachen ꝛc. S. 82. 83. zu leſen.

S. 130. Zur Zeile 6) Der dritte Theil der diplomatiſchen Beyträge von dieſem Gelehrten, iſt noch nicht erſchienen.

S. 148. Zur Num. 75) In demſelben Jahre kam, ebenfalls ohne Hertz Namen, hinzu Series Digeſtorum, in tabellis ſcite adornatis adhibita; cui etiam deſinitiones, in Ichnographia Inſtit. Iuſtin. non exſtantes, ſunt intextae, Giſſae in 4. auf 15 Bogen. Von der S. 73. an bis ans Ende, ſtehet ein Florilegium rotundiorum iuris ſententiarum. Wenn Hertz durch andere Schriften nicht Vorzüge genug erworben hätte: ſo würden dieſe beyde Stücke ihm den Weg zur Unſterblichkeit gewiß nicht gebahnt haben.

S. 152. Nach dem Buchſtaben c) In den Götting. Zeitungen von gelehrten Sachen 1744. St. 73. S. 630. leſe ich die Nachricht, daß ſein Sohn die Abſicht gehabt habe, nicht nur die Notitiam Imp. Rom. Germ. aus des Vaters Handſchrift, ſondern auch allen noch vorhandenen gelehrten Nachlaß deſſelben in Ordnung zu bringen, und der Welt mitzutheilen. Zur erſten Abhandlung werden allda ſchon die Verleger angezeigt, und dieſes hinzugeſetzt: „Da bekanntlich das Ius publicum nur ein Theil „der Notitiae Imperii iſt, und jenes unter dieſer be„griffen wird: ſo hat man deſto mehr Urſache, die„ſe Schrift hochzuhalten, weil darinn alles, was „gründlich und ſchön in der Staatswiſſenſchaft heiſ„ſet, in der vollkommenſten Ordnung und Deut„lichkeit vorgetragen und beyſammen enthalten iſt. „Der ſelige Kanzler hat auch 1710. kurz vor ſeinem „Tod dieſes Buch ſelbſt durchgeſehen, und bis auf „ſelbige

„selbige Zeit die nöthigen Zusätze beygefügt, daß
„es daher fast die letzte Beschäftigung gewesen,
„womit er seinen rühmlichen Lebenslauf beschlossen
„hat. Es ist in vier Abschnitte abgetheilt, deren
„Ueberschriften folgende sind: de Imperii, vt nunc
„est, re publica communi; de specialibus Imperii
„huius rebus publicis vniuerse; de specialibus Ger-
„manici Imperii rebus publicis singulatim; de regno
„Italiae et imperio in vrbem Romam, quaeque ad
„eam pertinent. Wir wollen vorjetzo nichts weiter
„von diesem Buch zum voraus sagen, als nur so
„viel, daß es die Hoffnung der Gelehrten übertref-
„fen werde. So großer Nutzen aber hieraus auf
„das deutsche Staatsrecht fließet, eben so großen
„Vortheil wird man sich in iure priuato von den
„notis et obseruationibus in Compendium iuris
„*Schützio-Lauterbachianum* dieses großen Juristen
„zu versprechen haben, welche die Gebrüdere
„Schmiede gleichfalls in Verlag übernommen ha-
„ben. Wovon man ein mehreres jetzo nicht mel-
„den will, als nur so viel, daß der selige Herr
„Kanzler diese mit besondern Fleiß, fast seine gan-
„ze Lebenszeit über, zusammen getragene Noten
„einzig und allein gebraucht habe, so oft er etwas
„in iure priuato ausgearbeitet, weil selbige einen
„reichen Schatz der ganzen Iurisprudentiae priuatae
„in sich fassen, daß demnach sowohl Lehrende, als
„Lernende, welche das Compendium *Lauterbachia-
„num* zu ihrem Handbuch erwählet haben, alles
„dasjenige beysammen finden werden, was nur
„immer zur gründlichen Wissenschaft der Rechte er-
„fordert werden kann." Warum aber die so umständlich angekündigte Ausgabe doch zurück geblieben sey, davon ist mir keine Ursache bekannt.

S. 272.

S. 272. Zur Num. 7) Der in der Mitte angeführte Henniges sagt im zweyten Specimen, S. 263—268. noch Verschiedenes, welches die Buckischen Obseruat. histor. politicas gewiß nicht empfiehlet.

S. 281. Zur Num. 7) Die Pachelbl von Gehagische Decisio quaestionis, an filia Nobilium immediatorum caet. ist mit einem etwas veränderten Titel Burgermeisters Biblioth. equestri, Band II. S. 1041—1094. einverleibt worden.

S. 282. Zur Num. 8) In Holzschubers Deductionsbiblioth. Band I. S. 106. stehet, daß diese Schrift 174 Seiten stark sey.

S. 289. Zur Num. 32) Der gründliche Beweis enthält 10¼ Bogen.

S. 309. Zur Num. 29 und 30) Reusners Etesiae, siue Apinae Therinae, in Elapheboliis, siue Ceruicidiis Palatinis scriptae, füllen 3 Bogen aus; die Insomniae aber, oder Noctes Iuniae Entheae, in graui et periculoso articulorum morbo euigilatae, betragen einen halben Bogen mehr, als das vorhergehende Werkgen. Beyde sind eine Sammlung kleiner Gedichte in verschiedenen Versarten, und dem letzten hat er noch einige Briefe angehängt, die von vornehmen und berühmten Männern an ihn geschrieben worden waren. Noch zwey andere Stücke von eben solcher Beschaffenheit, habe ich jetzt vor meinen Augen. Sie sind gleichfalls im Jahre 1581. zu Lavingen erschienen. Das erste, auf 2½ Octavbogen, heißt Hilaria, siue Euphronae Pantheae, quae sunt redditae sanitatis veluti Sostra quaedam, et hostimenta: das andere, 3 Bogen stark,

stark, ist an den Marggrafen, Ernst Friedrich, zu Baden und Hochburg gerichtet. Es hat den Titel: Therothermae, siue Aquae Ferinae. Der Verfasser vertrieb sich damit die Zeit im Würtembergischen Bade, Wildbad genannt, einige Meilen von Tübingen. Vermuthlich findet man alle diese Gedichte in seinen Operibus poeticis wieder, die ich aber nicht bey der Hand habe, da sie mir ehemals von auswärtigen Freunden zum Gebrauche waren mitgetheilt worden.

S. 313. Zur Num. 39) Die Frankfurtische Ausgabe vom Jahre 1719. hat nur 91 Bildnisse, und die Epigrammen fehlen darinn. Die Holzschnitte selber scheinen zwar mehrentheils die alten zu seyn; einige aber sind offenbar verändert, und ganz andere Gesichter. Zu Wetzlar ist die neue Vorrede datirt. So schreiben die Verfasser der neuen Bibliothek der schönen Wissenschaften und freyen Künste, Band XII. St. 1. S. 68.

S. 315. Zur Num. 45) Nun habe ich auch eine Londner Auflage unterm Jahre 1650. kennen gelernt, welche 1 Alph. 4¼ Bogen in 12. beträgt. Nach meinen Worten: Der Verfasser — — eingeschlossen, muß es heissen: in ein Distichon, oder eine andere Versart, eingeschlossen.

S. 327. Zur Num. 81) Dasjenige Exemplar, welches mir unlängst in den Händen war, füllt 1 Alphab. 19 Bogen aus, und ist mit diesem Titel versehen: Commentarius amplissimus in septem vulgo, omnium Interpretum iudicio, iuris ciuilis difficillimas Leges, ab ipsomet (*Reusnero*) recognitus, caet. Doch sind die beyden letzten Abhandlungen über zwo Gesetze

des

des Coder nicht dabey, auch keine Merkmale zu spüren, daß Etwas fehle. Daher muß ich fast vermuthen, der Titel verspreche zu viel. In einem kurzen Anschlage, welcher voran stehet, und im Junius 1592. unterzeichnet worden ist, ladet er seine Zuhörer zu diesen Vorlesungen ein, die er hernach in öffentlichen Disputationen hat vertheidigen lassen.

S. 343. Nach der Num. 22) Hier füge ich noch sein sehr rares Programm an ad doctrinae de moribus studiosos regiae et equestris Academiae Soranae, 1654. in 8. Bis jezt aber habe ich es noch nicht gesehen.

Sechster Band.

S. 221. Zu Pauls von Fuchs Schriften nach der Num. 2) Aus Küsters Biblioth. historica Brandenburgica, S. 516. habe ich noch zwey Stück seiner gelehrten Arbeiten kennen gelernet, welche ich hier anführen will. Das erste ist eine gratulatio sereniss. ac potentiss. Principi, *Friderico Wilhelmo*, ob natum recens Cliuiae 8. Iulii st. n. 1666. e serenissima coniuge, *Loysa Auriaca*, Principem, Arnhemii 1666. 2 Foliobogen; das andere à son Altesse serenissime, Madame l'Electrice de Brandenbourg, sur l'heureuse naissance de Mr. le Prince nouvellement né à Cleve le 8. Iuillet 1666. Eben allda, auch auf 2 Bogen in Folio.

S. 247. Zu Dionyf. Gothofredus Corpore iuris unter der Num. 2) Der Hr. geheime Rath, Roch, zu Giessen, hat eine critische Historie von den Editionen des Corporis iuris ciuilis, glossati et non glossa-

glossati, unter Händen, welche hoffentlich den Litteratoren bald vorgelegt, und meine ertheilte Nachricht entweder ergänzen, oder verbessern wird.

S. 279. Zu Jacobs Gothofredus Commentar. ad tit. C. Th. de paganis) Hier kann gelesen werden, was ich Band II. S. 117. bey der Num. 2) vom Fabrot geschrieben habe, wofern dieses nicht schon im Artikel von Gothofredus Leben und Schriften bemerkt worden ist.

Eben desselben Hypomnema de dominio maris hat noch zuletzt in *Coccejii* Grotio illustrato, Band IV. Buchst. c) nach der Breslauischen Ausgabe in Follo einen Platz erhalten, und ist allda 9⅓ Bogen stark.

XX.

Verbesserung der gröbsten Druckfehler.

Band I.

S. 4. Auf der letzten Zeile) Teinach, statt Dreynach
S. 115. In der Mitte) ist die Zahl 1535. nicht deutlich ausgedruckt.
S. 184. Zeile 9) ist es eben also mit der Zahl 1665. beschaffen.

Band II.

S. 35. Fast in der Mitte) is liber, statt ils.
S. 55. Zeile 2 von unten) bey, statt bev.
S. 81. Auf der letzten Zeile) glücken, statt glüekn.
S. 104. Zeile 10 von unten) Vincius, statt Vinnius.
S. 120. In der Mitte) veranstaltete, statt veranstalte.
S. 261. Auf der letzten Zeile) II. statt III.
S. 279. Num. 8) 1593. statt 1693.
S. 297. Am Ende) für deren Daseyn, statt deren Daseyn.
S. 317. Zeile 10) le pied, statt e pied.
S. 372. Zeile 4 von unten) 514. statt 414.
S. 373. In der Mitte) Trotz, statt Teotz.

Band III.

S. 11. Auf der Zeile 5) lies, statt bies.
S. 14. Zeile 4 von unten) wahrscheinlich, statt wahrcheinlich.
S. 19. In der Mitte) Krieg, statt König.
S. — Zeile 9 von unten) Calvus, statt Caivus.
S. — Zeile 11 von oben) ihn, statt ihm.

S. 26.

XX. Verbesser. d. gröbst. Druckfehler.

S. 26. Zeile 3 von unten) fäffen, statt faßt.
S. 40. Zu b) Argelati, statt Arguldti.
S. 48. Num. 9. nach den Worten: hinzugesetzt hat) illustratae.
S. 52 Zeile 12) sagt, statt besagt.
S. 56. Zeile 3 von unten) neuen, vor dem Wort: Titel.
S. 60. Zeile 3 des IX. statt des XI.
S. — Zeile 12 nach 447) kann.
S. 70. Zeile 7) euulgentur, statt emulgentur.
S. 72. Ganz oben) VII. statt V.
S. 83. Zeile 12 von unten) welchen, statt welchem.
S. 91. Zeile 5 von unten) Bardili, statt Landili.
S. 92. Zeile 6 von unten) 90. statt 91.
S. 93. Zeile 6) seit dem Jahre, statt vom Jahre.
S. 96. Num. 112 Zeile 3) e lectionibus, statt electionibus.
S. 103. In der Mitte) wünschten, statt wünschen.
S. 104. Zeile 13 von unten) vom Jahre 1731. an.
S. 113. Zeile 6) zu Weimar, statt allda.
S. — Zeile 5 von unten) I. R. G. statt deutschen Buchstaben.
S. 116. Auf der letzten Zeile) selectu, statt electu.
S. 122. Zur Num. 7 auf der vorletzten Zeile) admirandis, statt adminiculis.
S. 124. Zum Buchstaben a) ex facto, statt ex facta.
S. 125. Ueberall oben bis zur Seite 138.) Thulemar, statt Thulemay.
S. 131. Zur Zeile 7) Wenckers, statt Wenckens.
S. 142. Zeile 5) einen, statt einem.
S. 145. Zeile 6 in der Num. 2) hypobolimaeam, statt hypoboli meam.
S. 146. Zeile 3 in der Num. 10) seinen, statt seinem.
S. 147. Zeile 4 in der Num. 15) ist et wegzustreichen.
S. 148. Zeile 8) muß nach 1727. stehen: ist 10 Bogen stark, und.
S. — Auf der letzten Zeile) den, statt dem.
S. 150. Zeile 4 in der Num. 25) Cronen, statt Crone.
S. 152. Zeile 7 von unten) ist, statt sind.
S. 157. Zeile 4 von unten) ohnwahrhafter, statt ohnwehrhafter.
S. — Zeile 6 von unten) Herren, statt Herzen.
S. 160. Zeile 1 in der Num. 60) debetur, statt debitur.

S. 171.

XX. Verbesser. d. gröbst. Druckfehler.

S. 174. Zeile 2) concesso, statt concessu.
S. 181. Zeile 13) die Worte: da ich dieses schreibe, sind auszustreichen, und bald darauf muß es heissen: wird sie liefern, statt hat sie geliefert.
S. 187. Zeile 8) Wensenbecks, statt Weserbecks.
S. — Zeile 11 von unten) nicht, statt wohl.
S. 189. Zeile 7 von unten) den, statt dem.
S. 191. In der Mitte) onus, statt vnus; und hernach communi, statt cummuni.
S. 192. Zur Num. 7) Diese sollte, der chronologischen Ordnung nach, vor der Num. 6. stehen.
S. 193. Zeile 13 von unten) 1613. statt 1713.
S. 195. Zeile 12 von unten) gedachte, statt gedacht.
S. 205. Zeile 5) Anon. statt Apon.
S. 211. Zeile 12) 1673. statt 1613.
S. 217. Auf der vorletzten Zeile) zwoen, statt zween.
S. 219. Zeile 2) vorhergegangenen, statt vorhergegangen.
S. 224. Zeile 5 in der Num. 5) erst, statt erste.
S. 242. Zeile 4 von unten) nach Jul. Paulus ist beyzufügen de condict. indebiti.
S. 246. Zur Num. 13) Hier muß gelesen werden 1537. und 1538.
S. 265. Fast in der Mitte) Corsaren, statt Corseren.
S. 274. Zeile 14 von unten) Brossard, statt Brosserd.
S. 277. In der Num. 2) Calloct, statt Callotit.
S. 304. Zeile 9 von unten) Braun, statt Breun.
S. 323. Zeile 14 von unten) der sie, statt der es.
S. 326. Zeile 4 in der Num. 5) Landgerichten, statt Langerichten.
S. 334. Zeile 7 von unten) pollet, statt posset.
S. 350. Zeile 9) Kirchenlehen, statt Kirchenlehren.
S. 354. Zeile 4) in Germania, statt Germanica.
S. 357. Num. 28) Pufendorf, statt Pufendof.
S. 359. Zeile 14 von unten) allerneust. Nachrichten, statt äuern.

Band IV.

S. 2. Zeile 5 von unten) kommt, statt kam.
S. 63. Zeile 3 von unten) Trigae, statt Tigae.
S. 77. Zeile 13) möchten, statt möchte.
S. 163. Auf der letzten Zeile) Jahr, statt Jahre.

XX. Verbesser. d. gröbst. Druckfehler.

S. 164. Zeile 3) ist die Zahl 1724. schlecht ausgedruckt.
S. 306. Num. 2) Analecta, statt Alalecta.
S. 335. Zeile 3) Oder, statt Orden.

Band V.

S. 22. In der vorletzten Zeile) vertheidigte er erst.
S. 24. Zeile 11 von unten) war, statt mar.
S. 25. Zeile 5 von unten) Präsidentenstuhl, statt Präsibenstuhl.
S. 26. Zeile 12) Bassewitz, statt Bessewitz.
S. 370. Zeile 8. von unten) sehen, statt finden.
S. 376. Zeile 9 von unten) Ergötzlichkeiten, statt Ergötzlichten.

Ohe, iam satis est!

XXI.
Allgemeines
Register
aller beschriebenen Rechtsgelehrten
nach dem Alphabete.

Die größere Zahl zeigt den Band, die kleinere die Seite an.

A.

Alciat (Andreas) III. 14.
Alteserra (Ant. Dadin) V. 51.
Althusen (Johann) III. 270.
Andlern (Franz Friedr.) IV. 48.
d'Arnaud (Georg) I. 262.
Arumäus (Dominicus) I. 235.
Averani (Joseph) V. 179.
d'Avezan (Johann) V. 369.

B.

Balduin (Franz) II. 41.
Barclay (Wilhelm) III. 273.
Baro (Eguinarius) II. 29.
Beck (Caspar Achatius) VI. 294.
Benavidius (Marc. Mantua) VI. 33.
Berger (Joh. Heinr. von) I. 38.
Berger (Christoph Heinr. von) I. 61.
Berger (Friedr. Ludwig von) I. 67.
Berger (Joh. August von) I. 77.
Berlich (Matthias) II. 131.

Berlich (Burcard) II. 135.
Besold (Christoph) I. 82.
Besold (Joh. Georg) I. 127.
Best (Wilhelm) I. 437.
Beust (Joachim von) II. 20.
Beyer (Georg) I. 184.
Bocer (Heinrich) VI. 57.
Bode (Heinrich) V. 350.
Boeckelmann (Joh. Friedrich) IV. 274.
Bonefidius (Enimund) III. 338.
Borcholten (Johann von) II. 237.
Borcholten (Statius von) II. 247.
Born (Jacob) IV. 36.
Brennersen (Enno Rudolph) V. 230.
Brunner (Friedrich) V. 103.
Brunnemann (Johann) IV. 339.
Brunnemann (Jacob) IV. 348.
Buckisch (Gottfr. Ferdinand von) V. 266.
Buddeus (Carl Franz) I. 381.
Burgermeister (Joh. Stephan) III. 318.
Burgermeister (Wolfg. Paul) III. 329.
Burgund (Nicolaus) III. 364.
Bynkershoek (Cornelius van) I. 24.

C.

Cantiuncula (Claudius) IV. 111.
Carpzov (Benedict der erste) I. 269.
Carpzov (Conrad) I. 274.
Carpzov (Benedict der zweete) I. 280.
Carpzov (Christian) I. 304.
Carpzov (August) I. 307.
Carpzov (August Benedict) I. 313.
Carpzov (Friedr. Benedict) I. 320.
Clasen (Daniel) II. 155.
Colli (Hippolytus von) III. 195.
Connan (Franz) IV. 54.
Contius (Anton) III. 52.
Cortrejus (Adam) IV. 126.
Cramer (Johann Friedrich) V. 170.
Cypräus (Paul) VI. 9.

D.

Daſſel (Hartwig von) III. 4.
Dauth (Johann) IV. 76.

E.

Eichel (Johann) IV. 9.
Enenkel (Ge. Achatius) V. 129.
Ernſt (Heinrich) V. 332.
Eyben (Chriſtian Wilh. von) I. 209.
Eyben (Hulderich von) I. 215.

F.

Faber (Peter) VI. 49.
Fabrot (Carl Hannibal) II. 118.
Feltmann (Gerhard) IV. 135.
Florent (Franz) I. 176.
Fuchs (Paul von) VI. 213.

G.

Gentil (Albericus) VI. 126.
Gentil (Scipio) VI. 146.
Goeſius (Wilhelm) II. 326.
Gothofredus (Dionyſius) VI. 240.
Gothofredus (Jacob) VI. 265.
Gregorius (Peter) IV. 64.
Griesheim (Heinr. Chriſtoph von) VI. 18.

H.

Hahn (Heinrich) II. 166.
Heige (Peter) I. 446.
Henniges (Heinrich von) VI. 205.
Heraldus (Deſiderius) I. 370.
Hert (Johann Nicolaus) V. 131.
Hombergk (Johann Friedrich) I. 412.
Hoppe (Joachim) IV. 78.
Hortleder (Friedrich) III. 106.
Hunnius (Helfrich Ulrich) IV. 92.

Jugl. Beytr. 6. B. 26 St. Cc J.

J.

Jena (Friedrich von) III. 1.
Jena (Gottfried von) III. 5.

K.

Klein (Johann von) V. 82.
Kling (Melchior) V. 1.
Knichen (Andreas von) III. 185.
Kreß (Johann Paul) III. 641.
Kulpis (Johann Georg von) L. 1.

L.

Lande (Lett de la) V. 375.
Lansius (Thomas) III. 72.
Laurentii (Joh Gottlieb) I. 410.
Lauterbach (Wolfg. Adam) III. 83.
Lectius (Jacob) III. 83.
Lengnich (Gottfried) III. 283.
Limnäus (Johann) II. 140.
Ludovici (Jac. Friedr.) L. 139.
Lnud (Carl) II. 356.

M.

Mastertius (Jacob) II. 318.
Martini (Henr Theodor) V. 171.
Mastricht (Gerhard von) I. 328.
Matthäi (Philipp) II. 277.
Matthai (Anton der erste) II. 281.
Matthai (Anton der zweete) II. 285.
Matthai (Anton der dritte) II. 290.
Mauritius (Erich) IV. 242.
Meinders (Herm. Adolp.) IV. 151.
Melander (Otto) VI. 26.
Mevius (David) IV. 1230.
Müller (Peter) V. 80.
Mulz (Jacob Bernhard) IV. 862.
Myler (Nicolaus) II. 220.
Mynsinger (Joachim) II. 1.

N.

Neumann (Wenzel Xaverius) V. 193.
Niellius (Johann) II. 98.
Noodt (Gerhard) II. 365.

O.

Oldekop (Just) IV. 177.
Otto (Everhard) I. 151.

P.

Pachelb (Wolfg. Gabriel) V. 275.
Pacius (Julius) II. 250.
Pfeffinger (Joh. Friedr.) IV. 161.
Potgieser I. 401.
Prüschenck (Zacharias) III. 207.
Pulväus (Adrian) IV. 59.

R.

Raewaerd (Jacob) I. 255.
Regner (Cyprian) II. 331.
Rhetz (Joh. Friedr. von) V. 10.
Reichenbach (Christian Ernst von) V. 46.
Reinking (Dieterich) V. 199.
Reusner (Nicolaus) IV. 296.

S.

Schenck (Friedrich von) III. 419.
Schilter (Johann) VI. 72.
Schöpffer (Joh. Joachim) IV. 209.
Schubart (Georg) II. 195.
Schweder (Gabriel) V. 108.
Schweder (Christoph Hermann von) V. 122.
Sengeber (Polycarp) II. 314.
Setser (Jeremias) V. 260.
Siccama (Sibrand) III. 179.
Sichterman (Gerhard) II. 220.
Silberrad (Joh. Martin) IV. 203.
Slevogt (Joh. Philipp) II. 384.
Slevogt (Gottlieb) II. 406.

Spener (Jacob Carl) III. 254.
Sutholt (Bernhard) II. 103.

T.

Tesmar (Johann) IV. 302.
Thomä (Johann) V. 1.
Thulemeyer (Heinr. Günther von) III. 125.
Titius (Gottlieb Gerhard) VI. 105.
Treutler (Hieronymus) III. 307.
Toullieu (Peter) II. 211.
Tulden (Diodor von) III. 118.

V.

Victor (Zacharias) V. 39.
Vigel (Nicolaus) II. 79.
Voet (Paul) II. 340.
Voet (Johann) II. 348.
Vollmar (Isaac) VI. 1.

W.

Wächtler (Christfried) V. 153.
Waloschmiedt (Johann Wilh.) II. 187.
Weber (Immanuel) III. 140.
Wedderkop (Magnus von) IV. 189.
Weyhe (Eberhard von) II. 223.
Wildvogel (Christian) VI. 169.
Wieling (Abraham) VI. 195.
Wissenbach (Joh. Jacob) V. 61.

Z.

Zanger (Johann) I. 362.
Zase (Ulrich) III. 257.
Zinzerling (Just) IV. 86.

www.ingramcontent.com/pod-product-compliance
Lightning Source LLC
Chambersburg PA
CBHW051742300426
44115CB00007B/662